U0525790

——— 经济学名著译丛 ———

价格理论

〔美〕米尔顿·弗里德曼　著
陈明衡　译

Price Theory

商务印书馆
The Commercial Press

Milton Friedman
Price Theory

Copyright © 1962, 1976 by Taylor & Francis
本书根据泰勒弗朗西斯出版集团 1976 年英文版译出

All Rights Reserved
Authorized translation from the English language edition
published by Routledge,
a member of the Taylor & Francis Group, LLC

Copies of this book sold
without a Taylor & Francis sticker on the cover
are unauthorized and illegal.

目　　录

2007 年版导言 ………………………………………… 1

序言 …………………………………………………… 12

暂定版序言 …………………………………………… 15

第一章　导论 ………………………………………… 18

第二章　需求理论 …………………………………… 32

第三章　税收的"福利"效应 ……………………… 101

第四章　不确定性的效用分析 ……………………… 116

第五章　供给曲线与成本曲线的关系 ……………… 129

第六章　可变比例定理和厂商成本曲线 …………… 189

第七章　派生需求 …………………………………… 219

第八章　固定比例的分配理论 ……………………… 235

第九章　边际生产率理论和生产要素的需求 ……… 248

第十章　边际生产率分析：若干一般性问题 ……… 271

第十一章　生产要素的供给 ………………………… 281

第十二章　工资厘定与失业 ………………………… 296

第十三章　不同职业的工资 ………………………… 331

第十四章　功能性收入分配与个人收入分配的关系 … 349

第十五章　收入的规模分布 ………………………… 364

第十六章　利润 ……………………………………… 387
第十七章　资本与利率理论 ………………………… 392
附录 A：指定阅读文献 ……………………………… 445
附录 B：思考题 ……………………………………… 453
索引 …………………………………………………… 487
译后记 ………………………………………………… 497

2007年版导言[*]

弗里德曼深刻影响了他的学生,乃至整个芝加哥大学的经济学研究生教育。影响表现在很多方面,[①] 其中之一就是他在芝大价格理论传统的发展中所起到的作用——包括我们手头的这本《价格理论》,以及相应的课程教学。

芝大的价格理论传统,肇始于1920—1930年代的奈特(Frank Knight)和瓦伊纳(Jacob Viner)。随后几十年里,这种独特的价格理论方法逐步渗透到芝大的经济系、商学院和法学院,并由众多学生等传布全球。除了奈特、瓦伊纳、弗里德曼之外,这个传统还包括了芝大的很多杰出人物,如西蒙斯(Henry Simons)、迪雷克托(Aaron Director)[②]、施蒂格勒(George Stigler)、贝克尔(Gary Becker)、科斯(Ronald Coase)、波斯纳(Richard Posner)、墨菲(Kevin Murphy)和列维特(Steve Levitt)等。最近,该传统被一个

---

[*] 感谢哈蒙德(Dan Hammond)和霍洛维茨(Irving Louis Horowitz)对这篇导言的初稿提出了富有见地的评论。

① 这种影响的深广程度,可见于哈蒙德的杰出文集(1999)。本文大量借鉴了哈蒙德的介绍(1999)和范德(David Fand)的文章(1999),也参考了哈蒙德关于芝大价格理论历史的最新论文(2006)。

② 西蒙斯和迪雷克托通过讲授他们的"公共政策的经济学分析"课程,在芝大法学院创立并巩固了价格理论的传统。

全校性研究中心——芝大的价格理论贝克尔中心——制度化了。[1] 该中心由列维特执掌，他写了畅销书《魔鬼经济学》(2005)，这本书就是最新的证据，证明了这种以缜密的实证分析为标志，并与之相辅相成的、独特的价格理论方法，可以为我们思考世界的方式增添哪些东西。

1912 年 7 月 31 日，弗里德曼生于纽约市布鲁克林区。他在罗格斯大学学习数学与经济学，1932 年获得学士学位。同年，进入芝加哥大学攻读经济学的研究生课程，1933 年又转到哥伦比亚大学。尽管弗里德曼在 1934—1935 年重返了芝大，但最终于 1946 年在哥伦比亚大学获得哲学博士学位。1935—1946 年的大部分时间里，他并不在学术界，期间曾服务于国家经济研究局，第二次世界大战时期，又在美国财政部以及军事研究部的统计研究小组供职。但在此期间，弗里德曼也不是完全脱离学术界，他曾在哥伦比亚、威斯康辛和明尼苏达大学任职，最后于 1946 年成为芝大的教员。[2]

1932 年，弗里德曼师从瓦伊纳学习价格理论；1946 年，他加盟芝大经济学系，接替的正是被普林斯顿大学聘走的瓦伊纳。他教授价格理论的研究生核心课程——经济学 300a 与 300b 课程。[3] 但这并不是弗里德曼初次尝试教授价格理论。在研究生课程中，这门课的基础是"新古典经济学体系"。1938—1940 年，他曾在哥伦比亚

---

[1] 贝克尔中心，原名"价格理论的芝加哥倡议"，"其目的是传承和深化一种强大的方法论，这种方法论强调价格在经济体系的基本功能中的作用，重视发展可验证的假说、有效的模型及严谨的运用"。(http://pricetheory.uchicago.edu/about_center.htm)

[2] 更多生平信息，参见弗里德曼夫妇的回忆录(1998)。

[3] 最初，价格理论课程序列被编为 300a 和 300b，1959 年又改编为 301 和 302。见哈蒙德(2006)。

大学分校教过这门基础课。因此，他把那时用过的很多读物与资料都带到了芝大的课堂。他讲授价格理论的时期，先是1946至1964年，继而是1972至1976年。中间一段，即本书初版发行之后不久，却不期然中断了几年。在前一阶段，入堂听课的包括了布坎南（James Buchanan）、贝克尔和卢卡斯（Robert Lucas）——都是后来的诺贝尔经济学奖得主。

一代经济学家都将弗里德曼的名字等同于宏观经济学，特别是货币主义。在他们看来，说弗里德曼在芝大的价格理论传统中执其牛角，未免有些令人诧异。实际上，贝克尔（1991，第140页）就把弗里德曼称为"宏观先生"，以对应于施蒂格勒的"微观先生"。尽管弗里德曼的大部分学术论著，以及他在教授价格理论期间所指导的论文，都是有关货币经济学的，但他通过教学，帮助巩固了芝大的价格理论传统。实际上，我们可以认为，价格理论才是弗里德曼作为教师的最重要的遗赠。

我们手头这本书是修订版，前身是1962年由阿尔定商务出版社出版的《价格理论：暂定本》。初版本的基础，又是范德（David I. Fand）和古斯塔斯（Warren J. Gustus）在1951—1952年记录的弗里德曼的课堂讲义。鉴于价格理论课程在芝大教学计划中的重要性，而能够涵盖弗里德曼讲课内容的课本又付之阙如，范德认为，准备这样一套笔记，既利于自己，又可在研究生中流传，不失为一个好主意。结果，这套笔记非常受欢迎，并以油印本的形式流传了十年之久。后经再三敦促，弗里德曼终于同意将笔记整理出版。初版本在范德与古斯塔斯记录内容的基础上作了修订、重写和增补（见范德1999）。1970年代早期，弗里德曼重返价格理论的讲坛时，又对分析内容作了扩充,于是有了现在这个修订版。

弗里德曼经济学方法的最大特征,可能是强调马歇尔范式,即把坚实的理论分析和在实际经济问题上的运用结合起来。1946 年,弗里德曼的密友施蒂格勒给他写信,[①] 推测他们两人各自的经济学方法的基本共性,并认为基础就在马歇尔:"我猜测,你与马歇尔、伯恩斯(Burns)一样,喜欢一种由严密理论与具体案例表里结合而成的稳固框架,并且你们都根据对经济生活如何运转的基本观点做出调整。无论如何,我就是这样的。"[②] 在经济学 300a 课程的开场白中,弗里德曼自己认同了施蒂格勒的看法:

[①] 1930 年代,弗里德曼与施蒂格勒同是芝大的研究生;第二次世界大战即将结束的那段时期,他们同时供职于哥伦比亚大学的统计研究小组;后来,二人又在明尼苏达大学成为同事,并且共用一间办公室,一起度过了 1945 年。1946 年两人都离开明尼苏达,弗里德曼去了芝加哥大学,施蒂格勒去了布朗大学。直到 1958 年,施蒂格勒才加入芝大。关于 1945—1957 年两人的私人关系和职业联系,哈蒙德夫妇(2006)作了非常细致的介绍。

[②] 1946 年 8 月 19 日施蒂格勒给弗里德曼的信,援引自哈蒙德夫妇(2006,第 26 页)。实际上,关于对马歇尔的正确诠释及他的《原理》在当代理论建构中的作用,弗里德曼和施蒂格勒有过相当广泛的讨论。在初次准备芝大的价格理论课程时,弗里德曼就同时借鉴了马歇尔的《原理》和施蒂格勒的《价格理论》(1946)。见哈蒙德夫妇书中的通信。

这里的"伯恩斯"是指阿瑟·伯恩斯(Arthur Burns),他既是哥伦比亚大学的教授,又是国家经济研究局的负责人,还是经济顾问委员会的主席。[*]

[*] 米德玛的这个注解似乎写错了。经济学界有两位阿瑟·伯恩斯:(1) Arthur Frank Burns(1904—1987),哥大教授,1957—1967 年任国家经济研究所所长,1953—1956 年任经济顾问委员会主席,研究领域主要是经济增长、经济周期、通货膨胀等。(2) Arthur Robert Burns(1895—1981),英国人,1928—1963 年任哥大教授,1936 年出版《竞争的衰落》(*The Decline of Competition*),大部分章节写的是贸易联盟、价格主导、市场分配、价格稳定、价格歧视、非价格竞争和一体化问题。该书把关于不完全竞争或垄断竞争的抽象理论与现实世界连接起来。他的工作处在理论抽象与具体描述之间,具有分类学的意义(见《新帕尔格雷夫经济学大辞典》第一版中译本)。施蒂格勒应该是指后者,而这个注解写成了前者。——译者

2007年版导言

马歇尔的《原理》,即使现在看来,或者说,即使它是今日而非一个世纪之前所著,仍不失为经济学理论的最佳典籍。这实在是对我们这个时代的经济学的令人难堪的评价。对比马歇尔的经济学方法与现代经济学方法,就可以从根本上说明马歇尔的优势。马歇尔感兴趣的是真实问题的经济学,而不是几何形式的经济学。对他来说,经济学是分析的引擎,是研究现实中的经济制度的工具。[①]

这种马歇尔范式,是瓦伊纳在芝大的遗产之一,对此,弗里德曼有清楚的认识。[②] 在几十年后的一次访谈中,弗里德曼回忆了瓦伊纳的价格理论课程,谈到马歇尔把数学用作"分析的引擎",继而说道:"瓦伊纳无疑也把数学当作分析的引擎。如果你上他的课,当你修完课程时,无疑也会觉得经济学确实是有关真实问题、真实现象的。"(哈蒙德,1992,第104—105页)[③]

其实,在我们手头这本书出现之前,马歇尔的《经济学原理》一直是弗里德曼的主要课堂教材。在芝大的思想空间中,马歇尔方法无处不在,以致出现了这样的打油诗:

[①] 援引自哈蒙德(2006)。这段话来自弗里德曼的经济学300a课程的授课笔记。

[②] 而与瓦伊纳一起教授价格理论的奈特,更像是抽象的理论家。

[③] 瓦伊纳的课程与弗里德曼的课程的共同点,甚至包括了阅读书目。他们的书目有很多是重叠的,特别是,他们都运用了马歇尔的《原理》,还有诸如舒尔茨(Henry Schultz)的"统计需求曲线的含义",瓦伊纳的"成本曲线与供给曲线",克拉克(John Bates Clark)的《财富的分配》,穆勒(John Stuart Mill)的《政治经济学原理》以及斯密(Adam Smith)的《国民财富的性质和原因的研究》等。参见哈蒙德(2006)。

> 我拜读我的马歇尔,
> 从头到尾终而复始,
> 细致入微一丝不苟,
> 于是成了芝大教授。

当经济学界在阿罗(Kenneth Arrow)、德布鲁(Gerard Debreu)和萨缪尔森(Paul Samuelson)等大牌学者的影响下,转向运用越来越复杂的数学建模时,[①] 这种对马歇尔的信仰仍然绵延不绝。久而久之,反而增进了芝加哥方法的独特性。弗里德曼偏好马歇尔的一个后果是:在瓦尔拉斯方法盛极一时之际,他不大重视瓦尔拉斯的一般均衡理论——后来,贝克尔(1991,第143页)还把这一点看作是该课程的一个缺陷。

马歇尔方法表面的简单化,特别是它与瓦尔拉斯一般均衡理论的数学技巧的不同,往往掩盖了它所具备的洞察力水平。卢卡斯说,弗里德曼的课程展示了"经济学理论所能处理的问题范围……这范围涵盖一切。我们由此感觉到,我们获得了处理人类事务任何问题的一种强大工具——事实确是如此"(Snowdon and Vane, 1998,第120—121页)。贝克尔对于弗里德曼方法及其影响,也表达了非常相似的观点。他说:

> 他的课程强调把理论运用于现实世界,这为芝大经济系定了基调。他认为必不可少的,是牢固掌握价格理论基础,特

---

① 参见诸如阿罗和德布鲁(1954)、德布鲁(1959)、萨缪尔森(1947)。

别是所谓局部均衡的供求分析。但是，理论并不止步于理论本身，或只是继之以技巧炫耀。毋宁说，只有当它有助于解释真实世界的不同方面时，理论才是有价值的。(1991，第142页)

价格理论"不是绣成的鸳鸯，而是度人的金针"①，这一点在本书附录B中体现得很充分。附录B包含了约20页的问题。正如弗里德曼在1962年版的序言中提到的，② 其中很多问题是与施蒂格勒、迪雷克托讨论的结果——当弗里德曼在芝大经济学系开设价格理论课程时，迪雷克托也正好在法律学院讲授价格理论。③ 这些问题都是应用性的，而非技术性的训练。其中包括运用经济学推理，分析收费公路、汽车安全规定、版税、出租车牌照、垄断价格、税负影响等，很多问题直接来自一时的新闻焦点。这种对运用的强调，反映了本书把价格理论当作是一种思考的方法或门径，而不是纯粹的应用数学的技术操练；同时，也展示了基础的微积分和几何分析，在结合严密的分析推理时的威力。

正是这一点，表明了联结本书与弗里德曼的更多学术研究（包括他的宏观经济学、货币经济学）的主题，即他坚信，经济学需要联系并处理真实世界的问题，而不是成为纯粹的抽象思辨和理论把戏。对弗里德曼来说，这有两层含义：第一，理论必须是有用的，即理论作为一种"语言"或"存档系统"，应该能够让人厘清他对于相

---

① 哈蒙德(2006)。
② 见第xviii页以下。*
* 书中所提页码均为英文原书页码，即本书边码。——译者
③ 迪雷克托还是弗里德曼的妻舅。

关现象的思路。第二,"联系"意味着,仅有理论是不够的,理论还必须能推导出一套可以被经验验证,并用于推测的命题。就是说,在弗里德曼看来,经济学要不仅是一种语言,还是一套实质性的经验命题。[①] 如哈蒙德(2006)指出的:对于弗里德曼来说,"经验事实才是理论的关键"。缜密的逻辑推理和高效的统计分析相结合,便是弗里德曼的整个经济学研究的特征。

芝加哥方法把大多数经济学家所说的微观经济学带到了前所未有的层面。认同芝大价格理论传统的经济学家,尽管对价格理论的看法与运用彼此并不一致,但是,他们都关注价格在各种场景中的核心作用,关注"价格激励"如何长袖善舞,决定了社会经济的结果。诚然,弗里德曼的价格理论,比起贝克尔等人在过去几十年间用于社会各个方面的赤裸裸的理性选择理论来,多少有一些局限性;但是,现在由贝克尔和墨菲教授的经济学301课程,显然继承了弗里德曼。其独特的芝加哥风格,可见于阅读书目——包括1980年以前出版的大量作品,其中就有弗里德曼的《价格理论》、贝克尔的《经济理论》(1971)和奈特的《经济组织》(1933)。

弗里德曼身处源远流长的芝大教学传统的源头,在一样久远的芝大式的价格理论著述传统中,他的《价格理论》也有同样的地位。奈特的《经济组织》,施蒂格勒的《竞争价格理论》(1942,之后多次修订,更名为《价格理论》),贝克尔的《经济理论》(1971)都是这个传统的一部分。稍事浏览现在流行的研究生课本,如范里安(Hal Varian, 1992),克雷普斯(David Kreps, 1990)和马斯库

---

① 见第一章第7—8页及以下,同时见弗里德曼的"实证经济学方法论"(1953)。

勒、温斯顿、格林（Andreu Mas-Colell，Michael Whinston, and Jerry Green, 1995）等，就很清楚芝加哥方法的特性。这个传统还延伸到了大学本科的课本，如戴维·弗里德曼（David Friedman）的《价格理论：中级课程》[①]、麦克洛斯基（Deirdre McCloskey）的《实用价格理论》和兰兹伯格（Steven Landsburg）的《价格理论及其运用》等。就像研究生的课本一样，这些课本也展示了与那些更为正统的竞争对手大相径庭的学科方法。

对于芝加哥方法的意见，言人人殊。但不管你意见如何，它已然在经济学科内外、在学术界内外产生了深远的影响。芝大的价格理论传统保持了非常旺盛的生命力。我们也很高兴看到，阿尔定商务出版社把弗里德曼的《价格理论》纳入了出版计划，这将有助于未来的学生与研究者取而研读。

米德玛（Steven G. Medema）[*]

参考文献

Arrow, Kenneth J. and Gerard Debreu (1954) "Existence of an Equilibrium for a Competitive Economy." *Econometrica* 22 (July): 265-290.
Becker, Gary S. (1971) *Economic Theory*. New York: Knopf.
—— (1991) "Milton Friedman, 1912-." In Edward Shils, ed., *Remembering the*

[①] 该书现已绝版，但可在网络上找到，网址为：http://www.daviddfriedman.com/Academic/Price_Theory/PThy_ToC.html。戴维·弗里德曼是米尔顿·弗里德曼的儿子。

[*] 米德玛是科罗拉多大学的经济系教授，著有《经济学与法学》《经济史学家与经济思想》等。——译者

University of Chicago: Teachers, Scientists, and Scholars. Chicago: University of Chicago Press. Reprinted in Hammond (1999).

Debreu, Gerard (1959) *The Theory of Value*. New York: J. Wiley and Sons.

Fand, David I. (1999) "Friedman's Price Theory: Economics 300 at the University of Chicago in 1947-1951." In J. Daniel Hammond, ed., *The Legacy of Milton Friedman as Teacher*, volume 1. Aldershot: Edward Elgar Publishing, pp. 9-21.

Friedman, David (1986) *Price Theory: An Intermediate Text*. Cincinnati: Southwestern.

Friedman, Milton (1953) "The Methodology of Positive Economics." In *Essays in Positive Economics*. Chicago: University of Chicago Press.

—— (1962) *Price Theory: A Provisional Text*. Chicago: Aldine.

Friedman, Milton and Rose D. Friedman (1998) *Two Lucky People: Memoirs*. Chicago: University of Chicago Press.

Hammond, J. Daniel (1992) "An Interview with Milton Friedman on Methodology." *Research in the History of Economic Thought and Methodology* 10: 91-118.

—— (1999) *The Legacy of Milton Friedman as Teacher*, 2 vols. Aldershot: Edward Elgar Publishing.

—— (2006) "The Development of Postwar Chicago Price Theory." In Ross Emmett, ed., *The Elgar Companion to the Chicago School*. Aldershot, Edward Elgar publishing, forthcoming.

Hammond, J. Daniel and Claire H. Hammond, eds. (2006) *Making Chicago Price Theory: Friedman-Stigler Correspondence, 1945-1957*. London: Routledge.

Knight, Frank H. (1933) *The Economic Organization*. Chicago: The University of Chicago. Reprinted New York: A.M. Kelley, 1951.

Kreps, David (1990) *A Course in Microeconomic Theory*. Princeton, NJ: Princeton University Press.

Landsburg, Steven (2004) *Price Theory and Applications*, 6th ed. Cincinnati, OH: Southwestern.

Levitt, Steven D. and Stephen J. Dubner (2005) *Freakonomics*. New York: HarperCollins.

Mas-Colell, Andreu, Michael Whinston, and Jerry Green (1995) *Microeconomic Theory*. Oxford: Oxford University Press.

McCloskey, D. N. (1985) *The Applied Theory of Price*, 2nd ed. New York: Macmillan.

Samuelson, Paul A. (1947) *Foundations of Economic Analysis*. Cambridge, MA: Harvard University Press.

Snowdon, Brian and Howard R. Vane (1998) "Transforming Macroeconomics: An Interview with Robert E. Lucas Jr." *Journal of Economic Methodology* 5 (June): 115-146.

Stigler, George J. (1942) *The Theory of Competitive Price*. New York: Macmillan.

—— (1987) *The Theory of Price*, 4th ed. New York: Macmillan.

Varian, Hal (1992) *Microeconomic Theory*, 3rd ed. New York: Norton.

序　言

在本书初版问世之后不久，我就不再讲授价格理论，转教货币理论，并一直教了近十年。三年前，又回头教价格理论。我打算明年（1975—1976学年）最后一次讲这门课。因此，如果还想对1962年出版的暂定本作较大修订的话，现在看来正当其时。

我不敢诳称，现在这个版本就是我早年教这门功课之际，心目中（或年青时的梦想中）的完美著作。但它确是一个大为扩充的，而且我希望是改进了的版本。我已经补充了初版序言中列举的六项空缺中的四项。没有补充的两项是产业组织和一般均衡理论。前者仍付阙如的理由在第六章的末尾给出。后者是因为：关于经典的瓦尔拉斯一般均衡方法，目前已有许多很好的论述，而我又无力为一般均衡理论的最新发展，特别是在增长模型下的发展，给出一种简洁而又可靠的阐述。而且，我很有些怀疑：一般均衡理论迄今的发展，也许仍处于初级的、不能令人满意的状态。

除补充上述空缺之外，我还在这一版中增加了关于个人概率的讨论，以完善不确定性条件下的选择的效用分析；并插入了一篇主要论述菲利普斯曲线的讲稿，那是我1974年9月在伦敦所作的演讲。这个主题看起来也许更像是属于货币理论，而非价格理论。但我认为它同时归属两者，我所依据的理由将在正文中说明。

这个版本也和初版一样，列出了课程阅读书目，以及布置给学生作为课外作业的习题辑录。初版中的这些习题引起了业内人士的关注，对此我很是欣慰。但是，我没有持续跟踪由这些习题引出的文章与批注，因此，我不能提供全面的参考文献。在这一版，我保留了初版的所有习题，并补进了此后新增的指定习题。在习题方面，使我受益最多的仍然是迪雷克托和施蒂格勒，同时我亦不断得到其他同事的帮助。

在准备这一版的过程中，很多读者的批评与建议让我获益良多，包括那些以这本书为教材的老师们。其中，科尔贝格（Marshall Colberg）帮助尤甚，这里谨向他及其他发来评论的各位致以诚挚谢意。我还要衷心感谢我的秘书瓦伦婷（Gloria Valentine）女士，她在准备这一版的过程中，继续展现出一种难以企及的效率——这效率也许只有在她烹制美味佳肴时才能媲美。

最后，我还必须提及在为连续几届富有才华又热情洋溢的研究生教授价格理论时，我个人得到的极大满足。价格理论的形式结构具有美学的品质，它经常让我想起济慈（Keats）《希腊古瓮歌》[*]中著名的最后两行诗句：

"美即是真，真即是美"，

---

[*] "Ode on a Grecian Urn"，诗名翻译见钱锺书《管锥篇·老子王弼注》十四。《辞海》作《希腊古瓮颂》，《英汉大词典》作《希腊古瓮》。——译者

这是人在世上所知一切,
也是世间所须知的一切。

米尔顿·弗里德曼
于佛蒙特州伊里市
1975 年 8 月 3 日

暂定版序言

本书的内容第一次油印并在芝加哥大学的价格理论课程上使用迄今，已逾十年。在这期间，我始终不愿意将这些笔记正式付梓。因为我不满意于笔记的杂乱无章；因为我还想以此为基础编写出更翔实、更令人满意的价格理论论著；也因为我乐观地认为，自己可以马上着手准备这样的著作。但是，作为一名实证经济学家，我不能无视这十年间堆积的事实证据。显然，我必须放弃"宏篇佳构近在眼前"的幻想。而且，想让这份油印本偃旗息鼓，不致广泛传播，又已然行不通了。因此，尽管我始终不能满意，最好还是让它公开出版吧。

这些笔记起源于范德的创业者精神——当时他还是芝加哥大学的学生。他与古斯塔斯合作，记录了我于1946年开始在芝加哥大学教授的双季价格理论课程的讲课摘要。我审阅了摘要，作了详细的修订，有些地方进行了改写，有些地方换成了以前所写但没有发表过的资料，并在当时及此后一段时期，不时地插入一些看来特别相关的已发表的材料。如果没有范德和古斯塔斯的工作，这些笔记永远不会出现，因此，我很感激他们。

在目前这个版本中，再版的材料包括：一、一篇题为"所得税和消费税的'福利'效应"的文章,是首次发表于《政治经济学杂志》的论文的修订版,这里重印自我的《实证经济学论文集》;二、我在《商业集中与定价策略》的评论中有关统计成本曲线的若干页内容;三、刊于赖特(David McCord Wright)主编的《工会的影响》一书的敝文的一部分;四、重印自《政治经济学杂志》的"选择、机会与个人间收入分配"一文。感谢芝加哥大学出版社、普林斯顿大学出版社和瑞特先生允许我重印这些文献。

有了这些笔记之后,我在教授价格理论的课程中,又发现了还有一些必须在课堂上加以补充的重要缺环。具体包括:(1)收入在当期消费与财富积累之间分配的理论;(2)产业组织,特别是关于个体厂商经济学的问题;(3)收入的规模分布的事实与理论;(4)利润理论;(5)资本理论——笔记中关于这个主题的最后一章写得过于简略,特别是这章中关于收入流与资本关系的计算、存量—流量的分析等方面;(6)一般均衡理论。

在本书的这一版中,我增加了两个附录,它们可能有助于弥补上述缺环,也有助于充实笔记内容。附录A给出了我在课程上使用过的阅读书目。附录B给出了我布置学生在所谓阅读时间里要做的一些习题的辑录。这些习题包括两部分,第一部分在前一学季布置,第二部分在后一学季布置。因为没有更好的顺序安排,每一部分中,我只是简单地按照它们当时被布置的时间先后予以排列。第一部分习题主要用于弥补上述第(2)项缺环,因此主要涉及产业实践的解释。部分习题的答案现在可以在文献中找到,但我不打算给出参考答案。正如每位教师都知道的,课程习题及考试用的题目几乎是共有财产。对于本书给出的大部分习题，我自己都无法追根溯源，只知道让我受益最多的是迪雷克托和施蒂格勒两位，从他们那里，我无所顾忌地借用了很多习题。

米尔顿·弗里德曼

第一章 导论

本书研究价格理论。全书以较大篇幅讨论最终产品定价,其余部分讨论分配理论。之所以用较大篇幅讨论最终产品定价,是因为:分配理论是定价理论的一种特例,只不过,它涉及的是生产要素的定价。因此,解释产品市场价格的原理,同样适用于解释要素市场的价格问题。

第一节 经济学的内涵:经济理论

经济学是一门关于特定社会如何解决其经济问题的科学。只要是以稀缺的资源追求各种不同的目标,就会出现经济问题。如果资源并不稀缺,就根本没有问题,那是天堂。如果资源稀缺,但目标单一,那么,如何使用资源就是一个技术问题,其解决之道不会涉及价值判断,只需要懂得客观的与技术上的关系。例如,有一定数量的钢铁、劳动力等,用于制造一台最大马力的发动机,这就是一个纯技术的问题,只需要有关的工程学与物理学知识。另一方面,如果目标是制造一台"最好"的发动机,其中"最好"的意思不仅包含马力,还包括重量、体积等,那就不再是单一目标。即使再多的纯粹物理与技术知识,也不能提供解决方案,因为,这些知识不能告诉你：为了减轻一定重量，舍弃多少马力是"值得"的。这，就是一个包含了价值判断的经济问题。

经济问题的这个概念非常一般化，超出了通常认为属于经济学的范畴。例如，依照这个概念，当一个人决定如何安排他的闲暇时间时，他就是在处理经济问题。严格说来，确实很少有纯粹技术的问题。即使是前面的例子，制造发动机的工程师也会有其他目标，如考虑从事其他事情、使工作更为愉悦等等，这些都会影响他在处理上述技术问题时决定付出的努力程度。同时，这个概念也很宽泛，因为它同时包含了鲁宾逊·克鲁索经济、落后的农业经济和现代工业社会中的问题。

但是，我们界定的经济学，并非对上述所有经济问题都感兴趣。它是一门社会科学，因此，主要关注那些需要不同个体之间合作与互动才能解决的经济问题。只有当个人行为牵连到或影响到其他个人时，经济学才会关注只涉及单一个体的问题。此外，它关注的不是抽象层面的经济问题，而是一个特定的社会如何解决它的经济问题。形式上看，无论是鲁宾逊经济、落后的农业经济、共产主义的现代化工业社会，还是资本主义的现代化工业社会，经济问题都是一样的。但是，不同社会运用不同的制度安排来解决各自的经济问题。因此，每种社会需要不同的经济学，或经济学的不同流派。事实上，最终很多问题对于各个流派都是共通的——但这不能是事先要求的，而应是经济学研究的结论之一。

我们界定的经济学，可谓是一种折中：一边是完全一般化的经济问题的定义，另一边是与之相反的、理论运用的具体化的愿景。我们的经济学介于两者之间。

这样界定的经济学，如何与其他学科区分开来呢？

经济学强调"各种不同的"目标，从而引入价值判断，这使它有别于技术与物理科学——后者关注的是稀缺资源与单一目标之间的关系。而接受目标既定，又使它有别于心理学与伦理学——心理学探讨目标偏好的形成，伦理学处理对目标偏好的评价。

3　最困难的是划分经济学与政治学之间的界限。政治学研究的那些政治制度，无疑也是一个特定社会使用稀缺资源追求各种不同目标的手段。拉斯韦尔（Harold Lasswell）有一部名著，就叫《政治学：谁得到什么，何时得到，如何得到》。如果把政治学换成经济学，这个书名显然也很适合——但这样题署的书，内容会全然不同。

我们不妨看一下马歇尔给出的定义：经济学是"一门研究人类日常生活事务的学科；它考察个人与社会行为的一部分——这部分行为与获取、使用实现幸福的物质必需品密切相关"。在马歇尔时代的英国，这个定义可能是很恰当的。但如今，鉴于政府在获取与使用"实现幸福的物质必需品"上扮演了如此重要的角色，这个定义也未能将经济学与政治学区分开来。

更重要的是，马歇尔的定义意味着这两门学科的基本区别在于所追求目标的性质上：经济学关注的是"物质需要"，其他学科关注的是"非物质"需要。但这个区分标准无法令人满意。经济学不仅讨论物质需要的资源使用，也讨论艺术、文学、戏剧、教育以及其他"非物质"需要的资源使用。而另一方面，政府的农业政策显然又是关于"物质"需要的。

更令人满意的区分标准，是所研究的组织方式不同：经济学主要关注用于组织资源使用的市场买卖机制；政治学主要关注含有强制力的机制，无论这种强制力来自当局，还是直接投票。但是，即使这种区分，也远未完全令人满意。因为，经济学有很多内容述及不同强制力的影响；而政治学又无法回避政府对市场安排的干预问题。

这种划定两者界限的困难，业已产生了一些正面的影响。1960年代初以来，这两门学科中最振奋人心的发展之一，就是运用经济学工具，分析政治上的安排。这种学科间的融合是经济学家与政治学家的共同功绩，唐斯（Downs）、达尔（Dahl）、施蒂格勒、布坎南和塔洛克（Tullock）是其中的少数佼佼者。

第二节 四个经济部门

回到我给出的经济学定义中对"特定社会"的强调上来：比照我们自己的社会，就能说明用于解决经济问题的各种制度安排之间的差异。大家可以认为，我们的社会由四个部门组成，分别是政府部门、家庭部门、由非营利机构构成的部门和市场部门，每个部门利用了原则不同的制度安排。

无论美国还是苏联，每个社会所有资源的很大一部分，也许是半数以上，都是由家庭部门使用。所有社会的主要资源都是人的生产能力，即现在所谓的人力资本；而人们的大部分时间与精力，并不是耗费在由市场或政府命令组织起来的生产活动中，而是耗费在家庭生活中。而且，很多物质资本——从自有房屋到衣食用品，都是由家庭部门使用。这些资源使用，大部分不会引发社会问题，至少对经济学而言是如此。不过，在家庭部门与市场部门之间存在很多交互。

一项重要的交互,源于一些活动转入与转出家庭。这些转移和其他事项一起,影响了用国民收入估计值量度经济增长的有效性。例如,平均工作时间的稳步下降,就意味着测量到的国民收入增长低估了总产出的增长,因为它忽略了新增闲暇的价值。另一方面,很多活动如洗衣、做饭等,从家庭转到市场,则有相反的影响。

最近几十年,人们越来越多地运用经济分析解释传统上被排除在经济学领域之外的家庭行为。在这方面,贝克尔的开创性工作尤值一提。

家庭内部的组织原则类似于集体主义社会的组织原则,即中央集权。主要区别是,组成家庭对于成年人而言是自愿的。而对儿童而言,连这点区别也不存在。

在美国及其他大部分西方国家,政府部门显然一直在快速扩张。以美国为例,州、地方和联邦政府的支出占国民生产净值的比重,在保持了一个多世纪的基本稳定之后(重大战争时期除外),从1929年的大约10%,上升到1940年的20%,1950年的23%,1960年的30%,以及1970年的35%。这些数据在一些方面夸大了政府的作用,在另一些方面又低估了政府的作用。夸大是因为很多支出只是将资源支配权从一些人手中转移到另一些人手中(如福利支出),而不是直接使用资源(如公路建设)。低估则是因为一些对经济有重大影响的政府行为,可能只涉及微不足道的支出(如进口配额、最低工资、国际商会、反垄断等)。

5   政府行为大部分是通过市场来实施的,或是影响到市场的,因此,政府部门的扩张并没有减弱本书介绍的价格理论的意义。其实，价格理论不仅与美国式"混合"经济中的政府部门高度相关，也与苏联式的所谓完全政府经济的运转密不可分。实际上，虽然后一类经济体的基本组织原则可能是中央集权，但每个这样的经济体也都发现，必须广泛依赖市场机制来组织资源。

在美国，非营利部门是四个经济门类中最小的。它包括大学、教堂、博物馆、非营利医院等公共机构，也包括互助保险公司、互助储蓄银行、合作供销社等。非营利部门的典型特征是：管理这类机构的人，不是作为"所有者"的代理人或一般的国家代表来行使职权，而是作为特定目的的受托人（如大学或教堂的情况）或自发群体的受托人（如保险公司的投保客户）。当然，很多情况下，非营利组织仅仅是为避税而设。无论如何，至少在西方国家，非营利部门主要也是通过市场运作的。

市场部门与上面所有其他部门都有重叠。市场部门的基本原则是：通过买卖，组织资源的使用。

在"纯粹"的市场经济中，个人之间的合作完全通过自愿的交易来完成。这样一个经济体，最简单的形式是由很多个体家庭组成——好像是一群鲁宾逊的集合。每个家庭利用自己支配的资源生产商品与服务，并以交易双方都可接受的条件，换取其他家庭生产的商品与服务。因此，每个家庭通过为他人生产商品与服务间接满足自身的需要，而不是直接为自己生产当下需要的商品与服务。当然，采取这种迂回的方式，是因为通过劳动分工和职责专业化，产出可能增加。由于家庭总是可以选择直接为自己生产，因此，如果没有好处，它是不会参与任何交易的。从而，只有在交易双方都能受益时，交易才会发生，而且，这种合作关系是无需强制的。

如果最终生产单位就是家庭,职责专业化与劳动分工将行之不远。在现代社会,我们已经走出更远。我们引进了厂商,在个人作为劳务供给者与商品购买者的双重身份之间发挥中介作用。我们又引进了货币,以促进交易便利化,避免物物交换,并因此使买卖行为能够一分为二。

引进厂商与货币,并没有改变市场机制的基本原理,但确实增加了麻烦。这些麻烦正是价格理论以及货币理论的主要话题。另一个更为基本的改变是由市场部门与其他部门(特别是政府部门)的相互参合而引起的。价格理论很多最微妙、最有趣的应用,都涉及各种政府干预的影响的分析。

苏联与美国都可以说是厂商—货币交易经济体。在这两个国家,家庭部门之外的大部分资源都由厂商使用。厂商通过货币购买,获得资源的使用权,并通过货币销售,分配大部分产出。关键区别是:在苏联,几乎所有厂商都是公有的,或政府的;而在美国,大部分是私有的。其含义是说,剩余收入获得者——有资格获得(或被要求支付)销售收入与资源购买支出之间的差额的团体或个人——在苏联是全体人民,在美国是具体的个人。[①]

我所强调的厂商性质之不同,并不就是常被认为至关重要的差别——所谓美国是"私有产权",苏联是"公有产权"。在两个国家里,包括人力在内的广义财产,大部分都是私人所有。两国的差别也不在于个人(包括企业经理)在美国是根据私人利益行事,在苏

---

① 不过,这种表述也不免失之过简。由于美国对超过 25 000 美元的年收入征收 48% 的联邦企业所得税,因此,美国政府实际上拥有所有美国企业 48% 的所有权,并且是这个比例的剩余收入获得者。

联则依照公共利益行事。在两个国家里，个人主要都是依照他们自己的利益（指相对狭窄的定义）[①]行事。区别只在于：最终剩余收入获得者的性质，改变了与各种行为相关的奖励和处罚，并因此改变了人们依照利己主义所采取的行动。形象地说：两国工厂的经理都必须考虑因所谓经营不善而被解雇的可能性，但苏联的经理还必须考虑被枪毙的可能。

私人厂商—交易经济体之间，也存在很大区别。就价格理论而言，关键的区别也许在于创办企业必须具备的条件。一个极端，创办企业需要政府许可，而且不仅仅是形式上的许可（例如在美国，银行业、能源行业及很多其他领域的情况即是如此）。另一个极端，任何人都可以自由地创办企业，无需政府特别许可（例如在美国，大多数零售业、制造业等的情况即是如此）。

"自由厂商"中"自由"的概念，应该解释为设立企业的自由，而不是一个人可以凭借其企业为所欲为（包括阻止他人设立企业）的自由。

第三节　经济理论的划分

有时，经济学被分为实证经济学和规范经济学两种。前者讨论经济问题是如何解决的；后者处理经济问题应该如何解决。例如，价格或租金管制对收入分配的影响如何，是实证经济学的问题；而这些影响是否可取，是规范经济学的问题。本课程仅仅涉及实证经

[①] 加上这个限定，是为了避免这句话成为纯粹的套套逻辑——引起人们行动的，一定就是他们视为自己利益的。

济学。

在实证经济学中,主要分科是货币理论与价格理论。货币理论讨论一般物价水平,总产出、总就业的周期性及其他波动等等;价格理论讨论资源在不同用途间的配置,一种商品之与另一种商品的相对价格等。这两种主要理论分支的划分,并不是由先验的因素决定的,而是反映了两个多世纪以来的经验概括:决定物价水平及经济活跃程度的因素,与决定相对价格与资源配置的因素,可说是大相径庭。当然,两组因素也有重叠的部分,但在大部分问题上,这种重叠被认为微不足道。

专业上,人们把货币理论称为宏观经济学,把价格理论称为微观经济学。这种说法并不合适,因为它给了人们一种错误的印象,以为货币理论关系大的(*macro*)问题,价格理论涉及小的(*micro*)问题。其实,两个理论分支主要都是关注于理解大问题:如货币理论中的物价水平;价格理论中小麦或铜的相对价格。两个理论分支都通过分析小问题以增进对大问题的理解:如货币理论中,单个货币持有者对现金余额的需求;价格理论中,单个家庭对面包或咖啡器皿的需求等。

本书全部讨论价格理论。

像所有理论一样,经济学理论也可以一分为二地理解:既可以看作是一种语言或归档系统,也可以看作是一套实质的、经验的命题。就理论的第一层含义而言,需要追问的是它的有效性,而不是对错。例如,"价格由需求与供给因素共同决定"的命题,仅仅是为了建立一种行之有效的归档系统,以便把任何影响价格的因素都归于"需求"或"供给"的名目之下。反过来,这个归档系统的有效性又取决于实质性的一面，即所有影响需求的因素和所有影响供给的因素之间，交集是否少之又少。作为一套实质性命题的经济理论，包含了原则上可以验证的命题，因为这些命题的用意就是作预测。例如，需求曲线的定义就是"作为语言的理论"。需求曲线向右下倾斜的论断，则是一种实质性命题的理论。这个论断能够得出可经验观察到的结果，而需求曲线的定义不能。作为语言的理论，相当于马歇尔所谓的"分析的引擎"，其目的是构建一种语言系统——这种语言系统既有利于澄清思路，又能够有效促成实质性命题的发现。

第四节　价格体系的运行

像奈特在《经济组织》一书中指出的，经济问题可分为相互联系的五个问题。每个社会都必须制定一些规则以处理这五个问题：(1)确定标准，(2)组织生产，(3)分配产品，(4)保障经济的持续与发展，以及(5)短期内调整消费以适应生产。

如前文所述，从根本上说，可用于处理这些问题的，只有两种组织原则：中央集权和市场（即指令式和自愿交易式）。但是，不同国家或一个国家的不同部门，会采用这两种原则的各种组合，由此带来了很多现实复杂性。

关于纯粹理想状态的指令式经济，没有什么特性值得一讲。形象地说，这种经济体就像一支军队：指挥官发出命令，严格逐级传达，支配最底层步兵的每一个行为细节。奈特的五个问题在这个过程中全部解决了。但是，对于任何包含了一定的人口，面临一定复杂性问题的社会或组织来说，这个比喻有很强的误导性。以纯粹指令原则管理这样的社会或组织，是根本不可能的。身处中枢的人不可能掌握这样操作所需的信息，也不可能有能力传递和执行如此详尽的指令。就拿细节来说，工人在劳资纠纷中普遍采取的策略，是"死扣规章变相怠工"，即只按书面规程或命令行事，结果导致了生产停顿。因此，在实践中，"指令"总是要辅之以自愿合作。

纯粹理想状态的自由厂商—货币交易经济，则需要进一步的讨论，以说明不同类型的价格在解决上述各个问题上，如何发挥关键性的作用。

存在各种不同的目标，就意味着一定有一些方法，可以评价这些目标，并调和社会中每个人对这些目标的评价分歧。在自由厂商—交易的经济中，这项任务基本上是以货币在市场上投票来完成的。事实上，这是一种有效的、按比例表达意愿的机制，允许社会上的每个群体以货币投票的多寡表达他们的意愿。自由厂商—交易经济中各成员的投票通过价格揭示出来，转而，价格反映了社会的标准。

给定这些标准，一定存在某种机制，可以把这些评价或选择转化为生产活动。于是，生产在行业之间与行业内部被组织起来。这是由价格体系通过两组价格——产品价格与资源（或生产要素）价格——的相互作用实现的。产品价格与生产成本相比较，决定了资源在不同行业之间的分配；资源的相对价格，决定了各要素在行业内部的调整组合。

每个社会还必须具备某些手段，以便在社会个体之间分配总产出。在自由厂商—交易经济中，这项任务就由价格体系来完成。这种社会中的每个人分别拥有生产资源。通过在市场上以某个价格出售生产资源的服务，个人获得了对产出的要求权。某个人的总要求权，取决于他所拥有的资源数量，以及这些资源的服务能够得到的卖价。因此，要素价格——或单位资源在单位时间里的回报，和资源所有权的分配一起，决定了总产出在社会个体之间的分配。

价格像是指示牌，指明哪里最需要资源，而且，价格激励人们遵照这些指示牌行事。利用要素价格分配产出，使另一种价格——产品价格——可以发挥确定标准、组织生产的作用。这种联系是至关重要的。集体主义国家试图更多依赖市场机制的最大困难，就在于他们要把产出分配和利用价格传导信息、组织生产分离开来。

上述前三个问题讨论的是由生产向消费的调整。这是静态社会中的成员必须关心的全部经济问题，即组织现有资源，并按已知的方式加以利用。而动态社会中的成员还面临着影响资源体量、改进资源利用方式的问题。这就是第四个问题：经济的持续与发展问题。自由厂商—交易经济中解决这个问题的相应价格是利率——利率激励资本所有者保持或增加其资本数量。

在产出数量相对固定的短期，必须有某种方法，可以调整消费以适应生产，在潜在消费者中分配数量有限的产出。分配可能根据好恶、贿赂、运气或者价格——但无论根据什么，分配都必须完成。如果允许人们为商品自由投标叫价，价格会调整到这样的水平：在这个市场价格上，人们想买的数量正好等于可得的数量。

因此，价格在解决以上五个问题中，发挥了三种作用：传递信息，激励资源的使用者按照该信息行事，激励资源的所有者也据此行事。

像上面这样的简单描述，其中主要有两大难题：一是过度简化；二是把描述与辩护混为一谈的危险。价格体系所要处理的问题极其复杂，涉及地球上亿万人口的行动的协调，以及人们对不断变化的环境的及时调适。它是解决这些问题的非常微妙、非常复杂的工具。而对世界漫不经心的环顾，会让我们低估问题以及解决问题的工具的复杂性。因为，只要市场体系在运行，我们就很难意识到它的存在。只有当某些情况出错时，其复杂性才会引起我们的关注。简单描述必然导致过度简化：只强调最显眼的部分，忽略了并非不重要的细节。

我们根据以上描述对价格体系作规范性判断时，有几点必须牢记于心。第一，上面的描述隐含地假设了，在将消费者的意愿转换为生产活动的过程中，存在着有效竞争。这即是假定，人们要影响收入，只能通过运用自己的资源，而不能通过干预价格体系。或者说，有竞争的自由，但没有联合的自由。第二，起支配作用的是有金钱支持的需求；投票与一个人拥有的货币量成比例。这并不是不言而喻的"公平"。但应该记住，根本的不平等在于资源所有权的不平等。市场所做的主要是决定每单位资源的回报，因此，没有理由认为，市场加剧了资源所有权的不平等。而且，任何程度的不平等，在一个主要由身份与传统支配的经济体中，比起有很多机会改变资源所有权的市场经济，其危害性要严重得多。历史上看，在非自由市场的经济体中，根本的经济地位的不平等一直比自由市场经济体来得更严重一些，而且几乎可以肯定，现在也是如此。

现实中每个社会都是这两种理想状态的混合体——尽管不同社会之间，混合的具体情况千差万别。指令的因素可能以各种方式在各个层面上引入。例如，烟草税就把"指令"因素引入了标准制定，导致烟草的相对成本，比之在纯粹关涉技术的情况下，要更高一些。国际商会关于铁路营运的规则，是把指令因素引入生产的组织环节。福利金与所得税则是把指令因素引入产出的分配环节。

这些是通过明确的政治途径，有意引入指令因素的例子。还有一种情况，是利益的受益方或损失的责任人难以界定，而导致了指令因素。如庇古（Pigou）介绍的经典案例：如果我家烟囱冒出来的烟熏脏了你的房子，而你又不可能要我为这个强加于你的损失支付赔偿，这就带来了指令因素。实际上，是你替我付了一部分房屋供暖的费用。如果能够得到适当补偿，你会乐于这么做。但现在你这样做并非自愿交易的结果，而是由于我处于一种"指使"你的地位上。必须强调的是：这是一个非常复杂的问题，这个案例只说明了可能性，而没有分析由此牵扯出的种种问题。

第二章 需求理论

第一节 需求的概念

我们在分析中,把"需要"视为既定。但应该认识到,需要既可看作是行动的原因,也可看作是行动的结果(马歇尔《经济学原理》第三卷第二章即持这种观点)。有一种"工作为生活"学派,认为需要是第一性;另有一种"生活为工作"学派,认为行动是第一性。这种区别在很多方面有基础的意义,乃至成为经济学家对很多问题持什么立场的关键。例如,某人如果属于"工作为生活"一派(也许是含蓄的),像汉森(Alvin Hansen),就可能强调现实的需要,把消费者视为支配性的经济主体,把消费函数看作是稳定的,是理解经济运行的关键,并且容易接受停滞的观念。另一方面,某人如果属于"生活为工作"一派,像熊彼特(Schumpeter),就会把生产者—创新者视为支配性的经济主体,强调创新(即使创新可能是波浪式推进),并青睐于动态的经济发展理论。

需要的相对性,或者说非恒定性,有一系列重要的含义。首先,这种性质直接影响资源的配置。因为,需要的相对性意味着:一种基本需要将引申出更多的需要,例如鉴赏音乐或艺术的需要,会引申出对教授这些鉴赏课程的需要,而后者将使从事教授音乐或艺术鉴赏工作的教师增加。其次,也是更重要的,这种性质意味着完全满足全部需要,即真正的富足经济,是不可能的。在某个时点上满足了全部现有需要,就意味着会出现一系列新的需要。按照150年前美国的标准,或者今天世界上一些欠发达地区的标准,现在美国的生活水平可比是天堂,但并不见美国人就已心满意足。由此推见,确定绝对意义上的最低生活标准是不可能的。一种广为流传的误解认为,这样的标准可以"科学"确定下来——所谓"科学",通常是指根据物理、生物的规则而定,而不是依照"主观价值"的判断而定。但是,如果我们就订立于不同时期或不同社会的各种最低生活标准作一比较的话,就会发现这显然是无稽的。所谓的最低生活标准差别巨大,而且明显反映了习俗规范的差异。同样,考察各种标准中的食品部分也可见其无稽。已有证据表明:在由试图确定最低饮食成本的专家们通常所分派的食物量中,仅需1/4或更少的量,就能满足必要营养之所需。其余部分,只能被认为是为了满足多样性的需要,或者口味上的需要等等,即各种不能客观评价的需要。

尽管有这些限制,经济学理论通常还是把需要视为既定。这主要是学科分工的问题。经济学家很少涉足需要的形成研究,那是心理学家的研究领域。经济学家的任务是追踪任何给定需要所导致的结果。与任何其他理论抽象一样,这种抽象的合理性与正当性,最终必然取决于它的解释力与推测力。

讨论需求理论,首先要区分需求表意义上的"需求"和需求量意义上的"需求"。混淆这两种意义的需求概念是有害处的,这一点可见如下表述：(1)价格上升，因此需求下降；(2)需求增加，因此价格上涨。每一种表述分别来看都是合理的，但如果其中"需求"一词含义一样，两句话又明显自相矛盾。当然，实际情况并非如此，需求在前一句中指的是"需求量"，在后一句中指的是"需求表"。在下面的讨论中，需求一词只用于指称需求表，需求量一词则用来指称某个特定的量。

为更清楚地说明这种区分，我们来看这样一个命题："黄油价格变化，可能会影响对人造黄油的需求；但它不会影响对黄油的需求，只是影响黄油的需求量。"

特定人群对一种特定商品的需求曲线可以定义为点的轨迹——每一点表示在某一特定价格下，单位时间内该人群将购买该商品的最大数量。这代表了想要把某一时刻的商品流量与价格联系起来的意图。对很多问题而言，我们可以把需求曲线视为区分两个空间的分界线：需求曲线的左边代表给定需求条件下可以实现的点，即需求者愿意以指定的价格购买指定的商品量；需求曲线的右边代表不能实现的点，即需求者不愿意按指定的价格购买那么多商品（见图 2.1）。

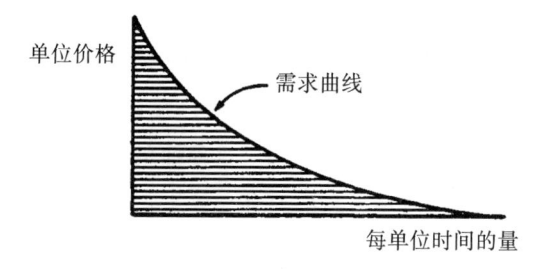

图 2.1

对任何商品或服务的需求，都可能是一种综合需求，即由各种不同用途的需求加总而成。例如，对皮革的需求，是皮鞋对皮革的需求、笔记本对皮革的需求等的综合。一种产品可能与其他一些产品是连带需求的关系。例如，网球拍与网球是连带需求，汽车与轮胎也是连带需求。更一般地说，对任何产品的需求，都是对用于生产该产品的资源的连带需求。对一种商品或服务的需求，还可能是对某种最终商品的需求的派生。例如，对木匠劳作的需求就源于对房屋的需求。

消费者对最终产品的需求是对资源派生需求的渊薮。但是，经销商的需求，在短期内可以独立于最终消费者的需求而波动。经销商的需求可能受到未来价格预期的强烈影响，而消费者的需求受此影响通常要小得多。因此，在研究经销商市场的日常波动时，通常的需求与供给曲线工具就可能不是很有用。当然，形式上，供求曲线还是可用于这个研究目的，但主要关注点不再是沿着曲线的移动，而必须放在曲线本身的变化上。换言之，当影响需求的因素与影响供给的因素大为不同时，需求与供给是有用的概念，就像通常讨论消费者与生产者的情况一样。这里，需求者与供给者通常是不同的人群，因此，影响需求的因素一般不同于影响供给的因素。而在经销商市场，商人们既是需求者又是供给者，频繁地由市场的一方转变为另一方。这种情况下，供给与需求概念的归档系统功能就不是那么管用了。

如果把需求曲线想象为分界线，则在给定条件下，曲线上的一点表示：在单位时间内，购买者根据给定的价格，愿意购买的最大量。更严格地说，我们还应该明确需求者面临的备择。一般的需求

图 2.2

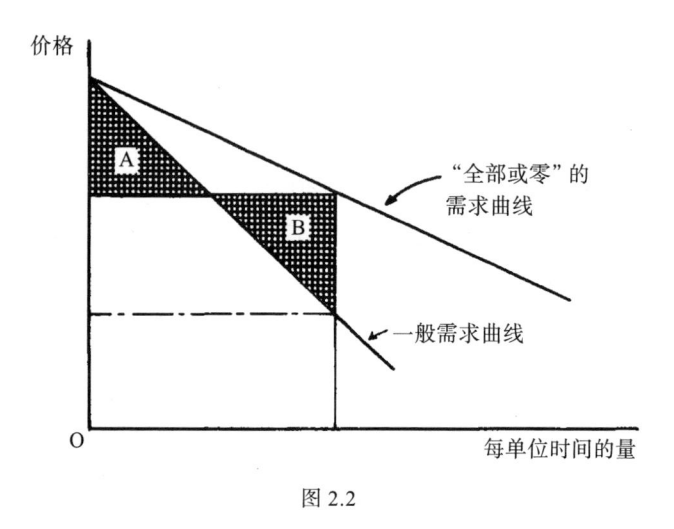

曲线,是假定需求者有自由以指定的价格,购买指定的量,或者比它少的任一量。如果假设需求者面临的是"全部或零"的抉择(即或者买下指定的量,或者完全不买),那么,就会得到另一条不同的需求曲线。一般来说,"全部或零"的需求曲线会在一般需求曲线的右边(见图 2.2)。特定条件下,其位置由如下条件确定:影线区域 B 等于影线区域 A。[①] 更一般地,可以预期,"全部或零"的需求曲线会落在一般需求曲线与根据上述条件确定的曲线之间。"全部

[①] 所谓特定条件是:花在所讨论的产品上的总支出如此之小,以致它的变化不会明显影响消费者对每一单位收入的评价。在这种情况下(即马歇尔所谓"货币的边际效用不变"),一般需求曲线所显示的各数量对应的价格,可视为消费者为新增一单位商品所愿意支付的最大金额,而不管他为此前的各单位商品支付了相同还是更高的价格。因此,一般需求曲线下方的积分就是消费者愿意为指定数量支付的最大总金额。该金额除以商品数量,就是消费者在"全部或零"的决策中,愿意支付的最高平均价格。影线区域 B 等于 A 的条件,就相当于"全部或零"曲线下价格与数量之积等于一般需求曲线下方面积的条件。我们将看到,"全部或零"的抉择相当于完全的价格歧视。

或零"的需求曲线对于分析某些问题是有用的,但我们在这里关注的,主要还是一般的需求曲线。

在需求曲线中,"时间"扮演了三种不同的角色。第一,横轴量度的是每单位时间的数量,例如每月或每年的鞋子"双"数。时间的这种用法使我们能够为即使像钢琴、房屋这样的商品也画出连续的需求曲线,尽管这些商品的购买是离散的。第二,需求曲线上的各点应被看作是在一个时点上的可选项。需求曲线是时点选择的定格,反映的是各种价格水平上该时点的最大购买量。在这个意义上,"时间"是作为"给定条件下"的同义词来使用的。第三,需求曲线取决于调整时期的长短。使用需求曲线的目的是便于分析供给变化带来的影响。反过来,任何给定的供给变化,其影响又取决于允许需求曲线调整的时间跨度。在最短的时间跨度内,条件只允许有很小的变化,我们会看到需求曲线只有最小的弹性。当允许变化的条件范围扩大时,可以预计需求曲线的弹性也会增加,如图2.3 所示。

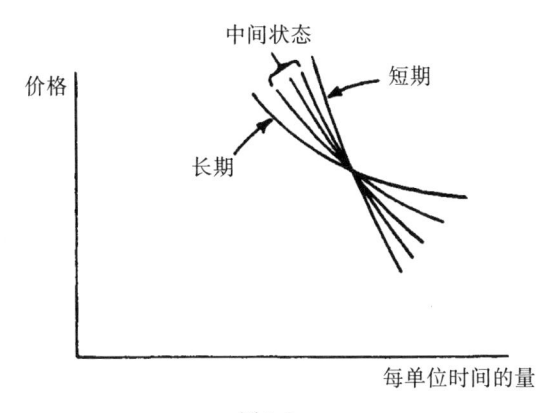

图 2.3

第二节 供给的概念

分析供给,如同分析需求一样,也必须区分供给表和供给量。供给表将符合某种供给条件的价格—数量组合与其他不符合的分隔开来。通常,可认为供给表反映的是实现某一供应量所需的最低价格。这个定义也包括向右下倾斜,即负斜率的供给曲线情况——这一点随后说明。对很多问题而言,供给曲线本身并不重要,倒是它划定的区域更为重要。与需求曲线一样,供给曲线也包括了时间的三种不同意义的用法。在横轴量度每单位时间的数量的意义上有时间。在供给曲线上各点表示某个时点上的可选项的意义上有时间。最后,在绘制一条供给曲线时,是考虑了一定的调整期的——在此意义上也有时间。这最后一种时间用法,使我们能够分别得出短期与长期供给曲线。

现在,我们可以把供给与需求两种工具合在一起,简要考察一下所谓供求定律。

根据需求和供给曲线,相关的或可观测到的价格—数量关系限于图 2.4 中交叉影线所示的三角形。为了表述更准确,这里需要就制度安排方面作出一些假定。在自由市场经济中,图 2.4 中供给表与需求表交叉的点(A)特别有意义。正是在,而且只有在这个价格上,需求方与供给方的意愿才同时得以满足。在任何其他价格上,或者是需求方想买入的量大于供给方想卖出的量(称为"短缺"),或者是供给方想卖出的量大于需求方想买入的量(称为"过剩")。在 A 点,需求与供给背后的潜在力量(而非需求与供给本身),确定

第二章 需求理论

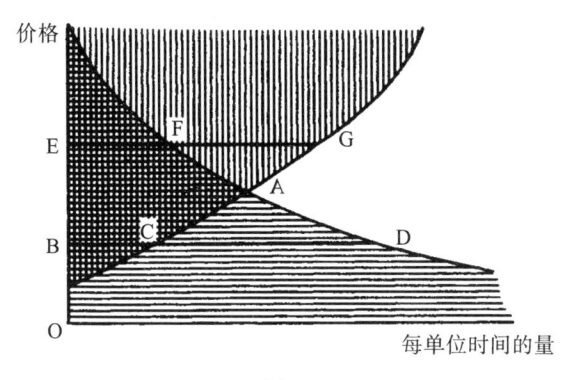

图 2.4

了一个能够平衡供给量与需求量的价格水平。

如果不是自由市场经济为主导,均衡价格可能不在 A 点。例如,假设政府将最高价格限定为 OB,并得以有效执行。那么,需求者会想购入 BD,而供给者只想售出 BC。完整的描述必须具体说明,这样相互冲突的意愿是如何调和的。无论如何,产量 BC 必须在渴望购买更大的 BD 量的需求者中"配给"。CD 就量度了配给问题的大小和最高价格管制的压力。如果处理这个问题的办法不是贴补供给者,而是其他,那么,最终结果总是落在 C 点。同样,假设最低价格被限定为 OE,并得以有效执行。需求者会只想购入 EF,而供给者想售出 EG。现在问题变成了对供给者实行配给,而 FG 量度了问题的严重程度。

下面两个例子可以说明这些概念的用处。首先看一下第二次世界大战期间及战后初期的汽车工业案例。当时,汽车制造商维持了低于均衡价格的标价。结果,很多消费者不能以名义标价买到汽车,而是以各种形式支付了更高的价格:向经销商额外付费,降低旧车回收的折价，或者将实际全新的汽车当作不受价格管制的二手车购买等。比起制造商可自由订立较高标价的情况，这时消费者实际支付的价格其实更高。如果制造商订出了更高标价，汽车的供应量会增加，因为高价会促使制造商进一步增加生产——尽管这时需要更高的成本。很显然，更多的汽车供给量，意味着给消费者提供了一个更低的自由市场价格，因为，无论制造商遵循何种政策，需求状况都是一样的。因此，制造环节的"低价"政策，导致汽车产量下降，最终消费者面临的汽车单价提高，并导致由劳动力与消费者向汽车经销商的收入再分配。图 2.5 简要说明了这个过程：如果允许供给与需求的潜在力量自由发挥作用，均衡产量会是 OE，均衡价格会是 OC。如果名义"标价"为 OA，供应量会是 OB，消费者愿意为 OB 支付的价格是 OD。于是，各种支付 OD 价格的间接形式就出现了。最终支付的价格（OD）要高于均衡价格（OC），而供应量（OB）少于 OC 价格上的供应量（OE）。

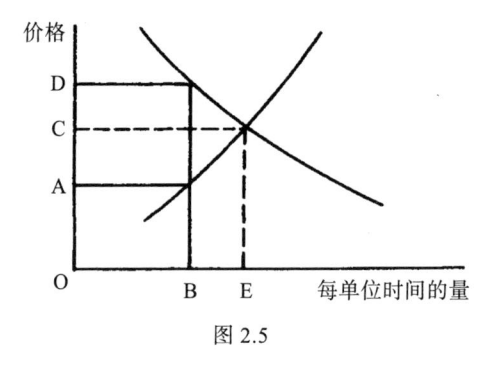

图 2.5

第二个案例是工会争取提高工资的行动。工会能够订立工资或确定最低工资水平（一般总是高于均衡工资），这是它基本的限制性行动。因为工会订立的工资高于均衡工资,想参加工作拿工会工资的人数(由劳动力供给曲线给定),超过了雇主在这个工资水平上想雇用的人数(由劳动力需求曲线给定)。因此,工会的很多活动,都是在求职者中间分配就业机会。这就是诸如收取高额入会费、强制超员雇用等做法的真实的经济作用。

上述分析已经用到了均衡价格的概念。因此,这里有必要就均衡的概念稍作细述。均衡是这样一种状态:它一经达到,就会保持下去。均衡可区分为三种不同类型:稳定的、亚稳定的和不稳定的。稳定均衡是说:如果发生轻微位移,会自动回归初始状态。例如,对于负斜率的需求曲线和正斜率的供给曲线来说,如果价格上升超过均衡价格,供给量就会超过需求量,这会产生一种促使价格回落到初始均衡水平的压力。亚稳定状态是说:发生任一位移时,并没有再进一步移动的倾向。如果需求与供给曲线重合,就会出现这种情况。不稳定状态是说:一个初始的位移,会引起进一步位移的压力。这第三种情况的例子如:价格上涨导致需求量超过供给量,并引起价格进一步上涨。

第三节 弹性的概念

需求弹性的概念用来描述需求曲线的一个特性。笼统地说,它描述价格变化对需求量的影响——当价格变化时,需求量"伸缩"的程度。量与价的变化一般都以百分比来量度,这是为了使弹性的量度与量、价的计量单位无关。更确切地说,需求弹性是指:当其他条件不变,价格变动趋于零时,因价格变动引起的需求量变动百分数与相应的价格变动百分数的比值。用数学表示，需求弹性等于 $\frac{dq}{dp} \cdot \frac{p}{q} = \eta$，其中 q 表示需求量，p 表示价格。对于需求曲线而言，η 的值域一般在 0 到 $-\infty$，因为量和价是反向变动的。人们经常尝试根据连接给定两点的弧线来估算弹性，有时用的公式是 $\frac{q_2 - q_1}{q_1} \cdot \frac{p_1}{p_2 - p_1}$。但是，根据这个公式计算的结果取决于以哪一点为起点。通常，用弧线量度弹性没有唯一、明确的方式，而是有很多公式可用来估计和近似弧弹性。因此，点弹性的概念比其他弹性概念更有用。

弹性的概念可以应用于任何函数，即给定 C 时，求 A 对 B 的弹性。因此，弹性是任何两个有函数关系的变量的一种性质。一般情况下，弹性可以表示为 $\left(\frac{\partial A}{\partial B} \cdot \frac{B}{A}\right)_C$。而在需求分析中，当只涉及两个变量时，弹性的公式可以表示为 $\frac{dq}{dp} \cdot \frac{p}{q}$。数学上说，弹性就是函数的对数导数，即 $\frac{d \log q}{d \log p}$。

在分析需求曲线时，使用弹性概念的最主要原因之一是：它提供了一种揭示总收入（total receipts）变动趋势的非常便捷的方法。总收入变动取决于两个因素：价的变动和量的变动。就斜率为负的需求曲线而言，这两个因素对总收入有相反的影响。价格下降会减少收入，但相应的数量增长会提高收入；价格上升的影响正好相反。如果价格变动百分数在绝对值上等于相应的数量变动百分数，双方的影响会相互抵消，总收入不变。根据定义，很显然，这时的需求弹

性为 -1，我们一般称之为单位需求弹性。如果价格变动百分数在绝对值上大于相应的数量变动百分数，那么，价格变动的影响会占优势，总收入变动的方向与价格变动一致，价跌则降，价涨则升。这时，弹性会在 0 和 -1 之间，我们称之为需求缺乏弹性。如果价格变动百分数在绝对值上小于相应的数量变动百分数，那么，数量变动的影响会占优势，总收入变动的方向与数量变动一致，而与价格变动相反，价跌而升，价涨而降。这时，弹性会在 -1 和 $-\infty$ 之间，我们称之为需求富有弹性。

几何上，上述关系可以用图 2.6 来表示。从解析角度看，令价格的变动为 Δp，相应的数量变动为 Δq，则

$$新价格上的总收入 = (q+\Delta q)(p+\Delta p)$$
$$= qp+q\Delta p+p\Delta q+\Delta p\Delta q。$$

当 Δp 趋向于 0 时，$\Delta p \Delta q$ 一般会是比其他各项更小得多的值，可以忽略不计，因此

$$总收入的变化 =\Delta(pq) = p\Delta q+q\Delta p。$$

用 Δq 去除 $p\Delta q+q\Delta p$ 式，得到

$$\frac{p\Delta q + q\Delta p}{\Delta q} = p\left(1+\frac{q}{p}\cdot\frac{\Delta p}{\Delta q}\right) = p\left(1+\frac{1}{\eta}\right) = 边际收入，$$

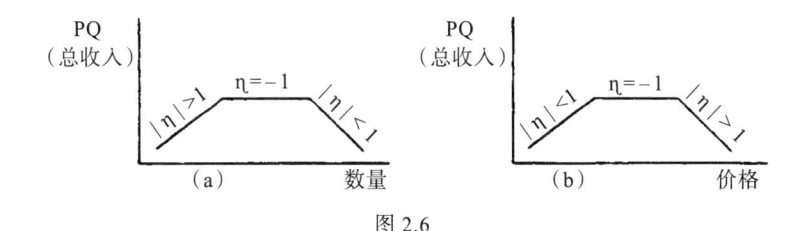

图 2.6

这里的边际收入定义为每单位数量变动引起的总收入变动。如果需求富有弹性，η值在-1和-∞之间，$\frac{1}{\eta}$值在0和-1之间，那么$1+\frac{1}{\eta}$式的值会是正的（在0和1之间）。因此边际收入为正值，即当价格下降时，总收入会增加。如果需求是单位弹性（-1），$1+\frac{1}{\eta}$式的值会等于0，边际收入也为0，总收入保持不变。如果需求缺乏弹性，$1+\frac{1}{\eta}$式的值会是负的，则当价格下降时，总收入会减少。

现在我们可以提出弹性概念的一些用途了。需求曲线越是没有弹性，一定的供应量变动所带来的价格波动就越大。例如农业，一般认为其需求曲线是缺乏弹性的。这意味着，供应量的每一变化，会导致单位产品价格相对较大的波动。而且，供应量的每一增加，均意味着总收入会减少。

现在来看垄断的情况。我们无需知道垄断者的成本曲线，立刻就可以断定：垄断者绝不会在需求曲线缺乏弹性的部位经营。因为这个部位的收入会比更高价格上的收入低，而总成本显然不会比更高价格上的成本少——较小的产量，一般无需付出更多的成本（生产一个较大的产量，并放弃多余部分，总是可以得到一个较小的产量）。然而，如果人们可以选择一个产业加以垄断的话，他会选择需求曲线在竞争性价格水平上非常缺乏弹性的产业。一旦确立了有效的垄断地位，垄断者就会提高价格，在需求曲线富有弹性的部分经营（当然，富有弹性区间内的准确经营点在哪里，要取决于成本状况）。

再来看一看垄断者生产成本为零的情况。这时，垄断者不会在需求曲线缺乏弹性的部位经营，因为在这里，他总是可以通过提高价格而增加收入。同样，垄断者也不会在需求曲线富有弹性的部位经营，因为在这里，他总是可以通过降低价格而增加收入。因此，他会在需求既非富有弹性也非缺乏弹性，亦即单位弹性处经营。在这一点上，总收入达到最大。

有人认为，可以根据需求曲线的弹性区分奢侈品和必需品：必需品缺乏需求弹性，而奢侈品富有需求弹性。这样定义奢侈品与必需品，会得出一些奇怪的结果。例如，会把香烟归为必需品，而白面包归为奢侈品。实际上，很难以任何有意义的方式界定这两个概念。只有当消费者认为将一单位货币花费在某一用途上与花费在其他任何用途上相比，自己可以得到同样的"价值""效用"或"满足"时，他才会处于均衡的状态。否则，他为何不从某一用途上减少一单位花费而用于另一用途呢？因此可以断定，在边际上，所有物品都是同等必需的，或同等多余的。正如后面我们将要看到的，奢侈品一词，现在更多地是根据收入变化的效应来定义，而不是根据价格变化的效应。

需求弹性主要取决于替代的可能性。所讨论的商品界定得越窄，替代的可能性就越大，对该商品的需求弹性也就越大。因此，白面包的需求弹性要大于面包的需求弹性。

第四节　其他条件不变

上面我们将需求函数定义为点的轨迹，这些点是指：在其他条件不变的情况下，各种不同价格上的最大购买量。乍一想：如果确定需求曲线要求所有其他条件保持不变，那么量或价的变化也无从谈起，需求曲线也就没有用处了。退而言之，考虑下列有时包含在"其他条件不变"中的内容：(1)其他所有产品的价格，(2)其他所有产品的数量，(3)消费者的货币收入或货币支出。如果这三项内容都包含在"其他条件不变"中，那么，由于所有其他产品的价格与数量不变，货币收入或支出也不变，则剩下可用于购买讨论中的商品的货币量也就给定了。因此，需求曲线必定是单位弹性。以这种所有需求曲线都是单位弹性的方法来确定需求曲线，显然没有什么意义。

规定"其他条件不变"，是一种方法，而不是实指。争论的问题并不是相关情况是否保持不变的事实，而是应该运用什么原则来遴选暂时假定不变的条件。我们将会看到，把一些一定会有变化的变量（它们与我们讨论的变量相互影响）暂时假定为不变是有意义的，原因恰恰是，我们希望继而分析这些变量将要发生的变化。例如，考虑人造黄油免税对它的价格和产出的影响。免税意味着人造黄油供给上的一个变化，问题就变成了为人造黄油画一条什么样的需求曲线。而人造黄油需求曲线的形状，取决于把黄油的什么因素（价或量）假定为不变。如图 2.7 所示，如果黄油的供应完全无弹性，那么，想象中的人造黄油需求曲线就在黄油数量不变的条件下画出。反之，如果黄油的供应具有完全弹性，那么，想象中的人造黄油需求曲线就在黄油价格不变的条件下画出。而实际上，黄油的价和量都可能因为人造黄油价格下降而下降。在这种情况下，问题可以通过连续逼近的方法非常方便地加以处理。而如果黄油的供应

第二章 需求理论

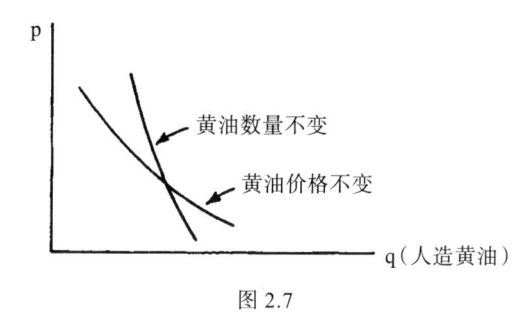

图 2.7

确实是无限弹性或完全无弹性，那么，可以直接得出需求曲线，而无须诉诸连续逼近的方法。

在分析人造黄油免税的影响时，我们可以先画一条黄油价格不变条件下的人造黄油需求曲线。如果黄油供应具有完全弹性，人造黄油的价格下降，成交量会增加，而黄油的成交量会减少。图 2.8 中假定黄油的供给曲线并非完全弹性。当人造黄油的价格从比如说 75 美分下降到 65 美分，黄油的需求曲线将会位移，价格将会下降，比如说从 85 美分下降到 80 美分。然而，当黄油价格从 85 美分降到 80 美分，人造黄油的需求曲线又会位移，价格会进一步下降到 63 美分，这又使黄油的需求曲线再次位移，如此循环反复。如

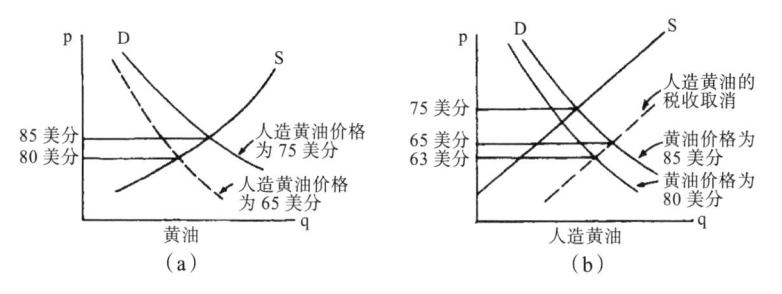

图 2.8

果这个过程持续足够长，就可以得到如下联立方程组的解：

	黄油	人造黄油
供给	$q_b = q_b(p_b)$	$q_o = q_o(p_o)$
需求	$q_b = f_b(p_b, p_o)$	$q_o = f_o(p_b, p_o)$

这个例子说明，"令某要素在一条曲线上保持不变（其他条件不变）"与"认为它事实上会保持不变"，两者是不同的。在该例中，令黄油价格不变，正好是为了分析它将要经历的变化。

也许有人会问：为什么不直接解联立方程，而要用上述连续逼近的方法？答案是，实际上我们很少确知相关的联立方程。我们运用概念性工具，进行的主要是定性分析。连续逼近的方法能够明确在每一点上需要什么信息，因而可能将分析进行到手头的知识所允许的最大限度，或进行到按照可得信息的准确性和答案所需的精确性而值得达到的程度。

就需求分析及其他目的而言，最好是把令其不变的"其他条件"分为三类：(1)能显著影响所研究的变量，并受其显著影响的"条件"，例如在分析人造黄油免税的价格效应时的黄油价格；(2)能显著影响所研究的变量，但并不受其显著影响的"条件"，例如在分析人造黄油免税的价格效应时的收入因素；(3)既不显著影响所研究的变量，也不受其显著影响的"条件"，例如在分析人造黄油免税的价格效应时的羽绒价格。

第一类变量令其不变，是为了下一步研究其变，不变只是分析的一个中间步骤。第二类变量令其不变，是为了使分析具有确定性，是将所考虑的特殊关系从其他（无关的）变化中分离出来。第三类变量则予以忽略。现在来看看人造黄油需求问题中的相应分类：属于第一类的变量，是密切关联商品（包括替代品和互补品）的价或量。属于第二类的变量，包括品味和偏好、货币收入、全部（或全部其他）商品的平均价格、财富，以及收入分配等。世界上所有其他的事项都归于第三类。当然，不能一劳永逸地确定这些分类的界限应该划在何处；它取决于什么样的影响被认为对分析目的而言是"显著的"，取决于有关关联因素及其影响的经验知识。

有了上述分类，需求函数就可以写作：

（1） $q_x = f(p_x; p_y; p_z; I, P_o, W, T, ...)$，

其中 p_y 和 p_z 是与商品 X 密切关联的商品价格，P_o 是所有其他商品的平均价格，I 代表收入及其分配，W 代表财富及其分配，T 代表品味与偏好。

如果有人剑走偏锋，要把所有可以想见的影响都视为"显著的"，而不愿把任何因素归入第三类，那么，函数式中就必须包含"每一种"其他商品的价格，每个人的收入与财富，如此等等。[①] 这样的需求曲线常为数量经济学家所用，一般写作：

（2） $q_x = f(p_x, p_y, p_z, ...; p_a, p_b, ...)$。

第一组价格是产品的价格，第二组是生产要素的服务的价格。这个"瓦尔拉斯"函数并没有明确指出任何令其不变的变量，它只是明确包含了各种价格。然而，每个人拥有的各种资源的数量被隐含假设为确定的，因此，一组特定的要素价格就决定了每个人的收入与财富。同样，品味与偏好也被视为固定的。就像有人已经指出的，

---

① 为"每一种"加上引号，是为了强调商品概念的含糊性，强调不可能脱离具体问题，一劳永逸地得到完备的商品清单。

这个瓦尔拉斯需求函数可以被看作是诸如等式(1)的函数的极限形式。但很明显，这个函数的价值在于完全不同的用途上。它是一个非常有用的抽象概念，可以给出价格体系的关联性的逻辑；但它不能用于分析具体问题。

回到我们主要关心的需求曲线。集中考虑下列三个变量：所分析商品的价格、其他所有商品的平均价格、货币收入——这三个变量的准确处理是最为困难的。如果这样，就可以将等式(1)写作：

(3) $\quad q_x = f(p_x, I, P_o)$,

请记住，被我们忽略的变量已经赋予既定的值。

等式(3)给人一种印象，好像 X 的需求量是三个不同的独立变量的函数。但实际情况并非如此。需求曲线主要用于分析经济体系各部分之间的关系，分析"真实"的内在情况变化的影响。如果括号里各变量(p_x, I, P_o)都乘以一个公因数，并不会改变消费者的"真实"消费能力，而只是引起了计量单位的变化，例如用便士代替美元。因此，可以把等式(3)的右边部分看作是 p_x、I 和 P_o 的零次齐次函数，即该函数具有如下性质：

(4) $\quad f(p_x, I, P_o) = f(\lambda p_x, \lambda I, \lambda P_o)$,

其中 λ 为任意数。这等于说，q_x 实际上只是两个变量而非三个变量的函数。*

这种看法非常符合一种更为常识性的认识，即认为，影响一个人对某产品需求量的因素有两种：(1)个人对物品的一般可得量的变化——即"真实"收入的变化，或对物品与服务的一般支付能力

---

* 原文为 p_x，疑有误，应为 q_x，译文已改。——译者

的变化;(2)个人可以一种商品替代另一种商品之条件的变化——即相对价格的变化。

现在的问题是如何用需求曲线来表示这种区别,如何将三个变量 p_x、I 和 P_o "化约"为两个,使得化约后的变量在一个不变而另一个变动时,能够得到有意义的结果。

通常的办法是令等式(4)中的 λ 等于 $\frac{1}{P_o}$。由此,需求函数变为:

(5) $$q = f(\frac{p_x}{P_o}; \frac{I}{P_o})。$$

这个等式是说:当我们考虑价格变化的影响时,是假定货币收入和"其他"商品的价格保持不变。这是把三个变量 p_x、I 和 P_o 减化为两个变量的简单实用的数学方法。但遗憾的是,这方法并不符合前面说的"真实"收入变化与相对价格变化的区别。如果选用这种方法来化约函数,那么,当我们沿着需求曲线移动时,真实收入会发生变化。假设商品 X 的价格下降。由于货币收入与所有其他商品的平均价格不变,个人可以购买原有数量的所有商品而尚有货币剩余。这表明,随着商品 X 的价格下降,个人的真实收入增加了,也就是说,他的选择余地更大了。人们已然认识到这一点,并对一种价格变化的效应作了进一步的细分:一是可归于选择余地变化的效应,另一是单单相对价格变化的效应,即所谓价格变化的收入效应和替代效应。因此,用两个变量 $\frac{p_x}{P_o}$ 和 $\frac{I}{P_o}$ 来替代三个变量 p_x、I 和 P_o,并没有真正得到影响消费量的因素的二分法。它仍然是一分为三:(1)"替代"效应,(2)"价格变化的收入效应",(3)"货币收入变化的效应"。其中(2)和(3)在逻辑上、概念上都是一致的,它们之间的区别只是因为,在将三个变量化约为两个变量时,我们不经意采取了上述形式。为说明这一点,请看表2.1。

表2.1

	q_x	p_x	P_o	I
(1)	10	1.0	1	100
(2)	11	0.9	1	100
(3)	10.1	1.0	1	101
(4)	11	0.909	1.01	101

表2.1中从第一行到第二行的变化,是通常的需求曲线所涉及的那种价格变化。这两点会标示在同一条通常的需求曲线上。变化由两部分组成:其一反映个人选择余地扩大,其二反映相对价格变化。现在考虑从第一行到第三行,再到第四行的变化。第四行的消费量显然与第二行相同,因为第四行无非是第二行的价格项和收入项都乘以1.01而得($\frac{I}{P_o}$ 和 $\frac{p_x}{P_o}$ 保持不变)。因此,从第一行到第二行的移动,就等于从第一行到第三行,再从第三行到第四行的移动。从第一行到第三行的移动包含着一个"真实"收入变化,它大略等于从第一行到第二行移动所包含的"真实"收入变化,因为,如果消费者个人在X的较低价格上购买与此前相同数量的X商品(即10个单位),他将得到1美元的剩余货币。因此,从第一行到第三行的移动,等于从第一行到第二行移动的一部分,但其归类迥异,它不是价格变化的收入效应,而是收入变化的收入效应。

另一种将三个变量化约为二的方法,即更符合经济学考虑的二

第二章 需求理论

分法的方法是：首先，以所有用途中的货币购买力 P 取代 P_0，然后，以之作为 λ 代入等式(4)中。更确切地说，令：

(6) $\qquad P = W_1 p_x + W_2 P_0$，

即 P 是 p_x 和 P_0 的加权平均，并是以初始状态下所消费的 X 商品与其他商品数量的比例关系为权重（因此 P 在概念上相当于通常的生活成本指数）。这样，我们就可以将等式(4)写作：

$$q_x = f(p_x, I, P_0) = f\left(p_x, I, \frac{P - W_1 p_x}{W_2}\right);$$

或令 $\lambda = \dfrac{1}{P}$，等式(4)可以写作 $q_x = f\left(\dfrac{p_x}{P}, \dfrac{I}{P}, \dfrac{1 - W_1 \frac{p_x}{P}}{W_2}\right)$；

或更一般地，等式(4)可以写作：

(7) $\qquad q_x = g\left(\dfrac{p_x}{P}, \dfrac{I}{P}\right)$。

显然，这种情况下，当 $\dfrac{I}{P}$ 固定不变时，X 商品价格相对于所有价格的变化，就不会引起"真实"收入的任何"显著"变化。这里，如果我们继续假设 I（即货币收入）固定，那么，为了保持 P 不变，p_x 的下降必然伴随着其他价格上升，就相当于将由 X 商品价格下降而释放出来的所有资金都花完。我们可以沿用前述的简单数学例子进一步说明这种情况。增加一些计算，将上例重新绘制为下面的表 2.2。根据通常的定义，第一行和第二行在同一条需求曲线上。而根据等式(7)的另一种定义，它们又不在同一条需求曲线上。因为如最右两列所示，第一行和第二行有两方面不同：其一，第二行的 X 价格低于第一行；其二，第二行由 $\dfrac{I}{P}$ 量度的真实收入比第一行高。从第一行到第二行的真实收入变化，与从第一行到第三行的真实收入变化相同；价格变化则与从第三行到第四行的价格变化相同。根据通常的定义，第三行和第四行在不同的需求曲线上；而根据等式(7)的另一种定义，又在同一条需求曲线上。

表 2.2

	q_x	p_x	P_o	I	$\dfrac{p_x}{P_o}$	$\dfrac{I}{P_o}$	P	$\dfrac{p_x}{P}$	$\dfrac{I}{P}$
(1)	10	1.0	1	100	1.0	100	1	1	100
(2)	11	0.9	1	100	0.9	100	0.99	0.909	101
(3)	10.1	1.0	1	101	1.0	101	1	1	101
(4)	11	0.909	1.01	101	0.9	100	1	0.909	101

（注：$P = 0.1 p_x + 0.9 P_o$，因为在第一行中，q_x 等于 q_o 的 1/9。）

总之，一般认为我们需要有两种函数。一种函数用来概括那些由于相对价格变化而影响讨论中的商品需求的各种因素。在该函数中，真实收入应保持不变。另一种函数用来概括那些由于真实收入变化而影响商品需求的各种因素。在该函数中，相对价格显然也应保持不变。后一种类型的函数就是恩格尔曲线，反映需求量与真实收入的关系。普通的需求函数，本意是要提供前一种类型的函数，但未能做到，因为它没有彻底剔除真实收入的变化。只有真实收入（即货币收入除以收入购买力）保持不变的需求函数，才是我们真正想要的函数。

第五节　统计上的需求曲线

统计拟合需求曲线，目的是要得到特定条件下某种商品的马歇尔需求曲线。在统计上推导需求曲线时，必须应对两类问题：一是数据本身的问题，二是如何把数据转换为需求曲线的问题。

通常有两种数据：一是时序数据，即不同时点上某商品的价和量；二是横截面数据，即某一时点上不同单位或群体所面对的价和量。

数据方面，有如下问题：(1) 几乎任何商品或服务都有数之不尽的价格。该用零售价还是批发价？用纽约地方的价格还是芝加哥的？用一月的还是十二月的？用乡下的还是城市的？商品质量不同该如何处理？如果用平均价，这个平均价又是如何平均出来的？(2) 该用什么量？是生产量还是国内消费者可得的量？即如何处理进出口问题？库存又该如何处理？通常，我们是把为最终消费而购买的量，作为分析用的相关数量。(3) 价和量的数据所对应的时间单位是否相同？地理单位是否一致？

假设所有这些及其他有关数据的问题都已确定。那么，下面就是如何运用这些数据推导需求曲线的问题。形式上，这个问题的答案比较简单，即希望将数据排列成一种形态，使之与单一的需求曲线相吻合。为了尽量接近"给定条件"的要求，我们需要对所有因观察不同而有别的因素进行修正。但是，这里存在一个两难问题：如果条件能够真实地等齐划一，则只能观测到唯一的价和量。因此，我们真正想要的是：影响需求的条件不变，而影响供给的因素有尽可能大的变化。另一方面,如果影响需求的因素变化,而影响供给的要素不变,那么,数据可用来构建一条供给曲线。但是,通常的情况是影响需求与供给的因素都有变。在这种情况下,得到需求曲线的唯一希望,是假设影响需求的因素与影响供给的因素互不相干。如果相同因素同时影响需求与供给,那么,在对条件变化进行修正后,最终得到的将只是一点,而不是一条曲线。

对于影响需求的因素变化,该如何修正呢?举例来说:通过计算人均数量,可容许人口的变化;通过用一般物价指数去除所讨论的商品价格,可以容许一般物价水平的变化。而对于另外一些变量,例如真实收入(货币收入除以物价指数)的变化,则需要更复杂的技术来修正。

以图 2.9 为例。在针对人口及其他变化进行数据调整之后,可以获得散点图 (a)。现在再根据真实收入的变化调整数据,看能否得到需求曲线。假设在散点图 (a) 中,每一个与高收入相联系的点以 + 标记,每一个与中等收入相联系的点以 ○ 标记,每一个与低收入相联系的点以 - 标记。如果图 (a) 产生一种类似图 (b) 的点分布图案,那么可以推断,如果试图保持真实收入不变,最终只会得到一个点。这种情况说明,真实收入同时影响需求与供给。而如果图 (a) 产生类似图 (c) 的点分布图案,则有理由认为,真实收入的变化主要影响需求曲线;根据各个收入水平上的散点分布,可以拟合出需求曲线。图 (c) 的结果的另一种表述方式是:拟合于三组点集的曲线斜率,反映了相对价格效应;而三组点集的位置,反映了收入效应。不同收入水平上的相对价格效应可能是大致相同的,若是如此,通过观察各收入水平的情形,便可得到需求价格弹性的形迹。

第二章 需求理论

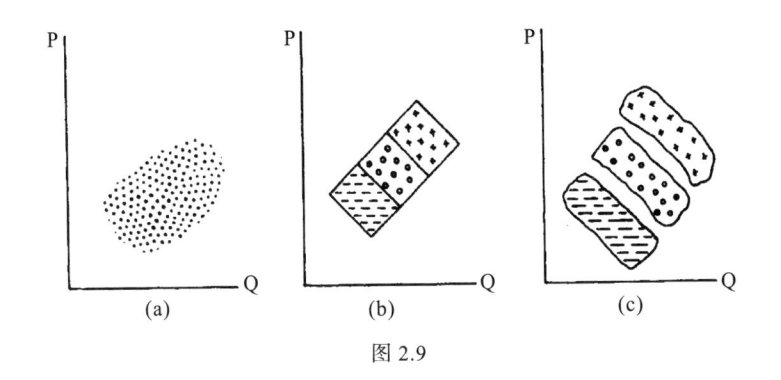

图 2.9

实际上，图 (c) 中的不同点集，通过"修正"收入差别，可以合而成为单一的集合。如果不同收入水平的相对价格效应各不相同（即是说，无法通过单一的比例调整，使图 (c) 的各组点集显示出大致相同的形状），情况会更复杂；结果，价格弹性必须作为真实收入的函数来计算。那就需要用到"复相关"的有关技术，这里不予考虑。

某些情况下，同一组数据既可用于推导需求曲线，又可用于推导供给曲线。例如，当一些反应存在时滞，如出现所谓"蛛网"效应时，就可能是这样的。所谓"蛛网"效应，是指今年的供应量取决于上年价格的现象。上年的价格影响下一年的供应量，但不影响需求；因此，可以根据当年的价格和当年的数量推导出需求曲线。而根据当年的价格和下一年的数量，又可以得到供给曲线——因为供应量被假定为上年价格的函数。

现在来看同时性数据的可能用途。家庭预算是一种同时性数据，它给出一组家庭的收入与支出。可惜的是，这些家庭面对的供给条件没有变化，因此，也就没有价格差异可用于拟合需求曲线，从而不可能得到价—量的关系曲线。但是，根据收入与购买量之间的关系,或者收入与某一类消费支出之间的关系,可以得到恩格尔曲线。

在这类统计研究中,一个倍受关注的主题,是一定时期内(通常为一年),消费总支出与所认定的同期总收入之间的关系。我们可以运用这种关系,来说明在解释这类数据时遇到的问题。

我们希望得到的,是环境变化对家庭的影响;而可以得到的数据,是不同环境下的不同家庭的差别。这样就出现了一个问题:如何只保留我们直接感兴趣的因素(即货币收入的不同),而修正掉其他环境的差别。但是,就我们的目的而言,更重要的是像图2.10中的DE这样一条曲线的含意。在该图中,横轴度量一年的货币收入,纵轴度量货币支出。OC将这个象限一分为二,其上各点表示货币支出等于货币收入。DE代表不同收入阶层的家庭的平均支出,它由某种家庭预算研究计算而得。图中DE的位置与这些研究实际得到的结论大体一致,这表明:低收入阶层透支,高收入阶层储蓄;收入用于储蓄的比例随收入而增长。对这些结果的初浅解释是:(1)富人越富而穷人越穷;(2)一国的人均收入越高,收入用于储蓄的比重就越大。但另一些数据与这些结论相矛盾:收入不均并不随时间而趋扩大,至少在过去五十年中,美国人的储蓄—收入比大致上就没有变化。

33 对于这一矛盾的解释是:上面借以划分家庭阶层的货币收入,并不代表(或曰度量)家庭的永续收入状况,而只是某个具体年份的收入,因此,它也反映了各种随机的、临时的影响。这就给图2.10带来了一种偏差。例如,我们来看最低收入阶层:如果这个阶层的人们的收入确实受到随机因素的影响,可以肯定,这影响一定是使

第二章 需求理论

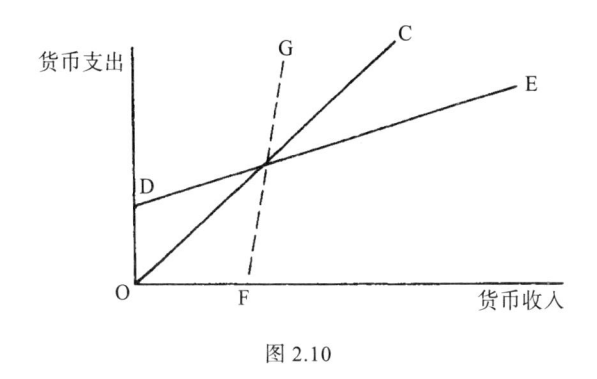

图 2.10

收入低于通常水平的——换言之，不会有谁因收入偶然地高于通常水平，而被划入这个最低收入阶层。一般来说，这个阶层的人们的"正常"收入，要高于特定调查年份的收入；某种程度上，他们是根据正常收入安排支出的；因此，支出表现为高于调查年份的平均收入。相反，在最高收入阶层，那些在特定调查年份有着最高收入的人们，其该年份的平均收入往往超过了他们的正常平均收入，因此，支出表现为低于调查年份的平均收入。这种影响在中间阶层显然也较小程度地存在。收入低于中等水平的阶层在调查年份的平均收入，一般要低于他们的正常收入，反之反是。因此，即使支出是"正常"收入的固定比例，一项调查，如果是按照当年收入划分家庭，也会得出如图 2.10 中 DE 那样的平均消费支出与收入的关系。

反之，如果按照消费支出划分家庭，并为各个阶层画出平均收入，同样的数据资料也可以得出如 FG 那样非常不同的关系线。这是相反的偏差。一般而言，最低支出家庭在调查年份的支出，很可能是低于"正常"水平的；反之反是。这个例子说明的是众所周知的"回归偏差"。

另一种同时性数据,由不同空间单位,如不同州、城市或者国家的资料组成。用空间数据构建需求曲线,其问题本质上与上述时序数据的问题很相似。为了画出需求曲线,基本要求是供给条件要有足够大的变化,而需求条件几乎不变。但对于任何拥有国内统一市场的产品而言,除了不同州或地区之间运输成本的差别之外,供给状况大体一致。因此,只有那些拥有地方市场的产品,也即各地供给条件不同的产品,才容易构建需求曲线。但对此仍须修正需求条件的不同,一定程度上,这可以通过分析市场规模、城市化程度、人均收入等因素来实现。

运用空间数据的可能性很有限。但是,一旦空间数据可资运用,就会有很大优势:跨时变动大的因素被自动排除,为验证或扩充结论而需要增补的数据也变得容易取得。

人们已经做了大量工作,尝试根据时序数据和空间数据估计需求曲线,根据家庭预算数据估计恩格尔曲线。但据我所知,没有人试图对这些努力是否取得成功,作出总结性的判断。在一些案例中(可能为数还不少),他们显然获得了成功,即是说:由某一组数据得到的结果,与另一组数据的结果互相契合,而且,根据计算出来的需求曲线进行的推断,比其他推测要好。但在很多案例中(甚至可能是大部分),他们还是失败了。如果根据成功程度对统计结果进行分类,并尝试找出在什么情况下最可能成功,那将是一项非常有价值的研究。

当然,需求表概念的意义,并不以它能否成功拟合定量的需求曲线为转移。它的主要价值是作为组织知识和思考问题的工具,作为对影响的方向作出定性回答的向导。当然,定量拟合需求曲线可以扩展需求表概念的应用范围，使它能够用于定量估计各种变化的影响。

第六节 需求的效用分析

这一节探讨市场需求曲线背后的奥妙。首先要说的是，市场需求曲线可以有两种不同的分解方式。(1)我们可以将任一价格上的全部需求量分解为每个消费者的需求量。通过不同价格上的这种分解，可以把市场需求曲线表示为单个消费者需求曲线的横向加总。或者，(2)我们也许能够将任一价格上的全部需求量分解为对不同销售者的需求量。通过不同价格上的这种分解，也许能够将市场需求曲线表示为对每个生产者产品的需求曲线的横向加总。至于针对第二种分解方式说"也许能够"，而对第一种说"可以"，是因为，如果不同生产者的产品完全一样，消费者就不会关心从谁那里购买产品为好了。此时，对每个生产者的需求量将是不确定的。总量在各生产者中间的分割，完全取决于供给状况。两种分解方式中，均假设了价格对于所分析的所有市场主体——无论是所有购买者，还是所有销售者——都是一致的。正是这个假设，允许我们将个体的量加总而得市场总量。

这个假设不会给单个消费者的需求曲线带来什么问题，因为一般而言，认为所有消费者支付相同价格，即价格不受单个消费者的控制，是合理的。但如后面我们将看到的，这个假设对单个生产者面临的需求曲线而言却有问题。因为，我们经常要问的是：如果一个生产者改变其产品价格而其他生产者不变，对该生产者的需求将会有何变化。而用于回答这个问题的需求曲线就不能加总。

我们研究个体需求曲线，是为了更好了解市场需求曲线。如果一个人的需求曲线完全取决于邻人的行为，那么，我们就很难从单独的个人行为分析中，得到关于市场需求曲线的什么信息。这时，现象的本质完全是群体反应，我们最好是坚持研究市场需求曲线。因此，下面的分析理所当然地认为情况并非如此，即个人需求曲线不是直接取决于邻人的所作所为，而是取决于自身相对固定的偏好和所处的客观环境。"东施效颦"作为影响个人偏好的因素并未被排除，但不再被认为是消费行为的直接决定性因素。

当然，个人能够购买的商品受制于他的财力（收入与财富），以及获得商品与服务的价格或条件。在这些限制之下，个人以某种方法决定购买什么商品与服务。这些决定可以看作是(1)完全随机或无序的；(2)严格遵循某种约定俗成的、完全习以为常的行为模式；或(3)深思熟虑的选择行为。总体上，经济学家是舍弃(1)(2)而接受第(3)种说法。我认为，这是因为：一方面，即使随意的观察也表明，实际的选择比(1)所预料的要来得稳定与有序，比(2)所预料的要来得更有变化；另一方面，只有(3)的说法满足我们寻求"解释"的意图。因此，我们假设个人在作这些决策时，像是在寻求并争取某个单一目标的最大化。这意味着不同商品具有某种共同属性，使得商品之间的比较成为可能。通常就把这种共性称为效用。人们有时把"效用"与有用性混为一谈，这就误解了效用的概念。我们看到，人们总是在选择；如果认定这选择是深思熟虑的行动，那就必须假设，供选择的各种东西是可以互相比较的；而既有可比性，就必须有某种共性。但是，不能因为我们把这种共性命名为"效用"，就认定它必是可取的。让我们能够推测消费主体会如何行动的方法，并不一定就能告诉我们什么是可取的。①

我们以 X、Y、Z 等代表各种商品的数量。那么，"这些商品具备某种共同要素，这种共同要素即效用的大小，随各种商品的数量而定"——这个观点可以通过将效用写作 X、Y、Z……的函数来表达。这个函数给出了"总"效用。另一个重要概念是"边际效用"，定义是：当其他商品量都保持不变，而某一种商品量增加时，总效用的变动情况。例如，X 的边际效用是当 Y、Z 等值给定时，X 的每单位变动引起的总效用变动。

边际效用并非像人们有时认为的那样，是最后一个单位商品的效用；否则，就会出现如下悖论：假设 X 代表橙子，而且所有的橙子都一样。既然所有的橙子都一样，每个橙子的效用也必定别无二致。如果边际效用是最后一个橙子的效用，那样它也一定是其他每个橙子的效用；那么，总效用就等于边际效用与橙子数量的乘积。这显然不是边际效用的令人满意的定义。总效用等于平均效用与橙子数量的乘积——这是说，上述是平均效用的定义，该定义符合我们平常所用"平均"一词的含义。而定义为"总效用变动率"的边际效用，是指当增加一个橙子时，最后这个橙子的效用加上前面所有橙子的效用变动的和。它是商品量的每单位变动带来的总效用变动情况，而不是边际单位商品的效用。

更重要的还有"边际效用递减"的概念。古典经济学家(斯密、

---

① 为了避免误解效用的涵义，帕累托(Vilfredo Pareto)发明了 ophelimity 一词以代之，可惜这个词没有流行开来。

李嘉图等)在寻求价值的解释时,得出结论认为:需求与效用并不是价值的决定因素。这个结论与所谓钻石与水的悖论密切相关。他们的理由是:水比钻石更有用,但钻石比水贵得多;因此,效用不能解释价值。在拒绝将效用作为价值量度的同时,他们得出了劳动成本价值论。在该理论中,效用被认为是价值的前提或先决条件,但不是价值的量度。

这里的紊乱之源,就是未能将总效用与边际效用区分开来。另一个略为次要的来源是未能确定量的单位。因为,显然存在数量足够大的水,比给定数量的钻石更昂贵。单位问题暂且不论,古典经济学家所没有看到的,也即边际效用递减理论所揭示的正是:决定价格的关键因素,是增加少量水或少量钻石所带来的效用的增加。因此,钻石的边际效用可能比水的边际效用高很多——因为钻石非常稀缺而水极其充足;结果,钻石的价格相对于水的价格也会更高;但水的总效用比钻石的总效用要大得多。这如图 2.11 所示。

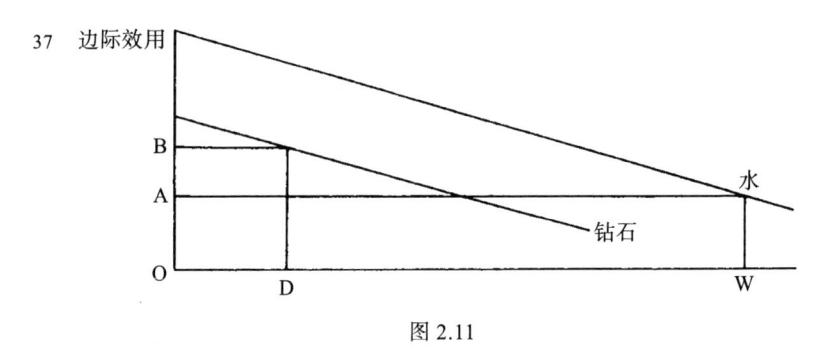

图 2.11

新古典经济学家解决了钻石与水的悖论,从而把需求当作价格的决定因素。但是,某种意义上,边际效用及边际效用递减理念的

第二章　需求理论

成功被夸大了。边际效用递减可以解释消费上的非专一性，这是对的；但这并不意味着：为了解释说明"消费非专一性"的观察结果，必须借助边际效用递减的理念。

现在我们来说明，如何由个人的效用函数和预算约束推导出他的需求函数。假设存在某个效用函数 U (X, Y, Z, ...)。如果没有预算约束，个人会不断增加 X，Y，Z……的消费，直到它们的边际效用均为零。为简化起见，我们假设个人已经决定如何配置他的资源（即劳动力），因此，已有一笔收入可供使用。进一步，假设个人面临的给定价格为 P_x, P_y, P_z...，其货币收入为 I。由此可得其预算约束

$$XP_x + YP_y + ZP_z + ... = I,$$

其中 X，Y，Z... 是各种商品的量。该式概括了个人的资源局限。要在 $XP_x + YP_y + ZP_z + ... = I$ 的约束下求 U (X, Y, Z, ...) 的最大，可以运用拉格朗日乘数法。故写为：

$$U (X, Y, Z, ...) + \lambda (XP_x + YP_y + ZP_z + ... - I)。$$

就这个表达式对 X, Y, Z, ……和 λ 求导，得到

$$U_x + \lambda P_x = 0$$
$$U_y + \lambda P_y = 0$$
$$U_z + \lambda P_z = 0$$
$$\cdots\cdots$$
$$XP_x + YP_y + ZP_z + ... - I = 0;$$

由此可得：$\frac{U_x}{P_x} = \frac{U_y}{P_y} = \frac{U_z}{P_z} = ... = \lambda$。这组等式的经济学含义是：每一便士价值的 X 商品、Y 商品、Z 商品……的边际效用都必须相等。

这个共同的每便士边际效用等于λ，即马歇尔的货币边际效用[①]。表述这个结论的另一种方式是 $\dfrac{U_x}{U_y} = \dfrac{P_x}{P_y}$，其解释是：$\dfrac{U_x}{U_y}$ 代表个人愿意以 Y 代替 X 的比率，$\dfrac{P_x}{P_y}$ 代表在市场上他能够以 Y 代替 X 的比率，均衡的条件就是两个比率相等。因为，如果较之在市场上放弃一单位 X 所能够得到 Y 的数量，他愿意以更少的 Y 代替一单位 X 的话，那么，按市场条件行事（即放弃一单位 X，得到比意愿更多的 Y），对他就是有利的；反之亦然。

这个结果可以图示说明，见图 2.12。这里，我们假设 X 的边际效用与 Y 的数量无关，即两种商品的效用相互独立。横轴的数值单位是一便士价值的 X 或 Y。等于 I 的线段代表个人收入。当消费者在 X 和 Y 之间配置收入，使每便士 Y 的边际效用等于每便士 X 的边际效用时，他就处于均衡状态。由该图可见，如果不存在边际效

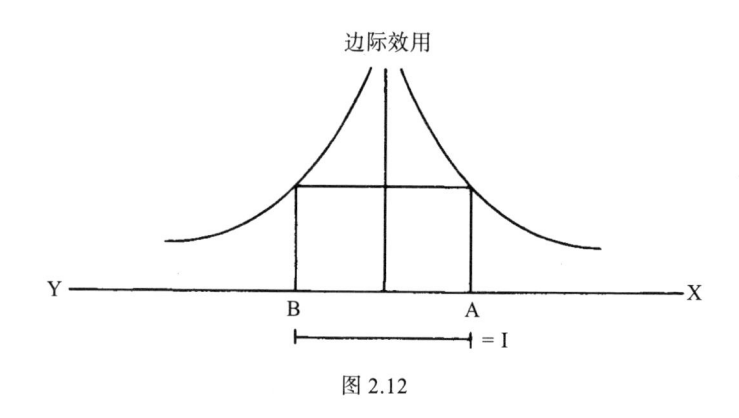

图 2.12

[①] 这个术语尽管源远流长，却容易被误解。最好还是改称为"收入的边际效用"，以免与持有现金余额的效用相混淆。

用递减，个人将会专一消费 X 或 Y。但这一点之所以成立，只是因为我们在前面假设了效用是相互独立的。

图 2.13 描述了效用相互依赖的情况。这时，即使存在边际效用递增，人们也一定不会专一消费某一种商品。

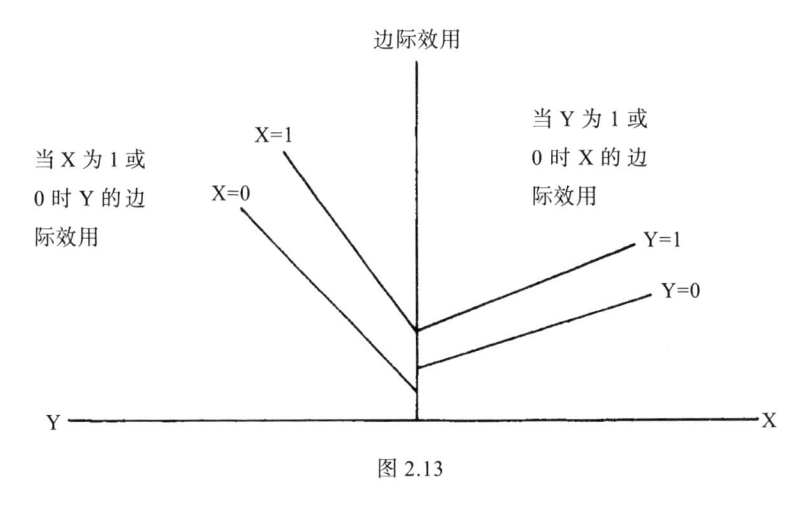

图 2.13

边际效用递减会导致需求曲线斜率为负；但是，需求曲线斜率为负，并不一定要求边际效用递减（效用相互依赖也可以）。

为了说明需求曲线的来历，我们来看一个效用函数：$U = \log X + \log Y$。假设 P_x、P_y 和 I 给定，最大化的条件是 $\dfrac{U_x}{P_x} = \dfrac{U_y}{P_y}$，而这里 $U_x = \dfrac{1}{X}$，$U_y = \dfrac{1}{Y}$，因此，$\dfrac{1}{XP_x} = \dfrac{1}{YP_y}$，由此可得 $XP_x = YP_y$。而预算约束是 $XP_x + YP_y = I$。那么，$2XP_x = I$，即 $X = \dfrac{I}{2P_x}$，这就是需求曲线。

这里我们看到的是如何从效用函数 $U = \log X + \log Y$，推导出需求函数 $X = \dfrac{I}{2P_x}$。这个需求函数有一种性质：花在商品 X 上的货币量是一个固定值。因此，需求曲线是直角双曲线。另须注意，这个效用函数中，X 和 Y 的边际效用是相互独立的。Y 的边际效用只取决于 Y 的量，X 亦然。这个效用函数还有每种商品的边际效用递减的性质。

现在假设效用函数为 $U = XY$。在该函数中，X 的边际效用等于 $Y(U_x = Y)$，而 Y 的边际效用等于 $X(U_y = X)$。这种情况可图示为 2.14。在这个函数中，如果仅有 X 增加，X 的边际效用将保持不变；Y 的情况亦然。这个函数有两点与上面的函数不同：不再是边际效用递减，也不再相互独立。但是，由该效用函数得出的需求函数同样是 $X = \dfrac{I}{2P_x}$。

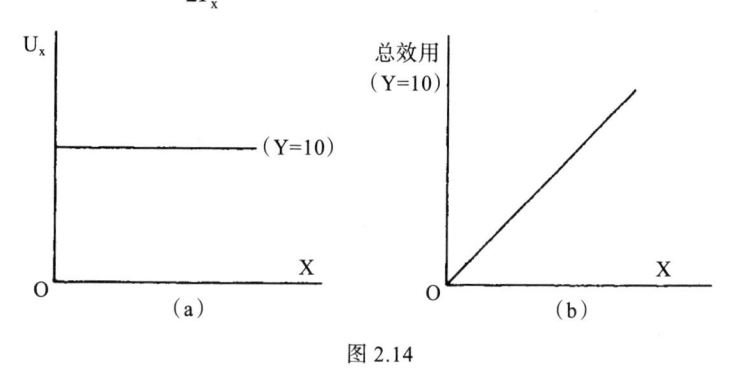

图 2.14

再来看第三个效用函数 $U = X^2Y^2$。这时，X 的边际效用 (U_x) 等于 $2XY^2$，Y 的边际效用 (U_y) 是 $2YX^2$。在这个函数中，X 和 Y

第二章　需求理论

的边际效用都是相互依赖并递增的。求需求函数,我们得到的还是与前面两种情况一模一样的 $X = \dfrac{I}{2P_x}$。

上面三个效用函数,边际效用分别是相互独立和递减的,相互依赖和不变的,相互依赖和递增的,但最后都得出了同样的需求函数。这种看似矛盾的情况,可用另一种方式阐述。我们看到,人们都是用一半的收入购买商品 X,即需求函数为 $X = \dfrac{I}{2P_x}$。而上面三个不同的效用函数都可以合理解释这种看到的情况。我们可设计一个表格来说明,根据下列效用函数,不同篮子的商品是如何排列的。函数 I:$U = \log X + \log Y$(数字取自然对数);函数 II:$U = XY$;函数 III:$U = X^2Y^2$;并再添加第四个函数 $U = \sqrt{X} + \dfrac{\sqrt{Y}}{2}$。

由表 2.3 可见,效用函数 I、II 和 III 都以相同的顺序排列六种商品组合,唯独函数 IV 不然。不同效用函数赋予这些组合以不同的值;但在考虑任意两种组合时,如果函数 I 表明某一组合的效用大于另一组合,函数 II 和 III 也会得出同样的结论。由于在普遍的市场行为(即确定状态下的市场行为)中,个人只是表现出对两种商品组合的偏好顺序,而没有表现出偏好多少,因此,这三个效用函数推导出同样的需求曲线也就不足为奇了。效用函数 I、II 和 III 都是(XY)的函数,因此,如果我们称 $U = XY$ 为一个效用函数,其他两个就可以写作 U 的函数,即 $F = \log U$ 和 $G = U^2$。但函数 IV 不能写作 U 的函数。这一点可作如下一般化表述:如果某函数 $U = f(X, Y)$ 符合个人的行为规则,那么,任何其他函数 $U^* = F[U(X, Y)]$,只要

$\frac{dU^*}{dU} > 0$,也都会如此。这两个条件保证了所产生的各种效用函数都会按照同样的顺序排列商品组合。按下一节的术语来说,是这三个效用函数具有同样的等优曲线,尽管它们为各曲线标示的效用值不同。

表 2.3

X	Y	I	II	III	IV
1	1	0	1	1	1.5
1	2	0.693	2	4	1.707
1	3	1.099	3	9	1.866
2	1	0.693	2	4	1.914
3	1	1.099	3	9	2.232
2	2	1.386	4	16	2.121

第七节 等优曲线理论

等优曲线是另一种简明地概述偏好的方法。考虑某种商品组合空间 XY,及其中某一个标记为 P 的 X、Y 商品组合。如图 2.15 所示,这个商品组合空间可分为四个象限。我们假设个人对每种商品的偏好都是多胜于少。那么,很显然,象限(3)内的任何一点都胜于 P 点,因为前者代表了更多的 X 或 Y 或两者皆然。同样道理,P 点显然胜于象限(1)内任何一点,因为 P 点代表了更多的 X 或 Y 或两者皆然。至于象限(2)和(4)内各点,我们可以征询这个正被

第二章 需求理论

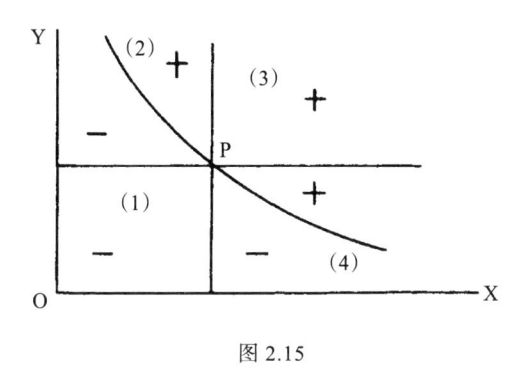

图 2.15

测量偏好的个人，他是如何排列每一点与 P 点的优劣顺序的。如果他偏好前者，我们就为这点标上＋，如果相反，我们就为它标上－；这样我们就可以把(2)(4)象限内的各点都标上＋或－。在标－的点与标＋的点之间，会有一条分界线；分界线上的各点代表了对他来说没有差异的各种商品组合，这条分界线就称为等优曲线。假定多胜于少，意味着等优曲线不可能通过(1)(3)象限。因此，等优曲线不会是正斜率，而是在有经济意义的任一点上都向右下倾斜。确定了等优曲线在各点都向右下倾斜之后，还存在向原点凹入或凸出的两种可能。根据下面行将述及的理由，可认定等优曲线是凸向原点的。从 P 之外的另一点出发，我们可以用同样的办法得到一条不同的等优曲线。原则上，每一点都会有一条等优曲线通过。一组等优曲线就构成了个人的偏好图。

至于个人的机会，可以图示如 2.16。假设个人有货币收入 I，全部用于购买商品 X 和 Y。如果将全部收入用于商品 Y，可以购买 $\frac{I}{P_y}$ 单位的 Y。如果将全部收入用于 X，则可以购买 $\frac{I}{P_x}$ 单位的 X。43

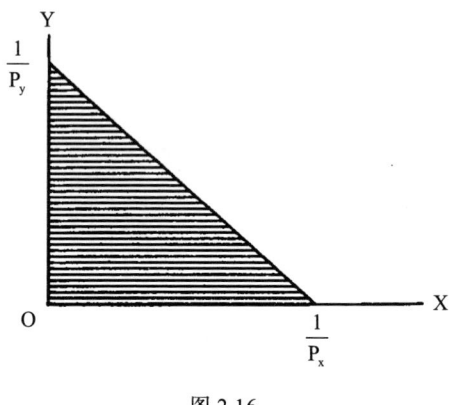

图 2.16

因此，该线相对于 X 轴的斜率是 $\frac{P_x}{P_y}$。其经济含义是说，如果这个人少购买一单位 X，他就可以节省数量为 P_x 的货币。用这一数量的货币，他可以购买 $\frac{P_x}{P_y}$ 单位的 Y。因此，$\frac{P_x}{P_y}$ 代表了能以商品 Y 替代 X 的比率。图中阴影部分代表了可实现的商品组合范围。

将上述两条分界线结合起来，我们看到，个人不会停留在可实现组合的区域之内，而是尽量延伸到分界线上。均衡条件是：个人选择某个既在可实现组合线（即预算线）上，又在最高等优曲线上的点。关于等优曲线凸向原点的说法，其依据现在可以了然了：如果等优曲线处处凹向原点，均衡点会落在某一条轴线上，即我们会发现人们在消费上是专一的——而我们排除了这种情况。如果等优曲线在一些地方凸向原点而另一些地方凹向原点，那么，个人一定不会在等优曲线凹向原点的部分达到均衡。因此，具有经济意义的，总是等优曲线凸向原点的部分。既然等优曲线凸向原点，均衡

第二章　需求理论

点就是预算线与等优曲线相切的点。

如上所述，预算线的斜率是 $\frac{P_x}{P_y}$ ——这是个人可以以商品 Y 代替商品 X 的比率。类似地，就等优曲线而言，如果个人放弃一单位 X，他会失去相当于 U_x 单位的效用。因此，为使个人保持在同一条等优曲线上，必须给他补充 $\frac{U_x}{U_y}$ 单位的 Y。$\frac{U_x}{U_y}$ 就代表了个人愿意以 Y 代替 X 的比率。由于 $\frac{U_x}{U_y}$ 量度的是等优曲线相对于 X 轴的斜率，因此，均衡所需的相切条件就是要求 $\frac{U_x}{U_y} = \frac{P_x}{P_y}$。这个均衡条件的另一种表述方法是：个人愿意以 Y 代替 X 的比率，必须等于他能够以 Y 代替 X 的比率。

现在我们可以理解，为什么上一节中三个效用函数会得出相同的需求曲线了——就是因为，三个效用函数都产生相同的等优曲线图。例如，假设 U = f(X,Y) 是效用函数，它所产生的等优曲线的斜率是 $-\frac{\frac{\partial U}{\partial X}}{\frac{\partial U}{\partial Y}} = -\frac{U_x}{U_y}$。再设取 U 的任意函数，如 $U^* = G[U(X,Y)]$，那么，由 U^* 函数所产生的等优曲线的斜率会是 $-\frac{\frac{dU^*}{dU}U_x}{\frac{dU^*}{dU}U_y} = -\frac{U_x}{U_y}$。由此可见，所有这些效用函数都有相同的等优曲线。即使 $\frac{dU^*}{dU} \leqslant 0$，这一点也成立。条件 $\frac{dU^*}{dU} > 0$ 之所以必要,是为了保证不同效用函数对各种商品组合的排序是同一方向的。

如上所述,等优曲线是两个区域的分界线——一个区域包含了比等优曲线上的商品组合更不受欢迎的组合群;另一个区域包含了比等优曲线上的组合更受欢迎的组合群。等优曲线的斜率是消费的替代率。预算线的斜率代表购买上的替代率。预算线并不一定是直线。* 在鲁宾逊经济中,等优曲线会与上述的一样,但不会有预算线,取而代之的是转换曲线。转换曲线的斜率代表生产上而非市场上的替代率。

等优曲线方法的目的是推导需求函数,例如根据商品 X、Y 的价格和货币收入,推导 X 的需求函数。显然,如果所有价格与收入都翻番,个人的机会线(预算线)将保持不变。这意味着,重要的不是 P_x、P_y 和 I 的绝对值,而是比值,例如 $\frac{P_x}{I}$ 和 $\frac{P_y}{I}$。因此,实际上只有两个自变量。如果我们假设收入增加时相对价格不变,我们可以得到作为真实收入之函数的 X 与 Y 的需求量。

例如,在图 2.17 中,假设 ABCDE 线是平行预算线组相切于等优曲线的点轨迹。在 AB 上,收入增加,X 和 Y 的需求量都增加;在 BC 上,收入增加,X 的需求量增加而 Y 的需求量减少;在 CD 上,收入增加,X 和 Y 都增加;在 DE 上,收入增加,X 减少而 Y 增加。

---

* 见第三章。——译者

图 2.17

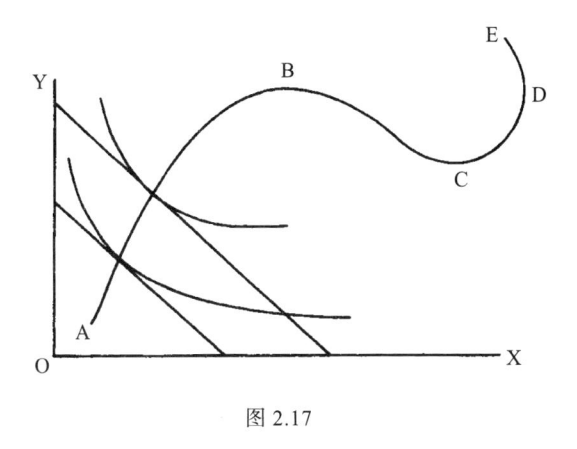

一种物品,如果收入增加其消费量也增加,这种物品称为富裕物品;反之,如果收入增加其消费量减少,这种物品称为贫穷物品。* 在上图中,X 和 Y 在 AB 和 CD 上都是富裕物品;在 BC 上,X 是富裕物品,Y 是贫穷物品;在 DE 上则相反。相同结论可在图 2.18 中以恩格尔曲线的形式画出来。需求量随收入变化而变化的情况,可以由需求量对于收入的弹性(一般称为收入弹性)来描述,即 $\frac{dq}{dI} \cdot \frac{I}{q}$。

如果 $\frac{dq}{dI} \cdot \frac{I}{q} > 0$,所讨论的物品就是富裕物品;反之就是贫穷物品。

如果 $\frac{dq}{dI} \cdot \frac{I}{q} < 1$,当收入增加时,用于购买该物品的收入比重会下降;

---

* inferior good 译为贫穷物品,见张五常《经济解释》第一卷;而 superior good 就相应译为富裕物品,指人们越富裕,对该物品的需求和购买就越多。——译者

```
    X 的需求量                    Y 的需求量
                 D
                                      B
                                        C
                           收入                           收入
         (a)                          (b)
```

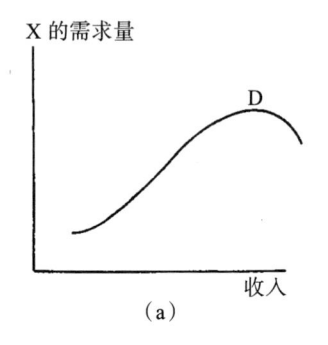

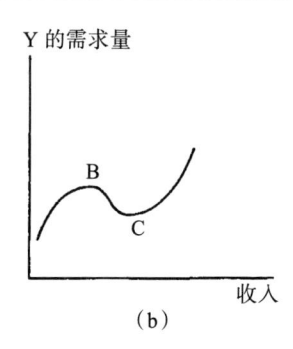

图 2.18

46 如果 $\dfrac{dq}{dI}\cdot\dfrac{I}{q}=1$，比重不变；如果 $\dfrac{dq}{dI}\cdot\dfrac{I}{q}>1$，比重提高。[①]

如我们所知，收入弹性经常用来定义必需品和奢侈品。若收入弹性小于1，该商品称为"必需品"；若收入弹性大于1，则称为"奢侈品"。

所有商品的收入弹性为1，意味着等优曲线图上的收入—支出线会是一条通过原点的直线。根据收入弹性的定义可知，$k_x\eta_{XI} + k_y\eta_{YI} + \ldots = 1$，其中 k_x 是收入用于购买 X 商品的份额，η_{XI} 是 X 商品的收入弹性，其余类推。

---

① 这些命题的证明如下：

$\dfrac{XP_x}{I}$ 是收入用于购买 X 的比例。

现有 $\dfrac{d\left(\dfrac{XP_x}{I}\right)}{dI} = \dfrac{P_x I \dfrac{dX}{dI} - XP_x}{I^2} = \dfrac{XP_x\left(\dfrac{I}{X}\dfrac{dX}{dI} - 1\right)}{I^2}$。

由此可得，如果 $\dfrac{I}{X}\dfrac{dX}{dI} \gtrless 1$，那么 $\dfrac{d\left(\dfrac{XP_x}{I}\right)}{dI} \gtrless 0$。

这正是上述命题。

第八节　等优曲线分析中的三分法

根据等优曲线分析消费者行为，隐含地将所有影响消费者行为的因素分成三类：(1)物品——这是等优曲线的双轴，(2)决定机会的因素——概括为预算线，(3)决定偏好的因素——概括为等优曲线。

关于这种分类，重要的一点是，它不是给定的，不是一成不变的。它是依手头问题而定的一种分类。因此，同样的因素，对某一研究目的而言可能是物品，由双轴来量度；对另一研究目的而言则可能是机会因素，又或者可能是偏好因素等。

为了说明这一点，考虑一下区位的问题。对于一个正考虑在何处定居的人来说，区位显然是一种物品，在一条轴上量度。一旦他定居下来，区位就成为机会因素，因为它将影响到此人必须支付的各种物品与服务的价格；同时，也成为偏好因素，因为它会影响此人认为冬装之与泳装，或者火炉之与空调的重要性。

形式上看，通过把区位当作在一条轴上量度的物品，就可以处理所有这些问题。每个区位，都有一个多维的预算面与无差异曲面的横切面与之相对应。各个区位的横切面，可能对应着不同的机会与偏好。尽管这样说在形式上无懈可击，但是，分析的重点仍然会因问题不同而转移。

另一个有趣的例子是家庭的子女数量问题。一定程度上，父母是理智地决定要生育几个子女。就此而言，子女作为选择的对象，是由坐标轴量度的"物品"。但一旦子女生下来之后，显然就影响到了各种机会（例如去看电影的成本会因需要临时寄托子女而上升），也影响了偏好。更重要的是，这时候引入了另外一组等优曲线——子女们的等优曲线，让问题更加复杂。

第九节 由等优曲线推导需求曲线

现在我们可以证明，如何由等优曲线推导出需求曲线。假定货币收入不变，X商品的价格允许变化，那么，价格比率线（预算线）会围绕Y轴上的一点旋转，如图2.19所示。X的价格不同，相应得到不同的X需求量，由此，就可以画出需求曲线了。这就是通常的做法。但在这种需求曲线中，当我们沿着需求曲线移动时，真实收入已经发生了变化。

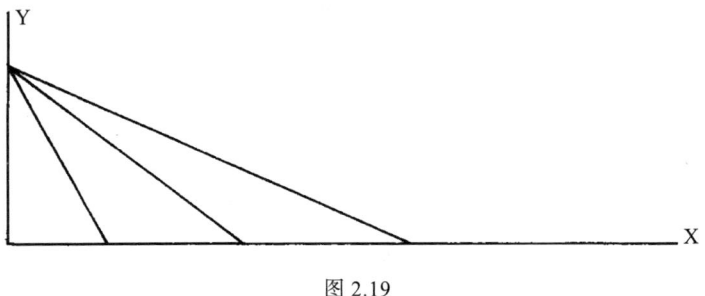

图 2.19

我们可以构建另一种不同的需求曲线。考虑一个商品束（X_0, Y_0），并画出一条通过该商品束的预算线，这条预算线可围绕该点旋转。这是保持显性的真实收入不变的一种策略。这些预算线的方程是 $P_x X_0 + P_y Y_0 = I$。这种方法可图示为图2.20。就固定的货币收入而言，这种方法等于是保持货币的购买力不变。通常构建价格指

图 2.20

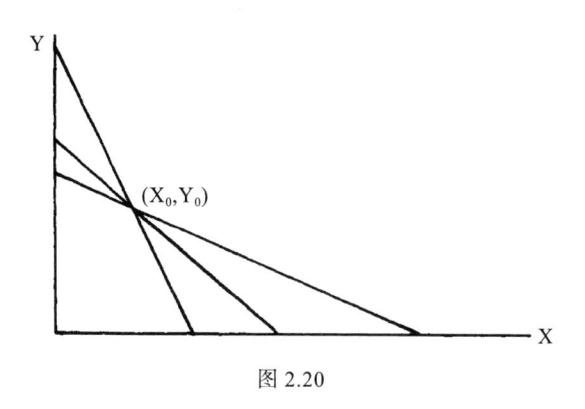

数的方法,就是计算一个特定商品束的(相对)成本。例如,商品束 (X_0, Y_0),在两种不同状态下(两个时点、两个地理位置等),价格分别为 (P_x, P_y) 和 (P'_x, P'_y),那么,第二种状态相对于第一种状态的价格指数就是 $\dfrac{P'_x X_0 + P'_y Y_0}{P_x X_0 + P_y Y_0}$。但如果 I 是固定的,则对于所有通过 (X_0, Y_0) 点的预算线,这个比值一定等于 1,因为分子和分母都等于 I。

这些预算线与等优曲线组的切点,就构成了"真实收入"不变条件下的需求曲线。这里所谓"真实收入不变",是指货币收入除以如上计算所得的价格指数的商保持不变。

还有第三种需求曲线:由一组预算线与单独的一条等优曲线相切而得。切点对应的数量与相对价格就给出了一条需求曲线。就这条需求曲线来说,是效用意义上的"真实收入"保持不变。

我们可以把所有其他价格与货币收入不变情况下一种价格变化的效应一分为二,即所谓收入效应与替代效应,由此,可以清楚展示上述几种构建需求曲线的方法之间的关系。在这中间,我们还应区分"斯勒茨基"效应与希克斯效应——前者是指预算线围绕

(X_0, Y_0)点旋转的情况,后者是指一组预算线与单一等优曲线相切的情况。

我们来考察一下表2.4和图2.21。表2.4说明了斯勒茨基方法与希克斯方法的收入效应的差别。(a)行到(b)行的变化是X的价格下降,Y的价格与货币收入不变。显然,消费者的状况得到改善,因为他可以消费更多的X和Y。(c)行是斯勒茨基所说的"经过补偿的价格变动效应":(c)行的收入比(a)行减少,减少的幅度正好使个人在X的较低价格水平上,如果愿意,可以购买与先前相同数量的X和Y。这时,50个单位X的价格是25美元而非50美元,因此他的收入也减少25美元。用斯勒茨基的话来说,显性的真实收入不变。但在新的价格上,个人不会再购买50个单位X和50个单位Y,而是购买60个单位X和45个单位Y。由于他是有意识地选择后者而舍弃前者,我们必须认定他更偏好后者;因此,(c)行"真实"的真实收入要高于(a)行;他现在处于更高的等优曲线上。

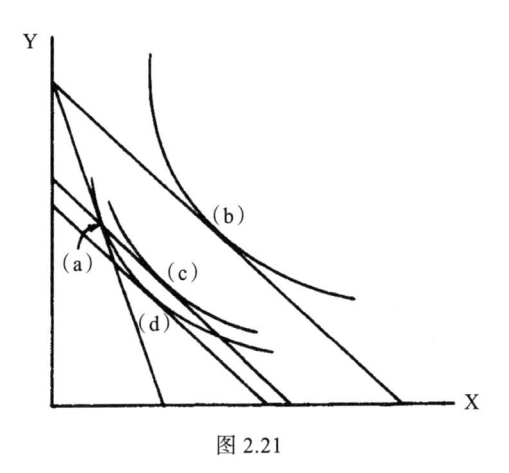

图2.21

而希克斯认为，必须拿掉足够的货币，以使这个人处于同一条等优曲线上——我们可以假设需要拿掉 28 美元，如(d)行所示。(d)行描述的是预算线切于与(a)行相同的一条等优曲线的情况。(e)行与(c)行的不同之处只是：它不是用收入变化来"补偿"相对价格下降，而是用商品 Y 的价格上升来实现"货币购买力"不变。同样，(f)行与(d)行的关系也是如此，只是以略微不同的方式表示"货币购买力"不变。

表 2.4

	I	P_x	P_y	X	Y
(a)	100	1	1	50	50
(b)	100	1/2	1	80	60
(c)	75	1/2	1	60	45
(d)	72	1/2	1	58	43
(e)	100	2/3	4/3	60	45
(f)	100	50/72	100/72	58	43

斯勒茨基方法的优势在于，它可以根据观察到的市场现象与行为，即价格和购买量，直接计算得到——尽管在某种意义上只能是一种近似，但希克斯方法根本做不到。希克斯方法不能直接计算，它需要关于等优曲线的信息。价格变动越小，即表中 P_x 越接近于 1，斯勒茨基方法与希克斯方法之间的差别也越小。

希克斯方法与斯勒茨基方法是得出需求曲线的两种不同方法（这里的需求曲线具有真实收入不变的性质）。运用希克斯方法测度真实收入变化，相当于沿着一条等优曲线扇形移动预算线，由此得到一条需求曲线。运用斯勒茨基方法测度真实收入变化，相当于围

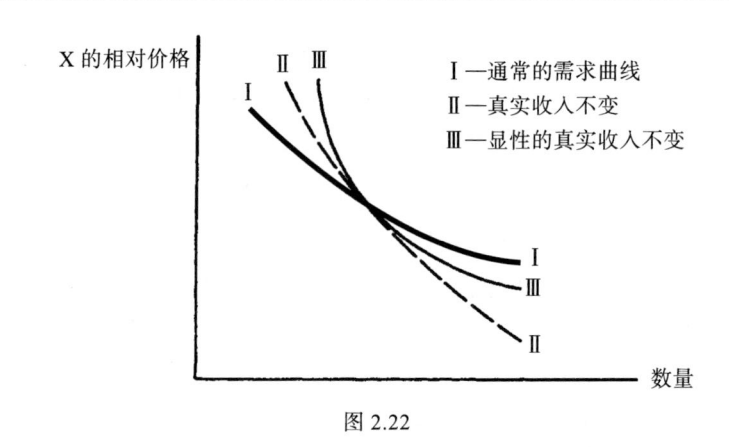

图中标注：
X 的相对价格
Ⅰ—通常的需求曲线
Ⅱ—真实收入不变
Ⅲ—显性的真实收入不变
数量

图 2.22

绕某一点旋转预算线，由此得到一条需求曲线。可以说，斯勒茨基方法是使显性的真实收入保持不变。图 2.22 说明了上述三种需求曲线的关系：(1)通常的需求曲线，其中所有其他价格与货币收入都不变，结果是真实收入有变；(2)希克斯需求曲线，其中，真实收入在个人始终处于同一条等优曲线的意义上保持不变；(3)斯勒茨基需求曲线，其中，显性的真实收入不变，即个人总是可以购买最初的商品组合。

根据图 2.23，可以更清楚地理解这三种需求曲线的差别。X 商品的价格变化的结果，是需求均衡点从 P 移到 Q，或者对 X 的需求从 X_1 移到 X_4。从 X_1 到 X_4 的移动，是通常定义的需求曲线所包含的移动。但是，作为价格变化的结果，从 X_1 到 X_4 的移动综合了收入效应与替代效应。正如前面解释的，应该把需求曲线限于仅反映替代效应。我们可以用两种不同的方法，分解从 X_1 到 X_4 的移动。根据希克斯方法，我们可以说，从 P 到 S 或者从 X_1 到 X_2 的移动是交易条件变化的结果，即替代效应。而从 S 到 Q 或者从 X_2 到 X_4 的

第二章　需求理论

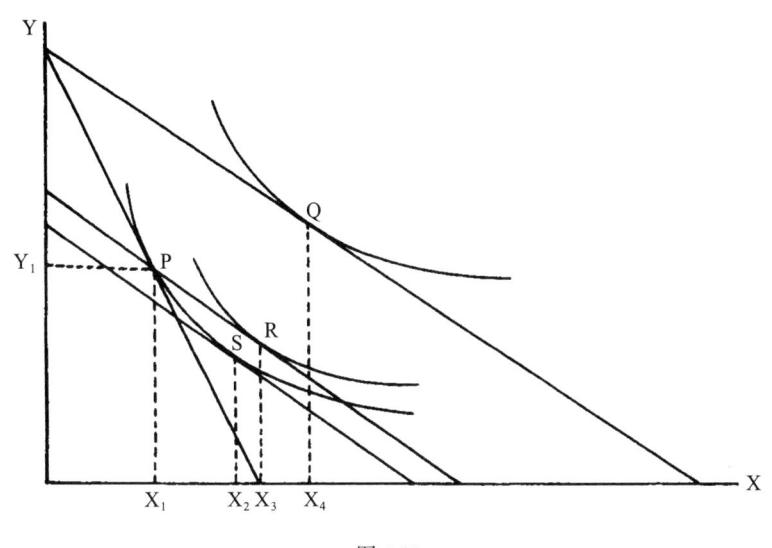

图 2.23

移动则是收入变化的结果。因此：

$$\begin{matrix} 总效应 & & 收入效应 & & 替代效应 \\ (X_4-X_1) & = & (X_4-X_2) & + & (X_2-X_1) \end{matrix}。$$

这种方法比起下面的斯勒茨基方法，在形式上更精确，但在运用上，没有相应可观察到的数据。

而斯勒茨基方法让我们可以根据可观察到的数据，分解收入效应与替代效应。当某人处于 P 点时，就是在 P_x 和 P_y 的价格上，消费 X_1 和 Y_1，并为此花费了他的全部货币收入 I。如果 X 的价格由 P_x 变为 $P_x+\Delta P_x$（在图示的例子中，ΔP_x 为负），而 P_y 不变，显然，购买同样的商品束 (X_1, Y_1)，现在只需要 $I+X_1\Delta P_x$ 的货币收入。因此，我们可以把收入 $(I+X_1\Delta P_x)$ 和价格 $(P_x+\Delta P_x, P_y)$ 看作是初始状态 (I,

P_x, P_y)的"经过补偿的价格变动效应",即价格变化的真实收入效应,已经被货币收入的相应变化所抵消。这种"经过补偿的价格变动效应",使个人从 P 移至 R,或者说从 X_1 移至 X_3。按照斯勒茨基的说法,我们可以将此称为替代效应,而将从 R 到 Q 或从 X_3 到 X_4 的移动,称为收入效应。因此:

总效应　　　收入效应　　　替代效应

$(X_4-X_1) = (X_4-X_3) + (X_3-X_1)$。

请注意,希克斯方法与斯勒茨基方法的差异在 (X_3-X_2)。对此,莫萨克(Mosak)提出了一个基本的观点,认为:当 ΔP_x 趋于 0 时,(X_3-X_2) 项比其他任何差项都更快地逼近 0。当然,当 ΔP_x 趋于 0 时,Q、R 和 S 都会汇集到 P 点。这意味着,当 ΔP_x 逼近 0 时,(X_4-X_3)、(X_3-X_1)、(X_4-X_2)、(X_2-X_1) 与 (X_3-X_2) 一样,都趋于 0。但 (X_3-X_2) 与其他量的不同之处是:它逼近 0 的速度要更快一些。这是说,当 ΔP_x 逼近 0 时,$\dfrac{X_3-X_2}{X_4-X_1}$ 的极限为 0,而诸如 $\dfrac{X_4-X_3}{X_4-X_1}$ 等的极限,就不一定为 0。这一点的含义是:关于为保持真实收入不变而需要调整多少货币收入,斯勒茨基的测度,虽未臻于尽善,但已庶几近之。现在,我们可以将上面离散的差分等式表述为连续的形式:

(1) $\quad \dfrac{\partial X}{\partial P_x} = \dfrac{\partial X}{\partial I}\left(-\dfrac{\partial I}{\partial P_x}\right) + \dfrac{\partial X}{\partial P_x} \quad$ (希克斯)*

$\quad\quad\quad\quad I=I_1 \quad\quad U=U_1 \quad\quad U=U_1$

$\quad\quad\quad\quad P_y=P_{y1} \quad\quad\quad\quad\quad P_y=P_{y1}$;

---

* 原文等式右边第一项的下标 $U = U_1$ 疑有误,似应为 $P_y = P_{y1}$。——译者

（2） $$\frac{\partial X}{\partial P_x} = -X_1\frac{\partial X}{\partial I} + \frac{\partial X}{\partial P_x}$$ （斯勒茨基）

$I=I_1 \qquad P_y=P_{y1}$

$P_y=P_{y1} \qquad I=I_1+X_1\Delta P_x$。

在第二个等式中，$X_1 = \frac{\partial I}{\partial P_x}$，这是因为：为抵消价格变化所需的收入变化是 $X_1\Delta P_x$，每单位价格变化所需的收入的抵偿变化就是 $\frac{X_1\Delta P_x}{\Delta P_x}$ 或 X_1。两个等式的左边项，都是从 X_1 到 X_4 的移动除以价格的变动，即每单位价格变动引起的需求量变化。两个等式右边的第一项是收入效应——分解开来，等于每单位收入变化引起的需求量变化，乘以每单位价格变化引起的收入变化——这个收入变化，就是由初始等优曲线到新的等优曲线的转移。第二项是替代效应，指的是当个人处于同一条等优曲线（希克斯），或者其货币收入发生抵偿性变化（斯勒茨基）时，每单位价格变化所引起的需求量变化（见图2.24）。

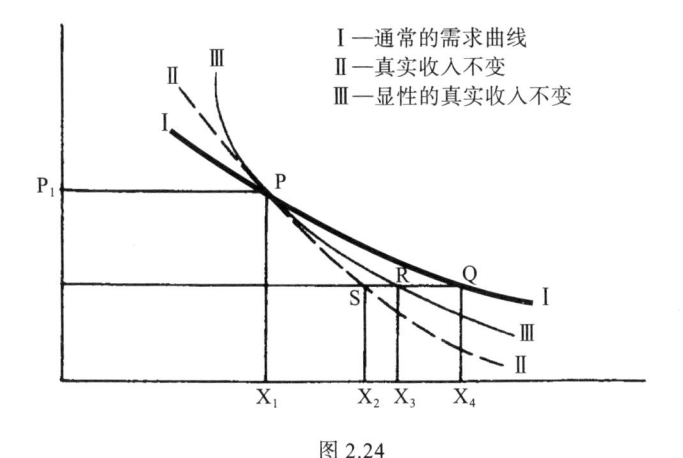

图2.24

还应注意，左边项 $\left.\dfrac{\partial X}{\partial P_x}\right|_{\substack{I=I_1\\P_y=P_{y1}}}$ 是通常的需求曲线在 P 点上的斜率。因此，以斯勒茨基表达式为例，给其中各项乘以 $\dfrac{P_x}{X}$，可得：*

$$\left.\frac{P_x}{X}\frac{\partial X}{\partial P_x}\right|_{\substack{I=I_1\\P_y=P_{y1}}} = -\frac{\partial X}{\partial I}P_x + \left.\frac{\partial X}{\partial P_x}\frac{P_x}{X}\right|_{\substack{P_y=P_{y1}\\I=I_1+X_1\Delta P_x}}$$

等式左边项正好是通常需求曲线在 P 点上的需求弹性，记为 η_{xp}。右边第一项 $-\dfrac{\partial X}{\partial I}P_x = -k_x\eta_{XI}$，其中 $k_x = \dfrac{XP_x}{I}$，即收入中用于 X 的比重；$\eta_{XI} = \dfrac{\partial X}{\partial I}\dfrac{I}{X}$，即 X 的收入弹性。最后一项 $\left.\dfrac{\partial X}{\partial P_x}\dfrac{P_x}{X}\right|_{\substack{P_y=P_{y1}\\I=I_1+X_1\Delta P_x}}$，

是真实收入不变的需求曲线在 P 点上的需求弹性，记为 $\bar{\eta}_{xp}$。这样，我们就可以得到下式：①

$$\eta_{XP} = -k_x\eta_{XI} + \bar{\eta}_{XP}。$$

---

* 下式有两点需要注意：(1) 在化约右边第一项的过程中，暗含了条件 $X = X_1$。(2) 原式最后的 X_1，原文作 K_1，疑有误，应为 X_1，译文已改。——译者

① 试证明：图 2.24 中三条曲线的分布顺序是针对富裕物品而言的，贫穷物品则不然，并请画出贫穷物品的相应图示——你会发现这练习对你有益。

第十节 劳动供给的效用分析

到目前为止,我们一直把收入与消费总支出看作是同一回事,或更一般地说,我们考察的是既定的总金额在各种消费项目中的分配,而没有过问这个金额是怎么得到的。用于消费的总金额本身,是旨在实现效用最大化的两组决策的结果:一组是决定由消费者支配的资源中多少投入到生产活动;另一组是决定多少资源用于当前消费,多少用于增加财富积累,或消耗积累的财富。原则上,所有决策是同时作出的,但为分析便利起见,我们要分别加以考察。我们可以把一定金额在各种消费项目中如何分配的决策,看作是确定相应消费量的效用的决策,而这个效用又作为单一要素,被引入到其他决策中。

就消费者所拥有的某些资源而言,如何使用对于消费者并无区别。财产性资源(即非人力资本)一般都是如此。对这些资源来说,效用最大化就等同于要求它们的服务所换取的报酬最大化。但对于另一些资源,特别是由个人亲自提供的生产性服务,即人力资本,有关系的就不仅是使用的报酬多少,还有如何使用的问题。工作本身有效用或负效用,效用或负效用可能取决于工作的性质与工作量。因此,人的生产服务的供应,必须被看作是两合一的行为:一是生产服务的出售,二是与所从事生产服务相联的愉悦的消费。我们将在第十一章"生产要素的供给"中进一步深入讨论这个问题。

这里,我们只须考察一个简单例子,就足以展示人力资本配置的效用分析:忽略存在不同生产活动的可能,但考虑不同的工作环境(即非金钱的优势与劣势),单位时间内,人们将选择向市场供应多少小时的同质劳动。

图2.25画了一组假定的个人等优曲线。纵轴量度消费,即单位时间内的消费总值。上面已提到,我们隐含地假设每个消费值背后都有一个最大化过程,即假设消费在各种项目中配置,以实现效用最大化。横轴量度每周的劳动工时。在每周168小时处有一条垂直线,因为这是客观的最大可能值。各条等优曲线被画作:随每周劳动工时增加,先下降,再上升。下降部分意味着多一些工作是"好事",即个人愿意为能够工作而牺牲一些消费,亦即,如果有其他收入来源,他愿意付费工作。但图2.25假定,超过一定工时后再增加工作就是"坏事",即包含了负效用,除非是以更多消费作为补偿,否则,个人不愿意增加劳动工时。如图所示,等优曲线最终渐近于每周168小时的客观最大极限。等优曲线越高,表示效用越大;即对于给定劳动量,消费越多,效用越大。

显然,等优曲线的下降部分可能并不存在,即无论每周工时多短,劳动可能都被认为是"坏事"。但这里包含下降部分,是为了说明一个在劳动力方面尤为明显的常识——某一项工作是"好"是"坏",并不是取决于其客观属性的技术问题,而是依赖于消费者偏好与市场供求的市场现象。同样的客观事项,可能因境况不同而好坏有别。如果市场价格为正,它就是好的;如果为负,则是坏的。举一个简单的例子,摇滚明星的歌声显然是"好的",因为公众愿意花大价钱去听;而我们中间一些人的歌声就是"坏的",因为我们得付钱请别人来听。而随着音乐品味改变,某一天好的可能变成坏的,坏的可能变成好的。再举一个更基本的例子:在现代发达社会，体育运动几乎是唯一可以看到的艰苦繁重的体力劳动，但人们通常要为取得参与这种劳动的资格而付费。可见，千百年来明摆着的"坏事"，现在变成了"好事"。

图 2.25 中的直线 OW 和 W′W′ 表示可实现的消费—劳动工时组合，即预算线。OW 线表示个人除劳动工资收入之外，没有其他收入来源的情况，因此它起于原点。直线的斜率为每小时工资（已扣除税负等，因此，它体现了可用于增加消费的金额）。由切点给出的 OL 就是能使个人达到最高等优曲线的劳动量。请注意，因为

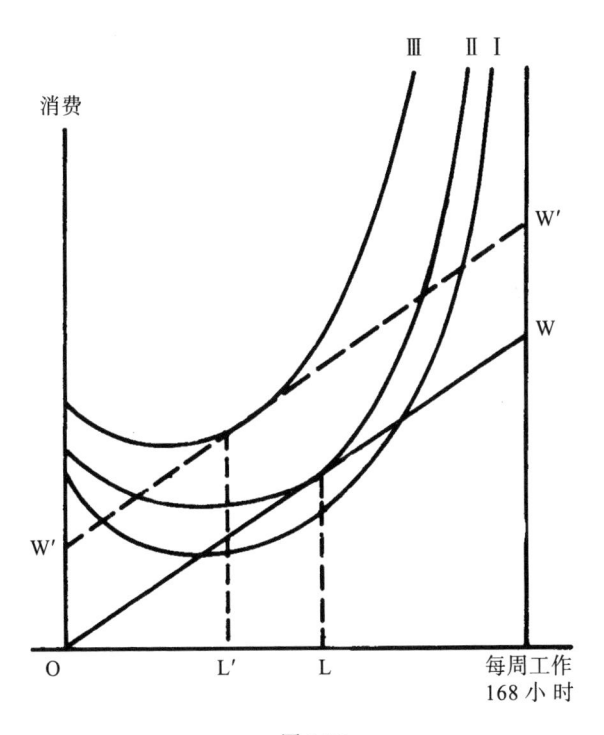

图 2.25

等优曲线是向上凹*的,所以,这里相切的是"最高"而非"最低"等优曲线——也正为此,才这样画等优曲线。

W'W'线表示个人拥有大小为 OW' 的非劳动收入来源的情况。如图所示,这样,他就会把每周工作时间减少到 OL'。当然,这个结果并非必然,它只是反映了特定的等优曲线组的情形。不过,至少在非劳动收入高于某个最小值时,这看来确实像是预料之中的结果。

上一节由消费者等优曲线推导需求曲线的分析,显然也可用在这里,推导出在工资与非劳动收入的不同组合下的劳动供给曲线,而且,前面关于收入和替代效应的分析也可沿用至此。具体推导一下吧,你会发现这样做对你有益。

第十一节 储蓄的效用分析

现在我们把话题转到另一项决策:在出售资源服务所得到的当期收入中,多少用于当期消费,多少用于增加财富积累,或者从积累的财富中拿出多少追加到当期收入中,用于当期消费(第十七章将从多个角度对该分析作进一步的运用和扩展)。如果能把这项决策以类似上述劳动工时决策的方式纳入效用分析框架,当然是很诱人——所谓类似方式,就是在等优曲线图中增加一条轴,用于量度储蓄,即每年增加财富积累的货币量。瓦尔拉斯(Leon Walras)在其名著《纯粹经济学要义》的前几版中,都抵挡住了这种诱惑,但

---

* 即呈 U 型。——译者

在最后一版还是这么做了。①

将效用分析扩展到储蓄,看似简单,但如果是以一轴量度消费,另一轴量度储蓄,两者都以年货币量为单位来展开分析的话,我们会发现其中有困难:这时,相应的价格比是多少?显然是1:每年减少一美元消费,总是可以增加一美元储蓄。因此,为了包含替代效应分析,瓦尔拉斯不是把储蓄轴上的变量定义为每年用于储蓄的货币量,而是定义为商品E,E等于用这笔储蓄买到的永续收入流——由一美元财富产生的永续收入流是r,即利率。一单位商品E的价格为$\frac{1}{r}$,即利率的倒数(如果r = 0.05,那么,每年得到一美元的成本是20美元)。

但是,这样会使两轴不可比:消费是一个流量,指每年的美元数;而E是流量的变化率,是一个二阶导数,指每年的年美元数。而且,对于一般的效用函数而言,只要潜在的基本条件不变,等优曲线上不管哪一点,其所反映的替代关系都不会随时间而变。但这里关于当期消费与瓦尔拉斯商品E的等优曲线却非如此。随着时间推移,一个正的E值会增加财富存量,个人会变得越来越富有。在相同消费水平上,个人想以进一步增加财富替代进一步增加消费的意愿会下降,上述定义的等优曲线会发生变化。

这种看似简单的方法存在一处难题:储蓄并非像吃、穿的商品一样,由其本身提供效用。储蓄只是以未来消费替代当期消费。要

---

① 弗里德曼:"莱昂·瓦尔拉斯及其经济学体系",载《美国经济评论》第45卷(1955年12月),第900—909页。

对储蓄作出令人满意的分析,我们必须考虑储蓄的基本功能,而不是仅简单地在等优曲线图上增加一条轴即可。其中,跨时期的分析必不可少。但与储蓄不同,积累的财富就其提供应急储备的服务而言,可能具有某些特征,使它部分地成为一种如同其他消费品的商品。这种服务可以用等优曲线图的一条轴来量度,一部分收入可以看作是用于购买这种服务的。这部分收入的大小,等于以下两者之差:一是这些财富可能得到的(预期平均)最大收益,二是以提供更大应急储备效用的方式持有这些财富所得到的实际(预期平均)收益。两者之差,就是用于购买应急储备服务的收入。

如果我们忽略财富的这种功能,那么,在等优曲线图上最容易展现的情况是费雪(Irving Fisher)分析的那种假定的有限期间的情况,最简单的是两年期。图2.26给出了这种情况。纵轴量度第一年的消费,横轴量度第二年的消费。对角线表示两年消费相等。令

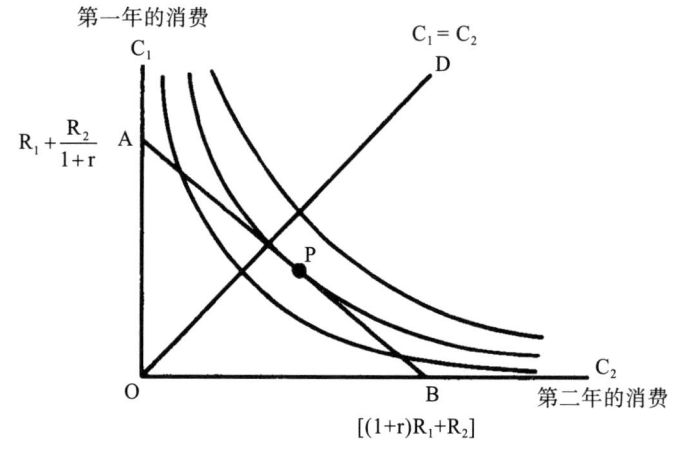

图 2.26

R_1 为第一年收入，R_2 为第二年收入，r 为利率，并假设该图所示的个人能够以利率 r 借贷任何可能的金额（借入任何他能偿还的金额，或从收入中贷出任意的金额）。那么，如果他第二年不消费，第一年的最大消费额是：

$$(3) \qquad W = R_1 + \frac{R_2}{1+r},$$

因为 $\frac{R_2}{1+r}$ 是他可借入并能以第二年的收入偿还的最大值。W 是他的初始财富，据此确定了可实现组合线（预算线）在纵轴上的截点 A。如果他第一年不消费，第二年的最大消费额是：

$$(4) \qquad (1+r)W = R_1(1+r) + R_2。$$

因此 AB 线就是可实现组合线。市场上的替代率是：个人在第一年每减少一美元消费，能够在第二年增加 (1+r) 美元的消费。如图，均衡点 P 展示了一个第二年消费高于第一年的选择——当然，这只是特定等优曲线组与特定利率导致的结果，而非必然。

我们可以用这个简单的模型来说明时间偏好的概念，即个人愿意以未来消费替代当期消费的比率。这样定义的时间偏好率就是等优曲线的斜率，并在图中各点都不一样。在某个第一年消费多而第二年消费少的点上，个人更愿意增加未来消费而非当期消费，即他愿意放弃超过一美元的当期消费，以增加一美元的未来消费。相反，在某个未来消费多而当期消费少的点上，个人更愿意增加当期消费而非未来消费，即要他放弃一美元的当期消费，需要补偿他超过一美元的未来消费。因此，时间偏好率根据当期与未来的消费水平而变。在 P 点，个人的时间偏好率等于市场上的替代率 (1+r)，这是因为个人调整他的消费时间模式以达到这种均衡。

通常认为，人们会"低估未来"，或者说"当期较之未来更受偏爱"，或者说"未来贴水"。这些说法怎样才有意义呢？一种方式是按照图 2.26 的对角线上的时间偏好率来定义它们。在对角线上，未来消费等于当期消费。如果对角线上的等优曲线的斜率为 1，或者更一般地说，如果等优曲线在对角线两边对称，那么可以说，个人之于当期或未来消费是中立的。如果对角线上的等优曲线比-45°线更平坦，那么个人是低估未来消费；相反，如果比-45°线更陡峭，则是高估未来消费。更一般地说，如果等优曲线在对角线两边不对称，左边某一点相对于右边的相应镜像点处于更高的等优曲线上，那么就可以说，个人是低估未来消费。

回头来看决定消费与储蓄的因素，我们又回到了熟悉的情形。消费模式似乎取决于三个变量：R_1, R_2, r；但图 2.26 表明，只有两个变量是重要的，即财富 $W = R_1 + \dfrac{R_2}{1+r}$ 和利率 r：

(5) $\qquad C = f(r, W)$。

如果我们把 R_1 和 R_2 理解为两年的量度收入，(5)式说明，各年的消费并不取决于当年的收入，而是取决于财富（或"永续收入"）。另一方面，如果我们把储蓄界定为量度收入与消费之差，那么，储蓄取决于收入，因为：

(6) $\qquad S_1 = R_1 - C = R_1 - f(r, W)$。

在这个模型中，储蓄的目的有二：一是"熨平收入流"，即，使跨时期的消费比收入更加稳定，为此，R_1 被引入(6)式；二是获得储蓄的利息收益，为此，r 被引入(5)式。(5)式中的 W 担负双重职

第二章 需求理论

责：既量度可以得到的机会，又量度应急储备性质的消费服务。

如果图 2.26 中的等优曲线都是相似的——这里所谓"相似"，即在任何从原点出发的射线上，各条等优曲线的斜率都相同——那么，就可以得到(5)式的一种特殊形式。即(5)式可简化为：

$$(7) \qquad C = k(r) \cdot W。$$

或者，加入没有包含在上述简单表达式中的可能影响消费的其他因素，得到：

$$(8) \qquad C = k(r, u) \cdot W,$$

其中 u 代表其他因素。在这种特殊形式中，我们可以用对角线上的共同斜率来确定消费者时间偏好率的值。如果个人在这个意义上是时间偏好中立，那么，在任何正利率下，未来消费都将超过当期消费。如果他是低估未来消费的，那么，在某些正利率下，当期消费会超过未来消费。

这个简单的跨时期模型还可以用来说明，个人借入和贷出的利率不相等时，会产生什么效应。这种利率不相等，可能仅仅起源于借贷双方之间的金融中介的各种成本，或者由于人力资本与非人力资本的不同——人力资本通常难以用作贷款的抵押品。令 r_B 为个人借入利率，r_L 为贷出利率，$r_B > r_L$。那么，预算线将如图 2.27 所示，在两年收入(R_1, R_2)的对应点上有一个拐角。这样一来，财富就不再有明确的量度了，最终结果可能取决于初始状态，即取决于初始点的位置和等优曲线的形状。

把上述分析推广到无限多期的情况，形式上并不困难，但以二维图形不容易表示。形式上的一般化，是把经济主体的效用函数看

图 2.27

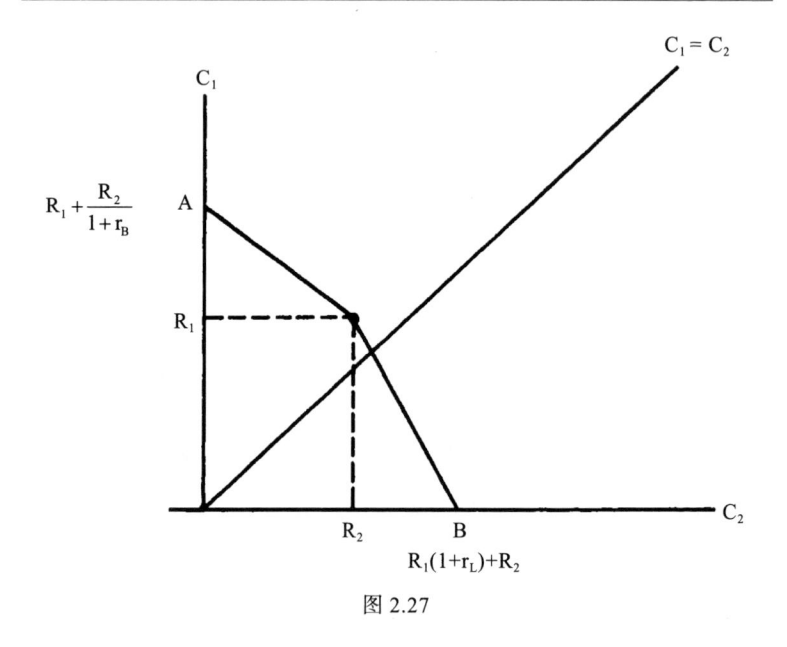

作是整个未来消费模式的函数：

（9） $\qquad U = F[C(t)]$,

其中 C(t) 代表 t 时刻的消费流量，t 从当下延伸到无限未来，即从 t_0 到 ∞。同时，这个经济主体被假定为拥有一组机会

（10） $\qquad G[C(t)]$,

这个集合概括了他可能得到的各种消费时间模式。于是，这个经济主体被认为是在(10)式的机会集的约束下，争取(9)式的效用函数最大化。

这种推广是完全一般化和完全空洞的。要使它言之有物，必须把(9)式和(10)式具体化。例如，若假设存在某个内部贴现率 ρ，就可将等式(9)具体化。(9)式的一种特定形式可以写作：

第二章 需求理论

（11） $$U(t_0) = \int_{t_0}^{\infty} f[C(t)]e^{-\rho t}dt 。$$

当然，这种情况下，该式的任何单调变换，比如说：

（12） $$U^* = F(U),$$

只要 $F'(U)>0$，也都是（9）式的特殊形式。若假设存在某个市场利率 r，则可将等式（10）具体化，从而使得任何满足下列（13）式的消费模式都是可实现的：

（13） $$W(t_0) \geqslant \int_{t_0}^{\infty} C(t)e^{-rt}dt,$$

其中，W 类似于个人预期的未来收入流的贴现值。有很多分析，特别是增长模型文献中的分析，都用到了这样的具体化形式；但是，至今没有哪种具体化形式，可以作为值得特别信赖的一种标举出来。

以二维图形呈现无限多期的一种办法，是限定（10）式的机会集，即假设个人唯一可能的选择是二维的：一维是一个时间单位（例如一年）的消费 C_1，另一维是此后无限多期的消费 C_2。要使这样做完全合理，我们又必须假设个人生命无限，品味不变。这个假设看似荒谬，其实不然。它只是反映了这样一种可观察到的现象：是家庭而非个人，才是基本的消费单位；人们在决定当前消费还是未来消费时，会像对待自己的一样，把子孙后代的消费效用也纳入决策考虑之中。因此，所谓无限生涯与不变个体，代表的是永续的家族。二维表现形式尽管非常特殊，但还是给出了储蓄—支出过程的一个重要特征——这个特征在两期的例子中是被掩盖了的。

令 R_1 为第一年的收入流，R_2 为此后无限多期的假设稳定的收入流，r 为假设固定的跨期利率，个人可以在这个利率水平上自由

借贷。那么，他的初始财富是

$$(14) \qquad W = R_1 + \frac{R_2}{r}。$$

这里，最后一项的分母为 r，而不像（3）式中一样为 $(1+r)$，是因为这里的 R_2 是持续的收入流，而非仅仅一期的收入。这个初始财富确定了 A 点——表示在此后各期的消费为零的情况下，第一年的最大消费量。如果第一年的消费为零，则第一年结束后的所有时期，其最大消费量是持续收入 R_2，加上第一年收入的利息 rR_1。因此，$rW = rR_1 + R_2$ 确定了 B 点，连接 A、B 的线就是可实现组合线（预算线）。这条线在 C_2 轴上的斜率是 $\frac{1}{r}$，即为了能在未来每年都增加一美元消费，而需要放弃的当期消费金额。这条线在 C_1 轴上的斜率是 r，即放弃一美元当期消费，而在未来每年能够增加的消费金额。为使图中各点清晰可辨，图 2.28 画的是利率为 0.20 的情况。

在图 2.28 中，P_1 是均衡点，它表示，第一年的消费比以后各年要少，是为了增加以后各年的消费。现在我们推进一年，再看看情况如何。同样，假设选择只在这一年的消费 C_1 和以后各年的消费 C_2 之间进行（这也是这种分析不尽如人意的地方，因为，我们显然可以认为，个人在最初时点 t_0 上就完成了整个未来消费模式的选择，而不是采取这种分步选择的方式）。等优曲线组仍然是原来的样子，因为我们假设个人品味不变；但是，由于第一年的储蓄增加了个人财富，机会线* 不同了。新的机会线（$A'B'$）会经过对角线上对

---

* 即可实现组合线或预算线。作者往往混用这几个概念。——译者

第二章 需求理论

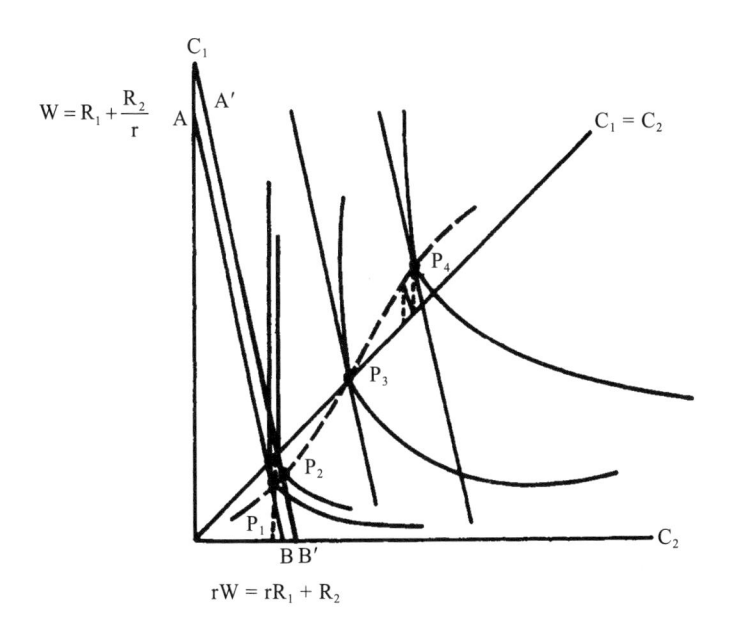

图 2.28

应于 P_1 的横坐标的那一点。于是，新的均衡点为 P_2。

图中虚线表示逐年均衡点的轨迹，它确定了个人的未来消费路线。如图所示，虚线与对角线交于 P_3 点。在这一点上，上述定义（即消费水平不变情况下）的个人时间偏好率，等于他能够以当前收入替换未来收入的比率。这一点一旦达到，就会持续下去。

现在，假设我们从均衡点为 P_4 的个人财富状况开始如上分析。这时，个人进行的是负的储蓄，即减少财富以增加当期消费。他会按照 Z 形线所提示的路径，沿虚线向下，直到再次抵达 P_3 点。

这种分析结构的优势在于，它指出了均衡财富存量（即理想的财富水平）与达到这个财富存量的均衡速度之间的区别。P_3 点对应的财富是均衡财富存量。如果个人没有这样的财富存量，他会努力向它靠拢。另外，还存在一个个人想要的向该均衡财富靠拢的均衡速度，取决于他距离理想财富水平有多远，以及当前的财富是什么。理想财富存量的决定因素，和个人想要多快向它靠拢的决定因素是不同的，但是，这种区别在图 2.28 的二维表现形式中模糊莫辨。

图 2.28 中，为使均衡财富存量存在，等优曲线在对角线上的斜率，必须随着财富增加而变得平坦。也就是说，为补偿放弃一美元当期消费，需要越来越多的未来消费增量；或者说，当期消费相对未来消费的偏好，随财富的增加而提高。直觉看来，这似乎不合情理。倒是相反的情况似乎更加合理。

如果各条等优曲线是相似的，即在任何从原点出发的射线上，它们都有相同的斜率，那么，虚线就不会像图 2.28 一样与对角线相交，而是成为一条射线。如果这条射线处在对角线之下，就意味着无穷尽的财富积累；如果在对角线之上，则意味着无穷尽的财富消耗。但在这两种情况下，都存在财富积累或消耗的均衡速度问题。对现代化进程中的社会而言，实际观察到的现象与无穷积累的说法并无二致。

以上只是对一个复杂问题的非常不完备的论述。其目的只在于举例说明，我们开发出来的分析工具，如何用于解释类似问题。

第三章 税收的"福利"效应[*]

这一章讨论消费税与所得税对福利的相对效应。我们将论证：所谓所得税优越性的"证明"，尽管屡被援引，实际上根本不是什么证明。然后，本章还将勾勒出关于这个问题的"正确"分析。

但是，本章的具体内容与主要目的之间仅有间接关系。本章主要目的是要以实例说明两种经济分析方法的不同。从这点上讲，本章可视为我在《政治经济学杂志》上一篇论文的脚注的扩充。在那篇论文中，我对比了需求曲线的两种定义：通常的定义，假设在同一条需求曲线上，各点的货币收入与其他商品的货币价格都是一样的；另一种定义，我将之归功于马歇尔，是假设真实收入不变。[①]我认为，通常的定义来源于，也反映了经济学分析的本质上是算术的和描述性的方法；而另一种定义是分析性的、解决问题的方法；因此，通常的定义在很多场合都没什么用处。如果收入用于购买所研

---

[*] 本章征得出版商同意，重印自我的《实证经济学论文集》（芝加哥大学出版社，1953年）第100—113页。该书1953年的版权属于芝大。图表重新编号，脚注也另行标记，以便符合本书体例。本章是根据"新"福利经济学的精神写的，因为它所处理的技术性问题主要属于福利经济学的范畴——尽管这种方法在规范经济学中的可接受性与有效性，还面临严重的质疑。这种一般方法的价值，是另一个独立的、涉及面更广的议题，除了本章第四个原注的补充评论之外，在此不予考虑。

① 弗里德曼："马歇尔需求曲线"，载《政治经济学杂志》第57卷（1949），第463—495页。

究商品的比重很小,上述两种需求曲线的量化差别也会很小——实际运用中通常正是这种情况;当这个比重趋于零时,量化差别也会趋零。尽管如此,概念的不同还是非常重要,正因它反映了方法论上的根本差异。

下面的讨论并不直接用到需求曲线。但是,可以看到,被广泛引用的关于两种税赋之福利效应的错误分析,与需求曲线的通常定义如出一辙——两者都体现了经济学分析的算术方法。当然,没有一种方法是非犯错误不可的。一个分析人员在分析方法与工具存在缺陷的情况下,也可能获得正确结论。但是,连能干、富有经验的分析人员都被误导的事实可以充分说明,这种缺陷并非无关紧要。

第一节 所得税优越性的所谓"证明"

图3.1概括了一种常被用于"证明"下列命题的分析,即认为:在获得相同税收的情况下,所得税要优于消费税。[①]

[①] 有关这种"证明"的介绍,主要来自约瑟夫(M. F. W. Joseph)的"间接税的额外负担"(载《经济研究评论》1939年6月第6期,第226—231页),或希克斯(J. R. Hicks)的《价值与资本》(牛津,1939年,第41页)。皮科克(T. Peacock)和贝里(D. Berry)的"收入分配理论的评论"一文(载《经济学人》1951年2月新序列第18期,第83—90页),将约瑟夫的分析应用于一个略为不同的问题,因此同样是无效的。该文还指出,波尔加塔(Gino Borgatta)在发表于《经济学家杂志》1921年卷的一篇文章中,已经先于约瑟夫作了类似分析。这种"证明"还反复出现在下列文献中:施蒂格勒的《价格理论》(纽约:麦克米伦出版社,1946年,第81—82页);艾伦(Edward D. Allen)和布朗利(O. H. Brownlee)的《公共财政经济学》(纽约:普伦蒂斯霍尔出版社,1947年,第343—345页);雷德(M. W. Reder)的"福利经济学与配给制"(载《经济学季刊》1942年11月第57期,第153—155页)(雷德此文的其余部分也充斥着与他所引用的

第三章 税收的"福利"效应

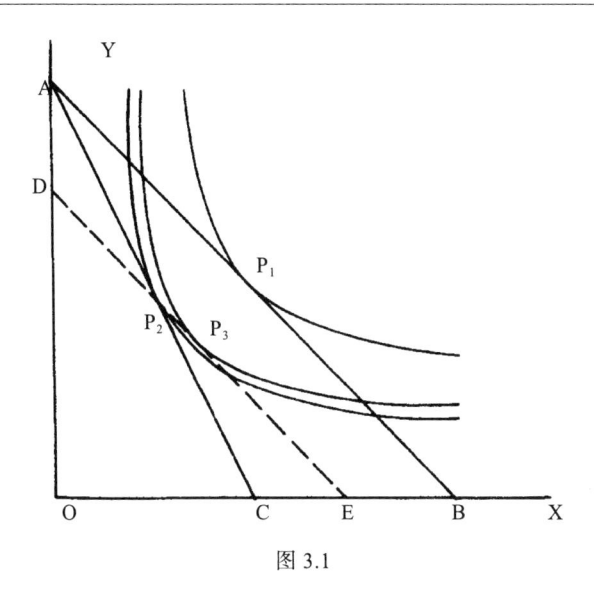

图 3.1

考虑一个只有 X 和 Y 两种物品的世界。以横轴量度 X 的数

"证明"同样的错误——他把这证明归功于希克斯); 瓦尔德(Haskell Wald)的"对间接税的经典控诉"(载《经济学季刊》1945 年 8 月第 59 期:第 577—596 页,尤其是第 579—582 页);亨德森(A. Henderson)的"间接税的理由"(《经济学杂志》1948 年 12 月第 58 期,第 538—553 页,尤其是第 538—540 页)。博尔丁(Kenneth E. Boulding)在《经济分析》(修订版,纽约:哈珀兄弟出版社,1948 年)一书中,应用了逻辑上相同的分析,来讨论不同形式的直接税的福利效应问题(第 773—775 页);这个分析又被施瓦兹(Eli Schwartz)和摩尔(Donald A. Moore)在"直接税的扭曲效应:再评价"(载《美国经济评论》1951 年 3 月第 41 期,第 139—148 页)一文中加以复述——他们辩驳了博尔丁的具体结论,但没有质疑其论证的正确性。

人们常常认为,约瑟夫与希克斯对这个问题的分析,与此前霍特林(Harold Hotelling)对同一问题的分析是一致的(见霍特林的"关于税收、铁路与公用事业费的一般福利问题",载《计量经济学》1938 年 7 月第 6 期,第 242—269 页,尤其是第 249—251 页)。这种看法谬不可及,因为,霍特林回避了破坏上一段所列分析的错误。霍特林和弗里希(Ragnar Frisch)在关于前者论文的通信(载《计量经济学》1939 年 4 月第 7 期,第 45—60 页)中,相当隐晦地谈到了本注所涉的要点。归根结底,弗里希量,纵轴量度 Y 的数量,并画出消费者(一个"代表性"消费者[?])的等优曲线。AB 代表初始预算线,因此,P_1 就是初始均衡点。假设对 X 征收一项消费税(称为"消费税 A"),税率为含税价格的 50%,并假设完全由消费者负担,从而消费者面临的 X 价格翻了一番。根据通常的需求曲线所含的假设:在分析一种价格变化的影响时,假定货币收入与其他价格不变,这时,预算线移到 AC,均衡点为 P_2。现在假设以产生相同税赋的所得税替代消费税(称为"所得税 A")。由于假设价格不受影响,与所得税 A 相符的预算线与 AB 平行。而且,如果所得税收入与消费税收入相等的话,新预算线必定通过 P_2 点。这是因为:在消费税下,个人把全部货币收入(不管征收何种税,这收入总是相等的)都用于购买 P_2 点所示的商品束;这项支出等于税赋加上税前价格下的 P_2 商品束的成本。因此,如果他在所得税政策下缴纳等量税赋,他也能够用剩余收入以税前价格购买 P_2 商品束,所以所得税下的预算线就是 DE。但是,在这条预算线下,个人实际不会购买 P_2 商品束,而会购买处于更高等优曲

与霍特林的主要分歧是:弗里希认为霍特林的证明与约瑟夫的证明是一样的,尽管在弗里希写作时,约瑟夫的证明没有被援引,也根本没有出现在出版物上。弗里希没有理解霍特林所强调的根本不同点的要义,即霍特林考虑到了生产成本的状况。

罗尔夫(Earl R. Rolph)和布雷克(George F. Break)在"消费税的福利问题"(载《政治经济学杂志》1949 年 2 月第 57 期,第 46—55 页)一文中,对这种"证明"作了精密的审查和恰当的评论。他们的分析与本章有很多共同之处,从根本上指出了这种"证明"的相同缺陷,给出了对该问题的正确分析。利特尔(I. M. D. Little)在《福利经济学评论》(牛津,1951 年,第 157—179 页)一书中,也正确分析了这个问题。在"直接税与间接税"(载《经济学杂志》1951 年 9 月第 59 期,第 577—584 页)一文中,利特尔也指出了通常分析中的缺陷——而我是在本章已付梓之后,才注意到这篇论文的。本章与罗尔夫和布雷克的论文、利特尔的著述之相关部分的主要区别是:本章主要关注分析中的方法论问题,而他著主要关注实质性问题。

线的 P_3 商品束。由此得出结论：在产生同等税收的前提下，所得税会使消费者达到比消费税下更高的等优曲线。[①]也即，

（Ⅰ）所得税 A 比消费税 A 优越。[②]

至此，我们讨论的只是单一个人。通常，分析到此为止，而结论马上会被推广到整个社会，得出观点说：如果以所得税替代消费税，并要求每个人缴纳的所得税金额与原来的消费税金额一样，则所有人都会变得更好一些，即处在更高的等优曲线上。

第二节 所谓"证明"的谬误之处

这项"证明"包含两个基本步骤：第一，针对孤立的个人推导出命题（Ⅰ）；第二，把这个命题推广到整个社会。

针对孤立个人的分析完全是正确的。如果仅对大众中的一个人征收消费税 A 或所得税 A，造成的影响除了图 3.1 概括的之外，其他间接影响都微不足道，因此，图 3.1 可以充分说明这个人最终达到的状态。这种分析在算术上无懈可击，不过也仅仅是算术

---

① 只要初始状态中不存在差别消费税或消费补贴，P_2 和 P_3 点的所有税收的总收入一定相等。而如果初始状态中存在 Y 商品的消费税，P_3 点产生的税收将比 P_2 少；这时，前者（P_3）更可取，可以理解为反映了前者的税收负担较轻，而非其税收类型较佳。因此，对 P_1 点上的 Y 商品征税，并不改变正文的论证，但确实改变了结论的含义和解释。

② 也许应该提醒读者：把"处于更高的等优曲线"与"更为优越"视为同一回事，其实远不像表面看上去的那么理所当然。实际上，上面（本章第一个）脚注提到的关于"新"福利经济学有效性的观点，通常在很大程度上也依赖于这样的信念：把"处于更高的等优曲线"与"更为优越"视为同一回事，这一点在福利经济学的效用论框架内无从证明——尽管在不同的、在我看来更可取的哲学框架内可以证实。关于从其他角度对这一点提出的批评，可见利特尔的《福利经济学评论》第38—50页。但这些考虑与本章正文中的特定技术问题并不相关。

而已。

另一方面,直接把这种分析推广到整个社会却是站不住脚的。图 3.1 虽然可以充分说明只向一个人征税时最终达到的状态,但若向社会的所有成员同样征税,该图就不适用了。除了那些被通常的需求曲线方法束缚住思维模式的人之外,对其他人来说,这一点其实是显而易见的。例如,考虑图 3.1 中预算线 AB 和 AC。很显然,当预算线为 AC 时,消费者的境况一定比预算线为 AB 时要差,这推断甚至无须用到等优曲线。当预算线为 AB 时,只要愿意,个人可以获得预算线为 AC 时的任何选择,外加 ACB 三角形内的所有组合。因此,把这种对孤立个人的分析推广到整个社会,等于是说:仅仅因为征收的是消费税的缘故,就以某种根据简单算术即可推算的方式,减小了每个消费者的选择余地。这如何可能呢?征收消费税本身,既不会改变任何技术上的生产可能性,也不会减少社会可利用的物质资源。如果政府把税收用于生产此前未有的物品(称为物品 Z),那么确实会减少生产 X 和 Y 的可用资源。但图 3.1 根本不足以分析这种情况,因为这时需要添加一条代表物品 Z 的轴。更重要的是,这时消费者选择余地的减少,要取决于物质与技术的可能性,政府生产物品所需的资源种类,以及其他类似因素。因此,这种减少不是根据图 3.1 所概括的知识,用简单算术就能计算出来的。

以上分析根本没有涉及消费税收入的归宿问题;无论是将税收收入封存起来,还是用于对 Y 物品的从量补贴,或者是对消费者的收入补贴等,结果好像不会改变。但是,无论上述哪种情况,税收都不曾缩小技术上可行的选择范围。如果价格在短期内是刚性的,货币供应量除了因税收带来的变化之外别无二致,而且税收收入被封存起来了,那么显然,短期内会出现失业(不过,在假设只存在 X 和 Y 两种物品的情况下,是否如此也很成问题)。但这不是稳定的状态;这时,物价会相对货币收入趋于下降,从而使 AC 线右移。

更重要的是,即使物价相对于货币收入没有下降,无论消费税还是所得税,其最重要的含义会是一样的,即都会导致失业以及消费者的选择范围缩小。图中另一点——当价格为初始价格时,其效用与 P_2 点相等的点,也即平行于 AB 的预算线与经过 P_2 的等优曲线的切点——它与 P_3 点之间的差别,比之它们中任一点与 P_1 点的差别都要小。实际上,当消费税(或等额所得税)趋零时,前一差别与后一差别的比值也趋零。[1] 可见,即使认为价格刚性和失业是主要后果,结论也一定是:所得税与消费税对"福利"具有基本一致的效应,其中任何差别都属"微不足道"。

而且,这种假定只有失业增加,没有物价贬值的方法,也挽救不了上述分析。因为,上述分析显然是一种"长期"的分析,即比较"静态"分析,而非动态分析——这一点已充分体现在刚才考虑的因素和消费税完全转移的假设之中。因此,我们可以不管任何短期的价格刚性,而假设物价会根据新的状况作出充分调整。这样一来,很明显,仅靠图 3.1,我们不能就所得税或消费税的最终效应说出什么

---

[1] P_1 与 P_3 点之间的差异,相当于斯勒茨基定义的"收入效应";P_1 点与在初始价格下处于和 P_2 点同一条等优曲线上的另一点之间的差异,相当于希克斯定义的"收入效应"。正如莫萨克指出的,当价格变化趋零时,这两种收入效应之间的差异相对于收入效应自身也趋零。见莫萨克(Jacob T. Mosak)"价值理论基本方程的诠释",载兰格(Oscar Lange)、麦金泰尔(Francis McIntyre)和英特玛(Theodore S. Yntema)编辑的《数理经济学与计量经济学研究》(芝加哥:芝加哥大学出版社,1942 年,第 69—74 页)。

名堂。例如，假设消费税被用于对 Y 物品进行从量补贴。那么，我们可以知道新预算线的斜率（如果适当调整消费税与补贴，斜率可能如 AC 所示），但它的位置却不得而知；因为，新预算线的位置不仅取决于消费者偏好和数学计算，还取决于社会的技术可能性。

第三节 "正确"的分析

为把技术可能性引入分析，我们假设，讨论的是一个由很多整齐划一的个人组成的社会——人们品味与偏好相同，每人拥有资源的种类与数量也相同。在这个社会里，每个人会有同样的收入，消费同样的商品束，因此，我们可以如图 3.2 所示，以任意一个人的处境来描述社会状况。给定社会的可利用资源，那么，会有商品 X 与 Y 的某些组合，具有技术上的生产可能性。这些组合可以用生产的等优曲线表示。在假设的社会中，由于每个人消费每种商品的一个能整除的份额，我们可以把这个生产曲线的坐标值除以总人数，将结果画入任一个人的等优曲线图中。图 3.2 中的 GH 就是这样一条生产可能性曲线。由于假定每个人最终选择 X 与 Y 商品的相同组合，GH 线显示的，就是对每个人而言技术上可行的 X 与 Y 的各种组合。需要强调的是，图 3.2 针对的是个人，因此不涉及人与人之间的比较；在此，我们感兴趣的是资源"配置"而非收入"分配"问题，通过探讨一个由整齐划一的个人组成的社会，我们可以将分配问题排除在外。

如果社会最初处于完全竞争均衡的状态，每个人都会在 P_1 点上。在该点，消费上的替代率（消费等优曲线的斜率）等于市场购

第三章 税收的"福利"效应

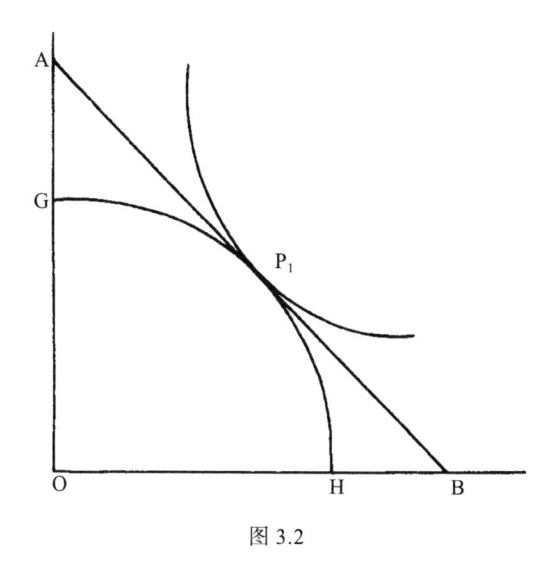

图 3.2

买的替代率(预算线斜率所显示的价格比率),而后者又等于生产上的替代率(生产等优曲线的斜率)。技术可能性已被充分挖掘,这表现为 P_1 处在技术上可能生产出来的选择范围的临界线上(显然,选择范围不仅包括 GP_1H 曲线上的各点,还包括生产等优曲线与原点之间的各点)。

在该图中,我们如何表示按比例征收的所得税呢?如果所得税收入被封存起来,或者以人均补贴的形式返还给个人的话,该图显然完全不变。因为,这样的所得税与补贴,根本没有改变 X 和 Y 的相对价格、消费等优曲线或生产可能性曲线。在现在的分析层次上,它们不过是纯粹名义上的变化而已。如果政府把所得税收入用于生产 Z 物品,且所用资源是原先用于生产 X 和 Y 的资源,那么,X 和 Y 的生产可能性确实改变了。现在,会有一条新的生产等优曲线，表示在生产 Z 的一定产量的前提下，可能产出的 X 和 Y 的各种组合。但是，这种生产等优曲线的变化只取决于 Z 的产量，而与生产资金如何筹措无关。如果假设 Z 的产量给定并且不变，那么，无论是征收所得税，还是消费税，新的生产等优曲线都会是一样的；因此，在研究所得税与消费税的差别时，我们仍可以用 GP_1H 表示在扣减用于生产 Z 的资源后的生产等优曲线，而不失其一般性。这样一来，图 3.2 就可以同时表示一项比例所得税征收前后的情况，并借以比较所得税与消费税的效应。

现在来看，消费税又该如何表示？有一个约束条件显而易见，即均衡点必定在生产等优曲线 GH 之上。任何超过生产等优曲线的点，都是在可得资源的条件下，技术上不可能的；任何低于该曲线的点，则意味着可得资源的使用不充分，因而是不稳定的。此外，我们研究的消费税的基本特征是：它导致了消费者支付的价格与生产者收受的价格之间的差异，也导致了消费者和生产者面对的两种商品比价的分歧——原来双方面对的比价是一样的。消费者在总支出不变的情况下，能够在市场购买中以一种商品替代另一种商品的条件，必须以含税的价格计算；而生产者在总收入不变的情况下，能够在市场销售中以一种商品替代另一种商品的条件，必须以除税的价格计算。消费者均衡，要求消费者在购买中能够实现的替代率，应等于他们在消费中的意愿替代率；即是说，消费者的预算线与消费等优曲线相切。生产者均衡，则要求生产者在销售中能够实现的替代率，应等于他们在生产中能够实现的替代率；即是说，不变的收入线与生产等优曲线相切。图 3.3 中，满足这些条件的均衡点是 P_6。IJ 线是适用于消费者的预算线，KL 线是适用于生产者

第三章 税收的"福利"效应

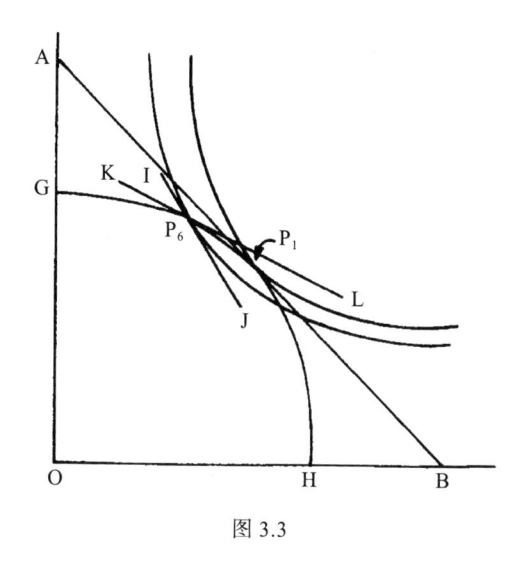

图 3.3

的不变收入线。两线分离，是因为对 X 商品征收消费税 A。可以认为，正是这项消费税，决定了两线之间的夹角。这项消费税还意味着：两相比较，消费者通过放弃一单位 Y 而能购得 X 的额外数量较少；生产者为了弥补少销售一单位 Y 的损失，需要增加销售 X 的额外数量较多。在 P_6 点上，KL 与生产等优曲线相切，同时 IJ 与消费等优曲线相切。

在征收消费税时，P_6 点上 Y 与 X 的比价并不像图 3.1 所示，仅根据 P_1 点上的初始比价和税率即可算出。这个比价还取决于生产条件。生产可能性曲线凹度越小，会有越大比例的税赋转移给消费者，越小比例的税赋转移给生产者；反之亦相反。只有当生产可能性曲线与 AB 线重叠时，税赋才会全部转移给消费者，即 P_6 点上两种商品的不含税的相对价格与 P_1 点上的相同。

若曲线形状如图 3.3 所示,则 P_6 点一定劣于 P_1 点,即个人处于较低的等优曲线上。这是说,如果初始状态是一种完全竞争均衡,既没有税收,也没有补贴,即处在 P_1 点上,那么,消费税 A 要劣于所得税 A。

现在假设初始状态为 P_6 点而非 P_1 点,其原因不是政府征税或补贴,而是其他导致偏离完全竞争状态的因素——比如说,因为 X 商品的生产垄断,产生了与完全竞争状态下征收消费税 A 时相同的均衡状态。然后,假设对 Y 商品征收消费税(称为消费税 B),税率与消费税 A 相同,比如说也是 50%。我们就此与征收为政府带来相同收入的所得税(称为所得税 B)作一比较。

上述所谓"证明"的讨论中概括的分析,理应同样适用于这里的消费税与所得税,并应有相同的结论,即所得税要优于消费税。我这么说,是因为:在上面的分析中,关于初始状态的性质,几乎只字未提——除了可能说到不能有不同的消费税或补贴之外。①

但图 3.3 表明,这个结论是错的。因为,这时,消费税 B 正好抵消了假定的 X 商品垄断生产的效应。它消除了垄断导致的消费者比价与生产者比价之间的分歧——前者是含税的市场价格之比,后者是不含税的边际收入之比。现在,这两个比值一致了。结果是:当初始状态为 P_6 点时,征收消费税 B 反而使 P_1 成了均衡状态。而征收所得税 B,不改变两个比价之间的分歧,均衡状态仍然是 P_6 点。因此,当初始状态为 P_6 点时,征收消费税 B 要比征收所得税 B 更可取。

---

① 如果要求相比较的两种税收不仅要有相同的直接税收收入,还要为总税收入增加相同的金额,那么,这个限制条件就是必需的。

第四节 小结

行文至此，读者很有可能会被误导而重新认同上述的所谓"证明"。大家会说："证明的正确性'当然'依赖于初始状态是一种充分竞争均衡的假设，当人们运用这个'证明'而没有小心明言假设前提时，他们无疑是认定这个假设前提的。"但是，回过头来看上述"证明"，我们会发现：任何关于初始状态性质的"假设"，都不能使之成为相关经济命题的有效证明。当初始状态是一种充分竞争的均衡状态时，上述证明所得的结论也许是正确的；但是，这一点并不能说明，上述"证明"本身是正确的，或为什么正确。比如说，有这样一个三段论："苏格拉底是人，苏格拉底是X，因此，所有的人都是X。"当X指"终有一死"时，这个三段论碰巧会得出正确的"结论"；但如果X是指"希腊人"，得出的结论就是错误的。无论如何，假定X代表"终有一死"，并不能使这个三段论成为正确的推理。如出一辙：上述关于所得税优于消费税的所谓"证明"，根本不是什么证明。因为所谓的"证明"中，没有任何步骤的正确与否，是取决于初始状态的性质的；因此，也没有任何关于初始状态的"假设"，可以使之成为正确的证明——尽管"证明"的最终论断，在某些条件下可能正确，在另一些条件下又不然。[①]

[①] 请注意，当初始状态已经包含某种消费税时，整个社会的情况与孤立个人的情况是有区别的。这时，尽管两者的分析没有区别，但如前注所述，结论的含义与解释会有不同。不过，即使对于个人，初始位置偏离竞争状态，也不会影响"证明"中任何一步的有效性或含义，因此"证明"也是无效的。

上面所谓"正确"的分析表明,对于我们所说的"所得税"和"消费税"在"福利"上的相对效应,我们无从得出一般化的论断。一切取决于征税前的初始状态。但即使是这样的表述,也没有充分表明结论的直接适用性非常有限。和讨论这个问题的其他作者一样,我这里所说的所得税,与现实中以所得税名义征收的税赋,很少或根本没有相似之处。现实中的所得税,本质上也是一种消费税,只是征收范围宽窄不同。即使是在宽泛的税基上直接按比例征收的所得税,也并非均等地落在由可利用资源生产的所有商品与服务上。它会不可避免地漏掉那些不由市场生产的商品与服务,如闲暇、家务劳动等。因此,消费者可用这些商品与劳务替代市场化的商品与劳务的替代率,和技术上可能的替代率之间,就会有差别。如果所得税税基定得比较窄,存在免税条款,或者税率累进等,这种差别效应显然就会更大。因此,上述分析可以得出的最主要推断,可能是这样一个猜想:税收范围越广,影响程度越均等,它对替代率的扭曲一般也就越小。但即使这一点,最多也只是猜想而已,具体情况要具体验证。令人遗憾的是,针对困难的问题,形式化的分析很少(即使有)能够给出简单的答案。形式化分析的职责完全不同:它只是提出与答案相关的考虑要点,提供组织分析的有效方式。

显然,上述"正确"的分析不仅适用于这里讨论的特例,也适用于其他很多问题。除税收之外,其他因素也会导致替代率的分歧——而替代率相等正是上述讨论中隐含的"最优化"的基本条件。例如,如上所述,垄断会导致这种分歧;而正是这种分歧,完全在资源配置的意义上,给出了反对垄断的基本理由。同样,马歇尔主张要对报酬递减行业征税,给报酬递增行业补贴的观点,其正确性

第三章 税收的"福利"效应

在于：生产者与全社会的生产等优曲线之间存在分歧，因此，单个生产者认为可以进行商品生产替代的比率，与全体生产者实际可行的替代率之间存在分歧。实际上，简单的图 3.3 就包含了很多现代福利经济学的精髓。

回到最初的主题上来，通常的需求曲线所隐含的经济学方法，是图 3.1 呈现的肤浅的分析方法；而另一条"真实收入"不变条件下的需求曲线所含的方法，则是图 3.2 和 3.3 所体现的方法。从后一种方法出发，我们就可以完全摒弃图 3.1 呈现的分析方法。通常的需求曲线所含方法的主要缺点，是只强调数学推导；而另一条需求曲线所含方法的主要优点，在于它强调了经济的因素。

第四章　不确定性的效用分析

只要经济学者认真对待边际效用递减规律的直观含义，他们就不可能以效用最大化理论的简单扩展，来解释观察到的不确定条件下的选择行为。下例即可说明这一点：考虑一场博彩，各有50%的机会赢或输100美元。这场博彩的数学期望为0。如果认为货币的边际效用是递减的，这场博彩的主观期望，也即参与这场博彩带来的效用的预期变化，是小于0的负数，因为，由新增100美元所获得的效用要小于输掉100美元所失去的效用。参与博彩意味着效用的损失。因此，马歇尔等人断定：博彩是"非理性的"。类似博彩等的活动被认为不能以效用最大化理论来解释。但是，如果我们放弃边际效用递减的假设，则分析不确定条件下的选择，就如同分析其他选择一样，还是可以运用效用最大化的假说。

一旦引入不确定性，选择的对象就不再是一组已知构成要素的商品束，而是一组相互排斥的可能性，每种可能性有一定的实现概率。我们可以把一个货币金额或者一笔收入，看作是代表一种可能性（因为收入在不同商品中的最优配置，已经包含在确定性条件下的选择理论中）。那么，一个选择对象就是一组收入概率分布：如有 P_1 的概率得到 I_1 的收入，P_2 的概率得到 I_2 的收入，P_3 的概率得到 I_3 的收入等等，概率的总和为1。另一个选择对象会是另一组不同的收入概率分布。现在，我们的问题就是构建一种理论，来合理解释针对这些对象的选择行为。

第一节 预期效用最大化

我们以 B 代表这类选择的一般性对象，即一组或"一束"可能的收入及相应概率（如果要比较不同选择对象，我们可以使用下标，即 B_1 代表一组，B_2 代表另一组等）。假定个人能够排列这些选择对象，并且排列服从可传递性的要求，即如果他认为 B_1 优于 B_2，B_2 优于 B_3，则一定认为 B_1 优于 B_3。我们以函数 G(B) 表示这种排列顺序，即 G(B) 是为每个选择对象或收入束（每个 B）赋上一个值的函数——这些值的性质是：个人会优先选择具有较高 G(B) 值的 B，而不是较低 G(B) 值的 B；即是说，这些值依照个人偏好给出了所有选择对象的排列顺序。为了与确定条件下的选择理论达成术语上的一致，可以把 G(B) 说成是给出了各种收入概率分布的"效用"。

至此，理论还是完全一般化的，因此，也是完全空洞的。它只是说，个人会排列各种选择对象，并在那些可以得到的对象中，挑选排列最靠前的一个。唯一内涵是假定了选择的一致性和可传递性。引入的函数 G(B) 仅仅是一种简写符号，借以表示：假设个人在排列可能的选择对象时，具有一致性和可传递性。原则上，我们只有通过观察个人在所有可能对象中的选择行为，才能确定他的 G(B) 函数。如果某个对象 B 未曾供他选择，我们就无从估计该对象在其他选择的排列中的位置。

对 G(B) 的函数形式作某些具体说明，就形成了特殊理论。下面我们要考察的一种具体的特殊理论是：令选择对象 B 由 P_1 概率的 I_1 收入、P_2 概率的 I_2 收入……P_k 概率的 I_k 收入构成。于是该理论就是，G(B) 可以写作：

（1） $$G(B) = \sum_{i=1}^{k} P_i F(I_i),$$

其中 F(I) 不过是 I 的某种函数式。换言之，这种特殊理论是说：假定存在一种函数 F(I)，将其代入等式（1），计算出 G(B)，就可以得到各种可能对象的正确排序。举例来说：假设存在一组特定的 B 及相应的 F，如表 4.1 所示。这组收入束的数学期望值由 $\sum PI$ 给出，为 200。这组收入束的 G 值由 $\sum P \cdot F(I)$ 给出，为 $18\frac{3}{4}$。

表 4.1

B			
I	P	F(I)	P·F(I)
100	1/4	10	$2\frac{1}{2}$
200	1/2	20	10.0
300	1/4	25	$6\frac{1}{4}$

必须强调的是，$G(B) = \sum P \cdot F(I)$ 只是一个非常特殊的假设。例如，考虑下面表 4.2 的三组收入束 B_1、B_2 和 B_3。在 B_1 收入束中，个人有相等的机会赢得或输掉 50 美元。在 B_2 收入束中，个人有相等的机会赢得或输掉 100 美元。在 B_3 收入束中，个人各有 25% 的机会赢得 100 美元，或赢得 50 美元，或输掉 50 美元，或输掉 100

美元。假设我们知道个人对于接受 B_1 还是 B_2 没有偏好上的差异，即 $G(B_1)$ 等于 $G(B_2)$。根据这个特殊理论，这意味着 $G(B_3)$ 会等于 $G(B_1)$ 和 $G(B_2)$，也即个人在 B_1、B_2 和 B_3 之间没有偏好差异。

表 4.2

B_1	B_2	B_3
$\frac{1}{2}$ (+50)	$\frac{1}{2}$ (+100)	$\frac{1}{4}$ (+100)
$\frac{1}{2}$ (−50)	$\frac{1}{2}$ (−100)	$\frac{1}{4}$ (+ 50)
		$\frac{1}{4}$ (− 50)
		$\frac{1}{4}$ (−100)

进一步讨论这个特殊理论，我们可从极端例子起步，即在确定的收入中选择。这时，收入束 B 由单一收入 I 和相应的单位概率（即 $P_I = 1$）组成，获得其他收入的概率为 0。这种情况下，$G(B) = \sum P_i \cdot F(I_i) = F(I)$。这也是一般将 F(I) 称为确定收入的"效用"的原因。关于这种称谓法，后面还会有机会再提出一些问题，但在此，可将其作为表述上的权宜之策先接受下来。只要我们把自己限制在这样的选择中，那么，关于 F(I)，我们可以得知的最多也就是其导数的符号，即随着收入 I 提高，F 是增加还是减少。因此，正如前面关于确定性的讨论中所见，如果有一个 F(I) 可以合理解释这些选择行为，那么，F 的任何函数，只要其一阶导数为正，也都能做到这一点。即是说：如果 F(I) 能合理解释，任何函数 f(F[I])，只要 $f' > 0$，也都能合理解释。

现在我们引入有两个可能值的选择项。设某人面临的一个收入束（B）由两个收入（I_1 和 I_2）及相应的两个概率 P_1、P_2 组成（其中 $P_1+P_2=1$）。预期收入 $\bar{I} = P_1I_1 + P_2I_2$，预期收入的效用等于 $F(\bar{I})$，而预期效用 $\bar{U}$ 等于 $P_1F(I_1) + P_2F(I_2)$。如果收入效用与收入的关系曲线是向下凹[*]的，那么，预期效用 $\bar{U}$ 就小于预期收入的效用 $F(\bar{I})$。因此，有把握获得 $\bar{I}$ 的个人，就会宁可要这个结果，而不愿换作一次获得 I_1 或 I_2 的不确定的机会（这里假定上述的特殊理论是成立的）[**]。反之，如果曲线是向上凹[***]的，那么，预期效用 $\bar{U}$ 就大于预期收入的效用 $F(\bar{I})$。这时，个人宁愿参与一项获得 I_1 或 I_2 的博彩，而不愿有把握地获得 $\bar{I}$。以上情况可见于图 4.1。

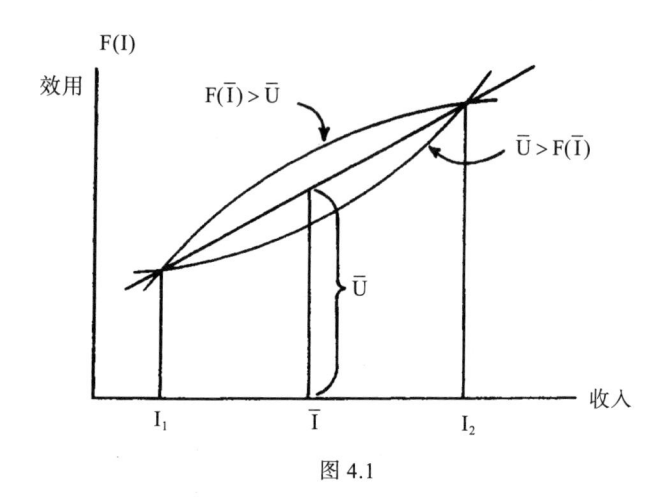

图 4.1

---

[*] 即呈倒 U 型，本书余同。——译者

[**] 括号内原文为 if any special theory is correct，其中 any 疑有误，应为 our。1962 年的暂定本上为 our。——译者

[***] 即呈 U 型，本书余同。——译者

下面我们将会证明：如果接受 $G(B) = \sum P \cdot F(I)$ 的特殊假设，那么，根据刚才所说的这种选择，就有可能求得 F(I) 函数——它的值仅仅针对两轴的刻度与原点才是任意的。我们假设当 I = 0 时，F(I) = 0；当 I = 1 时，F(I) = 1，这样就消除了针对刻度与原点的不确定性。现在要说明，如何确定 I = 2 时的 F(I) 值。假设个人面临两个选择：或者是有把握地获得 1 美元（称为收入束 B_1），或者是得到一次博彩机会——P_1 的概率一无所获，$P_2 = 1-P_1$ 的概率得到 2 美元（称为收入束 B_2）。找到一个概率 P_1，使得个人对两个选项一视同仁。假设求得的 P_1 值为 1/4。既然个人对两个选择不分上下，则 $G(B_1) = G(B_2)$。由于 $G = \sum P \cdot F(I)$，得出 $F(1)^* = P_1 F(0) + P_2 F(2)$。又由于我们已假设 F(0) = 0，F(1) = 1，因此，$1 = 0 + P_2 F(2)$。可得 $F(2) = \dfrac{1}{P_2}$，而 $P_2 = 3/4$，因此，F(2) = 4/3。采用类似方式，所有其他收入的效用也都可以计算出来。由于我们已经针对刻度与原点作了假定，因此，就能够求得唯一的 F(2) 值。更一般地，可以说，如果某个函数 F(I) 可以合理解释个人的选择行为，那么，任何函数 aF(I) + b，只要 a > 0，也都可以做到，因为后一个函数只是带来了针对刻度与原点的不确定性而已。

上面我们看到，根据个人在有限的收入束组中的选择行为，我们可以求得只会因原点与量度单位而变化的 F(I) 值。这里的收入束，每束最多只有两个可能收入（在上例中，包括收入束 B_1、B_2 和其他双值收入束——这些双值收入束中有一个收入值始终为 0）。

＊ 原文为 F(I)，疑有误，应为 F(1)，译文已改。——译者

而一旦我们知道了 F(I) 值，很显然：如果上面的特殊理论成立，我们就可以计算出任何收入束 B 的 G(B) 函数，从而就能知道，个人是如何排列任何可能的收入束的。因此，可以说，这个特殊理论具有非常真实的内容，即它是有可能被证伪的。

现在我们来尝试推导一种函数 F(I)，其可以用来解释大部分实际观察到的现象。我们看到，人们永远不会嫌弃金钱，因此可以断定，人们对于收入的态度是多多益善。这就意味着 $F'(I) > 0$。我们还知道，人们会买保险，即使保险在精算上对他们并不公平。这说明，在某些收入水平上，$F''(I) < 0$。另一方面，我们也知道，人们，包括那些买保险的人，也参与博彩。如果博彩的风险与保险所规避的风险是一回事的，这里就似乎存在矛盾，但实际上并非如此。通常，人们参与的博彩就像买彩票，是提供一个获得大额奖金的微小机会。为了解释这些现象，我们可以画一条如图 4.2 的曲线。在该图中，A 区是保险区域。在这里，个人宁愿承担收入上的一个确定的小损失，而不愿面对一个小概率的重大损失。因为这里，预期收入值的效用要大于预期效用。B 区的存在解释了博彩的现象。因为 B 区的存在，即使原来在 A 区的人们，也会愿意付出大概率的小损失，换取小概率的大收益的可能。在此，预期收入值的效用要小于预期效用。C 区对于解释著名的圣彼得堡悖论是必不可少的——圣彼得堡悖论也清楚地体现在彩票的奖项设计结构中。如果效用曲线没有在过某一点后又重新向下凹，人们就会愿意花无限的金钱去玩圣彼得堡悖论的游戏。[1] 同样，如果效用曲线不是在某一点后又

---

[1] 圣彼得堡悖论指的是这样一种假设的博彩游戏：一枚（均匀的）硬币被连续投

第四章 不确定性的效用分析

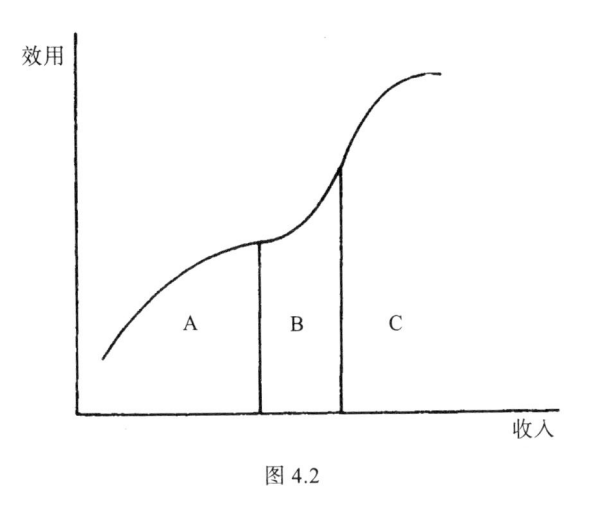

图 4.2

重新向下凹，我们即可推定，现实中的彩票抽奖就不会同时设若干个奖，而是只设一个大奖了。

这里还有必要说一说所有这些讨论与可量度效用之间的关系问题。如果上述特殊假设是对的，我们就可以构建一个函数 F(I)，

掷，直到第一次出现不同的一面。玩家可获得 2^R 卢布——其中 R 是每盘的投掷次数（也即，在第一次出现背面之前，正面朝上的次数；或者在第一次出现正面之前，背面朝上的次数）。问题是：人们愿意为玩这种游戏付多少钱？

显然，由于每种可能性都有等于 1 的精算价值，并且有着无限的可能性，因此，这种游戏的精算价值是无穷大。

投掷次数	概率	报酬	精算价值
1	1/2	2	1
2	$(1/2)^2$	2^2	1
R	$(1/2)^R$	2^R	1

所谓悖论，是指没有人会花大量的钱去玩这种游戏，更不用说无限的钱了。

伯努利(Bernoulli)专门为这种游戏中的估值，创造了主观期望的概念，以区别于它的数学期望。

它只针对刻度与原点而具有不确定性。但是，我们并不需要把 F(I) 视为效用函数——实际上，前面就是把 G(B) 定义为效用函数的。很显然，在上面的特殊理论下，如果某个 G(B) 可以合理解释选择行为，那么，任何 G(B) 的函数，只要它不改变各选择对象 B 的排列顺序，同样也可以合理解释选择行为。就是说，如果 G(B) = $\sum P \cdot F(I)$ 如此，任何其他函数 H[G(B)] = H[$\sum P \cdot F(I)$]，只要 H′ > 0，也会如此。

我们的特殊理论可以最一般地表述如下：存在一组函数式 aF(I) + b，其中 a 为正数，b 为任意数，使得函数 H[G(B)] = H($\sum P$ [aF(I) + b])，当 H′ > 0 时，就给出了个人对各种收入概率分布的偏好的正确排序。也就是说，如果允许个人在任意两个概率分布（比如说 B_1 和 B_2）之间选择，他会根据 H[G(B_1)] $\gtreqless$ H[G(B_2)]，分别选择 B_1，选择 B_1 和 B_2 无差别，或选择 B_2。

初始的 G(B) 显然是最便于运用的函数，但不一定要用到它。因此，说效用是"可测量的"并没有"绝对的"意义。甚而言之，在"绝对"意义上，效用是否可测的问题是不是一个有意义的问题，都值得怀疑。

第二节 概率的估计

在上节推导 F(I) 函数的假设试验中，需要为所试验的博彩配备明确的概率。要根据 F(I) 函数预测额外的选择，也要求能够确定那些选择项的概率。那么，概率如何确定呢？

确定概率的方法中，最符合效用分析的是"个人概率"法。这种方法由菲尼提(Bruno de Finetti)倡导在先，萨维奇(L. J. Savage)集其大成。[①] "个人概率"法认为，正如我们可以假设，一个人的行动取舍，好像是他对每个可能的事件（当它发生时），都赋予了确定的效用——这个效用就是关于F(I)函数的一般说法；同样，我们也可以假设，他的行动取舍，好像是对每个可能事件，都赋予了确定的概率。这里，假设这些"个人概率"服从概率数学的一般法则：一组相互排斥又穷举的事件（其中之一必然发生）概率加总为1；两个独立事件的联合概率（两个事件同时发生）是单一事件概率的乘积，等等。

原则上，这些个人概率可以通过一系列与前面用来推导F(I)的试验相一致的假设试验求得。只不过，概率试验在逻辑上要先于效用试验，因为后者需要概率是已知的。这些假设的概率试验，既然能够确定每个人对某事件的个人概率刻度，原则上说，也就能够确定个人赋予任何事件的概率。

本质上，试验就是要让个人作选择：他希望在发生哪一组特定假设事件时得到奖赏。例如，在投掷两枚硬币之前，让个人选择更愿意在发生下列何种情况时获得一美元：(A)两枚都是正面朝上，(B)其他结果（两枚都是背面朝上，或一正一背）。如果他像你猜测的一样，选择发生B事件时获得一美元，这就意味着，他认为B的概率要大于A，又由于A和B是互斥又穷举的事件，因此，B的概率大于1/2。当然，谁也不能保证他会选择B。也许他检查了硬币，

---

① 见萨维奇的《统计学基础》（纽约：威利出版社，1954年）。

发现两枚都是双正面的作弊硬币。请注意，这里并没有涉及效用赋值的问题，因为无论他选择 A 还是 B，奖赏都是一样的。他只是根据获得相同效用增量的可能性来作决策。还要注意，无论他对这些假设的、可能的事件赋予怎样的效用，都不会影响结果。他也许特别喜欢看到正面朝上，因而如果 A 发生，他从事件本身就可以得到更大的效用。但是，他对结果的选择（这结果发生与否，决定了他能否得到奖赏），并不影响实际会发生什么结果，而只是影响到：如果结果发生，他是否从奖金中得到额外的效用。

进行类似的选择试验，直到找到一个试验——试验对象对于可以中奖的结果的发生概率已分不出上下为止。例如，假设 A 代表投掷一枚硬币正面朝上的情况，B 代表背面朝上的情况，试验对象对于会出现什么结果没有倾向，一半可能选 A，一半可能选 B。于是，他会给 A 分派 1/2 的概率，给 B 也分派 1/2 的概率，或者说，投掷一枚硬币正面朝上的概率为 1/2。用概率论的语言来说，他认为这枚硬币是"无弊"的。

假定某人已经认定某一事件的概率为 1/2，那么，通过把其他事件变成另一个可以中奖的选项，我们就可以推定：他认为这"其他事件"的发生概率大于还是小于 1/2。例如，有两个选项供选择：(A) 现在投掷一枚硬币，正面朝上；(B) 英国在五年后仍为议会民主制——选对的话，某人可以在五年后获得一笔奖赏。如果他选择了 B，我们就可知道，他认为 B 的概率要大于 1/2。

为了更准确地估计个人概率，我们需要构建更加精细的比照标尺。例如，投掷两枚硬币，根据四种可能结果——(A) 两个正面，(B) 两个背面，(C) 一正一背，(D) 一背一正——分别给予奖赏。如果试验对象对于会出现什么结果没有倾向,我们就得到一组事件——试验对象认为其中每个事件的概率均为1/4。这里,我们还可以连带检验以下假设:数学概率论的一般规则适用于这个试验对象的个人概率,并且,他认为两次投掷是相互独立的。

原则上,这类试验可以得出我们想要的关于个人概率的任何比照标尺,因此,也就可能在任何想要的精确度上,给出他对任何假设事件的概率估计。

以上联合起来,我们的假说是:每个人的行为,像是他对任何假设事件都赋予个人概率和效用值,并在各种可能得到的选项中,根据预期效用最大化的原则作出选择——现在,这个假说在原则上有了可以观察的基础。

我们说"个人行为如何,好像基于他们对所有可能事件都赋予了个人概率",这只是一种行为假说,而不是个人心理的描述,也不是认为:个人会对他赋予一个事件的概率,例如认为英国议会民主将会延续的概率,给出有意义的回答。如果所讨论的事件并不明显影响他的生活,或者,即使有影响,也不影响个人能够自我支配的行为部分;那么,就没有理由认为他会为这样的问题去伤脑筋作决定。毫无疑问,他会随便给一个回答。另一方面,如果个人行为的很大部分,取决于英国是否实行议会民主(就我们的假设试验而言,即如果由结果引起的得失非常大),那就值得他花时间以形成确切的意见。

个人概率法避开了文献中有关"客观"概率和"主观"概率的大部分争论。能够把个人概率法与这种区分联系起来的一种方式,是把人们能够达成一致的个人概率称为"客观"概率,而把不能够达成一致的,称为"主观"概率。一个与经济学特别相关的例子是奈特强调的"风险"与"不确定性"之间的区别:"风险"本质上是所谓的客观概率,"不确定性"则是主观概率。如果采用个人概率法,这种区别基本上就没有意义了。

第五章　供给曲线与成本曲线的关系

第一节　供给曲线的定义

我们来看一种二维图,横轴量度每单位时间的商品数量,纵轴量度每单位商品的价格(如图 5.1)。图中每一点表示价格与数量的一个组合。对于一个特定的供应商群体(特殊情况下可能只由单一厂商组成)、一种特定商品,以及给定的供给条件(下面将更加明确界定)而言,其中一些点是可以实现的,即供应商愿意在指定的价格上供应指定的数量;而另一些点不能实现,即供应商不愿在指定的价格上供应指定的数量。特定供应商群体对特定商品的供给曲线,就是给定供给条件下,那些可实现点与不可实现点之间的分界线。

为了对供给曲线有一个完整的描述,必须伴随以下两点说明:(1)提供给供应商的可选范围是什么;(2)由供给曲线分割开来的两块区域中,哪一块包含了可实现的点。

例如,关于第(1)点的含义,如果认为供应商的可选范围是:或者在指定的价格上供应指定的数量,或者什么也不供应,其供给曲线是一回事;而如果可选范围是:在指定的价格上或者供应指定的

价 格 理 论

价格

每单位时间的量
（a）

价格

每单位时间的量
（b）

价格

每单位时间的量
（c）

价格

每单位时间的量
（d）

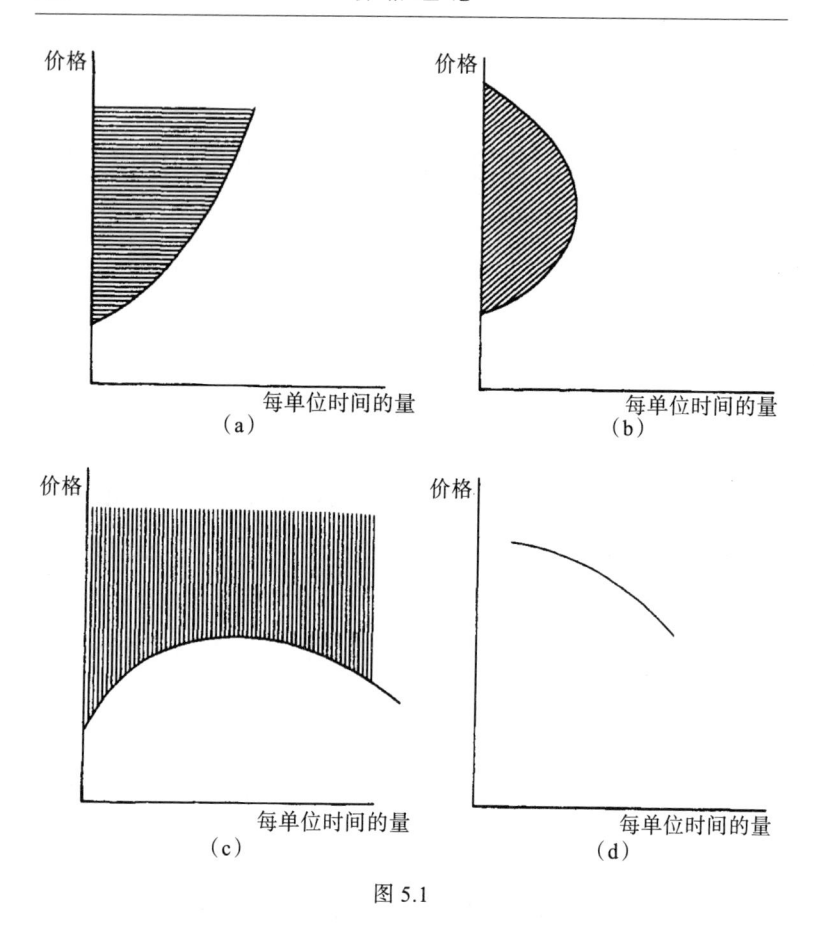

图 5.1

数量，或者任何较小的数量，其供给曲线则是完全不同的另一回事。通常，我们假设后者是提供给供应商的选择范围。

第（2）点的意义可由图 5.1 例示说明，图中阴影区域表示可实现的点。图 5.1（a）中的供给曲线可以用两种方式来描述：或者是指在某个指定价格上所供应的最大数量；或者是指供应某个指定数量的最低价格。图5.1（b）中的供给曲线只能以其中一种方式来描述：表示在某个指定价格上所供应的最大数量。而图5.1（c）中的供给曲线只表示供应某个指定数量的最低价格。图5.1（b）中供给曲线的负斜率部分，就是通常所说的"向后弯曲"的供给曲线；图5.1（c）中的供给曲线，则是所谓"向前下降"的供给曲线。图5.1（d）中的供给曲线则没有完全定义清楚。如果曲线左边的各点是可实现的，那么它是"向后弯曲"的供给曲线；如果曲线上面的各点是可实现的，那么它是"向前下降"的供给曲线。

关于如何最恰当地指明"给定的供给条件"，也即哪些其他因素通常应保持不变，并不是不言而喻的。不过，这个问题与现在讨论的主题关系不大，因此，我们循诸常例，将至少以下几方面包含在需要明确提及的"其他因素"中：(1) 技术知识，即"最新的技术发展水平"；(2) 与所讨论的商品密切相关的其他商品价格（例如，讨论羊肉供给曲线时羊毛的价格，讨论住房供给曲线时厂房的价格）；(3) 讨论中的特定供应商群体所面临的生产要素供给曲线。

请注意，一条供给曲线所对应的"特定供应商群体"，不一定要包括该曲线所指的"特定商品"的全部供应商。例如，"特定群体"可以是"爱荷华州的小麦生产者"；而商品可以是普通小麦——无论产于爱荷华还是其他地方。又如，"特定群体"可以是单一厂商；而商品可以是由众多同类厂商生产的，这些厂商共同组成一个行业。

再请注意，上述第(3)点所谓"生产要素的供给曲线保持不变"，是针对讨论中的特定群体。因此，当我们讨论的对象，比方说由一家厂商变为一个行业时，这一点的内涵会发生变化。例如，对于厂商而言，一些要素的供给曲线可视为水平的，因此，第(3)点等于是说要素价格不变。而对于行业而言，这些要素的供给曲线就不会是水平的，因此，第(3)点等于是说，允许要素价格沿着供给曲线而变。

还要注意，供给曲线的这个定义适用于短期和长期供给曲线。长、短期曲线的区别在于上述第(3)点的确切涵义上，也即要素供给曲线的假定形状上。期限越短，越多要素的供给曲线会是垂直或近乎垂直的。

第二节　从行业产出到单个厂商产出的形式上的分解

在图 5.2 中，SS 曲线表示 X 商品的所有供应商的供给曲线。这是一条"行业"供给曲线，揭示了供应每一产量所需的最低价格。这条曲线是人们在分析具体问题时，通常感兴趣的一条曲线。进一步研究单个厂商的供给曲线，或成本曲线，是为了搞清楚 SS 曲线为何如此形状，而不是因为对单个厂商本身有什么特殊兴趣。

SS 曲线具有直接的实证含意。给定上述三项供给条件，客观上存在某个最低价格，使单位时间内会有特定数量的 X 商品供应。供应 OQ 数量的最低价格是 QP；供应 OQ′ 数量的最低价格是 Q′P′，如此等等。当然，SS 曲线的确切形状，取决于上述三项供给条件的确切涵义，尤其是行业的生产要素供给曲线的形状。而要素供给曲线往往又取决于允许调整的时间长度，因此可以说，短期与长期供给曲线是来自第(3)项条件的不同规定。

现在假设需求曲线为 DD，市场价格为 PQ，产出为 OQ。这个

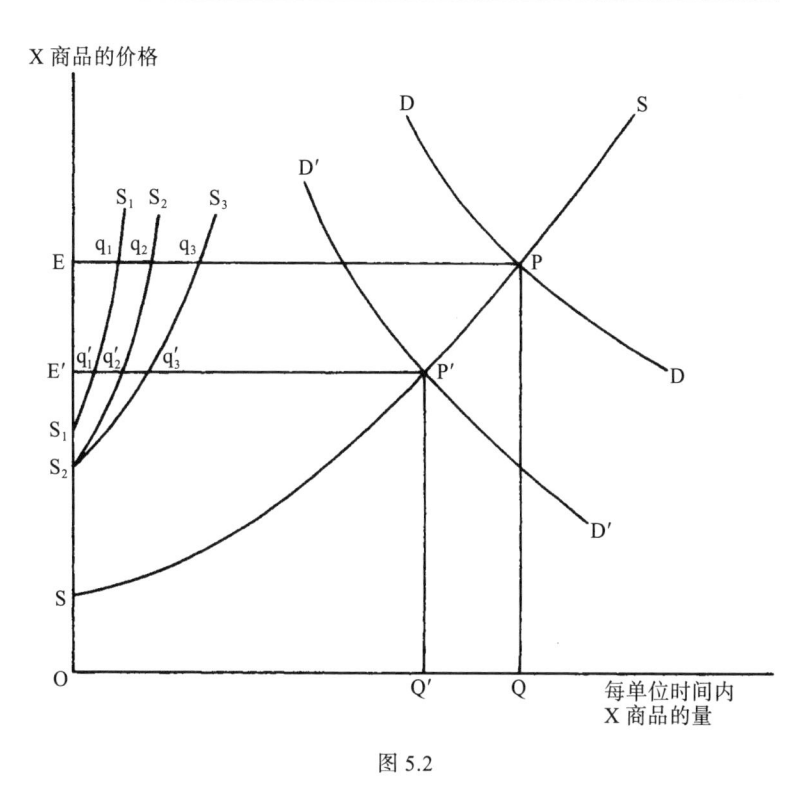

第五章 供给曲线与成本曲线的关系　　　　　133

图 5.2

产出实际上是由许多不同厂商供应的，我们可以在 EP (= OQ) 线上划分出各家厂商的供应量。例如，Eq_1 可能是由厂商 1 供应的，q_1q_2 由厂商 2 供应，q_2q_3 由厂商 3 供应等。如果需求曲线是 D'D' 而非 DD，价格会是 P'Q'，产出会是 OQ'，同样地，我们可以在 E'P' 线上划分出各家厂商的供应量：$E'q'_1$ 由厂商 1 供应，$q'_1q'_2$ 由厂商 2 供应，$q'_2q'_3$ 由厂商 3 供应等。假设在每个价格上都这么做一遍，然后把每家厂商的这些点连接起来，如图 5.1 中对厂商 1、2、3 所做的一样。那么，S_1S_1 表示的就是：当整个行业沿着 SS 线扩张时，厂商 1 在各个价格上对总产出的贡献。但一般来说，S_1S_1 并不是符合上面定义的"厂商 1 的 X 商品供给曲线"。一个理由是，当整个行业扩张时，生产要素的价格，会如给定的行业要素供给曲线所示，发生变化。但对于单个厂商来说，生产要素价格变化显然意味着厂商要素供给曲线的位移，因此，也意味着供给条件的变化。另一个理由是，当行业扩张时，虽然行业的技术条件不变，但单个厂商的技术条件可能有变，同样，这也意味着供给条件的变化。S_1S_1 也许可以称为厂商 1 的准供给曲线。类似地，S_1S_1 和 S_2S_2 之间的水平距离表示厂商 2 在各个价格水平上对行业产出的贡献。

这种分析还隐含着一点意思：在产品的不同价格水平上，厂商家数有变是可以的。当价格低于 S_2S_3 线在纵轴上的截点时，无论厂商 1、2 或 3，都根本没有产量供应；即是说，在这样的价格水平上，这些厂商不会"进入"该行业。而在较高价格水平上，厂商 2 和 3 会"进入"该行业；价格进一步升高，超过 S_1S_1 线在纵轴上的截点时，厂商 1 也会进入。SS 线所示的实际供给扩张，一般是每家厂商各自的产出扩大和厂商家数增加的共同结果。

在行业供给曲线每一点（如 P 点）的背后，都包含着用于生产相应数量 X 商品的生产要素的某组供应量。例如，把各种生产要素称为 A、B、C 等。那么，以 QP 价格销售的产出 OQ，是由一定量的要素 A、B、C 生产出来的，比如说数量分别为 a、b、c。同样，产出 OQ′ 由数量分别为 a′、b′、c′ 的各种要素生产出来。给定该行业生产要素的供给曲线，这些数量又意味着各种生产要素的一定价格，比如对应于产出 OQ 的价格为 p_a、p_b、p_c 等，对应于产出 OQ′ 的价格为 p'_a、p'_b、p'_c 等。如果所有要素的供给曲线都是水平的，那么，各要素的价格在各种产出水平都不会变；否则，产出水平不同，要素价格也不同。因此，在 SS 线的每一点（相应地，也是 S_1S_1，S_2S_2 等线的每一点）的背后，都有一组生产要素的价格与之相联系。

根据马歇尔的思路（见《原理》第 344 页），我们可以通过细分 SS 线的纵坐标（如 PQ），反映产品的供给价格和各生产要素的量—价之间的关系——正如前面细分横坐标（图 5.2 的 EP）一样。

下面以图 5.3 试作说明。为了在给定条件下生产 OQ 产量，需要 OA 数量的要素 A。每单位产出所需的要素 A 的数量为 $\frac{OA}{OQ}$。于是，$\frac{OA}{OQ} \cdot P_a$ 就是每单位产出的要素 A 需要量的所值；这个所值在图 5.3 中以 QP_1 表示。同样，如果 OB 是生产 OQ 产量所需的要素 B 的数量，P_b 是要素 B 的单价，那么 $P_1P_2 = \frac{OB}{OQ} \cdot P_b$。因此，总的供

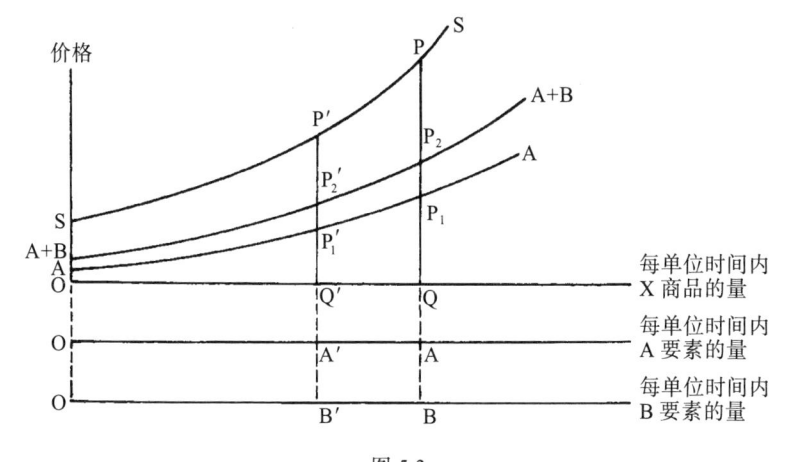

图 5.3

给价格 PQ 可细分为生产 OQ 数量 X 商品所需的各种生产要素的所值。请注意，图 5.3 下端 A、B 等的刻度，是与 X 的刻度相联系的，这些刻度上相同的水平距离，一般并不表示相等的数量。例如，假设 OQ 是 OQ′ 的 4/3，并不意味着 OA 是 OA′ 的 4/3，或 OB 是 OB′ 的 4/3，因为用于生产 OQ 的要素，其组合方式并不一定要与生产 OQ′ 的一模一样。如果 A 的供给比 B 更有弹性，当 X 产出增加 1/3 时，很可能是 A 的使用量增长超过 1/3，而 B 的使用量增长少于 1/3。同样，一般来说，P_1Q 和 $P_1'Q'$ 是 A 要素的大小不同之单位的所值——它们都是生产单位产品 X 所需的某个数量的 A 要素的所值，但因刚才所说的原因，在 OQ 和 OQ′ 上，生产单位产品所需的 A 要素的数量可能不同。

后面我们将会看到，如果要解释何以存在多家厂商，要承认决定厂商规模的可能是经济因素，我们就必须假设，存在一种或几种为单个厂商独有的要素，它不能被其他厂商所租用或雇佣。我们将用"企业家才能"这个术语来指代一家厂商的这类要素的集合。图 5.3 的构造意味着：这类要素的价格，就是使得 QP_1、P_1P_2 等线段的总和能够把 QP 分割尽的必要因素。也就是说，如果规定"总成本"包括这类要素的报酬，那么，"单位产品的总成本"总是会等于产品价格。

第三节　单个厂商的供给曲线与它对行业产出之贡献的形式上的联系

现在，我们把注意力从一个行业转移到单个厂商，但暂时搁置关于如何定义单个厂商或它的企业家才能的问题。在图 5.4 中,曲线 S_1S_1 是从图 5.2 复制而来,它表示,在行业的生产要素的供给曲线给定,并假设行业沿着其产品供给曲线扩张的情况下,厂商 1 在各种价格水平上供应的 X 商品量。如前所述,S_1S_1 上每一点都隐含了生产要素的一组不同价格,如 d 点的 p_a、p_b…, d′ 点的 p'_a、p'_b…。

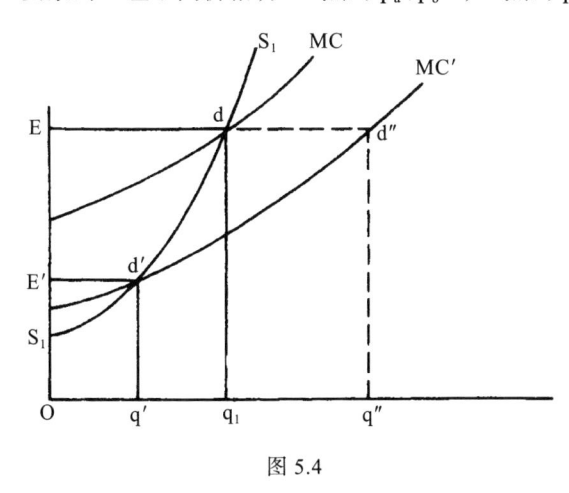

图 5.4

假设 X 的价格为 OE′,则该厂商处于 d′ 点上,生产 Oq′ 的 X。我们知道,在 S_1S_1 据以绘出的各条件下,如果 X 的价格为 OE,该厂商会移到 d 点,而不再是 d′ 点。点 d 和 d′ 之间的差别,可看作是两种因素作用的结果:(1)厂商 1 根据它在 d′ 点上所面对的技术和要素市场条件,对 X 商品的更高价格作出的反应;(2)由于所有厂商对 X 商品的更高价格都作出了反应,厂商 1 所面对的技术和要素市场条件发生了变化,它进而对这种变化作出的反应。

为区分这两种反应,我们先不讨论 S_1S_1 这种准供给曲线,转而分析厂商 1 的 X 商品供给曲线。即是说,现在假设厂商 1 所面对的要素市场条件是给定的,一直保持 S_1S_1 曲线上的 d′ 点的状态。为简化起见,假设厂商 1 对于它可以改变使用量的任何生产要素,都没有买方垄断权力。这样,这些要素的供给曲线都会是水平的,水平位置就在 d′ 点所对应的价格 p'_a、p'_b… 上。① 给定这些价格,就会有生产任意产量的最优要素组合和最小边际成本。如果在某一产量上,该边际成本小于产品价格,厂商就有增加产出的动机,反之,则有减少产出的动机。因此,只要厂商仍然留在该行业之中,给定要素价格下的边际成本曲线就是厂商的供给曲线。

我们知道,当生产要素价格给定,产品价格为 OE′ 时,厂商会生产 Oq'_1 的量。因此,与要素价格 p'_a、p'_b… 相应的边际成本曲线会通过 d′ 点;它在图 5.4 中以 MC′ 表示。把这条曲线画成向上倾斜,是因为我们讨论的是竞争性行业。如果曲线向下倾斜,那么,在价格等于边际成本的水平上生产,将会陷入亏损。厂商要么关门大吉,要么扩大生产以取得更低边际成本之利。这样一来,这种"内部经济"将意味着生产规模上没有任何限制。因此,这里我们需要假设"内部不经济"。长期中,因为厂商有固定的企业家才能,"内部不经济"的假设可以理解;短期中,不仅有企业家才能,还有其他数量变化不了的生产要素,这个假设就更容易理解了。

影响边际成本曲线的外部不经济

如果 X 的价格仅对厂商 1 由 OE′ 变为 OE,对所有其他厂商仍

---

① 这里特地指出"厂商可以改变其使用量的任何生产要素"的限制条件,是为了允许"固定要素"的存在,特别是企业家才能要素,并因此可以用相同的分析框架覆盖短期与长期问题。

为 OE′ 的话，MC′ 曲线就足以说明全部情况。如果行业的要素供给曲线是向上倾斜的，当厂商 1 生产 Oq_1'' 而非 Oq_1' 产量时，将会轻微地抬高生产要素的价格。这将影响该行业的所有厂商，包括厂商 1，使它们的成本曲线略微上移，从而导致所有其他厂商都减少少许产出。如果有众多的厂商，这种变化对每家厂商而言可以忽略；但是，对于所有厂商之要素使用的总体影响，会与厂商 1 增加的要素使用量处于同一数量级上。因此，由厂商 1 的生产扩张引起的要素价格增长，比初看起来的程度还要小，因为它被其他厂商释放的资源抵消了；全行业的产出增量也会小于厂商 1 的产出增量 $q_1'q_1''$。可以说，厂商 1 对同行业的所有其他厂商及它自己，都施加了"金钱上的外部不经济"，但其程度对每家厂商分别而言微不足道。

现在假设，行业中所有厂商面对的 X 价格都是 OE 而非 OE′。这样，就可认为，所有厂商都试图沿着各自的 MC′ 曲线推进。如果仍然假设行业的要素供给曲线为正斜率，一旦某家厂商成功地扩大了产出，它就对其他所有厂商都施加了"金钱上的外部不经济"。（对于一些厂商而言，沿着 MC′ 曲线的推进，可能意味着由不生产转变为生产，由此，我们也默认了新厂商的进入。）由于刚才提到的原因，由每家厂商单独施加于自身或其他厂商的"金钱上的外部不经济"固然微不足道；但大量微不足道的影响加总，就不能再视而不见了。因此，所有厂商扩张的效应累积，改变了每家厂商面对的要素市场状况。这意味着，MC′ 不再是厂商 1 的边际成本曲线或供给曲线。最终结果将是要素价格由 p_a'、p_b'…变为 p_a、p_b…（估计一般是上升）。在这些新的要素价格下，厂商 1 的边际成本曲线比方说会是 MC。这条曲线必定经过 d 点,因为由曲线 S_1S_1 可知:如果要素价格为 p_a、p_b…,产品价格为 OE,厂商 1 将生产 Oq_1 的量。可以说,所有厂商同时试图沿着各自的 MC′ 曲线移动,结果却没有一家厂商能够如愿以偿,它们不得不转而沿着各自的 S_1S_1 曲线移动。

换言之,每家厂商试图扩大产量,等于对生产要素的需求增加。而如果行业的要素供给曲线斜率为正的话,所有厂商就不可能在价格不变的情况下,同时得到更多的生产要素。因此,一方面想要所有厂商都沿着 MC′ 曲线移动,另一方面又要假定生产要素的供给条件不变,两者是相互矛盾的。

这样,我们可以把由 d′ 到 d 的移动分为两部分:(1)(假想的)从 d′ 到 d″ 的移动,反映的是单个厂商在它认为要素市场条件不变的情况下,对产品价格上升作出的反应;(2)(假想的)从 d″ 到 d 的移动,反映的是单个厂商对要素市场条件变化作出的反应。

至此,我们将厂商的边际成本曲线的位移,完全归因于金钱上的外部不经济。但行业中的所有厂商同时增产,还有可能产生技术上的外部不经济,即,可能改变单个厂商的生产函数,从而抬高成本曲线。举一个简单的例子就能说明问题:假设某行业的厂商都是聚集在一起的;任一厂商增产都会增加烟尘排放;而这又会迫使该厂商及其他厂商都得付出额外的清洁费用。如果仅有一家厂商增产,每家厂商的额外清洁费用几可忽略,但是,如果所有厂商都增产,额外费用就可能相当可观。在这个案例中,生产要素的价格没有任何变化,但当全行业增产时,单个厂商的边际成本曲线也会向上位移。

第五章 供给曲线与成本曲线的关系

请注意，有一些要素——包括我们称为企业家才能的要素——厂商不能改变其量，它们的价格或报酬问题，在上述调整过程中没有明确纳入。对此的唯一条件是：它们的价格或报酬在总量上不能为负。

可以预计，通常，如图5.4所示，外部不经济会抑制但不会禁绝单个厂商的产量增长。但是，并非所有厂商在任何价格水平上都如此。外部不经济可能足以排除任何产量增长，如图5.5（a）所示；甚至可能导致减产，如图5.5（b）所示。当然，这些图示的情形，不可能在相同的价格范围内对一个行业的所有厂商都成立，否则就与图5.2所示的正斜率的行业供给曲线相矛盾了。换言之，那将会与行业的产出增长不一致；而要出现外部不经济，导致厂商边际成本曲线上移，行业的产出增长又是必需的。但没有理由否认，一些厂商可能会以图5.5所示的方式变动。

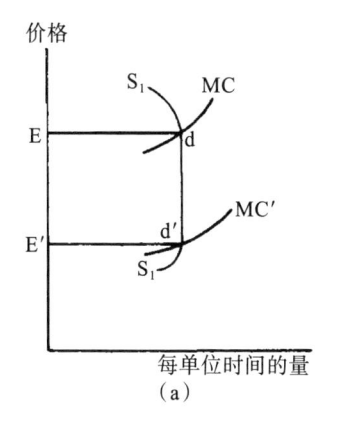

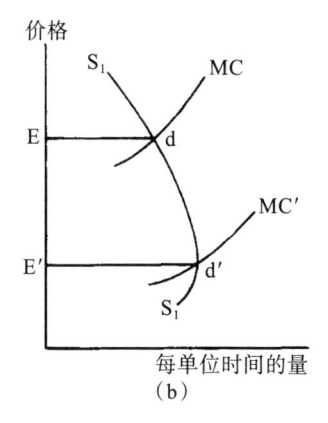

图5.5

与产品价格由 OE′ 到 OE 变动相联系的要素价格和技术条件的

变化，并不一定对所有要素或所有厂商都等齐划一。供给相对缺乏弹性的要素与相对更有弹性的要素相比，前者往往涨价更多。一些厂商可能发现，它们的技术状况比其他厂商受到了更大的影响。如果某些厂商的企业家才能刚好要求更多使用那些涨价厉害的要素，它们就会发现，其成本曲线比别的厂商上移了更大一些，因此，它们可能减产甚至干脆关门。如果某些厂商的技术状况恶化更严重，情况也会如此。

对边际成本曲线无外部效应的情况

到目前为止，我们主要集中于讨论可变要素——就是单个厂商能够根据碰到的情况，调整其使用量的要素。一个行业面对的可变要素的供给曲线，也可能是水平的。其理由，恰相当于上面援引的单个厂商的要素供给曲线为水平的理由。就是说，该行业可能只是使用这种要素的很多行业之一；当该行业扩张时，只是将这种要素的价格抬高了一点点；这不仅影响该行业的厂商，同样也影响使用这种要素的所有其他行业的厂商。这些变化对于每个行业的每家厂商而言微不足道，但总体上则不然。简言之，行业的扩张对自己及其他行业都施加了外部不经济的影响。我们前面关于单一行业中的厂商的这种情况的分析，可以直接用于这里讨论的一群行业。另外，对于一个行业整体，将其可变要素的供给曲线视为水平线之所以是恰当的，还有另一个理由。即，作为分析起点的需求变化，可能正好牵系着其他地方需求的反向变化；也即，这里的需求增长，可能来自别处需求的转移。在这种情况下，别处的需求下降，让出了这里可利用的资源。如果经历需求下降的行业与经历需求上升的行业，使用着很多相同的资源，那就没有理由认为，后者还需要支付更高价格以获取释放出来的资源。①

无论出于何种原因，当行业的要素供给曲线可视为水平时，单个厂商的扩张就不会对同行业的所有其他厂商（作为一个群体），产生明显的金钱上的外部不经济。如果扩张也没有影响到其他厂商的技术状况，那么，边际成本曲线就没有理由会变化。这时，如图5.6所示，厂商的边际成本曲线会与所谓的厂商准供给曲线重合，行业的总供给曲线就不过是单个厂商边际成本曲线的横向加总。

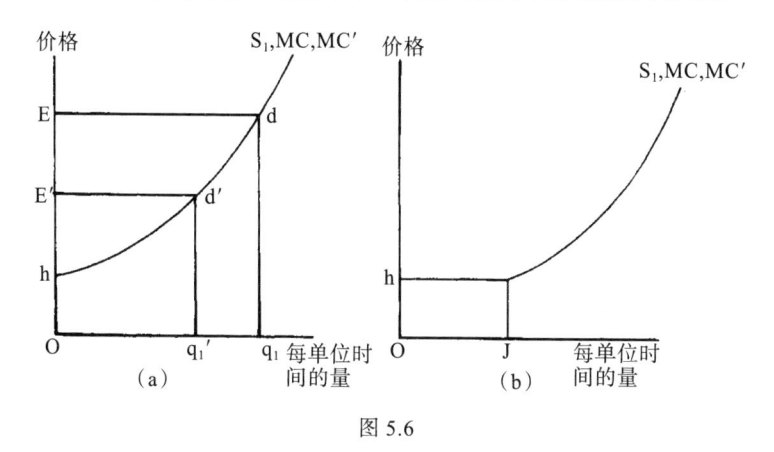

图 5.6

如果如图 5.6（a）所示，所有厂商的供给曲线都是正斜率，那么，总的供给曲线也会是正斜率。这种情况下，单个厂商的所谓"固定要素"集的报酬，会随着行业的产品需求曲线上升而增加。在图 5.6 中，这种报酬增加表示为三角形 E′d′h 与 Edh 的差别（对于因产品价格由 OE′ 上升到 OE 而"进入"该行业的厂商而言，报酬是从

---

① 这个讨论提出了要素供给曲线的含义问题，但这里我们不予考虑。

零上升到一个正值)。可以认为,这种报酬增加来自单个厂商无法控制的因素,即(1)市场对产品的需求增加;(2)其他厂商在各价位上愿意提供的产量有限。因此,我们可以说,这种报酬增加对单个厂商而言是"外部的",即不影响边际成本曲线的外部不经济。从行业的角度来看,我们可以把向上倾斜的供给曲线视为企业家才能及其他要素的供给缺乏弹性所引起的,个体厂商无力改变这些要素的数量。

当然,对某些厂商、某些产量水平而言,边际成本曲线也可能如图5.6(b)所示,是水平的。[①] 这时,在Oh价格水平上,厂商愿意生产不超过OJ的任何产量,而在价格低于Oh时,完全不生产。在该价格水平上,行业的供给曲线也会是一段水平线,虽然就行业产出的数量单位而言,它可能只是短促得可以忽略的一小段。当然,也有可能,很多厂商正好在同一价格水平Oh上都有这样一段水平线。这种情况下,行业的供给曲线也会在Oh价格上水平延伸,直至这些厂商在该价格水平上会供应的最大产量。这是"成本固定"或供给完全弹性的情况。这种情况也可以说是:所有要素——包括那些对厂商而言最大可用量固定的要素——的供给曲线,对行业而言都是完全弹性的;或者说,其中没有"专用要素"。显然,这种情况更可能出现在"长期"中。

影响边际成本曲线的外部经济

"外部经济"显然就是"外部不经济"的反面,因此可以简要

[①] 此处我们忽略了非连续的情况。

处理。

单个厂商的扩张,可能给其他厂商带来外部经济,从而降低它们的成本曲线:如果要素购买增加,会降低要素的价格,就是"金钱上的外部经济";如果一家厂商增产,以某种方式对其他厂商的技术条件产生有利影响,则是"技术上的外部经济"。如果这些影响大于外部不经济对边际成本的影响,我们就可以说,存在"影响边际成本曲线的净外部经济"。由此导致的边际成本曲线下移,可能与图5.7(a)和(b)所示单个厂商的准供给曲线斜率为正的情况相容;可能与如图5.8所示的水平"准供给曲线"的情况相容;也可能与图5.9(a)和(b)所示"准供给曲线"斜率为负的情况相容。

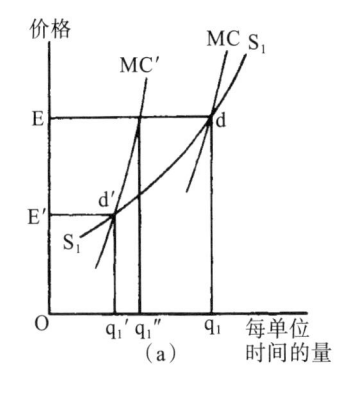

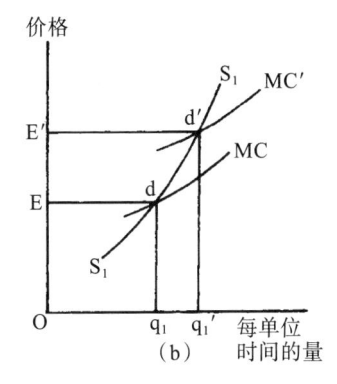

图 5.7

图5.7(a)和(b)中,虽然单个厂商的准供给曲线都是正斜率,但两图所揭示的情况非常不同。*图5.7(a)表示行业的供给曲线为

---

* 在以下五个图形中,加上标的MC′都表示初始的边际成本曲线,OE′都表示初始价格。图5.4和图5.5也如此。——译者

正斜率,因为,与需求增加相应的价格(OE)要高于与初始需求相应的价格(OE')。这种情况下,行业中的每家厂商都可能处于图 5.7(a)所示的状态。而图 5.7(b)表示行业的供给曲线为负斜率,因为,与需求增加相应的价格(OE)要低于与初始需求相应的价格(OE')。因此,图 5.7(b)所示的厂商一定是"例外",否则,导致外部经济(边际成本曲线下移)的增产从何而来呢?

图 5.8 表示行业的供给曲线为水平线。图 5.9(a)(b)和图 5.7(b)一样,都假设行业的供给曲线为负斜率。

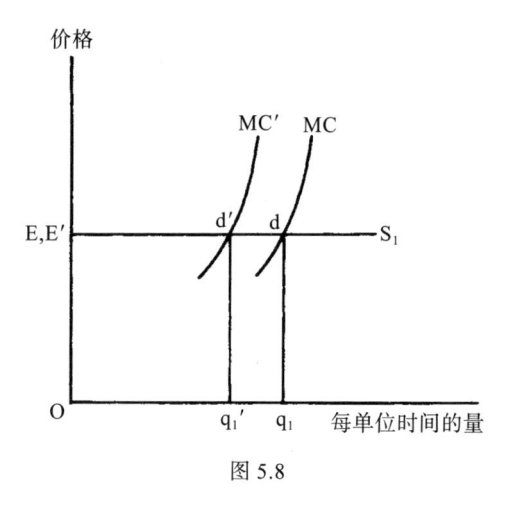

图 5.8

图 5.7(a)和 5.8 中,单个厂商的固定要素的报酬一定会增加。因此,我们可以说,在图 5.7(a)中,影响边际成本曲线的净外部经济,可以抵消不影响边际成本曲线的外部不经济[*]而有余;在图 5.8 中,

---

[*] "不影响边际成本曲线的外部不经济"即"固定要素方面的外部不经济",实际上表现为固定要素的租金增加。——译者

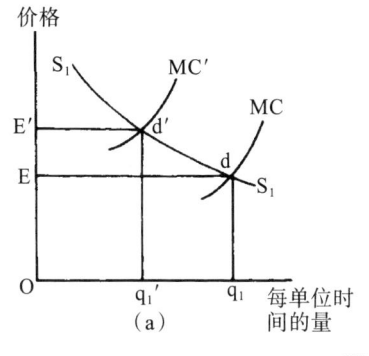

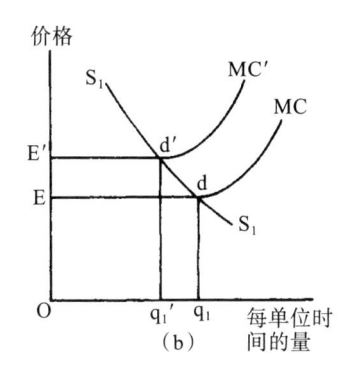

图 5.9

则是两者刚好相互抵消。图 5.7（b）和图 5.9（a），根据曲线的确切形状，分别对应着固定要素的报酬增加、不变或下降；图 5.9（b）则表示固定要素的报酬不变。

应该注意的是，当存在影响边际成本曲线的净外部经济或不经济时，单个厂商的产品的准供给曲线与行业的供给曲线之间，会有特别密切的关系。只有当产量恰好由行业供给曲线给出时，单个厂商的准供给曲线才是有效的。图 5.10 可说明这一点。假设行业的需求与供给曲线如图所示，其中供给曲线（SS）已包含了影响边际成本曲线的外部不经济，同时假设，有一个法定的、有效实施的最低价格 OP。在此价格上，OQ 是能够售出的最大产量。假设正是这个产量得以销售，那么，M 点对应着市场的实际状况。而当价格降至 OP′时，供应商也愿意供应这个产量，也就是说，他们乐于处在 N 点上。现在假定该行业生产 OQ 的产量，那么，这时要素市场的状况与供应商在 N 点时的状况是大致相同的：各种要素的使用量

图 5.10

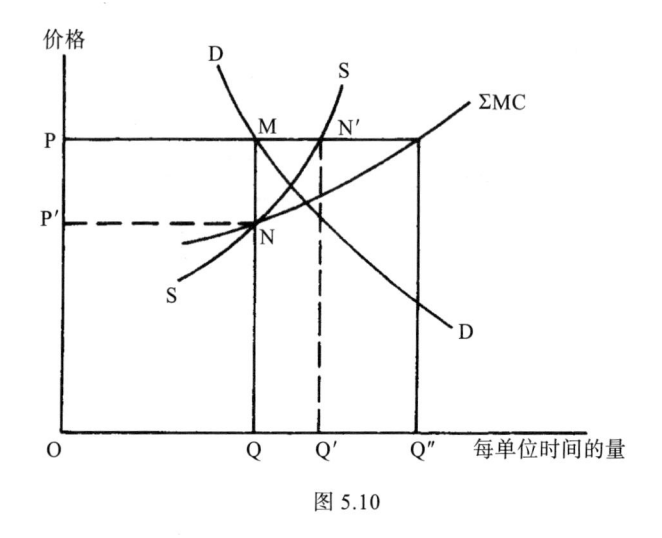

大致相同,因此要素价格也大致相同。①

因此,各厂商将按照 N 点上的边际成本曲线和供应曲线行事,而不是 N′ 点上的。假设我们把这些单个厂商的边际成本曲线横向加总,得到图 5.10 中标示为 ∑MC 的曲线。这条曲线表示:当给定行业产出为 OQ 时,各个厂商"想象"自己在不同价格水平下愿意生产的产量总和;也可以说,它是行业的"虚拟"或"影子"供给曲线——曲线上各点,除 N 点外,都是不可能实现的。尽管如此,它还是有实际意义的,因为,它显示了非均衡价格下的市场压力。就是说:从市场需求与市场供给曲线来看,为维持 OP 水平的最低价格,需要配置的生产"限额",好像是在希望生产 OQ′ 产量的生产者中配置 OQ 产量,即"配置当局"所需应付的"过度供给"或"过

---

① 加上"大致"的限制,是因为产量在各厂商之间的分配可能不一样;这取决于产量 OQ 如何在希望生产更多的供应商中间进行"配置"的安排。

剩产能"似乎是 QQ'。而实际上,"配置当局"需要应付的"过度供给"是 QQ″,而不是 QQ'。这一点不仅有理论意义,它还解释了为什么"操纵"或"限定"价格的意图往往会遭到远比预期更大的压力;而一旦放弃这种意图,为什么实际产出的变化又往往要小于人们根据压力预期的变化程度。(一个例子是我们的各种农业计划中,关于农产品限额的分配。)

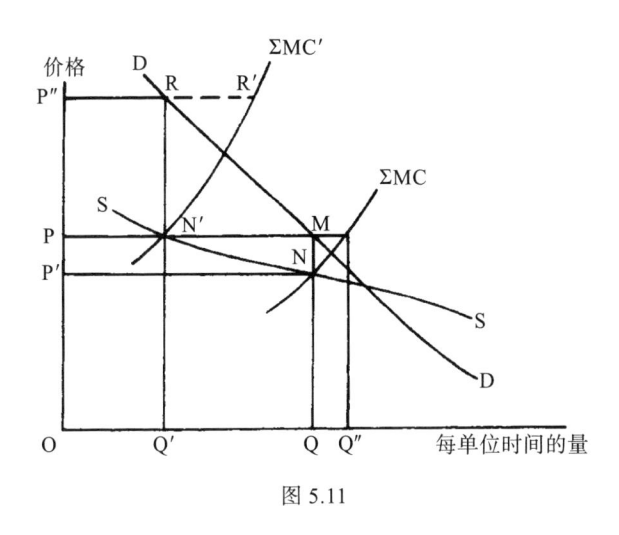

图 5.11

图 5.11 说明了同一个意思,但反映的是另一种情况,即,影响边际成本曲线的外部经济,足以产生一条负斜率的行业供给曲线。令 SS 为供给曲线,DD 为需求曲线,OP 为法定的最低价格。由于在这个价格上,需求曲线给出的需求量(OQ)大于供给曲线给出的供给量(OQ'),把这些需求量分配给希望在合法的价格上生产更大产量的供应商,似乎不成问题。其实不然,我们暂且假设产量只有 OQ':这时,价格将是 OP″而非 OP,因为竞争商品的需求者会抬高

价格。但是，如果行业产出为OQ'，单个厂商将会根据边际成本曲线——SS上的N'点的技术条件和要素市场状况所对应的边际成本曲线——作出调整。每家厂商各自的边际成本曲线向右上倾斜，这些边际成本曲线的加总$\sum MC'$也向右上倾斜。因此，如果行业产出为OQ'，市场价格为OP''，各个厂商会努力生产比OQ'更多的产量。所有厂商想要在这种条件下生产的产量加总会是P''R'，比需求量多出了RR'——曲线$\sum MC'$就是"虚拟"或"影子"供给曲线。各个厂商试图增产到P''R'的努力会产生两种效应，即产量的实际扩张将(1)由于需求因素而降低价格，(2)改变技术条件和要素市场状况，表现为边际成本曲线右移。当价格下降到法定最低水平OP时，产出将是OQ。但在这个产量上，技术条件和要素市场状况是供给曲线上的N点所对应的状态，"影子"供给曲线是$\sum MC$。各个厂商"认为"，它们希望生产的产量是OQ''，因此，如何在希望生产OQ''量的厂商中间"配置"OQ限额的老问题，仍然挥之不去。市场会处于需求曲线上的M点，而最低价格上的降价压力仍然存在。

这个分析说明：尽管对每家厂商分别而言，其供给曲线表示的是在指定价格水平上厂商愿意生产的最大产量；而由外部经济引起的负斜率的行业供给曲线，反映却是在每个价格水平上的最小供应量。

这一点既重要又令人费解，应有必要再举一例以阐述清楚。在图5.12中，令OP为法定的最高价格。如果我们假设供给曲线始终为负斜率，市场实际上会到达哪一点呢？答案是产出为零，即P点。显然，在OP价格上，产出不会超过OQ，因为超过部分无法售出。暂且假设产出为OQ，相应的各厂商的边际成本曲线是与SS上的

图 5.12

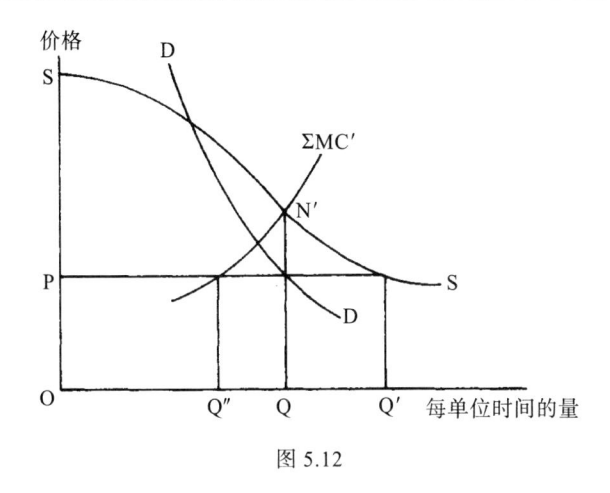

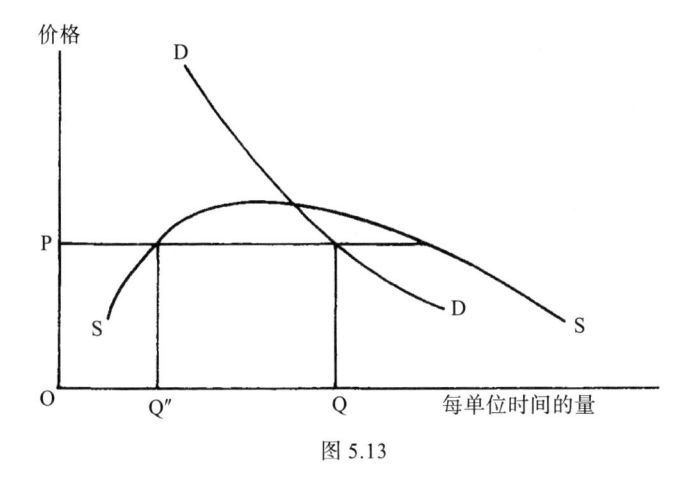

图 5.13

N′点相关联的曲线，所有厂商的加总情况由 $\sum MC'$ 给出。但是，如果厂商努力根据这些边际成本曲线调整自己的产出，在 OP 价格上，它们会争取生产 OQ″，少于 OQ。而一旦它们这么做了，边际成本曲线就会上移，它们意愿的产出就会进一步下降。只要我们坚持假定供给曲线始终为负斜率,这个过程就会一直持续下去,直到产出为零。当然,一般更可能发生的是:如果供给曲线具有正斜率的部分(如图 5.13),最终结果将会是 OQ″ 的产量。

一种方式可将上面图 5.11—13 的例子结合在一起,即图示不仅显示供给与需求曲线,还显示可实现的点域。如图 5.14,垂直阴影区域表示只考虑供给条件时能实现的部分,水平阴影区域表示只考虑需求条件时能实现的部分。只有交叉阴影区域(adc)内的点,才是同时符合供给与需求条件的。因此,d 点的价格(OP)是这个行业可能的最低价格,再压低价格,产出将为零。[①]

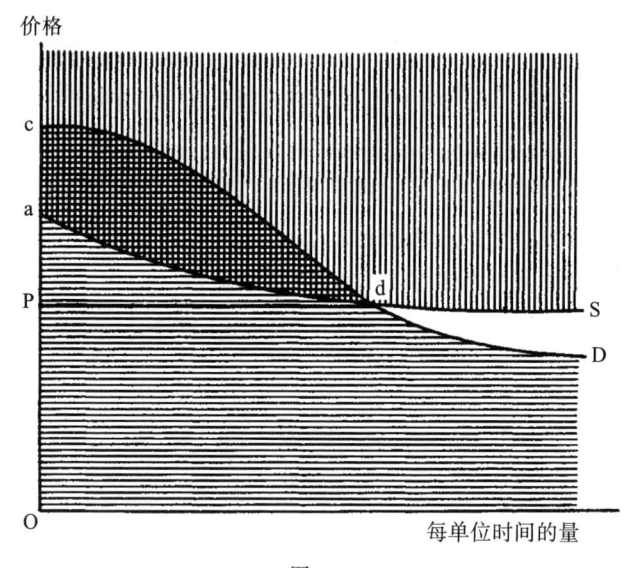

图 5.14

---

① 值得注意的是,这种借助"可实现区域"的分析,令人满意地解决了区分稳定均衡状态与不稳定均衡状态的问题——这个问题在经济学文献中以所谓的"瓦尔拉斯

第四节 厂商

到目前为止，我们认为厂商的概念是不言自明、无需申辩的。实际上，这个概念困难重重。完全令人满意的厂商定义，或者，说明厂商数量或结构如何决定的完全令人满意的理论都尚付阙如。不过幸运的是，其中很多困难与现在的主题无关，因此，我们可以暂且回避一些真正麻烦的问题。但对厂商的含义稍作讨论还是有必要的。

我们假设，所有资源（生产要素）归个人所有。进一步假设，个人以所拥有的资源获取收入，途径只能是以下两种之一：(1)他可以和其他个人达成一种合约安排，根据合约，他人同意为使用每单位资源支付固定的金额，即他可以将资源"租借"给他人使用。(2)他也可以单独使用自己的资源，或者把自己的资源与其他"租入"的资源组合起来生产产品。他的收入是产品销售所得与支付给"租入"资源的金额之差，即他可以成为剩余收入的接受者。[①] 每一

条件和"马歇尔"条件之争的形式，已有过很多讨论。结果表明，决定均衡稳定性的因素，不在于是否把市场的调整过程任意地假定为在价格固定或者数量固定的条件下推进；而在于斜率为负的供给曲线是"向后弯曲"还是"向前下降"。如果是"向后弯曲"，要求供给曲线从上而下交于需求曲线，才能实现稳定均衡；如果是"向前下降"，则要求供给曲线从下而上交于需求曲线，如图5.14所示，才能实现稳定均衡。

① 当然，实际上资源可以是由法人实体如"公司"所拥有，而不仅仅是"自然人"；收入也可以得自上述两种途径的各种混合方式。每单位资源的价格可能与所生产产品或一般产品的价格指数相关联；可能会根据总收入或净收入分配奖金；两个或更多资源拥有者可能形成合伙关系，分享剩余收入；如此等等，不一而足。但我相信，把讨论仅限于上述"纯粹"的类型，不仅不会遗漏基本的普遍性，还可以从表述的简洁中得益匪浅。

个剩余收入接受者和他租来生产产品的要素一起,组成了一个厂商。该厂商与其他厂商相分离,是依据生产的产品和合约安排的性质——正是这些合约安排,将他所"控制"的各种资源结合在一起;这些资源或是自有,或是通过与所有者定约而得。

我们假设,一个人在决定如何使用他拥有的资源时,一定会就租出资源和自用资源两种方式,比较各自的预期收益(都包括金钱和非金钱的),然后选择其中带来最大预期收益的一种。我们回避的真正麻烦的问题就在这里:为什么预期的剩余收益会不同于预期的合约收益?为什么对一些资源拥有者而言是此大于彼,对另一些资源拥有者而言又是彼大于此?在解释这些差异上,什么因素是至为重要的?

就我们的目的而言,只需指出:预期剩余收入和预期合约收入之间的差异,不仅包括由市场不完善或短暂非均衡引起的临时性差异,也包括与"稳定"均衡并行不悖的永久性差异。我们必须假设,对于一些人来说,是预期剩余收入超过预期合约收入,对于另一些人则相反;而且,要素与产品价格的变化会影响这种差异,并导致厂商数量改变。

出于可行性与可取性的考虑,我们假设,"租用"的资源(或其服务)在自然性质上可以定义如下:同一租用资源(也称为"生产要素")的不同单位之间,在生产上是完全可替代的——不管由谁拥有,也不管该资源及其他要素的使用量多少,尽皆如此;而"不同"租用资源的各单位之间,又不能被认为生产上完全可替代。

强调资源所有者的预期剩余收入和预期合约收入之间可能存在分歧,就意味着:我们不能仅靠列举个人拥有的每种资源的单位数量(这里的单位数量,是假设资源全部租出而计算得到的),就完全说明他拥有的资源状况。如果这样做就能够完全说明,等于否认了预期剩余收入和预期合约收入之间存在永久性分歧的可能;那么,资源是被"租用"还是由"厂商"自己使用,就会大致无异,从而也否定了借以解释"厂商"的存在与构成的特征。

因此,我们所遵循的思考方式中隐含了这样的观念:形式上,可认为每个人拥有两种资源:(1)一种是只能被视为"租用"资源的资源——如果个人没有组建自己的企业,其资源就是这种类型。这类资源可径直以自然性状视之,马是马,地是地;可以和他人的同类资源合并,给出全部资源的供给曲线——这里的供给曲线,只是针对它们作为租用资源时的生产力而言。如果其中一个人决定成为剩余收入接受者,他必须被看作是从自己这里租借了这些资源,而且必须把这些资源的市场价格视为成本,与其他租用资源的成本一视同仁。① (2)另有一种资源,会引起个人的资源在只被当作租用资源时的生产力,不同于由自己的企业使用时的生产力——我们可称之为某人的企业家才能或类似名称。这种资源因人而异;根据定义,它对任何其他厂商没有价值。这种资源是否被使用,取决于最终产品的价格和租用资源的价格;或者,在产品与要素市场都是非竞争市场时,取决于最终产品的需求曲线和租用资源的供给曲线。

---

① 不过,业主自己拥有的资源不同于他人的资源,可能是因为:如果一个人在自己的企业里用了一点自有资源,他就必须全部自用(例如,在自有企业与他人企业之间分割自己的劳动力,也许是不可行的)。但这种差别并不一定出现。将个人资源在自己的企业使用和作为"租出"资源在他人企业使用之间,以某种形式作出分割,也许完全是可行的。我们一般就作这样的假设,以避开否则可能出现的某些不连续性。

在某些价格组合下，这种资源会被整体供应；而在另一些价格组合下，则完全不供应。因此，对这类资源来说，给定的供给条件，就是对厂商（或其业主的"企业家才能"）的经济特征的说明——这种说明在所有可能的价格组合下都可给出。

需要强调的是，做这样两类资源的区分完全是形式上的。给"未知"定名也许有用，但并不能变未知为已知。真正令人满意的理论，不应限于说明一定存在不同于租用资源的其他资源，而应该指出这"其他资源"的本质特征是什么。

根据我们的假设，一家厂商可利用的企业家才能，仅限于那位决定成为剩余收入接受者的个人之所拥有的部分。如果厂商之间企业家才能的"量"可以相互比较，各家厂商的量会各不相同。但对任何一家厂商而言，它所拥有的数量决定了它能利用的最大量。这就引入了一种要素限制或一种"不可分割性"，足以解释单个厂商的规模何以是有限的。当然，正是因为想要合理解释观察到的现象——厂商规模并非变化不居的、随意的，或不相关的——我们才引入了这种被命名为*企业家才能*的未知之物。

第五节 对"企业家才能"的正式的经济学表述

为简化起见，假设个人在决定是设立自己的企业还是出租所有的资源时，不存在非金钱上的考虑因素。[①] 同样为简化起见，假设

---

① 这种假设不会对一般性造成根本损害。非金钱收益，可以通过在厂商付给自

个人的企业家才能（如果得以利用的话），一定被用于讨论中的行业，这样，我们就可以回避生产什么产品的选择问题。[①]

这样，我们就可以用生产函数界定个人的企业家才能——生产函数表示，在给定"租用"资源数量（包括"租用"自己部分）的条件下，个人能够产出的最大产量。假设 x_i 代表个人 i 的产量，a, b, c, ... 代表他所使用的各种要素的数量，我们可以把 $x_i = f_i(a, b, c, ...)$ 看作是这个人的生产函数。一般来说，这个生产函数并非对 a, b, c, ... 的所有值都是一次齐次的，因为该函数并不包含影响产量的所有因素，而只包括企业家个人能够控制的因素。尤其是，企业家才能就被认为不能超过个人所拥有的量，此外可能还有其他个人不能控制的因素（如城市之间的铁路距离等）。实际上，如果生产函数对 a, b, c, ... 都是一次齐次，那就意味着，此时企业家才能不重要，厂商规模也没有限度。

可以想象，两个人的生产函数可能是一样的，即对于所有的 a, b, c, ..., $f_i(a, b, c, ...) - f_j(a, b, c, ...) = 0$。在这种情况下，这两个人具有相同的企业家才能。如果这种情况对无限多的个人都成立的话，那就等于是说，存在一条在某个价位上具有完全弹性的企业家才能供给曲线。根据我们的假设，这个价位应为0，因为我们已

有资源的成本中增加一个货币等价物的方式来处理；也可以通过认为厂商生产两种产品的方式来处理：一种是市场上销售的产品，另一种是企业家身份的非金钱利益（或损失）。

① 这种假设也不会对一般性造成根本损害。在个人可能考虑进入的其他行业条件给定的情况下，进入其中一个行业带给每个人的最高可能回报，会是单个数据，可以包含在他的其他成本中。这正好类似于：租用要素有了其他获利机会，而对所讨论行业的该要素供给曲线所产生的影响。这也是本章第一节中"其他因素"包含第二项内容的原因之一。

经排除了非金钱收益和企业家才能用于其他行业的情况。在均衡点上，企业家才能的报酬是 0，但只要生产函数并非对 a, b, c, ... 都是一次齐次，厂商的规模就会有限度（注意，不同厂商的生产函数的一致性，并不能保证行业的供给曲线是水平的；这还需要 a, b, c, ... 的供给曲线是水平的）。

如果对于所有的 a, b, c, ...，$f_i(a, b, c, ...) > f_j(a, b, c, ...)$，我们就可以明确地说，个人 i 的企业家才能大于个人 j。但是，一般没有理由认为会保持这样的关系。对于一些 a, b, c, ... 的组合，f_i 可能大于 f_j；而对于另一些组合，则可能相反。如果是这种情况，我们就无法明确比较这两个人的企业家才能了。

技术上的外部经济或不经济，意味着行业（或多行业集合）的产量，是影响个人生产函数的"给定条件"之一。形式上，把行业产量（可标示为 Q）作为生产函数的一个变量，就可以体现这一点。这样，个人 i 的生产函数就变为：$x_i = f_i(a, b, c, ..., Q)$。当 $\dfrac{\partial x_i}{\partial Q} \gtreqless 0$ 时，表示对于某一组 a, b, c, ..., Q 值，分别是技术上的外部经济，无技术上的外部影响，或技术上的外部不经济。

第六节　厂商经济学

不可避免的（"固定的"）和可避免的（"可变的"）合约成本，非合约成本（"利润"）

我们可以简便地规定厂商总成本等于——或更确切地说，恒等于——厂商总收入。这样，总成本包含了对所有生产要素（包括业主的企业家才能）的全部支付，可能是正的支付，也可能是负的支付；可能是实际支付的，也可能仅仅是归属性的。

至少在概念上，这些对生产要素的总支付可分为三类：

（1）不可避免的合约成本（"固定"成本）。可能存在某个最小金额，是无论厂商做什么，或所做的结果如何，都必须付给生产要素的。由于这种不可避免的合约成本不受厂商行为的影响，不管厂商做什么都得支付，因此，它的大小也不会影响厂商的行为——所谓"既往不咎""覆水难收"是也。这个名目下的成本，通常被称为固定成本。这个术语固然简便，我们也将用到它，但这个术语可能会引起"固定成本"和由所谓"固定要素"带来的成本之间的混淆。下面我们会看到，所谓固定要素，可能带来非固定成本；同样，所谓可变要素，也可能带来固定成本。

（2）可避免的合约成本（"可变"成本）。另一部分成本取决于厂商做了什么，但不取决于所做的结果如何。一旦厂商决定了生产多少和如何生产，它必须承担的支付总额可以称为总合约成本。根据我们的假设，总合约成本包括对不属厂商所有的"租用要素"的全部支付，还包括对厂商自有要素的归属性支付——后者等于这些要素在租借给其他厂商使用时所能获得的收入。① 总合约支出超过不可避免的成本部分，我们定义为可避免的合约成本。这类成本的金额取决于厂商的生产决策，即关于生产多少和如何生产的决策。

---

① 这些厂商自有的要素，和其他厂商拥有的相同要素一起，都包含在下面描述的要素供给曲线中。

因此，这类成本在厂商决策中扮演决定性的角色。这个名目下的成本，通常被称为可变成本。这也是简便的术语，我们也将用到它，但这可能会引起"可变成本"和由所谓"可变要素"带来的成本之间的混淆。正如上已提及的，固定要素可能引起可变成本，可变要素也可能引起固定成本。

固定成本与可变成本的区分，也要根据开放给厂商的选择范围而定。例如，一些成本可能在厂商歇业时是可避免的，但只要在生产，不管生产多少，都无法避免。如果选择的范围包括歇业，这些成本就是可变成本；否则就是固定成本。

(3) 非合约成本（"利润"）。最后还有一些支付，其金额取决于厂商的实际收入，我们称之为非合约成本。总收入与总合约成本之差，就是非合约成本，在我们的假设中，即是企业家才能拥有者的所得。通常，这些支付被称为利润。但这个术语有一些误导性。实际的非合约成本总是无法事先确定。它只能事后知晓，并可能受到各种各样的随机或意外事件的影响，受到厂商行为失误的影响，等等。因此，区分实际与预期的非合约成本非常重要。实际与预期的非合约成本之差，构成利润或纯利润——这是指由不确定性引起的不可预期的剩余。另一方面，预期的非合约成本称为企业家才能的租金或准租金，被看作是厂商决策背后的激励力量。① 我们认为，在任何给定的产出水平上，厂商都在寻求合约成本最小化，以争取该产出水平上的非合约成本最大化；而且，它还会选择产出水平，

---

① 更确切说，非合约成本的概率分布所对应的预期效用，才是厂商争取最大化的对象。

以争取最大的预期非合约成本。

当然，预期非合约成本也可能为负值。即预期总收入可能小于合约总成本。但是，根据定义，厂商不会接受绝对值大于固定成本的负的预期非合约成本，因为：再不济，它也可以决定可变成本为零，而收入不可能为负值。因此，固定成本和预期非合约成本的代数和一定要大于或等于零，否则的话，任何生产决策都不可能被认为是最优的。当然，这只是最优化的必要而非充分的条件。

要言之，厂商是在寻求预期收入与可变成本之间的差额最大化。因为根据定义，生产决策可以是可变成本为零；所以，总是存在某种决策，可以使预期收入减去可变成本之差不为负数。我们将结合市场对厂商产品的需求，分析预期收入的决定因素。而可变成本的决定因素，要根据成本曲线来分析。因此，在绘制成本曲线时，我们只需考虑可变成本。

要素供给曲线——"期限"的长度

为求简化，我们可以假设，厂商的要素供给曲线，或者处处都是完全弹性，如图 5.15（a）所示；或者在某一段上完全弹性，之后完全无弹性，如图 5.15（b）所示。

通常，有图 5.15（a）供给曲线的要素，被称为可变要素；有图 5.15（b）供给曲线的要素，被称为固定要素。这些名称容易误导。在物质上，改变所谓固定要素的使用量，也许是完全可行的。关键是，在我们讨论的调整范围内，存在一个被认为可以得到的最大量，如图 5.15（b）中的 OM。如果这个最大量反映的是技术因素——例如，在调整范围内，已制造的机器设备是给定的，并且必须按某种方式使用等——供给曲线的水平部分通常会与横轴重合。但即便如此，也还是可以将一部分机器闲置起来，而使用剩余的机器。而且，即使假定只有一台机器，因此这也不可能，我们还是可以以完全弃之不用的方式，"改变"其使用状态。如果这个最大量反映的是合约安排——例如与某一类工人订立长期合约——也会有同样的技术可能性。这时，供给曲线的水平部分是否与横轴重合，取决于合约条款。合约条款可能规定：当要素被使用时，所需支付的费用要高于不用时的费用（例如，与律师事务所订立法律服务的专用合约，包括了年费和每次提供服务的费用），这时就没有与横轴重合的水平部分。此外，对某些问题而言，供给曲线可能只有图 5.15（b）中的水平部分是适用的，这种情况下，也可以把供给曲线看作似乎处处都是水平的。

正如前面已经指出的，由固定要素引起的成本不一定就是固定成本，由可变要素引起的成本也不一定就是可变成本。如果厂商没有使用某种固定要素就无需向要素所有者付费，那么，对这种要素的所有支付都是可变成本。或者，固定要素可能是厂商自有的厂房。如果厂商准备完全放弃使用厂房（这可能需要歇业），它可以出手卖掉。除此之外，它只能从自己的经营收入中得到属于厂房的回报。在这种情况下，厂房售价的年金（或其他时间单位的等价物）就是厂房的可变成本。同样，厂商也可能承诺，无论它使用某种可变要素与否，都向要素所有者支付固定的金额。这个金额就属于固定成本。

如果是下面这些情况，固定成本和可变成本之分，与固定要素和可变要素之分，就会完全一致：(1) 对每一种可变要素的支付总额，等于供给曲线的纵坐标乘以相应的数量（在图 5.15（a）中是 Op

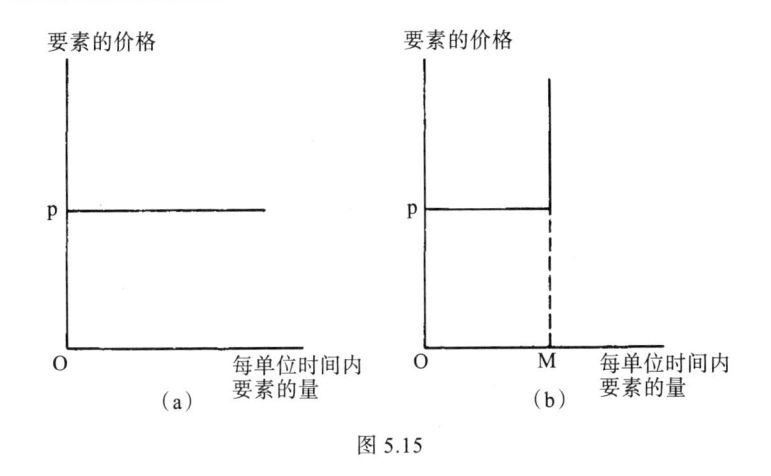

第五章 供给曲线与成本曲线的关系

图 5.15

乘以要素使用量);(2)固定要素供给曲线的水平部分与横轴重合(即图 5.15(b)中 Op = 0);(3)即使固定要素完全弃而不用,合同约定的固定要素报酬也不会因此改变。

我们的生产函数没有明确将企业家才能作为生产要素包含在内,而是把它视为决定函数形式的因素。不过,我们也可用以下方式把企业家才能视同于其他生产要素:假设每家厂商的企业家才能的供给曲线如图 5.15(b)所示,其中 OM 等于 1 单位,且水平部分与横轴重合。但在这样处理的过程中,我们必须记住,每家厂商的企业家才能都是个性化的生产要素,不同于任何其他厂商的企业家才能。

形式上,我们可以根据要素供给曲线的特征,区分不同"期限"。在最短的短期内,所有供给曲线都会有如图 5.15(b)的无弹性部分,所有要素都是固定的。在最长的长期,所有供给曲线都会像图 5.15(a),即所有要素都可变。需要注意的是,所谓最长的长期,意味着企业家才能的供给曲线只有水平部分是相关的,从而也意味着，存在无限量的具有相同生产函数的潜在厂商。居中的期限，包括一些如5.15（a）的供给曲线，另一些如5.15（b）的供给曲线。当然，什么要素属于哪一类，视具体问题而定。

给定产量的成本最小化的条件

如果厂商要生产某一指定产量，就存在生产要素的某种组合，可以使该产出的成本最小化。众所周知，成本最小化的条件由下列等式给出：

$$(1) \quad \frac{MPP_a}{MFC_a} = \frac{MPP_b}{MFC_b} = \cdots,$$

$$x_0 = f_i(a, b, \ldots)。$$

其中 MPP_a 代表要素 A 的边际产出，即 $MPP_a = \frac{\partial f_i}{\partial a}$，$MPP_b$ 等亦然；MFC_a 代表要素 A 的边际成本，MFC_b 等亦然；x_0 表示指定的产量；$f_i(a, b, \ldots)$ 表示厂商的生产函数。

无论生产要素的供给曲线形状如何，条件（1）总是成立。但为简化起见，我们还是继续把讨论限制在有着图5.15（a）和（b）所示形状的要素供给曲线之内。

如果某要素的供给曲线像图5.15（a）一样是完全弹性的，一旦使用这种要素，它的边际成本就等于价格（Op）；要素价格可以取代等式（1）的相应比例中的要素边际成本。[①]

[①] "一旦使用这种要素"的限定是必要的，因为，当某要素使用量为零时，可能就没有对应的要素成本。两种主要情况须加区别：（1）通常的情况，当某要素的购买量趋于零时，对该要素的支付趋于该要素没有被用到时的支付。这种情况下，数量为零时的要素边际成本，可视为由图5.15（a）纵轴上低于p点的部分给出，即在零与Op之间。（2）

如果供给曲线在某点之后完全无弹性,如图 5.15(b)所示,那么,该要素使用量为 OM 时的边际成本大于 Op,使用量在零与 OM 之间的边际成本等于 Op。[①] 在根据等式(1)为生产一定产量确定最优的要素组合时,该要素(比如说要素 D)的比值在求解中可以不予考虑,前提条件是所得的解产生一个共同比值,它小于等于要素 D 的 $\frac{MPP_d}{Op}$(在使用量 d = OM 时)。这时,D 要素的边际成本可以是任意某值——只要它使 $\frac{MPP_d}{MFC_d}$ 等于其他项的比值,并且使用量等于 OM 即可。如果上述共同比值大于 $\frac{MPP_d}{Op}$(在 d = OM 时),那么,这个共同比值就不是正解。这时,等式(1)中的 MFC_d 应由 Op 代替,并求解新的等式,其中包括了使用少于 OM 的 D 要素的调整措施。[②] 当 Op 等于零时,如果 OM 数量的 D 要素的边际产出为负数,也可能出现上述共同比值大于 $\frac{MPP_d}{Op}$ 的第二种可能性;这时,D 的使用量就应是某个使其边际产出等于零的数量。

另一种情况,当要素的购买量趋于零时,对该要素的支付并不趋于没有用到该要素时的支付——例如,电费可能包括两部分:每月的固定费用和每千瓦时的固定费率;因此,当用电量趋于零时,电费趋于每月的固定费用,而当完全不用电时,费用为零。这种情况下,数量为零时的要素边际成本,可视为由图 5.15(a)纵轴上高于 p 点的部分给出,即在 Op 与无穷大之间。

① 当使用量为零时,上一个注脚同样适用。

② 这样表述忽略了很多复杂问题:(1)如果要素的固定是技术性的,也许不可能使用少于 OM 的量。这种情况下,D 要素在 OM 处的边际产出会是不确定的,D 的使用量会是零或 OM。(2)等式(1)可能存在多重解,一种解是每种要素的使用量大于零时的情况,其他解是有一个或更多要素的使用量等于零——而这些要素的供给条件是前面两个注脚中的第(2)种情况。在这些解中,被选中的是总成本最小的一个。

总的、边际的和平均的可变成本曲线

我们可以设想,对于任一可能产出,厂商会通过求解等式(1)来决定如何生产。每一种生产决策都相应存在某个总可变成本,其值等于该产量上的合约成本减去厂商作任何决策都需付出的最小合约成本。我们可以把总可变成本图示为产量的函数。这条曲线可能有各种各样的形状,具体取决于生产要素的供给条件和厂商的生产函数。图 5.16(a)和(b)描述了多种可能性,以反映影响总可变成本曲线形状的各种因素。

图 5.16(a)中,所有曲线都经过原点,即当产出趋于零时,总可变成本也趋于零。这是说,没有什么成本是只有通过完全停业才能避免的。曲线 A 表示成本以固定比例增长——两倍的产出需要两倍的成本,如此等等。如果所有租用要素都是可变的,而且厂商生产函数为一次齐次(因而企业家才能不重要),就可能出现这种曲线。

曲线 B 的开始部分与 A 重合,但之后成本增长快于产出增长。出现这种情况,是因为存在一种或更多的固定要素(包括企业家才能),并且没有任何不可分割性。当产量低时,最优组合所需的固定要素使用量少于其最大量,就是说,厂商会在所有要素供给曲线的水平部分活动。按比例增加所有要素的使用量,即可实现增产。一旦固定要素达到了其最大可使用量,这就变为不可能,这时 B 线与 A 线相分离。

曲线 C 的情况与 B 基本相同,只是固定要素或其他不受厂商控制的因素,从一开始就在某种程度上起了制约的作用。曲线 D 表

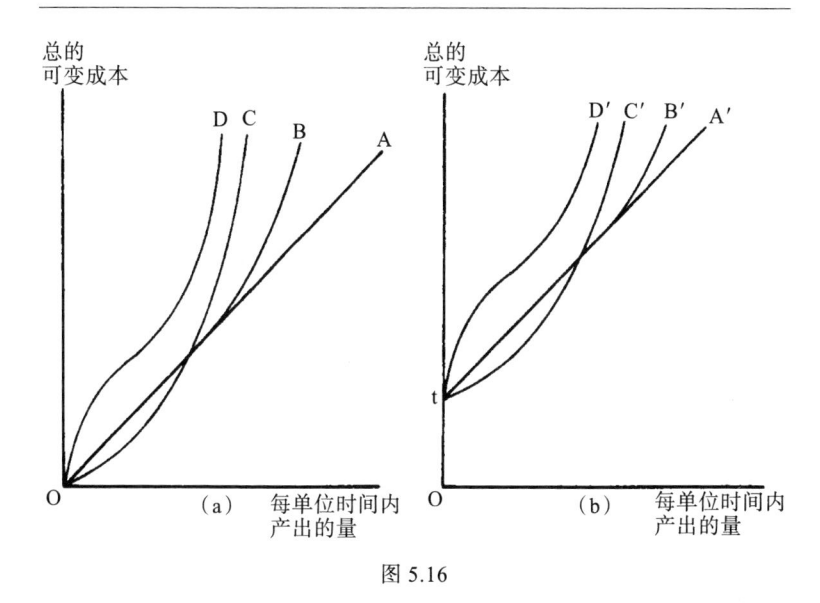

第五章 供给曲线与成本曲线的关系 **167**

图 5.16

示,成本增幅在初始阶段小于产量的增幅。* 当厂商使用的某些要素或不受其控制的外界因素具有不可分割性时,就会出现这种情况。

图 5.16(b)基本重现了以上四种情况,所作的修改只是:当产出趋零时,总可变成本不再趋于零。在这四种情况中,所有成本曲线都包括了从 O 到 t 的纵轴部分,成本 Ot 只有在完全停业时才得避免,否则,只要厂商还在经营,就无法避免。这些成本可能包括下列项目:工厂残值的利息损失,合约规定的对要素的固定支出(合约在厂商停业时可终止),营业执照年费等。

对于每一产量,我们都可以问:当产量细微变化时,每单位产量变化引起的总可变成本的变化是多少。这自然由总可变成本曲

---

* 指 D 线中整个下凹(倒 U 形)的部分。这时,边际成本 $\partial C/\partial Q$ 下降。——译者

线的斜率给出,称为边际成本。① 很显然,这样定义的边际成本,对于曲线 A 和 A′,B 和 B′,C 和 C′,D 和 D′ 而言,分别都是一样的。四种边际成本曲线如图 5.17 所示。但是,对于图 5.16(a)和(b)的总成本曲线来说,边际成本曲线的同一性,掩盖了一个并非不重要的细节。对于图 5.16(a)中的各曲线,总可变成本等于相应边际成本曲线下方的面积;而对于图 5.16(b)中的各曲线,总可变成本比相应边际成本曲线下方的面积要多出 Ot。

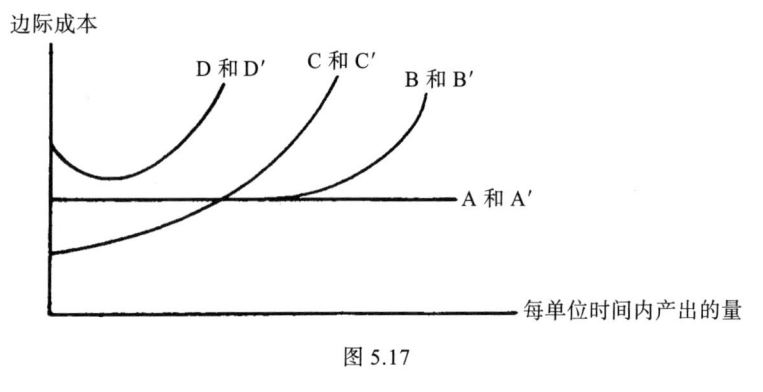

图 5.17

而平均可变成本曲线可以把这种不同体现出来。所谓平均可变成本曲线,即表示在各产量水平上,每单位产出之可变成本的曲线。图 5.18(a)到(d)反映了平均可变成本曲线和边际成本曲线的关系。如果产量趋零时,总可变成本也趋零,那么当产量趋零时,平均可变成本趋同于边际成本;否则,当产量趋零时,平均可变成本趋于无穷大。当然,在所有情况中,如果平均可变成本大于边际成本,前者就会下降,反之就会上升。

---

① 边际成本等于等式(1)的共同比值的倒数。

图 5.18

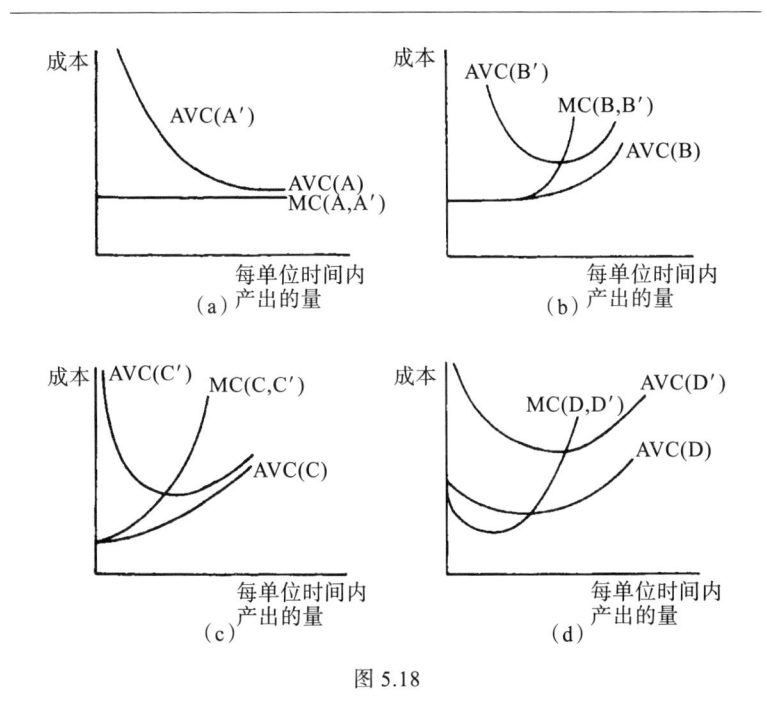

这些平均可变成本曲线本身,也可视为更特殊的边际成本曲线:通常的边际成本曲线表示多生产或少生产一点点产出时,每单位产出的成本变化;而平均可变成本曲线表示的是,当生产给定产量而非完全不生产时,每单位产出的成本变化。

厂商的产出决策

图 5.18 中的成本曲线为回答厂商决策的很多不同问题提供了基础。尽管我们涉及的产品市场通常是竞争性的,但这里可以更一般化,同时囊括垄断状态。

(1)给定需求曲线下的最优产量

单个厂商面对的产品需求曲线,反映了给定需求条件下,厂商在各个价位上所能售出的最大产量。由需求曲线的边际变化而形成的曲线体现边际收入,即由于卖多一点或少一点的缘故,单位产量变化引起的总收入变化率。需求曲线上的价格,表示的是相应销售量的平均收入。像平均可变成本曲线一样,平均收入曲线(即需求曲线)也可看作是一种更特殊的边际曲线:它表示当销售给定产量而非完全不销售时,导致每单位产量的收入变化。

现在问,在成本给定、需求给定的条件下,厂商的最优产量是多少?这个问题可进一步细分为两个问题:(1)厂商是否应该有所生产?(2)如果应该生产,最优产量是多少?

第一个问题的答案依平均收入(即需求)曲线与平均可变成本曲线的比较而定——它们是适合回答这个问题的边际曲线。如果平均收入曲线处处低于平均可变成本曲线,从事生产会使厂商的成本增加大于收入增加,因此,不生产对它会更好一些。如果平均收入曲线在一点或更多点上高出平均可变成本曲线,那么,在其中某一点上生产会比完全不生产要更好一些。

给定厂商会有所生产,最优产量就根据边际收入曲线与边际成本曲线的比较而定。如果某产量上,边际收入大于边际成本,多生产一点会增加总收入大于增加总成本,因此多生产一点有利。相反,如果边际收入小于边际成本,少生产一点会减少总收入小于减少总成本,因此少生产一点合算。最优产量就位于边际收入等于边际成本之处。[1]

---

[1] 注意,这个产量必须是平均收入超过平均可变成本的产量。这个条件已经包含在上面的讨论中。这一点从平均与边际曲线之间关系的几何图形中即可看出。

如果忽略厂商不事生产的可能，我们就可以通过排除特定产量的限制，增加"边际成本等于边际收入"的条件，从而扩展等式(1)以包括厂商产量决策，并用它来描述厂商的一般均衡。该等式变为：

$$\frac{\mathrm{MPP}_a}{\mathrm{MFC}_a} = \frac{\mathrm{MPP}_b}{\mathrm{MFC}_b} = \ldots = \frac{1}{\mathrm{MC}} = \frac{1}{\mathrm{MR}},$$

$$x = f_i(a, b, \ldots)_\circ$$

其中 MC 是边际成本，MR 是边际收入。

给定需求曲线与成本条件，最优产量显然就是一个数值。为了获得最优产量与需求曲线的关系函数，我们有必要用一组参数来描述需求曲线，然后把最优产量表示为这一组参数的函数。例如，如果仅限于直线形状的需求线，那么，给定成本条件，最优产量可以表示为需求线的高度与斜率的函数。

一种特别重要的、可以用单一参数描述需求曲线的状态是竞争状态。在这种状态下，厂商面对的产品需求曲线是一条水平线。于是，这条需求曲线完全由其高度，即产品的市场价格来描述。最优产量与需求曲线的关系函数，就可以描述为最优产量与价格的关系。

这种特殊情况下，平均收入曲线和边际收入曲线变为重合，都等于价格。除非产品价格高于最小平均可变成本，否则厂商不会生产；如果价格高出这个水平，它会生产使价格等于边际成本的产量。对于图 5.18（d）中 D′ 情形的成本曲线，各种价格水平下的最优产量轨迹如图 5.19 所示。当产品价格低于 Op 时，最优产量为零，因此，纵轴的实线部分是最优产量的轨迹；当价格高于 Op 时，边际成

172   价 格 理 论

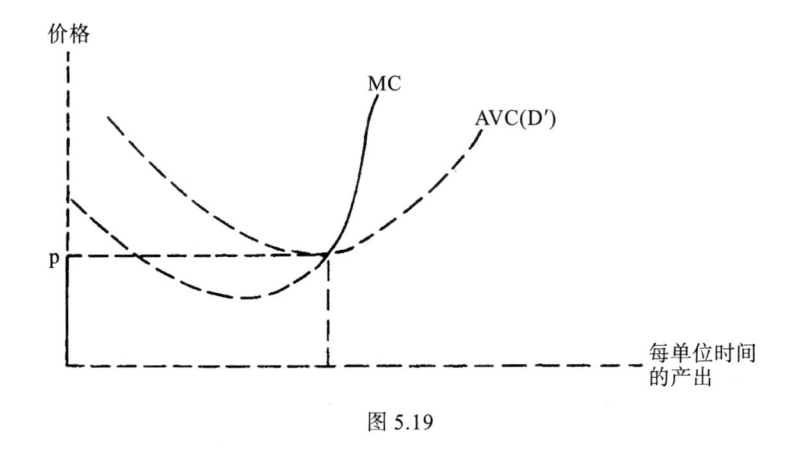

图 5.19

本曲线的实线部分是最优产量的轨迹。在 Op 点上,则存在不连续性;水平的虚线连接了两个可供选择的点,但虚线上没有一点是最优的。在上节 A、B、C 的情形中,不会出现这种不连续性。其中 A(和 A′)的情形中,对于任何高于(不变的)边际成本的价格,最优产量为无穷大。这也是单位产品成本固定的情况与完全竞争市场不相容的原因。

(2)厂商的供给曲线

回顾一下,上面,我们把特定供应商群体对特定商品的供给曲线定义为:"给定供给条件下,那些可实现点和不可实现点之间的分界线。"所谓某点可实现,是指"供应商在指定价格上愿意供应指定的产量"。在我们利用成本曲线画出一条如此定义的供给曲线之前,还有一点必须明确,即,在问供应商是否愿意在指定的价格上供应指定的产量时,我们假设他拥有的选择是什么。这主要有两种可能:(1)可以假设他唯一的其他选择是歇业,即认为他面临的是全部或零的问题;(2)也可以假设他的选项包括供应指定的产量或者任何较少的产量。

在第一种"全部或零"的情况下,显然,平均可变成本曲线才是可实现点和不可实现点的分界线。厂商会选择任何高于平均可变成本曲线的点,而不会选择不事生产;或者,宁可不事生产,而不会接受低于平均可变成本曲线的点。

第二种情况,选择的范围包括供应任何比指定量少的产量——这是两种情况中更为有用的一种,也是通常画供给曲线时所指的那种。这种情况下,可实现点和不可实现点之间的分界线要稍微复杂一些。对任一产量,最低的供应价格是平均可变成本曲线与边际成本曲线中的较高者的纵坐标值;供给曲线就是这些最低供应价格的轨迹。图 5.20 显示的就是上述 D′ 情形的这种供给曲线。实线是

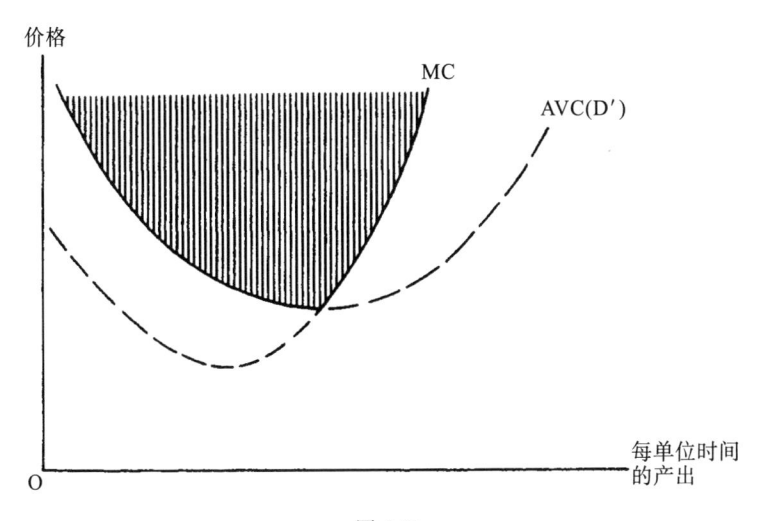

图 5.20

供给曲线;阴影部分(加上纵轴)是可实现点域。位于最小可变成本点之右、在边际成本曲线与平均可变成本曲线之间的各点,在全部或零的选择中是可实现的,但现在被排除在外。因为,在这些点上,稍微减少一点产出而可避免的成本,要大于这一点产出的收入,因此,减少产出符合厂商的利益。通常,我们可以认为边际成本曲线和平均可变成本曲线反映的是适用于不同产量变化类型的边际成本——边际成本曲线适用于产量的微小增减,平均可变成本曲线适用于停产与否的变化。如果两种变化类型都开放给厂商,那么显然,实际起作用的是包含了较大边际成本的那一种,也即,两条曲线中较高的一条才是真正相关的。在上节 A、B 和 C 的情形中,平均可变成本曲线从未高过边际成本曲线,因此可以说,供给曲线与边际成本曲线重合,也与各价位上的最优产量轨迹重合。但很显然,这种重合通常情况下并不成立。

大多数场合中,供给曲线中由边际成本曲线给出的部分才是真正相关的,因为,厂商更偏好这段曲线上的点,而不是价格相同但产量较少的其他可行点。不过也不尽然。例如,假设不存在外部经济或不经济(这样我们就可认为厂商的供给曲线与行业产出规模无关);假设存在大量潜在厂商,其供给曲线也是如图 5.20 所示;假设政府规定的最低价格高于平均可变成本曲线上的最低点,并向所有提出申请的厂商分配相同的产量配额,并始终把总配额保持在规定价格对应的需求量水平上。这种情况下,均衡状态将处于供给曲线的平均可变成本曲线部分。因为这时,潜在厂商会不断加入,直到配额被析分到规定价格在平均可变成本曲线上对应的产量为止。这种模型也适用于很多私营企业联盟的协定。

第七节　不同"期限"的供给曲线的关系

到目前为止，我们讨论的都是单一"期限"，也就是各种生产要素供给曲线的单一组合。但很显然，不同期限的供给曲线一定是相互关联的。忽略上一节讨论的一些复杂问题，特别是由下降的平均可变成本引起的复杂性，可以简化关于这种关联性的描述。因此，我们回到早先考虑的忽略了不连续性的简单例子，可以得到：任何"期限"的厂商供给曲线，就是相应"期限"的边际成本曲线。

单一厂商

首先考虑某一家厂商的最长时期。这时，如果我们把自己限于图5.15（a）和（b）所示的要素供给曲线的极端形式，那么，所有租用要素的供给曲线都会是水平的；如果我们考虑一般情况，要素供给曲线会是正斜率，但在任何地方都不会垂直于数量轴（横轴）。

但厂商的企业家才能的情况如何呢？回想一下，企业家才能被定义为"厂商的生产函数"，因此，如果最长时期包含了企业家才能的不同供给状况的话，就意味着，最长时期的厂商生产函数必须视为不同于其他期限的生产函数。[①] 特别地，单一厂商的企业家才能供给弹性无穷大的最合理解释似乎是：生产函数变成对所有租用的

---

① 有人可能认为还存在另一种含义：生产函数中有一个部分，只适用于最长时期，而与较短时期无关。但是这不能成立，因为，正如我们将要看到的，每个长期状态都有一个情况相同的短期状态相对应。

要素都是一次齐次的,因此,所有要素数量乘以一个常数,会使产量增长相同的常数倍。[①] 但这样一来,供给方面就没有了限定厂商规模的因素,或者会出现垄断,或者是产量在厂商间的分配变得任意无常,或干脆连厂商的内涵都消失了。最长时期的这种解释,使我们的理论对于我们感兴趣的一个中心问题,即厂商数量与规模的确定问题,失却了用武之地。因此,这种解释看来与我们的目的扞格不入。

相反,我们应该假设所有时期的生产函数都是一样的。就是说,我们认为企业家才能反映了生产函数的具体形式。无论根据新环境的调整如何充分,总是需要企业家才能;不管租用要素的重组怎样到位,租用要素对企业家才能的替代总是不完全的。[②]

在这个最长时期,生产任何产量 x_0 的最优要素组合,可通过求解重写于此的等式(1)而得:

$$(1) \qquad \frac{MPP_a}{MFC_a} = \frac{MPP_b}{MFC_b} = \frac{MPP_c}{MFC_c} \cdots = \frac{1}{MC},$$

$$x_0 = f_i(a, b, \ldots)。$$

要素边际成本由要素的长期供给曲线求得。如果要素的长期供给

---

① "单一厂商"和"所有租用要素"的限制,是为了使上面的论述适用于技术上的外部经济或不经济。我们设想,如果存在一种行业的生产函数,即使每个单一厂商的生产函数可以视为一次齐次,行业的生产函数也未必是一次齐次的。这种差别说明:存在既非租用,又非企业家个人的要素——如世界的大小、重力常数等——其数量对行业而言是固定的,而对单个厂商而言可能无关紧要。

② 例如,某个体的"函数"可能是风险偏好型的;那么,即使"世界"已充分均衡,对个体来说,风险仍然存在。

曲线是水平的，其边际成本就等于要素价格；否则，要素边际成本会是要素使用量的函数。假设最优要素组合为$(a_0, b_0, c_0, ...)$。这意味着，这样的要素组合可以生产x_0产量，而且等式(1)中的比值都相等。这个共同的比值，就是在生产要素上每额外花费一美元所增加的产出单位；也即长期边际成本的倒数。现在假设，我们考虑的"短期"，是指把某些要素的数量固定在适用于这个特定长期的数值上的情况。例如，我们把a值固定为a_0，即令A的供给曲线在a = a_0处垂直，令其他要素都可变。这样，我们就可以完全忽略等式(1)中的第一个比例，把a = a_0代入生产函数，求出其他要素的用量值。很显然，解会是$(b_0, c_0, ...)$，与前面一模一样。上面的长期解告诉我们，这些值连同a = a_0，会生产x_0的产量，并使等式(1)中的比值彼此相等。

因此，在长期曲线的任一点上，都会有一系列的短期曲线（代表着不同期限），它们的边际成本都等于长期边际成本。其实，关于长期的最优要素组合，一个明显的条件是：只有当增加一单位产出的任一种可能方法，与其他所有方法相比，所需增加的成本是相等而非更多时，生产某个产量的成本才算达到最小。特别地，保持某些要素数量不变，改变其他要素的数量，也是增加单位产出的一种可能方法。因此，在长期边际成本曲线的各点上，都会有一系列短期边际成本曲线通过。我们可以称之为对应于x_0的短期边际成本曲线。

现在来看，当产量由x_0增加到$x_0 + \Delta x$时，会发生什么情况。对应于这个新产量，存在新的长期最优要素组合，比如说$(a_0 + \Delta a_0, b_0 + \Delta b_0, c_0 + \Delta c_0, ...)$，及新的长期边际成本，比如说LRMC。成本

增量等于 Δx 和 LRMC 的乘积。根据定义，这个成本增量不能大于任何其他增产方法的新增成本——当然也包括其中一种或多种生产要素不变的增产方法——否则，新的要素组合就不是最优的。因此，当产量大于 x_0 时，长期边际成本一定小于或等于 x_0 产量对应的任何边际成本曲线所示的短期边际成本。相反，如果产量减少，减产的长期方法至少会减掉与任何短期方法一样多的成本。因此，当产量小于 x_0 时，长期边际成本一定大于或等于 x_0 产量对应的任何边际成本曲线所示的短期边际成本。

同样的分析适用于任何一对期限的比较。长短不同期限的区别在于："较短"期中，不仅所有"较长"期内不变的要素依然保持不变，而且另有一些要素也保持不变。例如，如果我们考虑一组特定排序的"期限"：次长的期限包括一个固定要素 $a = a_0$，再次长的期限包括两个固定要素 $a = a_0$、$b = b_0$，依次类推，最短的期限中，所有要素都固定。那么，当期限由长到短，产量 x_0 对应的边际成本曲线会变得越来越陡。

图 5.21 描述了这种情形。图中画出了两组边际成本曲线，一组对应产量 x_0，另一组对应产量 x_1。短期边际成本曲线的编号 0、1、2、3 分别代表渐次变长的期限，其中编号为 0 的是最短期限。随着允许厂商调整的范围越来越广，边际成本曲线会变得越来越平坦。当然，存在很多可能的"期限"排序，甚至可以想象有无穷的期限，因而就有一个曲线集，它完全填充了从 0 曲线到长期边际成本曲线的空间。就具体问题而言，必须同时确定值得明确考虑的期限排序与期限数量。

图 5.21

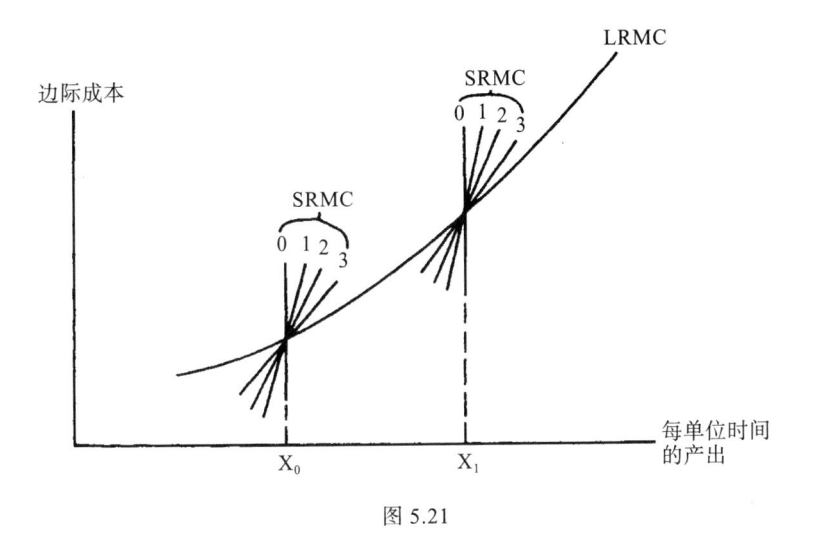

整个行业

如果不存在外部经济或不经济,某个期限的行业供给曲线会是同一期限的厂商边际成本曲线的简单加总,无须赘述。在行业长期供给曲线的每一点上,都会有一组短期供给曲线通过,随着期限变长,这些供给曲线变得愈益平坦。

引入外部经济或不经济,会使行业供给曲线偏离边际成本曲线的加总。由此导致的与当前问题有关的唯一复杂性在于:偏离程度可能因期限而不同。外部效应可能与某些特定要素相关。在这些要素保持不变的期限内,就不会有外部效应;但在更长的期限内,又可能会有外部效应。不过,这不会动摇"期限越长,供给曲线越平坦"的结论。

第八节　企业家才能的报酬：租金与准租金

竞争均衡

各种生产要素的报酬显然取决于行业的需求与供给条件。它们决定了各种租用要素的实际使用量，并通过要素供给曲线，决定其单价；它们还决定了行业中的厂商数量及各自的产出，进而决定预期收入与预期合约成本之差。关于各种租用要素，这些分析不会有什么特别的困难，但对于上面所谓企业家才能的报酬，可能值得稍作进一步的讨论。

图 5.22 阐述了与某一种均衡状态相对应的几种可能性。最右边的小图描述供给曲线为正斜率的行业的情形；其他小图描述的是四家不同厂商的情形。厂商编号后面的字母代表上面第六节所说的几种情况。当产量趋零时，厂商 1 和 2 的总可变成本也趋于零，图 5.22 中表示为：当产量为零时，边际成本与平均可变成本重合。厂商 1，在有限的企业家才能（或其他固定要素）导致成本上升之前，边际成本保持不变。如图所示，价格正好等于最小平均可变成本，因此，预期收入正好等于预期可变成本，企业家才能没有报酬，固定成本没有补偿。如果需求减弱，但厂商 1 的成本没有因为外部效应而相应降低，该厂商就得歇业。厂商 2 的边际成本先降后升，反映了某种技术上的不可分割性在起作用。阴影部分代表可作为企业家才能报酬和固定成本补偿的量。在这个例子中，阴影部分也可由边际成本曲线与水平价格线之间的区域给出，因为，边际成本曲

第五章 供给曲线与成本曲线的关系 *181*

线下方的面积就等于总可变成本。厂商 3 与厂商 2 相似，只是当产量趋零时，厂商 3 的总可变成本并不趋零。因此，阴影部分——即可作为企业家才能报酬和固定成本补偿的收入额，要小于边际成本曲线与价格线之间的面积。厂商 4 又类似于厂商 3，只是它的可变成本更高，以致没有收入可留作企业家才能报酬和固定成本补偿。

图 5.22 例示的情形完全有可能是一种不存在固定成本的长期均衡状态。阴影部分所示的厂商 2 和 3 获得企业家才能报酬的事实，并不会威胁到均衡的稳定性——条件是只要不存在有动机并有能力争夺报酬的潜在厂商，亦即不存在现在尚未从事这项生产，而最小平均可变成本低于 OP 的厂商。

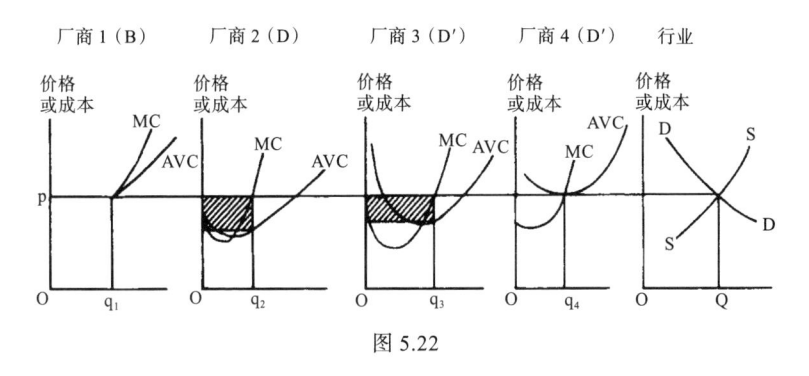

图 5.22

在长期均衡状态下，我们可以说，阴影部分是厂商 2 和 3 拥有的"稀缺"的企业家才能的"租金"。因为这个"租金"是一项永续收入，在估计厂商 2 和 3 的资本价值或所有者"财富"时，要将之资本化。人们经常把这个租金包括在"总成本"中，在计算其他产量上的假定的平均成本时，就假设这些其他产量上都会有相同"租金"；这样，例如对于厂商 3，就形成了一条如图 5.23 的单位平均

图 5.23

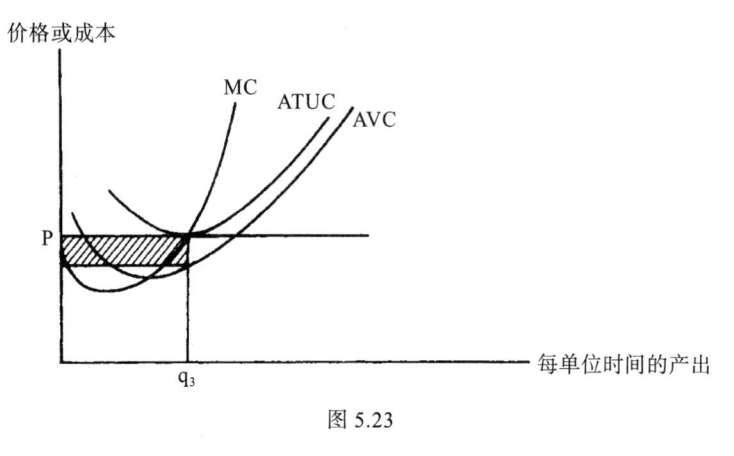

总成本曲线。但要注意，这条曲线有着与其他曲线完全不同的含义与作用：它乃是最终均衡之果，而非最终均衡之因；无论是否存在外部经济或不经济，该曲线上除 q_3 对应点之外，其他各点都无关紧要。例如，在没有外部经济或不经济的情况下，假设行业的需求曲线上移。这时，厂商的边际与平均可变成本曲线都不受影响，并由此确定了厂商的产量。而阴影面积会增大，ATUC 曲线需要重画。这就是我们迄今一直没有使用这条曲线的原因。它的误导性更甚于有用性。

如果图 5.22 描述的不是长期均衡状态，而是某种短期状态，那么，阴影部分就不仅包括企业家才能的报酬，还包括其他固定要素的回报——指超出可变成本中付给固定要素的回报的另外部分。如果需求不变，而期限变长，成本曲线和行业供给曲线就会发生变化，这意味着阴影面积大小会变化。这时，可以说阴影部分包含了固定要素的"准租金"——说是"租金"，因为它们像企业家才能的租金一样，在特定的期限内，是"由价格决定"而非决定价格的；说是

"准"，因为它们只是暂时地由价格决定——这一点不同于企业家才能的租金。

只有当所有厂商都处于图5.22中厂商1或4的状态时，长期中，所有厂商的企业家才能报酬才会为零。要出现这种情况，只须存在为数足够多的有着相同的最小平均可变成本的厂商，此外无需其他条件。只要最小平均可变成本一致，各厂商成本曲线的任何其他方面的形状都可变化。另外，如果该行业所有租用要素的供给曲线都是水平的，而且不存在外部或内部技术经济，那么，行业的产品供给曲线也会是水平的。这可以看作是行业没有用到专用要素的情况。但要注意，个别厂商的边际成本曲线不一定是水平的，因此，厂商的数量和各自规模仍然是可确定的。

垄断

如果一个厂商被认为是垄断者，即它的产品面对一条负斜率的需求曲线，那么，供给曲线的概念对于解释该厂商行为就无甚用处。这时，有意义的函数，是把厂商最优产量与需求曲线的形状联系起来的函数。不过，上面关于企业家才能报酬的讨论，还是完全正确的。

图5.24描述了垄断的情形。为了简化，我们可以假设描述的是一种没有固定成本的长期均衡状态。与上面一样，阴影部分表示企业家才能的报酬。同样，既是长期均衡，就意味着企业家才能的正回报不会破坏均衡。显然，没有潜在的厂商能够夺走这项报酬——它们心有余而力不足。我们同样可以认为，阴影部分是稀缺的企业家才能的"租金"。

184　　　　　　　　　　价 格 理 论

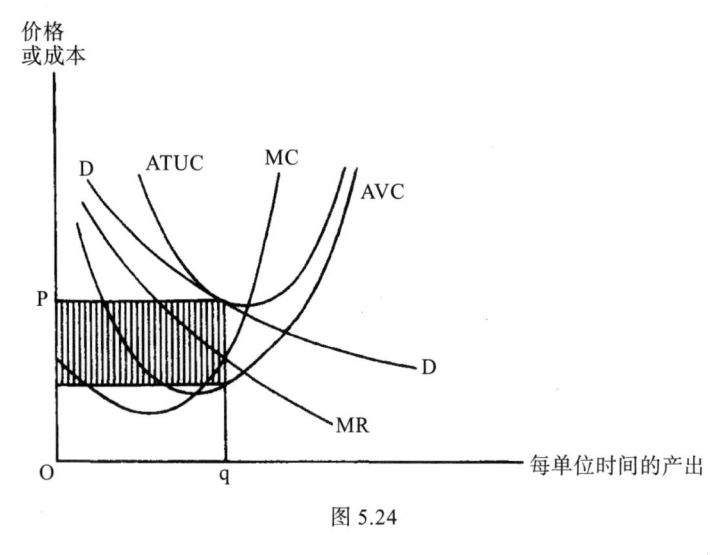

图 5.24

同样,在估计厂商的资本价值或所有者的"财富"时,阴影部分显示的"租金"应该资本化,因为它是一项永续收入。假定的单位平均总成本曲线,也可以根据在其他产量上会有相同"租金"的假设来计算,得出一条如图 5.24 中 ATUC 一样的曲线。不过,这条曲线也有着与其他成本曲线完全不同的含义与作用:它乃是最终均衡之果,而非最终均衡之因,曲线上除 q 对应点之外,其他各点都不重要。其实,需求曲线本身,比 ATUC 曲线更有资格被当作是单位平均总成本曲线。因为,如果厂商因判断错误,生产了不是 Oq 的产量,那么实际的单位总成本,将由需求曲线上对应产量的纵坐标值给出。

尤值一提的是,通常由类似 5.24 图形得出的推论——垄断者往往生产少于技术上最有效率的产量——显然是不对的。假定的 ATUC 曲线并没有就技术上的效率问题作出任何说明;它只不过是

"总成本等于总收入"的说法的一个翻版。假设需求状况变化,而生产技术条件不变,那么,边际和平均可变成本曲线都不会变;但 ATUC 曲线必须重画,以便在新的最优产量上切于新的需求曲线。在这方面,竞争厂商与垄断厂商是一样的。两者都是寻求任何给定产量的总可变成本最小化;都是寻求企业家才能的报酬最大化;在长期均衡中,两者都可能得到[*]企业家才能的正回报;在计算厂商所有者的总财富时,两者都必须将这"租金"资本化。如果在现有的工厂规模和产量水平上,短期边际成本(各种可能的"短期")等于长期边际成本,那么,对两者而言,现有工厂的"规模"都是"最优的"。

第九节　数学概述

现在总结一下以上分析,同时,把一个竞争性行业的供给曲线的各种决定因素,以联立方程组的形式表述出来,由此给出以上分析的完整性检验。为简化起见,假设各个厂商的要素供给曲线,或者是完全弹性(可变要素),或者是完全无弹性(固定要素);并且假设,除非是完全退出市场,否则,无法通过弃置某些固定要素来减少成本。

单个厂商

每个潜在的厂商都可以用下列生产函数来表述:

---

[*] 原文为 re-receive,疑有误,应为 receive。——译者

(2) $\quad x_j = f_j(a_{1j}, a_{2j}, \ldots a_{mj}, x)$。

其中 x_j 是第 j 个厂商的产出,$A_1, A_2, \ldots A_m$ 是各种生产要素,a_{ij} 是 j 厂商使用的要素 A_i 的数量,x 是行业的产出。我们假设 $A_1, \ldots A_k$ 为可变要素,$A_{k+1}, \ldots A_m$ 为固定要素,p_{ai} (i = 1, ... k) 为可变要素 A_i 的单价,$\bar{a}_{ij}$ (i = k+1, ... m) 为 j 厂商所有的固定要素 A_i 的数量,p_x 为产品的价格。这样,如果给定某厂商会从事生产,那么,它的最优产量和要素组合,可通过求解由方程(2)和下列方程所组成的方程组而得:

(3) $\quad p_x \dfrac{\partial f_j}{\partial a_{ij}} = p_{ai} \quad (i = 1, \ldots k)$

(4) $\quad a_{ij} = \bar{a}_{ij} \quad (i = k+1, \ldots m)$。

方程组(2)(3)和(4)总共包含 m+1 个方程,可用于求解 x_j, a_{ij} (i = 1, ... m) 的 m+1 个变量,解为 p_x, p_{ai} (i = 1, ... k), a_{ij} (i = k+1, ... m) 和 x 的函数。

现在,如果对于 p_x, p_{ai}, x 的某一组特定值,方程组(2)(3)和(4)的解满足下列不等式:

$$x_j p_x \geq \sum_{i=1}^{k} a_{ij} p_{ai} + c_j,$$

其中 c_j 表示厂商除了退出市场之外,无从避免的成本;为了简化,假设它独立于 p_{ai};那么,上述方程组(2)(3)(4)的解,就是厂商在上述 p_x, p_{ai} 和 x (i = 1, ... k) 的特定值下的均衡解。

但是,如果方程组(2)(3)和(4)的解满足下列不等式:

$$x_j p_x < \sum_{i=1}^{k} a_{ij} p_{ai} + c_j,$$

那么，均衡值就是：*

(2)′　　$x_j = 0$,

(3)′　　$a_{ij} = 0$　　　($i = 1, ... k$),

(4)　　　$a_{ij} = \overline{a}_{ij}$　　　($i = k+1, ... m$)。

要素的需求与供给

如果有 n 个潜在的厂商，对每种要素的需求总量会是：

(5)　　　$a_i = \sum_{j=1}^{n} a_{ij}$　　　($i = 1, ... m$),

全行业的可变要素供给可以描述为：

(6)　　　$a_i = g_i(p_{a1}, p_{a2}, ... p_{ak})$　　　($i = 1, ... k$)。

其中 g_i（函数形式）也可能取决于其他产品的价格及类似因素，取决于被认为行业固定要素的变量等。这里没有列出固定要素的供给方程，因为，根据方程(4)，固定要素 $i = k+1, ... m$ 的供给方程与等式(5)中相应的需求方程是完全相同的。

产品的供给

最后，产品的总供给是：

(7)　　　　　　$x = \sum_{j=1}^{n} x_j$。

变量与方程的数量

现在，我们可以计算一下变量与方程的数量，以检验分析的完

---

* 原文下面三个等式后面的括号部分分别位于等式(2)′和(3)′之后，疑有误（1962年版本是正确的）。译文已改正。——译者

整性。

变量如下：

名称	符号	数量
行业的产量	x	1
每家厂商的产量	x_j (j = 1, ... n)	n
每个要素的总量	a_i (i = 1, ... m)	m
每家厂商使用的各要素数量	a_{ij} (i = 1, ... m) (j = 1, ... n)	mn
产品价格	p_x	1
可变要素价格	p_{ai} (i = 1, ... k)	k
	变量总量	2+k+n+m+mn

方程如下：

方程	数量
（2）（3）（4）或（2）′（3）′（4）	n(m+1)
（5）	m
（6）	k
（7）	1
方程总量	1+k+n+m+mn

变量比方程式多一个。因此，我们可以消去所有其他变量，只剩下比如说 x、p_x，并保留一个方程式。如果我们对这个所得的方程式求解 x，得到：

（8） $\qquad x = S(p_x),$

这就是行业的供给曲线。

第六章　可变比例定理和厂商成本曲线

上面,我们从形式上分析了各种可能碰到的供给状况。我们看到,供给取决于单个厂商的成本曲线。现在,我们转向厂商,考察厂商成本曲线背后的状况。当然,我们的兴趣不在于厂商本身,而是想对决定行业供给的因素有更深的理解。必须记住,供给曲线只对竞争性行业才是有意义的概念。对于非竞争性行业,仅有价格,不足以完整描述单个厂商面临的需求状况。还必须记住,在由成本曲线推导供给曲线的过程中,我们需要留意可能存在外部经济或不经济——经济或不经济外在于厂商,但内在于行业,因此影响行业的供给曲线。

第一节　可变比例定理

我们把厂商视为两类市场的中介,一类是它购买资源的要素市场,另一类是它销售产品的产品市场。对于厂商来说,市场对其产品的需求状况概括为产品需求曲线(或平均收入曲线)。要素市场的供给状况概括为厂商面对的生产要素供给曲线。制约厂商的技术条件则归纳为生产函数——该函数显示在各种生产要素使用量给定的条件下,厂商能够生产的(最大)产量。

生产函数的性质之一,就是通常所谓的"收益递减定律"。采用这么个术语,与人们一般从固定和可变生产要素的角度解释该定律的做法,有着密切关系。但实际上,这个问题之与固定—可变要素的划分,基本上是无关的;有关系的倒是:不同要素的使用量比例发生改变时的影响——即使所有要素以完全匀称的方式投入生产也无妨。因此,称之为"可变比例定理"也许可以避免误解。

表 6.1

$\dfrac{B}{A}$	$\dfrac{A}{B}$	$\dfrac{X}{A}$	$\dfrac{X}{B}$	$\Delta\left(\dfrac{X}{A}\right)$	$\Delta\left(\dfrac{B}{A}\right)$	$\dfrac{\Delta\dfrac{X}{A}}{\Delta\dfrac{B}{A}}=\dfrac{\partial X}{\partial B}$	$\Delta\left(\dfrac{X}{B}\right)$	$\Delta\left(\dfrac{A}{B}\right)$	$\dfrac{\Delta\dfrac{X}{B}}{\Delta\dfrac{A}{B}}=\dfrac{\partial X}{\partial A}$
(1)	(2)	(3)	(4)	(5)	(6)	(7)	(8)	(9)	(10)
0	∞	0	Ind.	1	1/16	16	Ind.	−∞	0
1/16	16	1	16	3	1/16	48	16	−8	−2
1/8	8	4	32	5	1/8	40	4	−4	−1
1/4	4	9	36	9	1/4	36	0	−2	0
1/2	2	18	36	7	1/2	14	−11	−1	11
1	1	25	25	11	1	11	−7	−1/2	14
2	1/2	36	18	0	2	0	−9	−1/4	36
4	1/4	36	9	−4	4	−1	−5	−1/8	40
8	1/8	32	4	−16	8	−2	−3	−1/16	48
16	1/16	16	1	Ind.	∞	0	−1	−1/16	16
∞	0	Ind.	0						

注:Ind. 表示不定数。

各列标题的文字说明如下:
(1) 单位 A 所对应的 B 的单位数量
(2) 单位 B 所对应的 A 的单位数量
(3) 单位 A 的产量
(4) 单位 B 的产量
(5) 单位 A 的产量的变化
(6) 单位 A 所对应的 B 的单位数量的变化
(7) B 的边际产量
(8) 单位 B 的产量的变化
(9) 单位 B 所对应的 A 的单位数量的变化
(10) A 的边际产量

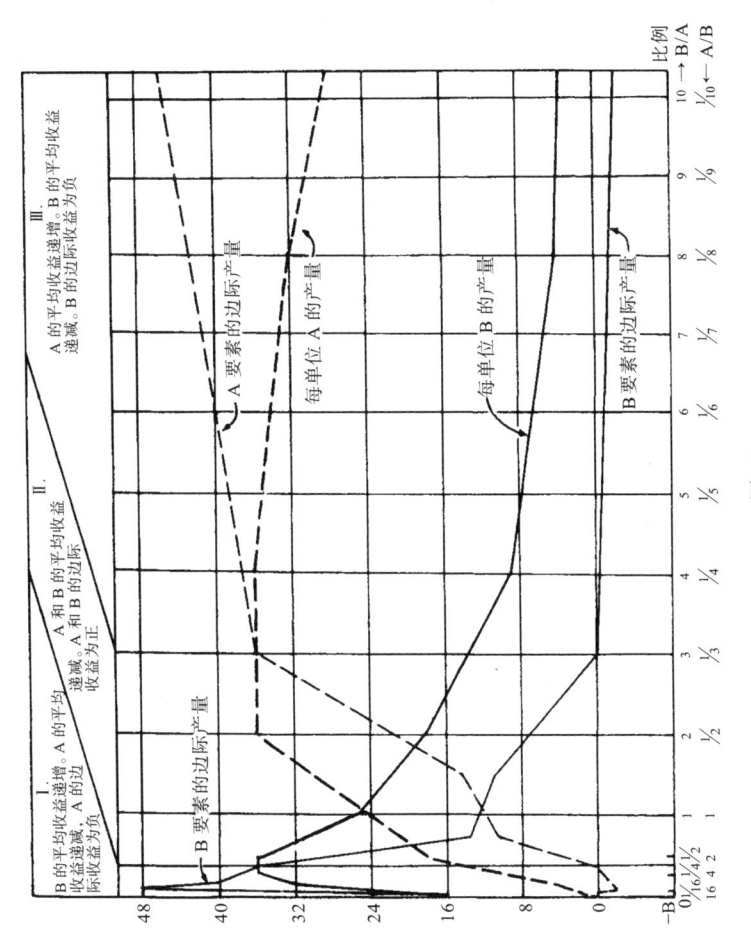

图 6.1

表 6.1 和图 6.1 分别以表格和图示的形式,给出了一个用于阐明该定理的假定的生产函数。在这个例子中,假设只有两种生产要素 A 和 B 用于产品生产。第一列是与每单位 A 相结合的 B 的单位数量,也即两种要素组合的假定比例。暂时先跳过第二列。第三列是每种 B—A 组合比值所对应的 A 的单位产量。例如,如果 B 和 A 的使用量之比为 1:16,那么,使用 1 单位 A 可以生产 1 单位产品;如果 B 和 A 的使用量相等,那么,使用 1 单位 A 可以生产 25 单位产品。

光是这样的说明,已经点出了生产函数的很多特征。比如说,情况可能是:1 单位 B 和 1 单位 A 可生产 25 单位的产品,但 2 单位 B 和 2 单位 A 可生产多于或少于 50 单位的产品。这种情况下,仅知道 A 和 B 的使用量相等,尚不足以确定每单位 A 的产量;还需进一步知道要素的绝对使用量。只有当生产函数具有下列特征时,A 的单位产量才会仅是生产要素比值的函数,即,各种要素数量都乘以一个常数,产量也会乘以同一常数。例如,所有要素量翻番,产量也翻番。具有这种特征的函数称为一次齐次函数,这里分析的表格 6.1 就是指这种函数。

我们稍后还要讨论这个特征的重要意义。这里只需指出:我们最终是想把影响个别厂商成本的因素分为两类:一类是要素组合的比例,一类是厂商的经营规模。可变比例定理讨论的是第一类。我们可以暂时假设不存在规模效应,把规模的影响完全抽象掉;而这正好就包含在"厂商生产函数对要素 A 和 B 都是一次齐次的""A 和 B 是生产仅需的两种要素"等假设之中。而且,我们将会看到,规模效应本身也可被看作是可变比例定理作用的结果,因此,我们所作的假设并不像最初认为的那么特殊。

假定生产函数一次齐次，并且只有两种生产要素，那么，如果数据够多，第一列和第三列这样两组数据就足以完整描述可变比例定理。考虑如下一般化问题：如果有 a_1 单位 A 和 b_1 单位 B，可以生产多少单位的 X 产品？计算 $\frac{b_1}{a_1}$ 的值并代入第一列，找到第三列上对应的数据，再乘以 a_1，就可以得到答案。正是因此之故，我们说，在这种情况下，一切都只取决于不同要素的组合比例。表 6.1 中的所有其他数据都可以由第一列和第三列获得。看看各列标题就可以肯定这一点：第二列只是第一列的倒数；第四列等于第三列除以第一列，或乘以第二列，等等。

同时给出第一列和第二列的理由之一是：这样，我们就可以方便地将该表转换为可变要素和固定要素的概念。假设厂商一定使用 1 单位的 A，但可以使用不同数量的 B。那么，第三列，每单位 A 的产量，就是"总"产量；第四列，每单位 B 的产量，就是"可变"要素的"平均产量"；第七列，B 的边际产量，就是"可变"要素的"边际产量"。类似地，如果厂商一定使用 1 单位的 B，但可以使用不同数量的 A，我们可以用第二列表示 A 的使用量。当然，这时我们应该自下而上看表格，因为这样才符合"可变"要素数量不断增加的情形。第四列，每单位 B 的产量，就是"总产量"；第三列，每单位 A 的产量，就是"可变要素"的平均产量；第十列，A 的边际产量，就是可变要素的"边际"产量。*

现在再来看上面的表与图中的数值。设计这个具体例子，是为

---

* 本段的引号有点乱，原文如此。——译者

了说明双变量的一次齐次生产函数在算术上可能出现的大部分情况。并非所有情况都是算术上可能的。例如，一个可变要素使用量增加时，其平均产量就不可能既是上升的，又是大于相应的边际产量的。在检验图中这种内部一致性时，我们需要时刻注意：图中从左到右，A 相对于 B 是递减的，因此，在分析有关 A 的各条曲线时，应该从右到左"倒着"看。

收益递增和收益递减的概念，有时指的是边际收益，有时指的是平均收益，因此，最好是明确说明其所意指。此外，这些概念一般都是指相应要素数量增加时的收益变动情况。要素 B 的边际收益先是上升，继而下降，最终变成负值。而它的平均收益，最初在一个更长的阶段内增加（如果我们只针对指定的各点而不再添加，那么，是一直增加到每单位 A 的 B 值为 1/4 为止），在 B/A 为 1/4 到 1/2 期间相等，然后减少。当然，要素 A 的边际收益和平均收益以同样的方式发生变化。如果我们自下而上读表，或从右到左看图，就很容易看出这一点。A 的边际收益，在每单位 B 的 A 值达到 1/16 和 1/8 间的某点之前，都是上升的；继而下降，最终变为负值。A 的平均收益，在每单位 B 的 A 值达到 1/4 之前，都是增加；在 A/B 为 1/2 与 1/4 时相等，然后减少。[①]

据信，上述图表总结了制约产品生产的技术条件。就是说，它们是设计出来以回答以下技术性问题的：给定两种生产要素的具体

---

① 表中第一行和最后一行应稍作解释。当 B/A = 0 时，每单位 A 的产量为零；这意味着，从没有 B 就不可能有产出的意义上讲，B 是一种"必需"要素。由于第四列是第三列除以第一列，每单位 B 的相应产量是 0/0，因此无从确定。也有可能只使用 A 就能生产出某些产量。在这种情况下，第三列的第一个数据会是有限数，第四列的第一个数据就是无穷（∞）。类似的说法也适用于最后一行。

数量，能够生产的最大产量应是多少？现在来看我们如何使用这些信息；同时也可以检验一下：图表中所有算术上可能的情况，在经济或技术上是否也可行。

例如，假设我们有8单位的A和64单位的B。表格显示，当B与A之比为8∶1时，每单位A的产量为32，这意味着总产出为256。但这真是我们能得到的最优值吗？进一步观察可见，并非如此。如果把一些B"弃而不用"无需成本，那么，只需通过仅使用16或32单位的B，或者说，每单位A配以2或4单位的B，我们就可以把每单位A的产值提高到36，或总产值提高到288。如果该表有更详细的数据，也许当B为2与4之间的某值时，情况还会更好。显然，任何每单位A对应的B值比8更大的情况都是一样的，因此，不管B多么充足，与每单位A组合的B要素超过4单位都是不明智的。

同样，假设我们有8单位的A，但只有1单位的B。表中B比A为1∶8的一行表明，每单位A的产值为4，或总产值为32。但这也不是我们能得到的真正的最优值。假设我们"丢弃"不用4单位的A，那么，我们会在B比A为1∶4的情况下生产，这时每单位A的产值为9，乘以A的4单位使用量，总产量为36。因此，不管B多么"稀缺"，每单位A与少于1/4单位的B组合，也都是不明智的——或者反过来说，不管A多么充足，每单位B与超过4单位的A组合都是不明智的。

现在假设B与A之比在1/4和4之间，比如说，是8单位的A和8单位的B，即比例为1，是否会有类似情况发生呢？显然不会。使用全部的A和B要素，每单位A的产量为25，总产量为200。

如果使用较少的 A，比如说 4 个单位，每单位 A 的产量固然可增加到 36，但由于只用了 4 单位，总产量会减少到 144；同样，如果使用较少的 B，比如说 4 个单位，每单位 B 的产量也会增加到 36，但这也必导致总产量减少到 144。

这些例子说明，在图 6.1 中，根据要素平均收益的变化情况划分出的三个区域，具有非常不同的含义。在第一个区域，B 的平均收益递增，A 的平均收益递减；在第二个区域，A 和 B 的平均收益都在递减；第三个区域与第一个区域相对应，一种要素的平均收益递增（现在是 A），另一种递减。上面的例子表明，第一和第三个区域都是应予回避的。换言之，列在表格中第一、三区域的数据，尽管根据我们的假设，在算术上可能，但与列在第二区域的数据存在技术上的矛盾。这个表格说是要反映不同要素组合的技术上可能的最大产量，实际上并没有做到。因为正如上面所见，当 B∶A 为 8∶1 时，有一种要素使用方式可以使每单位 A 的产量为 36，每单位 B 的产量为 4½，而表格中显示的单位产量分别只是 32 和 4。换言之，如果假定生产函数为一次齐次，要素 A 和 B 完全可分（这一点留待后面讨论），那么，仅从技术层面看，这个表格是错误的。当 B/A = 1/16 时，第三列的数据应为 2¼，第四列的数据应为 36；当 B/A = 1/8 时，第三列的数据应为 4½，第四列的数据应为 36；当 B/A = 8 时，第三列的数据应为 36，第四列的数据应为 4½；当 B/A = 16 时，第三列的数据应为 36，第四列的数据应为 2¼。

这才是经济学意义上的可变比例定理——只要有可能，生产中的要素组合一定会遵循如下原则：当一种要素的使用量相对于其他要素增加时，这种要素的平均收益会下降（或最多保持不变）。这个定理并不是"不可能有其他情况"意义上的自然现象,也不是"经过反复科学试验证实"意义上的自然现象;它是理性行为的准则。

看似有些不可思议的是:"递增的收益",听起来多么美的事情,却是应该回避的。但要注意,在上述图表中,某个区域内一种要素平均收益递增,总是伴随着另一种要素的边际收益为负——思虑及此,就没有什么可奇怪的了。这种情况不是偶然的,而是生产函数为一次齐次情况下的必然结果。这一点很容易论证。假设 1 单位 A 加上 B_1 单位 B,生产 X_1 单位的产品,并假设是处于 A 的平均收益递增的区域。那么,2 单位 A 加上 B_1 单位 B,可以生产超过 $2X_1$ 单位的产品,比如说是 $2X_1+\Delta X$ 单位,其中 $\Delta X>0$。但由于是一次齐次,2 单位 A 加上 $2B_1$ 单位 B,只能生产 $2X_1$ 单位的产品。因此,新增的 B 减少了产出,B 一定有负的边际产出。通常所谓"既已届于收益递减,再进一步徒劳无益",是很大的误解。不能逾越的是(边际)收益变为零的点,而精明的人都会寻求进入(平均)收益递减之境。[①]

在表 6.1 和图 6.1 中,像第一和第三区域的数据是否也有可能实现呢?在两种情况下是有可能的。第一种情况意义不大,只是咬文嚼字式的例外,即,假设"使用"一种要素,需要支付(或曰包含)

[①] 注意,一个要素平均收益递增与另一要素边际收益为负的等价关系,只是对一次齐次函数才成立。假设某个生产函数是齐次,但不是一次齐次,并只含有两个变量。如果函数的次数小于 1,那么,一个要素的收益递增,意味着另一个要素的边际收益为负;但反之不能成立:一个要素的边际收益为负,可以与另一个要素的平均收益递减相容。如果函数的次数大于 1,一个要素的边际收益为负,意味着另一个要素的平均收益递增,但反之又不能成立:一个要素的平均收益递增,可以与另一个要素的边际收益为正相容。

的是负成本。例如雇用劳动力,而劳动力可在岗位上学习手艺,并愿意为此付学费。这时,其他要素平均收益递增而该要素边际收益为负的境地,可能是值得进入的。但在这种情况下,厂商实际生产两种产品,一种是列在表中的产品,另一种是教育,因此,表格并没有完整概括生产状况。还有一个同样的例子,是"丢弃"一种要素需要费用的情况,但这也意味着,其中一定包含了其他生产要素或其他产品。

另一种情况更为重要,它来自上面关于可变比例定理的表述中"只要有可能"的限制条件。厂商可能由于下列两种原因之一,而不能进入平均收益递减的境地:一是相关生产要素的数量不受厂商控制,二是相关生产要素存在不可分割性。我们暂且不讨论第一种原因,只考虑第二种。假设要素 A 为土地及以固定比例与之搭配的劳动力等;要素 B 为拖拉机在耕作上的服务量;产出比如说是小麦。进一步假设,拖拉机有两种型号,其中 II 型的功率是 I 型的 2 倍。对于要素 A 的某个给定数量,使用一台 II 型拖拉机的总产量,很可能要小于使用一台 I 型拖拉机的总产量。因为,较小型号拖拉机与给定的其他要素搭配,已经足以在单位时间内耕作指定的田亩,大型拖拉机的唯一额外效应是践踏更多小麦。这就意味着,使用大型拖拉机时,我们处于拖拉机边际收益为负、土地平均收益递增的境地。但是,如果现在只有大型拖拉机可供使用,那么,将就地用可能比完全不用拖拉机要好一些。这时,尽管丢掉"半台"拖拉机很可取,但实际上办不到。请注意,这种效应并不是因为拥有而非租用拖拉机引起的。如果拖拉机可以按小时租用,但可租到的只有 II 型拖拉机,也会出现同样的效应。因为使用 II 型拖拉机工作一半时

第六章 可变比例定理和厂商成本曲线

间,可能并不等于使用Ⅰ型拖拉机工作整段时间。即使可资利用的"拖拉机工作日"的服务量是完全连续的,不可分割性还是可能出现。还要注意,一种要素的不可分割性,意味着另一种要素而非该要素的平均收益递增。

对于这个具体的例子来说,通过在市场上卖出大型拖拉机,买进小型拖拉机,也许可以排除不可分割性。但很显然,这也有可能办不到,因为,拖拉机制造总是存在某种最小的型号或规格。根本上看,大部分不可分割性可以追溯到人力资源的不可分割性上(不存在"半个人"去驾驶或制造"半台拖拉机"的情况)。

第二节 由可变比例定理导出成本曲线

现在我们转向研究如何根据如表6.1的生产函数确定成本曲线。首先,假设没有不可分割性,厂商可以完全自由地租用任意数量的每一种生产要素。这时,每一种可以利用的生产要素的数量是不确定的。厂商受到的是生产要素的价格约束(或者在买方垄断情况下,受要素供给曲线的约束)。假设要素市场是竞争市场,要素B的价格为零。这等于说B的可用数量无限。显然,B与A的最佳组合是每单位A的B要素数量在2和4之间。这意味着每单位A的产出为36,或每单位产出的成本为$\frac{P_a}{36}$,其中P_a为A的单价。这样的假设下,单位产出的成本与产量无关,成本曲线是如图6.2所示的水平线。

同样,如果P_a为零而P_b(B的单位价格)不为零,每单位B

单位产出的成本

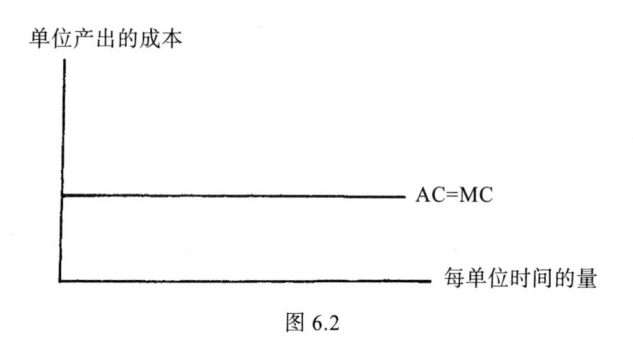

```
                            AC=MC
                                    每单位时间的量
```

图 6.2

会与 2 至 4 单位的 A 要素组合，单位产出成本是 $\frac{P_b}{36}$。现在假设两种要素价格都不为零。由前面的分析知道，这时的最优组合由 $\frac{MPP_a}{P_a} = \frac{MPP_b}{P_b}$ 给出。例如，假设 P_a = 1.40 美元，P_b = 1.10 美元；那么，最优组合会在每单位 A 对 1 至 2 单位 B 的区间之内。当 1 单位 A 对 1 单位 B 时，单位产出的成本为 10 美分；当 1 单位 A 对 2 单位 B 时，单位产出成本也为 10 美分；但是如果 1 单位 A 对 4 单位 B，单位产出成本就变成了 $16\frac{1}{9}$ 美分。这时，边际与平均成本曲线还是如图 6.2 所示，是相重叠的。

至此的分析表明，如果所有要素都是完全可分割的，又是厂商支付一个固定的价格就能无限量获取的，那么，对于任何产出水平，A/B 的最优组合都会一样。这时，边际和平均成本曲线都会重合，曲线高度取决于要素价格。

但实情并非仅此一种，甚至这种情况也不是最重要的。首先，成本曲线为水平线，意味着或者市场是垄断的，或者厂商的规模完全无

第六章 可变比例定理和厂商成本曲线

从确定——如果某一家厂商的成本线高度低于其他厂商,会是前一种情况;如果几家或很多厂商的成本线相同高度,则是后一种情况。其次,水平成本曲线对于分析不同"期限"没有意义,因为,不同期限正好是根据改变各种要素使用量的可能性不同来区分的。这说明,对于一次齐次生产函数,上升的成本曲线,以及由此带来的厂商规模限制,一定要从厂商改变要素使用量的可能性的约束上去探求。

假设供应给某厂商的要素 A 固定为 1 个单位——或者是短期问题中临时固定,或者是永久固定。厂商只能通过改变另一种要素 B 的使用量来调整产量。这时,我们可以直接根据表 6.1,并结合 B 的价格和 A 的可分割性,推导出厂商的成本状况。表 6.2 和图 6.3 给出了当 B 的单位价格为 1.10 美元时的结果。

表 6.2

(1)	(2)	(3)	(4)	(5)	(6)	(7)	(8)
B 的	产出		总可变成本	边际成本		平均可变成本	
使用量	A 不可分	A 可分	(1)×1.10 美元	A 不可分	A 可分	A 不可分	A 可分
0	0	0	0	$0.06 7/8	$0.03 1/18	Ind.	0.03 1/18
1/16	1	2 1/4	$0.06 7/8	0.02 7/24	0.03 1/18	0.06 7/8	0.03 1/18
1/8	4	4 1/2	0.13 6/8	0.02 3/4	0.03 1/18	0.03 7/16	0.03 1/18
1/4	9		0.27 4/8	0.03 1/18		0.03 1/18	
1/2	18		0.55	0.07 6/7		0.03 1/18	
1	25		1.10	0.10		0.04 2/5	
2	36		2.20	∞		0.06 1/9	
4	36		4.40	∞		0.12 2/9	
8	36		8.80	∞		0.24 4/9	
16	36		17.60	∞		0.48 8/9	
∞	36		∞			∞	

A 是否不可分割，只是在 B 的使用量很小时才有区别，因为，B 显然被认为是可分的；当假设已使用大量的 B 时，当然可以有一部分 B 弃而不用。对于很少的 B，当 A 不可分时，上面表 6.1 的数据是适用的；当 A 为可分时，修订的数据考虑了不用一部分 A 的可能性，即不让 B 与 A 的使用量之比下降到 1/4 以下。

边际成本可以用两种方法来计算：一种是表 6.2 中第四列的增量除以第二列或第三列的相应增量，另一种是 B 的单价除以表 6.1 第七列显示的 B 的边际产量——这说的是 A 不可分割的情况；若

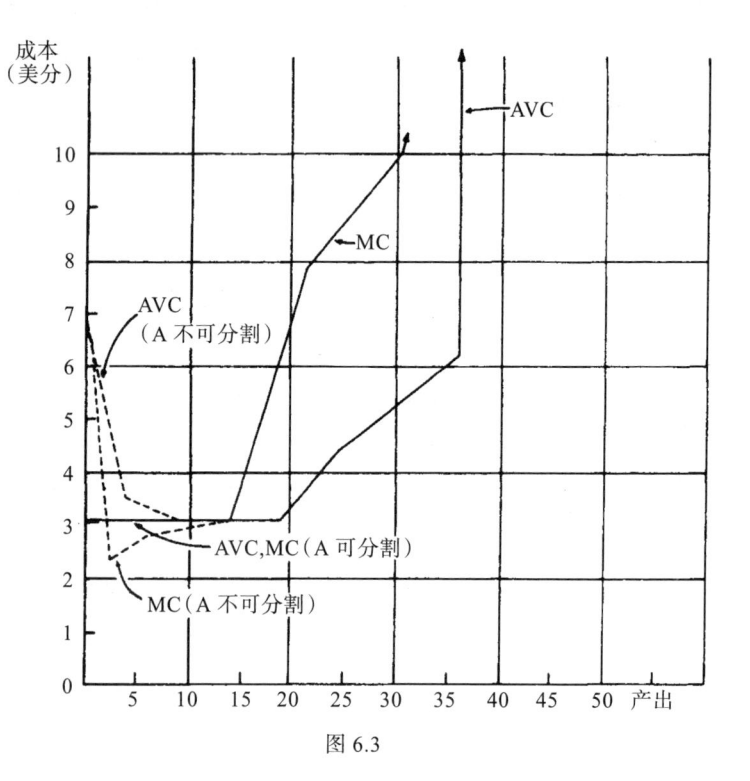

图 6.3

A可分割,则应作适当修订。

在上例中,当两种要素的使用量皆可变,价格分别为 P_a = 1.40 美元,P_b = 1.10 美元时,最优的要素组合是 B/A 在 1 和 2 之间。在本例中,因为假设 B 要素价格与上例相同,同样要素组合的边际成本当然也与上例一样,为 10 美分。

图 6.3 中虚线描述的是 A 不可分割时的情况。不可分割导致了平均可变成本与边际成本的下降,相应的是要素 B 的平均收益递增,和要素 A 的边际产出为负。A 的边际成本下降,即使在某个区间内下降到比 A 可分割时的边际成本更低,也乏善可陈。这是因为,在这个区间内,A 不可分割时的平均可变成本,仍然比 A 可分割时要高。

如果 A 可分割,最初的边际成本和平均可变成本曲线都会是水平的(因此也重合)。这是因为,在这个区间内,要素 A 的数量有限性不会有实际影响;这实际上就是我们前面说的 A 为免费商品时的情况,因为在这个区间,无需使用全部的要素 A。换言之,要素 A 的供给曲线如图 6.4 所示,与较小产量相关的,是 A 的供给曲线的水平部分。

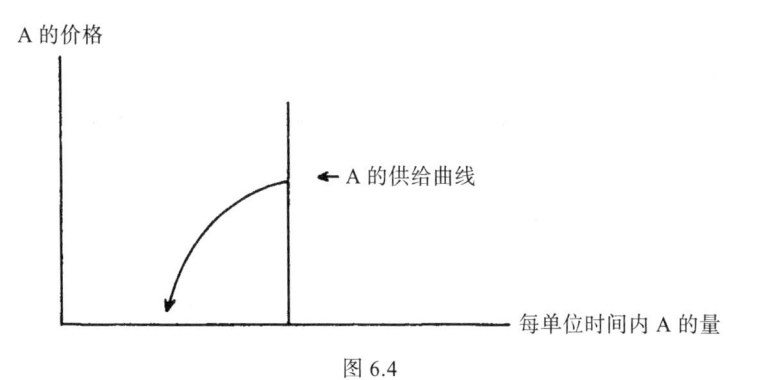

图 6.4

第三节　一次齐次生产函数：规模问题

142

上面讨论过的例子表明，一次齐次生产函数几乎适用于任何性质的成本状况——包括存在不可分割性时平均可变成本下降的情况，也包括一种要素使用量限定时平均可变成本上升的情况。确实，现在看来，可认为一次齐次生产函数并不是某种特殊的经验函数，而是描述所有函数的一种方式，是一种参照系，或不可能错的套套逻辑。

这是看待一次齐次生产函数的一个特别有用的视角。根据这个视角，可以认为：一次齐次函数的概念，一方面等于是控制下的实验的意思；另一方面等于是说，选择什么单位来测量数量，对结果不会有影响（即相对性原则）。所谓科学，基本原则就是：在相同条件下重复一个实验，会得到相同的结果。但是，所有要素的使用量都翻一番，难道不等于重复一个实验吗？如果最初的一个要素组合生产 X 单位的产出，一个同样组合在相同条件下不是也一定会生产 X 单位的产出吗？两个组合加在一起难道不是生产 2X 单位的产出吗？或者，如果两倍组合在一起生产 2X 单位的产出，而单一个组合生产少于 X 单位的产出，这岂不是意味着，条件已经发生变化，实验已不是真正相同的实验了吗？如果一个组合的实验，除了规模上一律减半之外，所有细节上都是两倍组合试验的精确翻版，难道不是一定会生产 X 单位的产出吗？或者，不从规模角度看问题，换一个角度，如果我们通过望远镜或显微镜观察对象，能够认为情况已发生变化吗？如果我们把单位从每周的流量，改为每月的流量，情况又如何呢？

如果我们认定一次齐次是不言而喻的，那么显然，上述这些都不成问题。但是，确实有一些看似明显与之相矛盾的例子，例如苍蝇的比喻：如果把苍蝇精确地复制成一个更大的个体，它将无法支撑起自身的体重。当然，答案是，一定有某些"相关"的生产要素不是按照苍蝇的尺寸同倍增长——这里可能是气压和重力。有人说，将巴黎的地铁系统扩大一倍，并不能得到倍增的收益（或需要倍增的成本）。对此，帕累托（Pareto）的回答与上例异曲同工：为了确保一次齐次，必须有两个巴黎。

这种套套逻辑的意义，在于它对可能影响成本状况的因素作了分类。可能影响成本的因素可分为三类：(1)通过直接改变生产要素之间的比例关系而起作用的因素。其中主要是生产要素价格（即供给状况）。(2)通过限制某些生产要素的可得数量而起作用的因素。这类因素解释了成本曲线的上升，包括不受单个厂商控制的影响成本的环境（如城市规模、煤矿储量、重力常数等），合约安排的限制，以及大量隐含在"企业家才能"概念中的不具名的条件。(3)导致不可分割性的因素。这类因素解释了成本曲线下降的可能性。在很多情况下，这类因素最终可以追溯到人力资本的不可分割性上——劳动分工与职能专业化的好处就都归属于这一类。

把潜在的生产函数想象成为一次齐次的，并不意味着，在厂商看来，生产函数就是一次齐次的。在各种生产要素或其他影响成本的条件中，厂商只关心它自己能够控制的部分。因此，厂商的生产函数可以看作是潜在生产函数的横截面，即是说，在潜在生产函数的基础上，对于厂商不能控制的变量，赋予相应的固定值，进而得到厂商的生产函数。确实，正是这一步，使我们能够想象单个厂商会有上升的长期成本曲线，并因此合理解释了厂商规模有其定数的事实。这也就是上文（本章第一节）说到，厂商的"规模"本身可以由可变比例定理来解释的含义。

第四节　统计成本曲线研究与产出的灵活性

在过去 20 来年间，出现了大量关于单个厂商成本曲线的实证研究。这些研究的重点是短期成本曲线的估计。其中大部分研究认为，在一般产出范围内，短期边际成本曲线是水平的。而我上面的分析更倾向于认为，由于某些生产要素存在数量限制，即使长期，边际成本也是上升的，更勿论短期了。阿佩尔（Hans Apel）在对这些研究及其中一些涵义的精彩评论中指出，结论的统计证据非常有限，并且不是很有代表性。[①] 尤其是，大量证据出自产量相对较低的时期，那时可能有"未用的产能"。即根据上述分析，可能存在这样的阶段：尽管一些要素数量有限，但当产量增加时，还是可以保持要素间的比例关系不变——因为，这些要素有一部分原来是不用的。

但我们根本不清楚，统计结果是否可用这种方式来完全解释。无论如何，正是基于这些统计结果的考虑，施蒂格勒指出了一种一直被忽略的因素——获得灵活性的意愿。可能正是这种因素，使得

[①] "边际成本的争论及其涵义"，载《美国经济评论》(1948 年 12 月)，第 870—885 页。

第六章　可变比例定理和厂商成本曲线

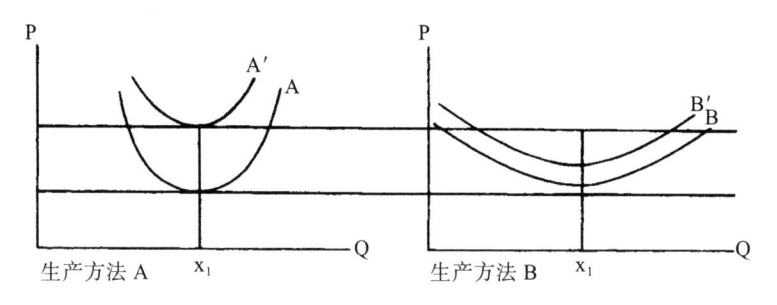

图 6.5

水平的短期边际成本曲线，成为最大化行为的意向目标。[①] 在建造一个工厂时，人们并不希望年复一年只刚好产出某一个产量。众所周知，产品需求与意愿产量存在波动性。换言之，问题不是使稳定而规整地产出某个给定产量的成本最小化，而是使某种概率分布的产量的成本最小化——产量的概率分布，即产出每个产量的几率。横轴上量度的变量并不是"具体"产量，而是"平均"产量，即充分考虑了产量的变化。例如，请看图 6.5 的平均可变成本曲线。生产方法 A 是一种刚性方法，在某个特定产量上效率很高，但在其他产量上却乏善可陈。曲线 A 表明，如果产出始终正好是横轴标识的产量，平均成本会是什么水平；曲线 A′ 表明，如果横轴表示跨时的平均产量，实际产量则以一定方式围绕这个平均产量随时波动，平均成本又会是什么水平。[②] 曲线 B 和 B′ 表示"柔性"生产方法的相应意义。如图所示，很明显，对于确定不变的产量而言，A 是更好的生产方法；而对于围绕 x_1 随时变化的产量分布而言，B 是更好的生

[①] "短期的生产与分配"，载《政治经济学杂志》(1939 年 6 月)，第 312—322 页。

[②] 注意，A′ 并不要求如图所示处处高于 A。通常，在围绕 x_1 点的相关范围内，对应于 A 为凹型、直线型或凸型，A′ 的任一点会分别高于、等于或低于 A。

产方法。

第五节　统计成本曲线的评论[*]

我十分赞同史密斯（Caleb Smith）的结论：对不同规模厂商的成本数据，人们尚未提出正确的问题。如果要吹毛求疵，我倒觉得他还未说到位。我认为，不同厂商或工厂的横截面、同时性的会计数据，对于所谓"规模经济"所能提供的信息，即使有，也非常有限。史密斯的意思，困难在于：由于不存在整齐划一的产品，因此观察到的现象并不直接符合理论建构的需要，如此等等。而我认为，根本性的困难更加简单，也更加基础：仅就理论本身而言，也没有理由认为，根据横截面数据可以得出相关的成本曲线。史密斯在讨论中隐含了这个理念的一些要点，但他在根据这些要点推导出逻辑结论的工作上功亏一篑。

没有专用生产要素的情况

先考虑最简单的假设模型：所有生产要素都是非专用的，因此可能有很多潜在的、彼此相似的厂商。这其实就是大部分教科书在讨论成本曲线时，或明或暗所指的模型。就眼下的目的而言，我们可以暂且搁置这种情况的真正难点——厂商规模为何有边界的问题——只是简单假设：存在某种资源（如企业家才能），每家厂商只

---

[*] 这一节经出版商允许，重印自我对史密斯"规模经济实证证据的综述"一文的评论，载《商业集中与定价策略》一书（普林斯顿大学出版社，国家经济研究局，1955年），第230—238页，1955年的版权属于普林斯顿大学出版社。

能拥有一单位的该资源,这些单位都是同一的,并且现实存在的单位量(但不是使用中的单位量)为无限大,因此,所有这种资源得到的收益均为零。

这种情况下,某个厂商生产每一个可能的假定产量的(最小)平均成本是确定的,它独立于产品的价格,而是取决于资源在不同用途中能够得到的价格。平均成本曲线对于所有厂商都是一样的,而且与行业的产量无关,因此,行业长期供给曲线为水平线,并据此确定了产品的价格。[①] 如果没有失误,条件也始终不变,所有厂商将会有相同的规模、相同的产量和相同的平均成本。厂商的家数取决于需求状况。在这个模型中,"最优"规模厂商的含义是明确的。

假设某个行业适用这种模型。那么,不同厂商之间的规模差异——不管是如何测得的差异——都应被解释为是失误或环境变化的结果。失误或环境变化改变了厂商的适当规模。如果"失误"是大致在"最优"规模左右对称分布,则行业中平均或众数规模的厂商可被认为是"最优"的;但是,失误并不一定对称分布,而这种方法不分青红皂白,都据此臆断横截面研究所寻求的答案。

同时性的会计数据还能有什么用处呢?我们是否可以用这些数据,计算最初假设存在的平均成本曲线,甚或确定厂商的最小平均成本的规模呢?我想不能。考虑这样一种情况:某个厂商因为"失误"而规模过大。这意味着:如果复制这样一家厂商,让它也生

---

① 这里忽略了某些次要的限制条件,其中两点可能值得专门提及:第一,某种程度上,行业产量的不相关性取决于新增需求来源的具体假设;第二,严格来说,供应曲线可能因厂商数量有限而有微小波动。关于第一点,见布鲁伯格(Richard Brumberg)的"供给曲线的'其他条件不变'",载《经济学杂志》(1953年6月),第462—463页。

产该厂商现有的产量,那么,它的单位平均成本要高于产品价格。但这并不意味着,现在这家厂商的应计成本高于产品价格——即使环境在厂商创立之后均无变化,因此初始成本等同于重置成本,情况也是如此。如果该厂商在创立后转手,厂商的"商誉"价格将会对这种失误作出充分调校;初始投资者将承担资本损失,新的所有者会有一个等于产品价格的成本水平。如果厂商没有转手,应计成本也可能受到资本减值等因素的类似影响。无论如何,如果统计专家根据资本市场上的估价,将市场收益折成厂商的资产净值,并由此计算资产成本的话,成本显然会受到影响。简言之,人们记录下来的同时点的成本差异,对于不同产出规模的预期成本各是多少,其实未置一喙;只能说明资本市场在资产价值重估上的效率如何而已。

在上例中,适用的是历史成本数据。但是,它们究竟适用与否,关键取决于厂商创立以来影响成本的技术与货币状况的变化是否可以忽略。一种更诱人的可能是估计重置成本。这实际上意味着,我们放弃了同时性的会计数据,用事先预算的成本数据取而代之。而一旦用上事先预算的数据,就没有什么理由还是抓住作为历史投资结果而存在的具体工厂或厂商不放了。

在假定条件下,过大的厂商会让自己往较小的规模调整,过小的厂商也会往较大的规模调整,使所有厂商都收敛于单一的最优规模。这样,厂商规模分布的时序变化,就可能给出厂商"最优"规模的某些提示。

有专用生产要素的情况

存在专用生产要素，为厂商规模何以不同提供了另一个理由。这种情况下，即使产出是同质的，即使仅就理论而言，也不再有单一的"最优"或"均衡"规模。比如说，对应两座不同的铜矿，开采商的合理规模就会不同，且两者同时存在，因为两座铜矿不可能恰好一模一样——这就是"专用"要素的经济学涵义。或再举一例：某甲的特长是高效地组织大规模生产，某乙的特长是与客户保持良好个人关系；这样，为某甲的特长提供用武之地的最佳厂商规模，就可能比某乙的大。由此可见，任何行业（无论"行业"如何界定），如果所用的资源有专用性，就会有不同规模的厂商存在。我们也许可以说"厂商规模的最优分布"，但不能说厂商的某一个规模"最优"。而现实中的规模分布，既反映"失误"，也反映有意为之的差别——那是为了利用好属于不同厂商所有的特定专用资源。

专用资源的存在，不仅使界定最优规模的问题复杂化；更重要的是，这时，若不考虑需求状况，我们就无从确定某个厂商的各种假定产量的平均成本。现在，专用要素的报酬至少部分是"租金"，因此，不是报酬决定价格，而是价格决定报酬。仍以上一段所举的铜矿为例：当矿山不归开采商自己所有时，若不知道必须付给矿主的开采费或租金是多少，就无从推断成本曲线；或当矿山归开采商自己所有时，若不知道应被视为开采费或租金的收益是多少，也同样不能推断。而这开采费显然取决于铜在市场上销售的价格，并按照使平均成本等于价格的方式来确定。

也许可以换一种方式来阐述这一点。在教科书上，竞争性厂商的长期均衡条件被表述为"价格等于边际成本等于平均成本"。但是，有了专用资源，"价格等于边际成本"和"价格等于平均成本"就有完全不同的涵义。前者是厂商自己的目标，厂商寻求边际成本等于价格，因为这样会使收益最大化。后者从任何意义上讲，都不是厂商的目标；甚至，至少在平均成本的某种可能含意上，毋宁说，避免出现这种情况才是目标。价格等于平均成本是均衡的结果，而不是均衡的决定因素；它是由于资本市场或其他决定专用资源租金的市场的作用，而强加于厂商的。

考虑这样一种情况：一群竞争性厂商都就现实条件作了适当的调整，以致不再有改变产量的倾向，也没有新厂商进入或老厂商退出的倾向——简言之，达到了长期均衡的状态。对每家厂商分别而言，（长期和短期的）边际成本等于产品价格——否则，厂商会寻求改变产量。假设有一个或多个厂商，对所雇用的生产要素的总支付小于总收入——换言之，这种含意的平均成本低于价格。这时，如果仅靠雇用要素的相同组合就能复制这些厂商，一定会有人这样做。而没有新厂商进入的倾向，说明它们是不能复制的，也就意味着厂商拥有某些专用要素。对任一厂商而言，总收入与对雇用要素的总支出之间的差额，就是这些专用要素的租金；这些租金的资本化价值，就是在完善的资本市场上，应该付给厂商的金额。如果厂商按照这个金额出售，在簿记中，那些租金会被记为"利息"或"红利"。如果不出售，相应的金额应归为厂商的"商誉"或资本价值的回报。因此，如果我们不拘泥于老套的成本含意的话，价格等于平均成本，反映的是资本市场的竞争，而不是产品或要素市场的竞争。

为简化起见，以上讨论都是关于竞争性行业的。显然，只需措辞上稍作修改，同样的分析也适用于垄断厂商。垄断厂商寻求边际成本等于边际收入。资本市场为厂商估值，从而使平均成本趋同于价格。其实，有租可收的专用要素，可能是赋予厂商垄断权力的任何东西，比如说专利，或者业主的个人禀赋，等等。

这个分析表明，横截面的成本会计数据，并没有给出关于"规模经济"的任何有意义的信息。如果厂商因为使用不同的专用资源而规模不同，那么，只要正确计算成本，即把租金包含在内，各厂商的平均成本都会趋于相等。实际计算得到的成本是否相等，只能告诉我们一些关于资本市场状况或会计专业方面的信息。如果厂商规模不同有一部分是因为失误，前面关于简单模型的讨论同样有效；历史成本数据可能是适用的，而当前的应计成本数据是否适用值得怀疑。而且，我们如何知道，规模不同是否因失误而致呢？

成本的定义

与大部分这类讨论一样，上面的讨论也有一个缺点，即没有准确界定总成本与总收入的关系。展望未来时，我们可以设想，各产量水平上的总成本，等于所需资源在各种用途中能够得到的最高收入之和。不过，据此估计的总成本，不一定等同于预期的总收入。因此，在事先，这样界定的总成本与总收入未必相等；而在事后，人们无从析分出不应被视为成本的支付；也无从辨认，是不是有部分收入落入了并非要素所有者的他人的囊中。

总之，在我看来，最好的方法是界定总成本等同于总收入，使它们成为复式分录账户两边各自的合计数。然后，我们可以区分不同种类的成本。纯理论上的主要分类：一是取决于厂商做什么而不取决于行为结果如何的成本(合约成本),二是余下的成本或收入部分(非合约成本)。前者对应的生产要素是完全可以出租给其他厂商的,称为"雇用"资源。后者代表对某种要素的支付——这种要素使相同的资源组合被不同的厂商使用时,会有不同的效果。形式上,我们可以称之为**企业家才能**。不过,这个概念只是给我们未知的事物定名,而没有解决未知的问题。

显然,实际的非合约成本不能事先知晓,因为它们受到各种各样的意外事故、行差踏错等因素的影响。因此,进一步区分预期的与实际的非合约成本非常重要。预期非合约成本是企业家才能的"租金"或"准租金"。它是厂商可以寻求最大化的对象,而且是唯一的对象,因此被认为是厂商决策背后的激励因素。预期与实际非合约成本的差额,是"利润"或"纯利润",即由不确定性引起的意料之外的剩余。

总成本的定义,如果不要求它等于总收入,通常就只是指合约成本,或是指包含合约与非合约的预期成本,从而把全部或部分对厂商企业家才能的支付,看作是非成本的支付。但困难在于,并没有什么简单规则或会计分类适用于这种区分——这一点,我希望前面的讨论中已经澄清。

史密斯还提到了把一美元产出的成本与企业规模联系起来的可能性。但这个思路没有引起关注。原因大概是,它把我们一直讨论的问题直接提了出来,从而使人们清楚地看到,这项研究将徒劳无益。如果界定**事后**成本等于**事后**收入,每一美元产出的成本一定是一美元,而与规模无关。如果是任何其他结果,一定意味着某些成本被忽略了,或者,某些收入被看作是无本之利了。一般情况下,被忽略的是资本成本,即通常所谓的利润。于是,这项研究只是说明,资本成本如何随厂商规模而变化的问题——正如史密斯指出的,这可能只是反映了不同生产规模的要素组合的系统性差异。同样,我们也可以把每单位产出的工资成本、电力成本等,作为生产规模的函数来研究。

如果量度产出用的是实物单位而非货币单位,确实可以避开这个明显的缺陷;但这样做显然没有消除根本的困境,而且如史密斯所说,还会带来新问题。因为这时,产出的非齐次性,意味着任何由规模变化引起的平均成本变化,可能只是量度了所谓单位产出的"质"的变化。只要规模本身是由实际产出或其相关指数来量度的,就会带来一个更严重的偏差,导致规模扩大时,成本明显下降。

举一个极端的例子,就很容易看出这一点。假设某厂商生产一种已知需求周期为两年的产品,它计划第一年生产100单位,第二年生产200单位,第三年又生产100单位,如此等等。同时假设,实现这个生产计划的最佳方案,是每年为雇用的要素支付相同的费用(即没有"可变"成本)。如果像眼下讨论的观点所言,将这些费用视为总成本,那么,当产出为100单位时,每单位产出的平均成本显然是产出为200单位时的两倍。如果我们以厂商甲和厂商乙替换年份上的区别,那么,横截面研究会显示:规模扩大时,平均成本急剧下降。如果厂商根据实际产出分类,这种偏差必然会出现。产量最高的厂商,一般不太可能在极低的产出水平上生产;平均而言,它们显然更可能在很高的产出水平上生产;而产量最低的厂商正好相反。①

---

① 这就是通常所谓的"回归谬误",在经济数据解读中普遍存在。

厂商的规模分布

厂商规模分布的时序变化,很可能是比横截面的会计数据更有希望的信息来源。如果在一段时间内,厂商规模分布相对稳定,我们可能推断,这是"均衡"的分布,并由此确定厂商规模的最优分布,但不是厂商的最优规模。如果分布趋于愈益集中,我们可能推断,两端意味着失误,而集中点是"最优"规模。其他变化的推断也类似。当然,这类推论是否正确,取决于以下假设有多少合理性:假设最优规模或最优分布本身保持不变,假设新失误的滋生较之旧失误的修正要来得不重要一些。这些假设没有一项是理所当然成立的,都只能通过研究具体行业的实际情况才可确定,这就是为什么在上面的讨论中频繁使用"可能"一词的原因。[1]

恰当的问题

我很赞同史密斯的观点:大量的专家研究所积累的证据,之所以如此令人失望,一个主要原因,是大家都还没有充分注意到,我们为什么想要得到所谓规模经济的信息。愚蠢的问题理应只有愚蠢的答案。如果我们问,在什么规模下厂商的成本最小,并把最小成本界定为"实现这个成本符合厂商自身利益"的含意,那么很显然,厂商的现有规模就是答案。比起我们这些旁观者,业主有着更多关于厂商活动的详尽信息,也有着更强烈和直接的动机去找到正

---

[1] 对这一版的补充说明如下:本段提出的方法,后来曾由施蒂格勒以"幸存者原则"的术语作过阐发,并在其论文"规模经济"中作了实证运用,见《法与经济学杂志》,第一卷(1958年10月),重印于施蒂格勒的《产业组织》(1968)第71—94页。

确的答案，因此，很难想象我们的答案会比业主的更好。实际上，上面的大部分讨论只是迂回地指出了这个简单的观点。

但显然，这类研究并不是真要追问：现实中的厂商在追逐自身利益时是否犯错。这类研究的目的大不同与此。我想，它们是为了推测：决定厂商利益的环境的各种变化，对厂商的规模分布有何影响。这个特定的问题很可能提出了区分不同成本的相关标准，并使得横截面的会计数据能够提供有用的信息。例如，史密斯讨论的一些研究，可能认为：随着工厂规模扩大，组装与分配的成本上升，而制造成本下降。由此便可确切地推测，运输成本下降对厂商规模分布的影响。又如，某些厂商使用的生产要素组合可能与其他厂商不同，这或许是因为：由于地理位置或其他原因，要素价格存在明显的差别——而这些要素在某种意义上说又是同一要素。因此，不同厂商使用生产要素的不同组合，可能是推测要素价格变化效应的重要信息。这是一些生产函数研究所隐含的基本原理。

很多情况下，所讨论的环境变化并不是很明确。例如，废止《谢尔曼反垄断法》对厂商的规模分布会有什么影响？取消专利权，或者修改专利法呢？或者修改税法呢？正如史密斯所说，一定有很多可用的证据来回答这些问题。他也承认，不幸的是，其论文结尾部分所归纳的一般性结论并没有多大贡献；这些结论主要只是确认：在厂商的现有规模与最优化规模之间没有明显的差异，或者，资本市场在消除失误上是有效的。

本章附录

课堂上，当讲到这里时，我通常会讨论一下单一厂商经济学的一些特殊问题，将其作为跳板，联系上提前布置给同学作为课后测试的习题（如附录 B 的第 I 部分给出的问题）。如果要作详尽的讨论，需要包括产业组织课程的内容；因而，我只是有代表性地详述一二个问题；基于同样的原因，这里我也不作详细讨论。通常，这些问题的引言部分会给出相关理论的简要提示——这些理论正是学生要在所列的具体例子中发挥与运用的。一般讨论的主题包括多元经营、捆绑销售、内部定价、价格歧视以及企业联盟等。很多主题的进一步发展可以从有关文献，特别是施蒂格勒的论文中找到。正是施蒂格勒和迪雷克托，最先提出了其中的很多问题。

对其中一个或多个主题特别感兴趣的读者，尤可参阅施蒂格勒的文集《产业组织》及书中所列的参考文献。

但是，建议读者在参考现成的说明之前，最好先自己尝试解答这些问题。

第七章 派生需求

通常所说的最终产品定价理论和生产要素定价理论之间的区别，是早期经济学关于"价值"与"分配"的两分法的某种沿袭。价值理论关注的是最终产品价格，分配理论关注的是生产要素价格——后者主要是引导我们去理解，总产品在社会各阶层中间的分割问题（因此命名"分配"）。一般均衡理论把两者合并为一个定价问题，以同时确定两组价格。而马歇尔强调供给和需求是"分析的引擎"，不强调所分析的具体对象，这就使得同样的分析工具，可同时适用于最终产品与生产要素的定价。两种情况下，问题都可以表述为需求和供给的范畴，关键问题是什么决定供求曲线的形状。

最终产品定价与生产要素定价之间的差异在于：最终产品的需求直接反映了它们的"效用"；而生产要素的需求间接反映"效用"——其效用来源于最终产品的需求。当要素需要量和产量之间有着刚性的、技术上的联系时，最终产品需求与要素需求之间的联系是最紧密的。因此，在进行生产要素需求的一般分析之前，先考虑马歇尔在"连带需求理论"的标题下论及的一种特殊情况，应该会有裨益。

连带需求理论起源于这样一种观点：在某种意义上，对最终产品的需求就是对所有投入品的连带需求。如果我们假定投入品之间存在固定的比例关系,即产品只能通过唯一的一种 A/B 比例关系来生产,那么,这种观点就不只是泛泛之谈了。从描述的真实性角度看,这样的情形很不典型。但从分析的角度看,对很多问题,特别是短期性问题而言,它是一种有用的抽象。有了固定比例的假定,进一步,我们就可以构建派生需求曲线。这里先假设:1 把刀柄 + 2 枚刀片 = 1 把小刀。

图 7.1 给出了对小刀的需求曲线和刀片、刀柄各自的供给曲线。请注意,为使曲线具有可比性,必须恰当标注刻度,即刀片和刀柄的单位必须是制作一把小刀所需的数量。因此,每一数目小刀的数量刻度,同时表示了相同数目的刀柄,和两倍数目的刀片。同样,价格刻度表示的是每把小刀的价格、每把刀柄的价格和每两枚刀片的价格。根据这样的刻度,以及固定比例的假设,显然,任何数量小刀所对应的一把刀的供给价格,等于相同数量刀柄即一把刀柄的供给价格,加上两倍数量刀片即两枚刀片的供给价格——这些供给价格都是制造一把刀所需的刀柄和刀刃的最低价格。因此,如果我们假设组装成本可以忽略,上述供给价格合计就是制造相应数量小刀的最低单价。标识为"小刀供给"的曲线,就是另外两条供给曲线的垂直加总。它与小刀需求曲线的交点,给出了小刀的均衡价格;而刀柄与刀片在相应数量上的供给价格,给出了它们各自的均衡价格。

我们该如何分别构建连带需求中一种物品的需求曲线呢?对于任何数量的小刀,每把小刀能够得到的最高价格,由小刀的需求曲线给出。显然,相应数量上的每两枚刀片的最高价格,等于小刀的最高价格,减去购买相应数量刀柄所需的最低单价——在刀柄供

第七章 派生需求

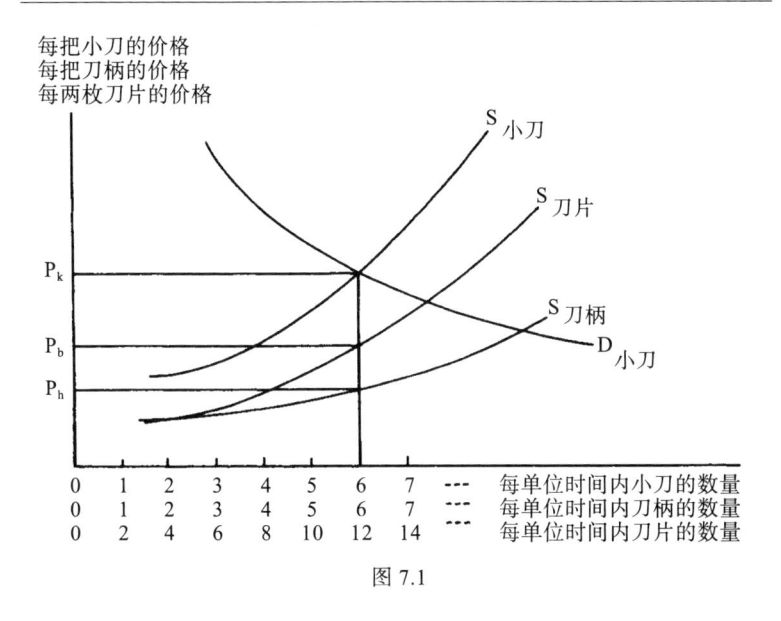

每把小刀的价格
每把刀柄的价格
每两枚刀片的价格

[图：小刀、刀片、刀柄的供给曲线与小刀需求曲线相交，标注 P_k、P_b、P_h]

0	1	2	3	4	5	6	7	---	每单位时间内小刀的数量
0	1	2	3	4	5	6	7	---	每单位时间内刀柄的数量
0	2	4	6	8	10	12	14	---	每单位时间内刀片的数量

图 7.1

给条件固定的情况下，后者由刀柄的供给曲线给出。由此可见，每两枚刀片的派生需求价格，由小刀的需求曲线和刀柄的供给曲线之间的垂直差距给出，如图 7.2 所示。

当然，我们要这条曲线，是为了探索刀片供给状况变化的影响。刀片供给曲线和这条派生需求曲线的交点，给出了在刀柄供给状况和小刀需求状况给定条件下的刀片的均衡价格。

相应地，刀柄的派生需求曲线可由图 7.3 给出。但要注意，除初始均衡点之外，这两条派生需求曲线不可能同时有效，因为，其中任一条曲线的成立，都要以假设其他元件的价格由其供给曲线决定为前提。沿刀柄派生需求曲线的移动，意味着刀片的价格由沿刀片供给曲线的移动来决定，而不是由沿刀片派生需求曲线的移动来决定。只有在均衡点上，每一种元件的需求价格才等于供给价格；

价 格 理 论

每把小刀的价格
每把刀柄的价格
每两枚刀片的价格

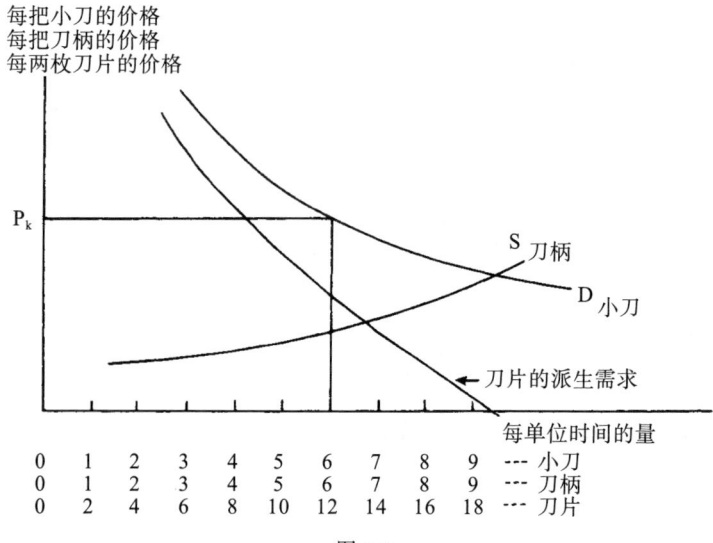

P_k

S 刀柄
D 小刀
← 刀片的派生需求

每单位时间的量

0	1	2	3	4	5	6	7	8	9	--- 小刀
0	1	2	3	4	5	6	7	8	9	--- 刀柄
0	2	4	6	8	10	12	14	16	18	--- 刀片

图 7.2

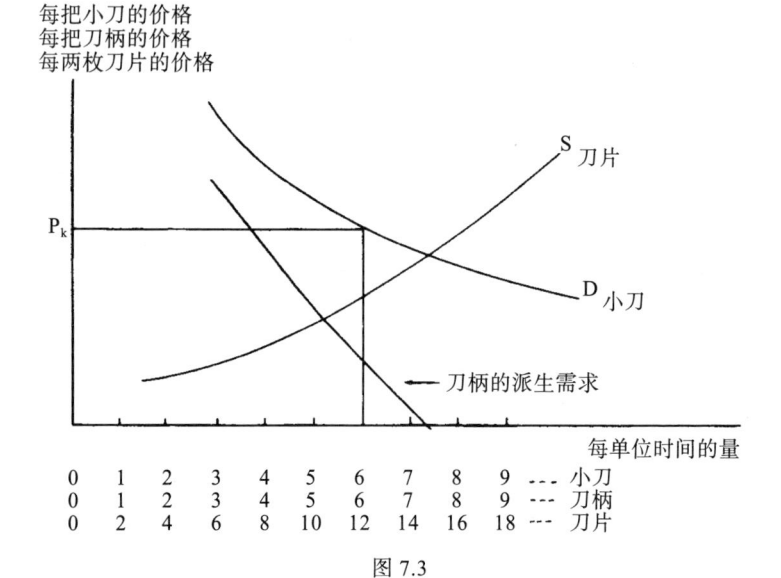

每把小刀的价格
每把刀柄的价格
每两枚刀片的价格

P_k

S 刀片
D 小刀
← 刀柄的派生需求

每单位时间的量

0	1	2	3	4	5	6	7	8	9	--- 小刀
0	1	2	3	4	5	6	7	8	9	--- 刀柄
0	2	4	6	8	10	12	14	16	18	--- 刀片

图 7.3

第七章 派生需求

也只有在该点上，两条派生需求曲线才是兼容的。

同样的分析可以运用于如图 7.4（a）和（b）所示的连带供给。某一数量上的牛皮供给单价（单位是一只公牛的牛皮量），等于相应数量上的公牛供给单价，减去相应数量上的牛肉需求单价（单位同样是一只公牛的牛肉量）。

运用这些曲线，可以方便地得到一些熟悉的命题：如一对连带需求中的一个物品的供给增加（即每个数量上的供给价格下降），会导致另一个物品的需求价格上升；一对连带供给中的一个物品的需求增加，会导致另一个物品的供给价格下降。

像在所有需求问题中一样，派生需求曲线的弹性也是非常重要的性质。什么因素决定派生需求曲线的弹性呢？

马歇尔给出了决定派生需求曲线弹性的四条原则。（《经济学原理》第五卷第六章）某种要素与其他要素按固定比例一起使用时，其派生需求在下列情况下会越没有弹性：(1) 所考察的要素越是不可或缺——这个条件由固定比例的假设以极端方式予以保证，它也暗含了更一般的情况，即比例不是严格固定的；(2) 最终产品的需求曲线越没有弹性；(3) 归属于所考察要素的成本份额越小；(4) 其他要素的供给曲线越没有弹性。

后三个条件可以由图 7.5，7.6 和 7.7 作几何上的论证。

图 7.5（条件 2）中，虚线表示的另一条小刀的需求曲线，在均衡价格上，比原来的需求曲线更缺乏弹性，显然，虚线表示的另一条刀片的派生需求曲线也是如此。

图 7.6（条件 3）中，虚线表示的另一条刀柄的供给曲线，在每个数量上，供给价格都是原有的两倍。因此，在原均衡点上，刀片

224 价 格 理 论

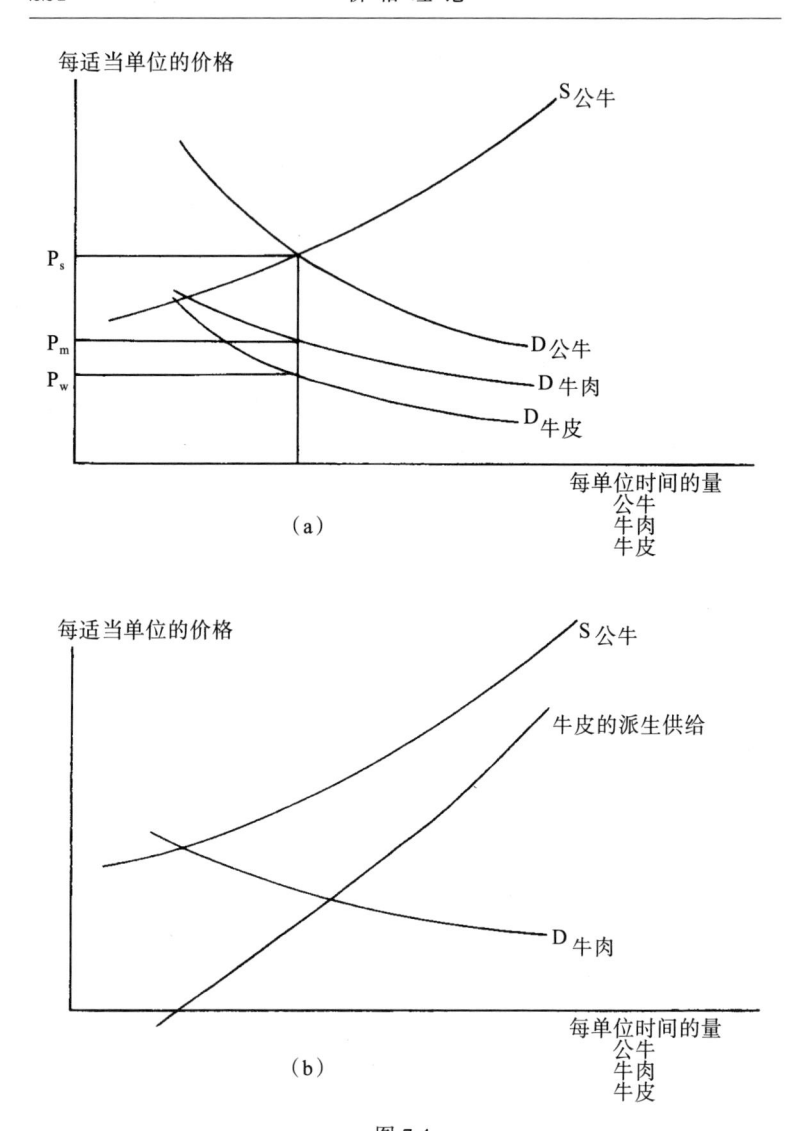

每适当单位的价格

P_s
P_m
P_w

S 公牛
D 公牛
D 牛肉
D 牛皮

每单位时间的量
公牛
牛肉
牛皮

（a）

每适当单位的价格

S 公牛
牛皮的派生供给
D 牛肉

每单位时间的量
公牛
牛肉
牛皮

（b）

图 7.4

第七章 派生需求

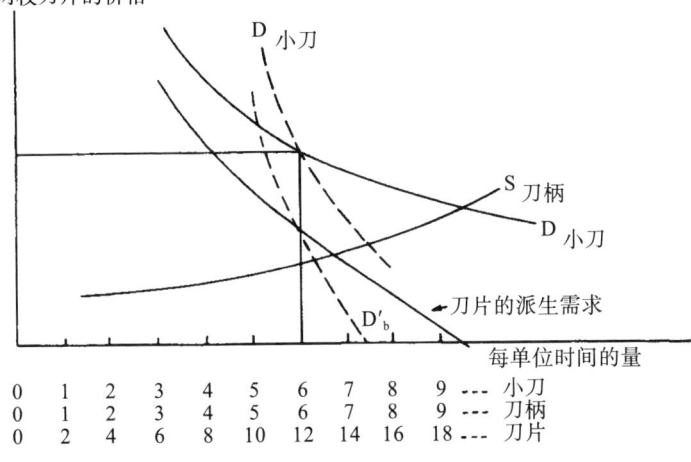

每把小刀的价格
每把刀柄的价格
每两枚刀片的价格

0	1	2	3	4	5	6	7	8	9	--- 小刀
0	1	2	3	4	5	6	7	8	9	--- 刀柄
0	2	4	6	8	10	12	14	16	18	--- 刀片

图 7.5 条件 2

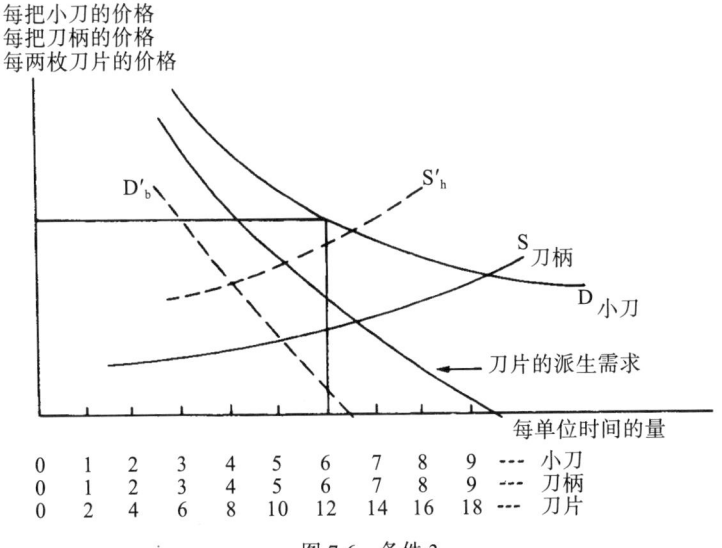

每把小刀的价格
每把刀柄的价格
每两枚刀片的价格

0	1	2	3	4	5	6	7	8	9	--- 小刀
0	1	2	3	4	5	6	7	8	9	--- 刀柄
0	2	4	6	8	10	12	14	16	18	--- 刀片

图 7.6 条件 3

每把小刀的价格
每把刀柄的价格
每两枚刀片的价格

```
             D'ᵦ    S'ₕ
                           S 刀柄
                           D 小刀
                        ← 刀片的派生需求
                                每单位时间的量
0   1   2   3   4   5   6   7   8   9  ⋯  小刀
0   1   2   3   4   5   6   7   8   9  ⋯  刀柄
0   2   4   6   8  10  12  14  16  18  ⋯  刀片
```

图 7.7　条件 4

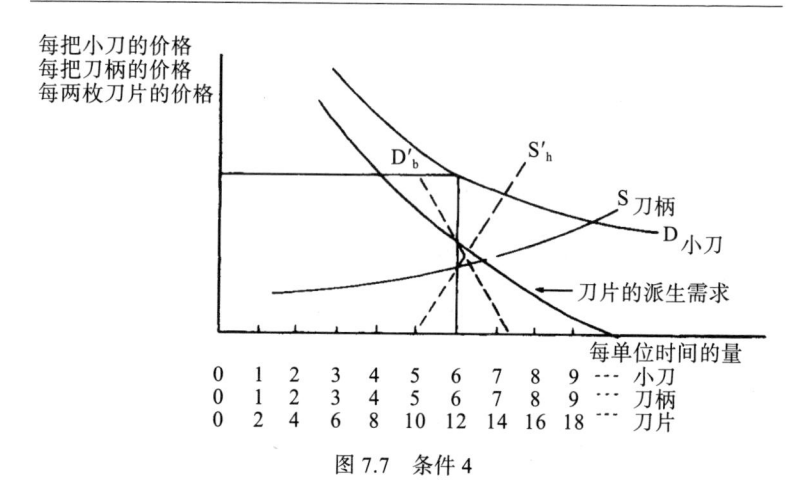

的需求价格比原来的小。假设刀片的供给曲线适当移动，使小刀的均衡数量保持不变；那么，刀片价格在总价格中的占比会变小。显然，虚线表示的另一条派生需求曲线比原来的派生需求曲线更缺乏弹性，理由有二：(a) 它更陡峭，因此 $\frac{dq}{dp}$ 的绝对值更小；(b) 刀片价格更低，因此，与 $\frac{dq}{dp}$ 相乘得到弹性的 $\frac{p}{q}$ 值更小。

图 7.7（条件 4）中，虚线表示的另一条刀柄供给曲线，比原来的曲线更缺乏弹性，相应地，虚线表示的另一条刀片的派生需求曲线也是如此。

如果对手头的问题而言，要素投入比例的变化微不足道，那么，上面的分析会非常有用。特别是当只涉及短期调整时，情况可能尤为如此。允许调整的时间越长，上述分析就越有可能存在疏漏比例变化的失误。

第七章 派生需求

用以上分析阐释工会操纵工资的效力,以及该效力所依赖的环境,我们就可以看出这种分析的有用性。这是一个很好的例子,主要因为在工会的行动中,短期考虑非常重要。①

工会的势力,像任何其他垄断一样,最终受制于垄断要素的需求曲线的弹性。只有当需求曲线在相应的竞争价格水平上很缺乏弹性时,工会的潜在势力才会足够强大。当然,即便如此,工会还必须能够操纵劳动力的供给,或者雇主支付的工资水平。

第一节 劳动力需求*

从某些方面讲,在传统经济理论中,马歇尔的连带需求理论是理解需求曲线何以缺乏弹性的最佳工具。我们回忆一下,马歇尔强调,连带需求中的一种要素,在下列情况下会越缺乏弹性:(1)所考察的要素在最终产品生产中越是必需的,(2)最终产品的需求越是缺乏弹性,(3)所考察的要素在总成本中的占比越小,(4)配套要素的供给越是缺乏弹性。② 这些情况中,对工会分析最有意义的,是要素的必要性和要素在总成本中的占比。一种要素在短期内的必要性,可能比长期内要大得多。假设一个工会被组织起来,并突然

---

① 在1975年修订本书时,石油需求问题提供了另一个绝佳的、热门的例证。注意石油的例子与下面分析的成功的同业工会之间的相似之处:石油在短期比在长期更为必不可少(即更接近于固定比例);在很多用途中,石油的成本是总成本的很小部分。因此,石油输出国组织面临的短期需求曲线非常缺乏弹性。

* 下面有关工会的讨论重印自我的文章"工会对经济政策的意义",原载于赖特(D. McC. Wright)主编的《工会的冲击》一书(哈考特·布雷斯公司,1951),第207—215页。重印得到了赖特先生的许可,1951年的版权属于哈考特·布雷斯股份有限公司。

② 马歇尔《经济学原理》第八版(纽约:麦克米伦出版社,1920),第385—386页。

提高工资。对这种劳动力的雇佣量，在最初阶段，其萎缩程度比之较长时期内可能要小得多。因为时间一长，就有可能针对工资变动作出更充分的调整。调整的方式是其他要素替代这种劳动力要素：可能是产品生产领域的直接替代；也可能是消费领域的间接替代——工会控制劳动力要素的产品，其价格上升，导致消费者寻求以其他方式满足自己的需要。明白了这个简单的道理，我们就能理解：工会何以能够拥有强大的势力，这势力又何以随时间推移而迅速缩小。

要素成本在总成本中的占比多少关系重大，由此我们可以推测：当会员的工资只占产品总成本的很小一部分时，工会可能是最强大、最有效的——高级技术工人满足这个条件，同时也满足上段说的必要性的条件。正因如此，经济学家总是倾向于认为：同业工会往往是最有效的。连带需求分析的这个含义，看来已经为经验所证实。产业工会固然不是形同虚设的，但一般来说，同业工会具有更强的经济地位，并可以使之维持更长时间。

连带需求分析的这些含义，虽则简单，但在经验解释上很有价值。这主要是因为，有些因素尽管在理论分析上是孤立的，但它们的变化往往会被其他经济变化掩盖，"不经意"的观察分辨不出。我们可以通过简要考察下面三个例子，来说明这一点——这三个例子明显不同于一般所谓"产业工会应弱于同业工会"的说法。但我们会发现，每个例子中，是其他经济变化，使得工会势力显得比实际拥有的更强大。

（1）联合矿工工会在1900年略早至1920年显得非常成功。这个时期同时出现了一般物价与工资的长期上升，因此，表面看似工会功绩的至少一部分——也可能是大部分——可归之于无论如何都会发生的工资增长带来的声誉。一些不充分的证据表明，这个时期，有烟煤行业的工资增长可能比一般工资增长稍快一些，因而，不能把全部工资增长都归因于一般的物价上涨。两者的差别可能证明了工会对工资水平有一定影响，也可能反映了还存在其他影响煤矿劳动力供求的因素，例如教育水平的变化、移民构成的变化等。即使只是想就这些因素的相对重要性有一个理智的判断，也需要更详尽地调查有关证据，而这超出了此处所能提供的程度。

1920年至1933年，一般物价水平稳中有降，煤炭日益被石油替代，联合矿工工会事实上分崩离析。它无法阻挡潜在的经济压力发挥作用。但至少，这个时期前一阶段的情形体现了工会的短期势力：面对1920年后工资与物价的普遍暴跌，工会引人注目地维持了煤炭工人工资在一段时间内不下跌。这说明了连带需求分析的含义：短期内工会的战略地位要比长期内更重要。它还说明了一系列典型的情况：如果环境有利，工会可以通过超出其基本经济能力地发挥作用，来增加会员数量，提高会员的支持率；但是，当工会赖以生存的这些有利环境消失时，历史进程并不会彻底逆转；至少在一段时间内，工会仍能保持强大，并且能够防止本来会发生的再调整，当然，如果其他有利环境再没有出现的话，它终究可能变弱以致衰亡。

这一系列事件可能还会在煤炭行业重演。从1933年开始，一般物价和工资水平再一次相当稳定地上涨，当然，第二次世界大战期间及战后的上涨速度特别快，于是联合矿工工会又重建起来。再一次地，工会在促成工资上涨方面，表现出来的真实实力似乎要弱一些，而在防止后续的工资回调上，表现得更强一些。

（2）服装工人工会——国际服装女工工会和服装工人联合会——在1920年前的十年间取得了最初的胜利，并伴随战后通货膨胀，在1920年达到顶峰。同样，工会可能在某种程度上加大了工资的涨幅，但是显然，其赖以赢得赞誉的工资增长，一大部分，甚至很可能主要部分，却是无论如何都会实现的。1920年代至1930年代初期，虽然这些工会的会员数量及其重要性下降了，但它们的处境比联合矿工工会要好。在我看来，这主要或完全是因为伴随而来的有利环境。这些工会所在产业的劳动力主要是来自东欧和南欧的移民。第一次世界大战之后对移民的严格限制，必定会减少工人供应，并因此增强工人的经济地位——这是无论组建工会与否都会发生的。工会势力的再次高涨，是在1933年后物价与工资普遍上涨的时期。可见，这些工会同样只有在普遍通胀的经济背景下才能得势。

（3）更近期的大型产业工会——特别是汽车与钢铁工会——始终在普遍通胀的环境下活动。这种环境下的工会势力，会以有些矛盾的方式表现出来。稍后我们将要证明*：第二次世界大战后，会员的工资增长倒不如没有工会时的水平，对此工会是负有责任的。我不敢确定这些工会在1945年之前对工资有多大影响。在我看来，最近（即1951年前后）广为人知的汽车工人联合会与通用汽车公司之间的协议，几乎是工会软弱的公开摊牌。①

---

* 何处证明未详。——译者

① 协议要求，基本工资每年要有稳定增长，并根据生活成本进行调整。在很大程度上，这些工资改变并不需要公司付出额外代价，因为，工会化前的汽车产业及其他产

第七章 派生需求

连带需求分析表明,工会的战略地位,在短期内似乎比长期更强——关于这一点,医疗界提供了有趣又有教益的例子。从经济本质上看,医疗界类似于同业工会。它由一群高度技术化的人员组成,组织严密,并具有特殊的战略地位:他们通过控制政府颁发的执业许可证,并进而控制医学院的入学资格,限制了医务人员的供应。确实,医疗界与一般同业工会有不同之处:医务人员的报酬(医疗费)占了全部最终费用的一个更大份额。但这种差别很容易被夸大,因为,医院、药品及其他费用绝不是无足轻重的。而且,我们通常假设,这种差别会被医务需求缺乏弹性的性质所抵消。

毫无疑问,医疗界在各种场合施展了它的权力,严格限制行业进入:相当长一段时期内,想考美国医学院的学生中,每三人就有一人不能如愿;而且显然,如果不是入学的难度广为人知,想要加入竞争的人数还会多得多。此外,对于在国外学医的潜在就业者,也严格设置了障碍。但是,限制进入只是把医疗行业的平均收入提高了大约15%—20%。[①] 脊椎按摩师、正骨师、宗教疗法师等,都变成了重要的替代者。他们的人数增加,就是正规医疗行业限制进入的最重要的后果之一,也是关于长期的替代可能性的一个典型例子。限制措施的短期效应显而易见,而某些长期内可削弱工会势力

业的经验已充分证明,这些变化是无论如何都会发生的,尽管量上可能会因工会活动而有所加大。这是工会希望从必然的趋势中获取声誉的一个明证。以如此公开和引人注目的方式,确保自己获得声誉,可能是工会极其明智的策略。而需要运用这种策略,正说明了工会的本质软弱性。协议的期限对于通用汽车公司有重要意义,因为公司据此保证了对自身事务的连续控制。我很怀疑,真正强大的工会会同意这样的条件。

① 关于限制性措施的应用及其收入效应,相关证据见弗里德曼和库兹涅茨(Simon Kuznets)的《自由职业的收入》(国家经济研究局,1945年),第8—20页,第118—137页。

的方法，其短期效应却晦而不彰。这正是导致对工会作用夸大其词的主要因素之一，后面我们还要提到这一点。

第二节　劳动供给和工资管制

传统经济分析中，另一条有趣的进路，是分析所谓限制性措施的作用问题。显然，如果工会能够压缩从业人员的供应，就可抬高工资。在工会不能直接控制工资水平的情况下，这确实是提高工资的唯一途径。例如，在医疗等领域，直接控制收费水平或医师年收入没有什么显著手段。唯一有效的，就是控制医师人数。因此，医疗行业清楚地例证了人们经常设想的一种情况：通过故意限制职业准入，提高工资或其等价物。

这一思路得出了如下观点：一般而言，可以认为工会主要是通过控制劳动力供给来操纵工资的，因此，所谓限制性措施，包括高额工会入会费、歧视性入会条款、资历规定等，都具有减少新从业者供应、提高工资的经济功效。实际上，这是关于这些限制性措施之功效的一种错误观念。这些限制性措施要有上述功效，必须是在封闭排外或者会员优先的行业，而这就意味着对雇主的约束，这种约束并非来自对加入工会的限制。为了理解这些措施的功效和相应的封闭性行业，我们假设，可以采取某种直接方式，比如法定最低工资的方式，把工资固定在高于竞争性工资的水平上。这必然意味着，可得的职位比没有这种限制时要少，也比求职的人数要少。劳动力的超额供给，必须以某种方式予以解决，即职位必须在求职者中间进行配置——这才是所谓限制性措施的主要经济功效。限制性措施就是在急切的求职者中配置有限职位的一种方式。由于在工资高于竞争性水平时,工作机会具有可观的经济价值,因此,可以理解,为什么限制性措施是重要的,并且是很多争执的起因。

问题仍然是,除了最低工资立法之外,如何以其他方式直接控制工资水平。要做到这一点,工会必须能够控制雇主——他们须得阻止现有的雇主削减工会工资,同时又要防止意欲如此作为的新雇主进入。他们必须能够以某种方式,迫使所有雇主支付工会工资,而不能有任何减少。能做到这一点的方法五花八门,这里难以逐一列举。但直接管制工资或限制职业准入的各种方法中,有一个特征,就我们讨论的议题而言,是必不可少的,即这些方法对政治援助的依赖。极端的例子可能还是医疗行业。在这个行业中,只有得到政府许可的人才能从事工作,反过来,许可证颁发权通常又掌握在执业者自己手中。牙医、律师、管道工、美容师、理发师、殡葬师,以及其他大量不胜枚举的职业,都以类似的方式实行政府许可。只要是实行许可制度的,许可证的颁发总是控制在现有从业人员手中,而现有从业人员总是试图以此限制新成员的进入。当然,很多情况下,这些手段基本无效——或者是因为严格限制许可证数量确实行不通,或者是因为存在规避许可管制的可能。但这些例子确实说明,政治力量能够用来直接控制职业准入。

由建筑规划、卫生条例、健康规定等方式形成的地方政治支持,只是稍稍偏离了上述的许可管制,而在很多方面都更有效。所有这些都是服务于同业工会的手段,以防止非工会工人通过替代(或淘汰)原材料或者技术,进入工会控制的领域,同时防止潜在雇主削减工会工资。由此可见,铁道系统有联邦管制,也有强大的工会并非偶然。此外,工会的行动,包括现实的、潜在的暴力或高压,诸如组织纠察队之类,如果没有当局的默许,都难以付诸实施。可见,直接控制工会工资,不管采取的方式是直接以明确的法律授予工会权力,还是在法律实施的氛围与姿态上间接予以支持,都与工会能够获得的政治援助程度密切相关。

这里,工会垄断与产业垄断的情况又一次显得极其相似。在这两种情况下,除非是能够得到国家政治权力的支持,否则,普遍的垄断一般总是暂时的,并极易被瓦解。

第八章　固定比例的分配理论

表面上看,连带需求分析像是解释了生产要素的价格是如何决定的——这里指严格按固定比例投入生产的两种生产要素中每一种的价格决定。不过,只有给定了每种生产要素的供给曲线,才能做到这一点。反过来,这些供给曲线又取决于其他产品的市场状况;它们反映的是某种特定用途可得的要素数量,因此,它们间接依赖于其他市场的派生需求状况。于是出现了一个问题:连带需求分析能否由上述的局部分析,扩展为更一般化的分析?如果每一种产品生产,都符合连带需求分析的条件,即都是由固定比例的要素组合生产出来(或者说都存在"不变的生产系数"),那么,什么可以解释生产要素的定价呢?

首先假设,所有行业的要素组合比例都是一样的,比如说:一份 A 加上一份 B 可生产一单位 X,或一单位 Y 等。这种情况下,任何两种"商品"在生产上是完全可替代的,就是说:等优曲线(转换曲线)——表示一定量的要素 A 和 B 所能生产商品(比如说 X 和 Y)的各种组合的曲线——会是一条直线,如图 8.1 所示,其中要素 A 和 B 都是 100 份。

显然,自由市场上 X 和 Y 商品必定等价出售,其他商品也一样,而不管各自的产量多少。它们的相对需求将决定产量,但不影响价

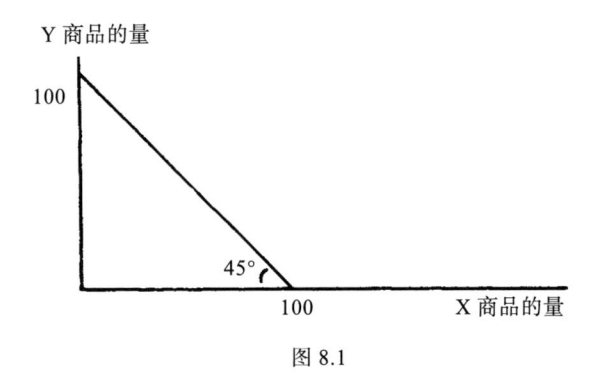

格。因此，存在不同商品的事实，对于生产要素的需求而言，是不重要的。既然不同商品的相对价格总是严格固定，那就好像是只有一种商品（比如 Z）一样了。这个简单例子说明了一个重要的原则：生产替代与消费替代是一个硬币的两面，两者互为表里。

现在，我们按照连带需求分析的思路，来画一条要素 B 的派生需求曲线。为此，需要知道商品 Z 的需求曲线和要素 A 的供给曲线。如何画社会的唯一商品 Z 的需求曲线呢？由于没有引入"货币"，我们的分析只涉及相对价格，无关乎绝对价格，因此，问题也包含了如何确定"基准价格单位"（numeraire）的问题——基准价格单位是表述价格的依据。既然我们的基本问题是总产出如何在各种生产要素之间分配，同时，各种最终产品的相对价格又是固定的（这正说明把各种最终产品视为单一产品的做法是恰当的），那么，就不存在如何量度产出的问题了。因此，用最终产品表示生产要素的价格，即把 Z 当作基准价格单位是适宜的。但这样一来，不管 Z 有多少，它的价格以自身作为基准价格单位来表示，显然总是一单位。而根据定义，这意味着 Z 的需求曲线是单位价格上的水平线，

第八章 固定比例的分配理论

如图 8.2 所示。

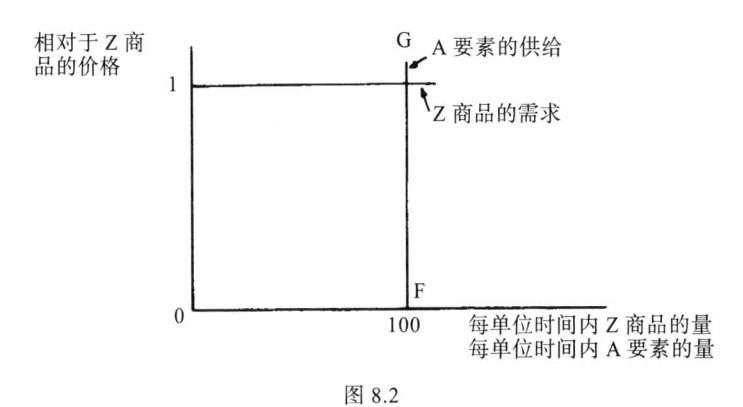

```
相对于 Z 商
品的价格
    │           G  A 要素的供给
  1 ┼───────────↙
    │            ↖Z 商品的需求
    │
    │
    │
    │            F
  0 └───────────┴──────────
               100   每单位时间内 Z 商品的量
                     每单位时间内 A 要素的量
```

图 8.2

A 的供给曲线又怎么画呢？假设有一个 A 的最大流量（例如每单位时间 100 份）可用于生产商品。如果我们严格坚持 Z 是唯一最终产品的假设，那么，要素 A 除用于生产 Z 之外，就再没有其他用武之地，因而，它们可以在任何价格上用于 Z 的生产，也即是说，A 的供给曲线在任一为正的价格上完全无弹性，而在 0 价格上具有完全弹性。这就是图 8.2 中的 OFG。（就整个市场而言，要素供给曲线的弹性反映了要素存在非市场的生产用途。在此，根据定义，这一点也被排除了。）

根据前面的分析，B 的需求由 Z 的需求曲线和 A 的供给曲线之间的垂直距离给出，由此得出 B 的需求曲线，如 8.3 所示。注意，这条需求曲线与 B 的边际产品曲线的值几乎完全相同。给定要素 A 为 100 份，只要 B 数量少于 100，其边际产出就是一单位；超过 100，则为 0。为得到 B 的均衡价格，我们需要知道 B 的供给曲线。与 A 的情况一样，B 在任一为正的价格上都是完全无弹性，因此可

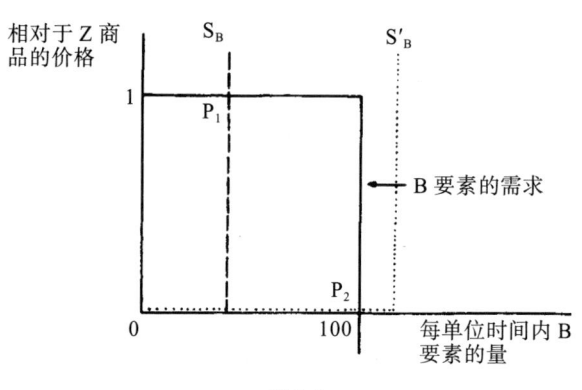

图 8.3

以用单一数字来表示。假设单位时间内 B 的可得量小于 100。那么，B 的供给曲线（图 8.3 中的 S_B）会与需求曲线相交于 P_1，即价格为 1 的地方，因此，B 的均衡价格等于一单位，当然，这意味着 A 的均衡价格为 0（对 A 作同样分析，可以直接得出这一点）。如果 B 的供给大于 100（如上图中的 S'_B），则供给曲线在 P_2 点与需求曲线相交，意味着 B 的价格为 0，A 的价格为一单位。

这两种情况简单而直观。如果一种要素相对于另一种是如此充足，以致不是所有的量都能被使用，那么，在缺少组合的情况（组合的可能在画供给曲线时已被隐含排除），它就会成为"免费"物品。但如果 B 的可得量正好等于 A，如例子中都是 100，情况会怎样呢？这时，供给和需求曲线会如图 8.4 所示。显然，只要 B 的价格不大于 1 也不小于 0，都可以达成均衡。给定 B 的价格，如 P_B，A 的价格就是 $P_A = 1 - P_B$，因为，在一份 A 与一份 B 中间分配的总量，就是它们生产的一单位 Z。

这个结果可以理解：我们无从确定 A 和 B 各自对总产出的贡

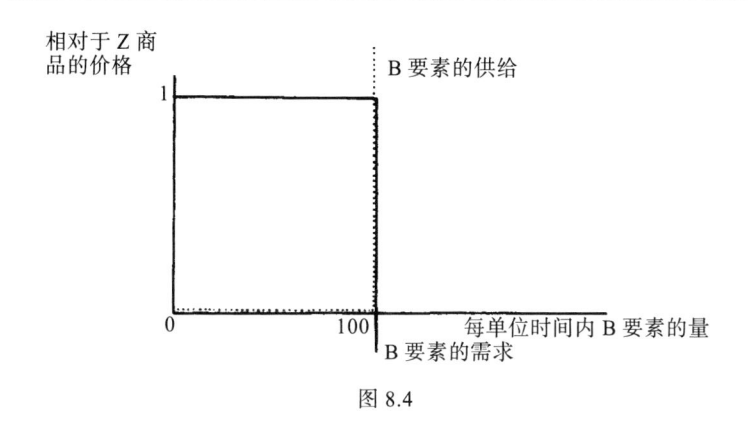

第八章　固定比例的分配理论　　239

图 8.4

献，因此，也就无从根据边际贡献，确定它们各自的经济价值。只有 A 和 B 的组合才是有经济意义的单元。这样一个组合单元的产出为 1，因此 $P_A + P_B = 1$。任何 P_A 和 P_B 的值只要总和为 1 即可。符合这个等式的均衡值不计其数。因而，仅靠经济力量不能确定 P_A 和 P_B 的唯一值。经济力量只是给出 $P_A + P_B = 1$ 的限制条件，具体 P_A 和 P_B 的值取决于其他因素。如果没有其他"非经济"因素，那么，如何在 A 和 B 的组合单元中分配全部的一单位产出，也就变得无关紧要了——因为这时只有组合单元才是有意义的。这就好像问一个人的工资有多少应该归于右手，多少归于左手一样毫无意义。只有存在非经济因素，使 A 与 B 的区分有意义时，在 A 和 B 之间分配产出的问题才有意义。这时，这些非经济因素完全决定了分配；我们可以说，要素的相对报酬将取决于"纯粹的讨价还价"。

只有当 A 和 B 的供给曲线重叠时，我们才用"纯粹的讨价还价"来说明产出在 A 和 B 之间的分配。也许有人会问：上述分析隐含的 A 或 B 的所有者内部没有结盟的假设是站不住脚的，因此，当两条供应曲线不重合时,我们是否也可以引入"讨价还价"决定产出分配的理念呢?例如,如果单位时间内 A 的可得量是 150,而 B 只有 100, A 的所有者们难道不能通过结盟,获取大于 0 的回报吗?假设某一时期, A 的所有者们确实这么做了,他们同意平均分配任何所得,同时假设,这时,他们成功获得了产出的 9/10,因而,100份要素 B 中的每一份,都只获得 1/10 单位的 Z(我们假设 B 并没有结盟),而 150 份要素 A 的联盟,获得了 90 单位的 Z。

这是不是一种稳定的状态呢?若只考虑经济因素,显然不是。这种状态下,每个 A 的所有者分别获得 6/10 单位的 Z,每个 B 的所有者分别获得 1/10 单位的 Z。显然, A 和 B 的所有者有动机一起脱离这个联盟。对于每个 A 的所有者分别而言,如果其他 A 的所有者留在联盟之中而他离开,他就可以收买一个 B 的所有者一起背离联盟,并仍有余利留给自己。因为, A 和 B 在联盟之外合作的总产出,要比联盟没有被破坏时两者的报酬之和,多出 3/10。这意味着, A 的所有者联盟是不稳定的,即使暂时结盟成功,经济力量也总是会将其瓦解。

至此,我们考虑的世界是这样的:各个行业的生产要素比例关系不仅固定,而且彼此相等。现在假设,各个行业的生产要素比例分别固定,但并不都相等。最简单的情况,我们假设只有两个行业。一个行业的(综合)产品称为 X,另一个称为 Y。并假设一份 A 和一份 B 生产一单位 X,一份 A 和两份 B 生产一单位 Y。在这样的生产条件下,100 份 A 和 150 份 B 会形成如图 8.5 的生产可能性曲线。

除 P_1 点之外,其他点上,要素 A 和 B 必有其一不能全部用完。在 Y_1 和 P_1 点之间,是一些 A 没有利用;在 P_1 和 X_1 点之间,是一

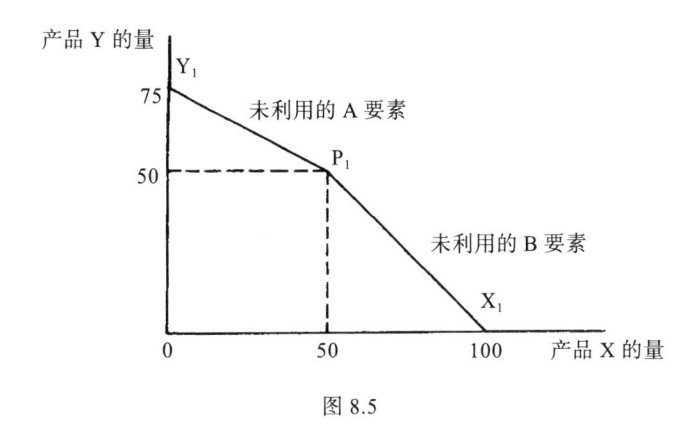

第八章　固定比例的分配理论　　　　　　　　　　　　　　***241***

图8.5

些 B 没有利用。而在任一区间之内，我们显然又回到了前面的问题。在 Y_1 和 P_1 点之间，A 的价格为 0，X 对 Y 的替代率由它们各自所需的 B 的数量确定，即两单位 X 替代一单位 Y，因此，Y 的价格是 X 价格的两倍。在 P_1 和 X_1 点之间，B 的价格为 0，X 对 Y 的替代率由所需的 A 的数量确定，即一单位 X 替代一单位 Y，因此，X 与 Y 同价。最终均衡具体落在哪个区间，取决于需求状况。如果我们假设图 8.5 针对的是单一个人（或由相同个人组成的社会），我们就可以加上个人的消费等优曲线，这样就产生了图 8.6 概括的三种可能性。

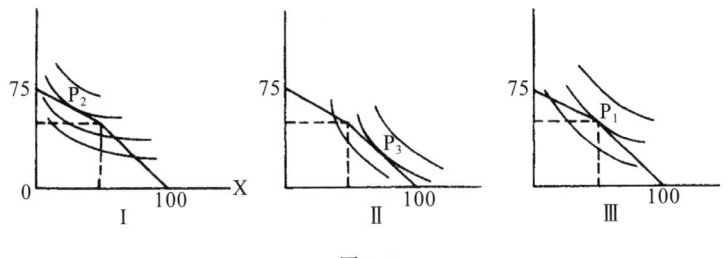

图8.6

图（Ⅰ）中，均衡点上有一些 A 没有利用，因此 A 的价格为 0；图（Ⅱ）中，均衡点上有一些 B 没有利用，因此 B 的价格为 0。这两种情况本质上与我们前面说的一样：图（Ⅰ）中，就好像我们只有一种商品——把两单位 X 视同于一单位 Y，两者依此合计即是这种商品的数量；图（Ⅱ）中，也好像我们只有一种商品——把一单位 X 视同于一单位 Y，两者合计即它的数量。可以说，任一情况下，商品的市场需求只决定 X 和 Y 的相对数量，而它们的相对价格由生产条件决定。

有趣的是图（Ⅲ）的情况。在这里，生产条件决定了 X 和 Y 的相对数量，需求状况决定了相对价格——Y 的价格在 X 价格与两倍 X 价格之间，确切价位取决于什么样的比价可以吸引公众消费同样数量的 X 和 Y。假设：当 Y 价格为 X 价格的 1.6 倍时，公众消费同样数量的 X 和 Y。令 p_x、p_y、p_a、p_b 分别代表 X、Y、A 和 B 的价格。那么，

(1) $\qquad p_a + p_b = p_x$，

(2) $\qquad p_a + 2p_b = 1.6p_x$。

(2)式减去(1)式得到，

$$p_b = 0.6p_x。$$

根据(1)式，这意味着：

$$p_a = 0.4p_x。$$

边际上，这些价格分别等于 A 和 B 的边际产出。如果增加投入一份 A，通过少生产一单位 Y（可以释放出一份 A 和两份 B），可以增产两单位 X（需要两份 A 和两份 B）。因此，A 的边际产出是两单位 X 减去一单位 Y，用价值形式表示，即 $2p_x - p_y = 0.4p_x$。同样，B

第八章 固定比例的分配理论

的边际产出是一单位 Y 减去一单位 X，用价值形式表示，即 $p_y - p_x = 0.6p_x$。

更一般地，我们可以推导每种要素的边际产出——针对每种要素的不同数量，得出相应的边际产出的值；也就是说，我们可以得到边际生产力曲线，在目前情况下即要素的需求曲线。首先考虑在要素 B 给定为 150 份的情况下，A 的边际产出。如果要在 150 份 B 上添加若干 A，我们可以有以下选择：用这些 A 与两倍的 B 结合，生产一单位 Y；或与等量的 B 结合，生产一单位 X，或两者兼之。在这些情况下，由于 Y 对 X 的生产替代率是 1∶1（因为 B 是过剩的），如果两种产品都生产，两者价格必定相等。根据把 X 的价格当作基准价格单位的惯例，两种产品的价格都等于 1，总收入也等于 1。在这样的价格和收入水平下，需求状况（"效用函数"）决定第一份 A 在 X 和 Y 的生产中如何配置。一种极端情况，消费者可能只偏好 Y；另一种极端情况，可能只偏好 X。无论哪种情况，唯一产品的价格会被确定——即使生产出来的是 Y，把它的价格视为 1 也是最简单而能成立的。更一般地，消费者会在两种产品中配置他们的单位收入，因此两种产品都生产。但是，所有这三种情况下，一开始，A 的边际产出都是一单位。

我们继续增加要素 A 的数量。显然，一段时间内，一切都与第一份 A 加在 150 份 B 上时的情形一样。B 过剩，因而产品 X 和 Y 等价，A 的边际产出价值为 1，实物产出根据需求确定的比例分割为 X 和 Y。在达到某一点——B 不再过剩，从而不再是免费物品——之前，需要添加多少 A 呢？这显然取决于需求状况。如果在 X 和 Y 的价格都为 1 时，X 的需求远大于 Y，总产出增量的大部分都是 X，那么，直到将近 150 份 A 与已有的 150 份 B 结合时，B 才会成为"限制性"要素。另一种极端，如果在 X 和 Y 的价格都为 1 时，Y 的需求远大于 X，总产出增量的大部分为 Y，那么，只要稍微超过 75 份的 A 与已有的 150 份 B 结合，B 就会成为"限制性"的要素。

具体来说，我们假设需求状况由下式给出：

(3) $$\frac{x}{y} = \frac{5}{8} \frac{p_y}{p_x}。$$

这条"需求曲线"意味着，Y 与 X 产品的需求量之比只取决于两者的比价，而与绝对收入水平无关。① 如果 $p_y = p_x$，则 X 与 Y 的需求量之比为 5/8，这意味着在最初阶段，当要素 A 增加时，每份 A 的 5/13 用于生产 5/13 单位的 X；另外 8/13 用于生产 8/13 单位的 Y。在这种情况持续时，B 的需求量由下式给出：

(4) $$b = \frac{5}{13}a + \frac{16}{13}a = \frac{21}{13}a。$$

其中 a 是 A 要素的使用量，b 是 B 要素的需要量。只要 B 的需要量小于 150，这种情况就会持续下去。也就是说，直到

(5) $$\frac{21}{13}a = 150，$$

即

(6) $$a = 92\frac{6}{7}，$$

---

① 造成这种需求曲线的效用函数集由 $U = F(x \cdot y^{\frac{8}{5}})$ 给出，其中 $F' > 0$。

第八章 固定比例的分配理论

这种情况都将持续。在这一点上,将生产 $35\frac{5}{7}$ 单位的 X 和 $57\frac{1}{7}$ 单位的 Y。

这一点一旦达到,更多的 A 就不再以这种方式使用。要再多使用一份 A,只能是少生产一单位 Y,把释放出来的一份 A、两份 B 与新增的 A 合并,生产两单位的 X。于是,A 的边际产出,表现在实物上,就是两单位 X 减去一单位 Y。在 $p_y = p_x = 1$ 的情况下(这是达到这一点时的产品价格),边际产出的价值为 $2p_x - p_y$,即与前面一样等于 1。但是,再增加更多的 A 时,Y 和 X 的价格不可能仍然保持不变,因为,Y 的数量相对于 X 减少了,为了引导消费者按照可得的比例购买 Y 和 X,Y 的价格相对于 X 必须上升,而这意味着 A 的边际产出价值会下降。但是,只要两单位 X 减去一单位 Y 的综合价值为正,或者说一单位 Y 的价格小于两单位 X 的价格,新增的 A 就会被用于增加生产两单位 X,同时减少生产一单位 Y。当 p_y 上升到等于 $2p_x$ 时,A 的边际产出价值为 0,再增加的 A 将根本不会被使用。

在上面具体的例子中,当 $a \geq 92\frac{6}{7}$ 时,X 和 Y 的产量等于:

(7) $\qquad x = 2(a - 92\frac{6}{7}) + 35\frac{5}{7} = 2a - 150$;

(8) $\qquad y = -(a - 92\frac{6}{7}) + 57\frac{1}{7} = 150 - a$。[①]

---

① 这些等式所指的是所有 A 和 B 都得到利用的区间——注意到这一点,就很容易验证这些等式。在这个例子中,A 的使用量由 x + y = a 给出,B 的使用量由 x + 2y = 150 给出。解这两个等式,可以直接得出(7)式和(8)式。

将(7)和(8)式代入(3)式，可得 Y 的价格为：

$$(9) \qquad p_y = p_x \frac{8}{5} \frac{(2a-150)}{(150-a)},$$

因此

(10) 边际产出价值 $= 2p_x - p_y$

$$= p_x \left(2 - \frac{8}{5}\frac{2a-150}{150-a}\right) = p_x \left(\frac{2700-26a}{5(150-a)}\right)。$$

当 $a = \frac{2700}{26} = 103\frac{11}{13}$ 时，该式等于 0。

图 8.7 给出了由此得到的边际产出价值曲线。当 A 的数量小于或等于 $92\frac{6}{7}$ 时，边际产出价值为一单位；当 A 的数量在 $92\frac{6}{7}$ 和 $103\frac{11}{13}$ 之间时，边际产出价值加速递减，此后为 0。如果 A 的可得数量如前面所假设的，为 100，由供给曲线和边际产出价值曲线的交点给出 A 的价格为 0.4。当然，只有当 b 等于 150 时，该曲线才有效。

根据完全相同的方式，我们可以得出 B 的边际产出价值。而且你会发现，进行这样的数学推导是一项有益的练习。

当不同行业的生产要素的比例关系既固定又相同时，要素价格存在不确定性；但当生产要素的组合有两种不同的比例关系时，如上图所见，这种不确定性就完全消失了。如果 A 的数量小于 $92\frac{6}{7}$，其价格为 1（B 价格为 0）；如果 A 的数量大于 $103\frac{11}{13}$，其价格为 0（B 价

第八章 固定比例的分配理论

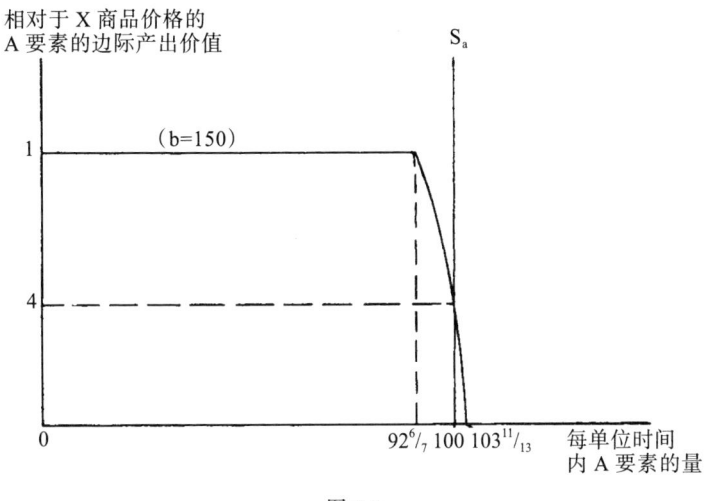

[图示：纵轴为"相对于 X 商品价格的 A 要素的边际产出价值"，横轴为"每单位时间内 A 要素的量"。纵轴标有 1 和 4，横轴标有 $92^{6}/_{7}$、100、$103^{11}/_{13}$。曲线 (b=150) 在高度 1 处为水平线，至 $92^{6}/_{7}$ 后下降。S_a 为垂直线。]

图 8.7

格为 1）；如果 A 的数量在 $92\frac{6}{7}$ 和 $103\frac{11}{13}$ 之间，其价格由 $\frac{2700-26a}{5(150-a)}$ 给出，即图 8.7 中曲线的纵坐标值。这里就再也没有"纯粹讨价还价的工资理论"的一席之地了。

第九章　边际生产率理论和生产要素的需求

上面所说——每个行业中,生产要素的比例关系分别固定——是一般边际生产率理论的一种特例。在这个特例中,一种要素供给增加,价格相应下降后,只是通过消费上的替代来增加其需求量,即,这种要素价格下降,使某些产品(指在其生产中,该要素相对重要的产品)比起其他产品相对便宜,由此,消费者会用它们来替代其他产品的消费。更一般地,替代还会发生在生产领域。仅就一种产品而言,生产者也有积极性以相对便宜的生产要素代替其他要素,而且,一般至少在一定程度上能够做到这一点。

"边际生产率理论"有时被说成是"分配理论"。这种表述有误导性。边际生产率理论最多只是分析了影响生产要素需求的因素。要素价格还取决于供给状况。之所以会说"分配的边际生产率理论",是因为在很多问题和场合中,把生产要素供给看作数量给定、完全无弹性是有用的。如果问题同时涉及生产要素的市场用途和非市场用途,视生产要素供给为给定就尤为贴切了。这时,可以认为:供给状况只决定要素数量,需求状况(由边际生产率这一术语概括)则决定价格。但要注意,即使在这种情况下,除非需求完全

第九章　边际生产率理论和生产要素的需求　　*249*

弹性,否则,供给(即要素的固定数量)一旦发生变化,还是会改变要素的价格。因此,无论是何情况,最好还是把边际生产率理论仅仅看作是生产要素的需求理论。而一个完备的理论,需要生产要素的需求理论和供给理论两部分。

边际生产率理论,主要是组织跟生产要素需求相关的各因素的一种方法。它有一些实质性的内容,但不是很多。我们能够讨论抽象的生产要素,如要素 A、要素 B 等,而不必进一步确指它,正反映了这一点。例如,当我们说工资等于边际产出价值时,对要素本身所言甚少。边际生产率理论的作用,更多地是为进一步的分析指明方向。边际产出价值并不是孤立的数字,不受个人或社会控制的因素影响;它是众多变量的函数。它取决于工人的质量与数量,为工人配备的资本量,组织生产的管理者素质,工人赖以雇用和产品赖以销售的市场制度结构,等等。在具体运用上,基本的实质性问题可能是:什么决定边际生产率,有关变化如何影响边际生产率。

生产要素的需求分析与产品的供给分析密切相关;实际上,它们只是观察或组织相同素材的不同方法。在分析产品供给曲线时,我们感兴趣的是:给定条件下,产品需求变化对要素市场的影响。因此,我们关注厂商或行业的产出,认为当产品需求及随之而来的产量发生变化时,各种生产要素使用量及其价格自然会相应改变。而在分配理论中,我们的兴趣在于要素市场,因此集中关注厂商的相同调整的另一面。换言之,厂商寻求使边际要素成本等于边际产出价值的说法,只是寻求使边际收入等于边际成本的另一种表述,而非厂商均衡的新增条件。

像产品供给理论一样,生产要素需求理论也存在几个不同层面的分析。当我们把视角从厂商的反应转到行业的反应时,需求曲线会发生变化。而且,这里还存在第三个重要的层面,即整个经济体的层面,因为,很多不同行业可能都用到一些生产要素——对某个特定问题而言,应把这些要素视为同一生产要素。

一个特定需求群体(作为特例,也可以是单一厂商)的生产要素需求曲线表示:给定条件下,单位时间内,该群体在要素的各个价位上将会购买的最大量。和先前的问题一样,在这里,如何具体说明"给定条件"也存在一些不确定性。显然,给定条件应该包括:(1)技术知识——"最新技术发展水平",即现有与潜在厂商的生产函数;(2)最终产品的需求状况。存在不确定性的主要是其他生产要素的处理,一种方法是:(3)将同一个需求群体的其他生产要素的供给曲线视为给定。但问题在于:至少对整个经济体而言,其他要素的供给曲线不变,可能意味着,当我们对一种要素的供给增长作出反应,沿着这种要素的需求曲线向右下移动时,社会的总资源也增加了。另一种方法是:将恰当界定的社会"总资源"看作是固定,并因此将这种要素的供给变化,视为该要素供给之与其他要素供给的相对变化,而不是社会总资源的变化。下面我们将最大程度地回避这个问题,因为我们的讨论大部分并不受这个问题答案的影响。

应该注意,上述第 2 项与第 3 项的确切含义,取决于所针对的具体需求群体。对于一家在竞争市场上出售产品的厂商而言,第 2 项相当于保持产品价格不变;对于一个生产单一产品的行业而言,则相当于保持产品的需求函数不变。对于一家厂商而言,第 3 项相当于:厂商在竞争市场上购买的其他要素,是价格保持不变;在非

第九章　边际生产率理论和生产要素的需求　**251**

竞争市场上购买的其他要素，是供给曲线保持不变；特别地，"固定"要素，是数量保持不变。对于一个行业而言，第3项也可能相当于一些要素的价格保持不变——指整个行业只购买总量的一小部分的那些要素，因此，该行业面临的要素供给曲线实际上也是水平的。对于整个经济体而言，特别是当它既包括市场部分，又包括非市场部分时，第3项可能相当于保持其他要素的数量不变（尽管这显然完全取决于第3项的不确定性如何处理）。

还要注意，短期和长期需求曲线的差别，也体现在第2项与第3项的确切内涵中。

最后，列出"其他因素"，并未穷尽所有问题。例如，对于很多问题而言，就应该对关系密切的生产要素给予专门考虑。

第一节　单个厂商

在分析单个厂商对生产要素的需求时，我们可以再次从定义均衡状况的基本方程组出发：

(1) $\quad \dfrac{1}{\text{MR}} = \dfrac{\text{MPP}_a}{\text{MFC}_a} = \dfrac{\text{MPP}_b}{\text{MFC}_b} = \dfrac{\text{MPP}_c}{\text{MFC}_c} = \cdots = \dfrac{1}{\text{MC}}$,

(2) $\quad x = f(a, b, c, \ldots)$。

如果产品市场存在竞争，MR 自然会等于产品价格 p_x；如果一种要素是在竞争市场上购买的，它的边际成本自然也等于价格。我们可以暂时假设，任何要素，或者是在竞争市场上购买的（因此我们可以其价格代替边际成本），或者对厂商而言是"固定"的（因此我们可把最大可得数量视为给定）。考虑的期限越短，就有越多要素的可得数量应被视为给定,反之则相反。实际上,正如我们在讨论供给时所看到的,这本质上就是期限长短的定义。

从纯粹形式化的角度看,单个厂商的生产要素需求曲线,可以直接由方程组(1)和(2)导出。假设厂商在竞争市场上销售产品,要素 A, B, ... 由竞争市场上购买,A′, B′, ... 为在所考虑的时期内,对厂商而言数量固定的那些要素。那么,例如要素 A 的需求曲线由下式给出:

(3) $\qquad a = h(p_a; p_x; p_b...; \overline{a'}, \overline{b'}...)$,

其中 $\overline{a'}, \overline{b'}...$ 代表厂商可用的固定要素的数量。这个方程仅仅是方程组(1)和(2)的重新组合。对于方程(3)中自变量的任何一组给定值,求解方程组(1)和(2),就可以得到各种要素的使用量和产品的产量。对于每一组值都可如此求解,因此,A 的使用量也就可以表示为这些变量的函数,如方程(3)。

如果产品市场是非竞争性的,方程(3)中的 p_x 就由 X 的需求曲线替代;如果要素 B 的市场是非竞争性的,p_b 就由 B 对该厂商的供给曲线替代;如此等等。

但是,如果我们把分析作得更细致、更具体一些,对于这个最终结果,我们就会看得更透彻。将方程(1)重写作以下形式会有帮助:

(4) $\qquad MR \cdot MPP_a = MFC_a$,
$\qquad\qquad MR \cdot MPP_b = MFC_b$,
$\qquad\qquad ....$

如果要素市场和产品市场都是竞争性的,上式可简化为:

第九章 边际生产率理论和生产要素的需求

(5) $$p_x \cdot MPP_a = p_a,$$
$$p_x \cdot MPP_b = p_b,$$
....

这就是我们熟悉的方程式：一般情况下，要素的边际产值(marginal value product)等于该要素的边际成本；竞争条件下，要素的边际产出所值(value of the marginal product)等于该要素的价格。*

考虑方程组(5)中的第一个方程。它说明了要素 A 的价格与数量之间的关系：对于 A 的每一个价格，该式给出了 A 的某个数量——在这个数量上，A 会有一个价值等于 A 价格的边际产出。人们容易把该式理解为厂商对要素 A 的需求曲线，而且确实，A 的需求曲线一般被粗略地描述为由 A 的边际产出所值曲线给出。但这只有在一种特殊情况下才是完全正确的，即厂商不能自由改变除 A 之外的任何其他要素的数量，也即所有其他要素都是"固定"的。这种情况下，针对 A 的价格变化，厂商唯一能做的就是改变 A 的使用量；方程组(5)中除第一个方程外，其他方程都变成不相关，并由 $b' = \overline{b'}$ 形式的等式来替代。厂商会沿着 A 的边际产出曲线移动，直到边际产出所值等于 A 的新价格，这条曲线就是厂商对 A 的需求曲线。

但一般认为，并非所有其他要素都是固定的，例如，假设要素 B 数量可变，可以在竞争市场上购买。这时，假设 A 的价格下降，厂商最初沿着 A 的边际产出曲线调整，于是增加 A 的使用量，直到

---

* marginal value product 和 value of (the) marginal product 的区别，见本节下面第四段。——译者

边际产出下降到足以使方程组(5)中的第一式成立。但现在其他等式不再成立了——尽管它们最初是成立的,并且根据假设,其他要素的使用量不变。理由很简单:其他要素的边际产出与A的使用量有关。其他要素中,一些是A的紧密替代品,它们的边际产出会随着A的使用量增加而减少。另一些要素的边际产出会由于A的使用量增加而增加,因为相对于每单位A,这些要素的使用量实际上是减少了。通常,我们可以认为后一种效应占优势,这由前面关于可变比例定理的讨论可得。因此,厂商会改变其他要素的使用量:减少现在的边际产出比原来低的要素的使用量,增加其他要素使用量。但是,这些调整又会改变A的边际生产率,即增加每单位A的边际生产率——无论是替代性要素的使用量减少,还是其他要素的使用量增加,一般都朝这个方向起作用。最终的状态,会是方程组(5)重新得以成立。在这种最终状态下,A的价格等于其边际产出所值,但该点已经不在最初的边际产出所值曲线上。这里的要点是:边际产出所值曲线是基于其他要素数量不变的条件画出的;而需求曲线,在我们的特定例子中,是基于其他可变要素的价格不变的条件画出的。

图9.1概述了这种情况。实线表示在B的不同数量下的边际产出所值曲线(B在这里代表所有其他要素)。虚线表示单个厂商对A要素的需求曲线。由于假设产品市场和要素市场都是竞争性的,最终产品价格和其他可变生产要素的价格在虚线的所有点上都相同。但如图所示,B的使用量在虚线的各点上却不相同;它不断变化,以保证方程组(5)的各式始终成立。因此,需求曲线一般是随着A的价格下降,依次交于更高的边际产出所值曲线。

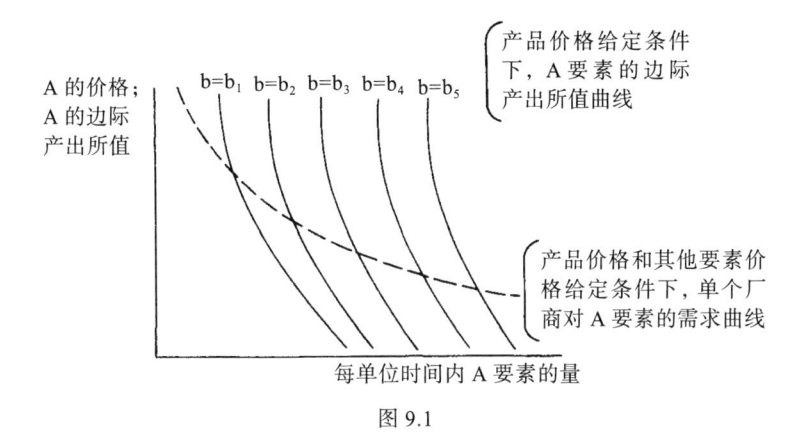

第九章 边际生产率理论和生产要素的需求

图 9.1

如果产品的需求是非竞争性的,那么,一定的需求条件,就意味着产品价格随产量变化而变化。这时,边际产值会不同于边际产出所值,并且,边际产值会因厂商而异。通过这样的术语更换[*],图9.1也可以用来概括这种情况,只不过下列假定不复存在:(1)随着 A 的价格下降,其他要素使用量总体增加;(2) A 的需求曲线依次交于 B 要素使用量递增的各条边际产值曲线[**]。原因是:当 A 由于价格下降而使用量增加时,一般会提高给定数量的其他要素的边际实物产量,同时也意味着产出增加,产品价格下降,还可能导致边际收入下降。这一点的影响可以抵消甚至超过其他要素的边际实物产量增加的影响,导致其他要素使用量减少。下面,当我们合并竞争性厂商,考察一个行业的要素需求曲线时,也会遇到类似的效应。

如果要素 A 市场是非竞争性的,厂商是 A 的垄断买家,那么,

---

[*] 即把图9.1中实线的标示,由"边际产出所值曲线"改变为"边际产值曲线"。——译者

[**] 现在不再是边际产出所值曲线。——译者

厂商在要素 A 的各种价位上会使用多少量,就不再是一个有意义的或贴切的问题。因为,厂商行为影响了价格,同步地决定了要素的价和量。这时,贴切的问题是厂商对要素供给变化的反应如何——这里的要素供给变化,不再像 A 市场为竞争市场时那样,可由要素价格的单一参数来表示。但另一种含义的要素 A 的"需求曲线"仍有意义——这种曲线展示的是,在各个边际要素成本上所要购买的数量。不过,在对需求曲线作这样的解释时,我们必须牢记:单独一条供给曲线,在不同的供应量上,通常有不同的边际要素成本;而很多不同的供给曲线,在相同的供应量上,可能有相同的边际要素成本。(这一点将在下面几页作更详尽的讨论。)

在上述分析中,我们把其他要素数量给定情况下的要素 A 的数量变化,作为(假设的)第一步近似。显然,这意味着厂商的第一反应就是改变产出;而后,当其他要素数量作出调整,A 要素数量又再作调整时,产出会进一步变化。另一种分解厂商反应的方法是:把厂商保持产出不变情况下的要素 A 的购买量变化,作为第一步近似。这可说是纯粹的生产替代效应。如果 A 的价格下降而产出不变,A 将替代其他要素,而这通常意味着由 A 要素的最初一条边际生产率曲线转移到另一条较低的边际生产率曲线。这时,方程(1)中除第一个等式之外,所有其他等式都会成立:给定要素 A 的新价格,厂商会以最优的方式生产这个产量。但是,要素 A 的价格下降,提高了边际实物产出对边际要素成本的共同比值——提高了多花费一美元所能得到的产出单位数量,也即降低了边际成本。因此,现在,边际成本低于边际收入,这意味着产出小于最优值。这样,替代效应之外,又会有了扩张效应。在扩张中,厂商一般会更多使用所有

第九章 边际生产率理论和生产要素的需求

要素。要素 A 的使用量也会增加，这一增加会叠加在属于替代效应的使用量增加之上。而对于其他要素，扩张效应会抵消最初的使用量下降。和前面一样——因为最终状态总是相同的——最终状态往往是更多使用其他要素，但也可能较少使用 A 的紧密替代要素。

图 9.2 给出了我们一直在讨论的三条曲线，P 是初始均衡点，三条曲线都通过 P 点。（在 P 点上）最陡的曲线表示，如果产出保持不变，厂商将会购买的要素 A 数量；其次的曲线表示，如果其他要素使用量不变，厂商在产品价格给定的情况下将会购买的 A 数量；最平坦的曲线表示，在产品价格和其他要素价格都给定的情况下，厂商将会购买的 A 数量。

验证一下关于这些曲线顺序的表述；并论证：产品市场的垄断

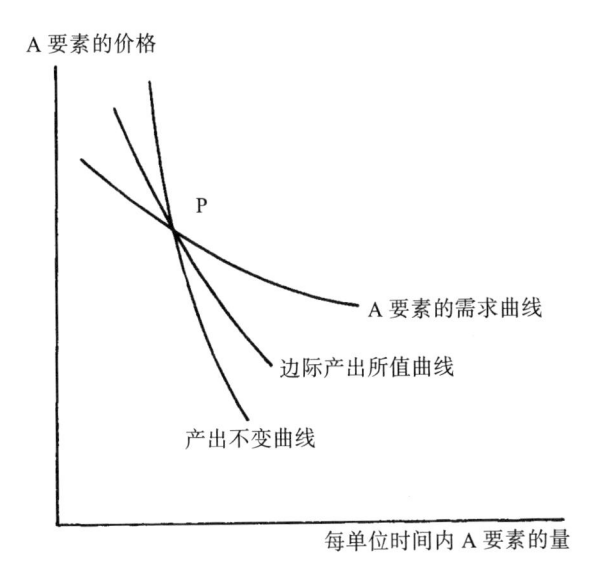

图 9.2

会改变这些曲线的顺序；同时，把这些内容转变为由生产等优曲线的术语来表述——你会发现，这些练习都很有启益。

第二节　竞争性行业

每个厂商在针对面临的产品市场、要素市场的条件作出反应时，显然也改变了这些市场条件：它们向自己及同业的其他厂商施加了外部效应；一个行业中所有厂商的反应，又向其他行业施加了外部效应。

我们先集中观察单一行业的情况。对于要素 A 的价格下降，各个厂商的反应，都是试图沿着自己的要素需求曲线移动——这将引起产出扩张。但是，如果没有改变需求曲线对应的条件，就不可能所有厂商都做到这一点。首先，所有厂商产出增加，会降低产品价格，这会使每个厂商对 A 的需求曲线向下位移——因为，每条需求曲线都是按照固定的产品价格画的。如果该行业没有用到专用的（可变）要素，也即该行业只使用各种其他（可变）要素的全部供给量中的一小部分，从而这些要素对该行业的供给曲线大体上是水平的，那么，这是现阶段唯一需要考虑的外部效应。所有厂商因 A 要素（仅对该行业）的价格下降而最终增加的购买量，将会小于行业内各厂商的需求曲线的加总规模。如图 9.3 所示，通过 P 点的最平坦的曲线，是行业内各厂商对 A 的需求曲线的加总；次陡曲线是行业作为一个整体对 A 的需求曲线。在行业需求曲线的每一点上，都有一条各厂商需求曲线的汇总线通过。这些汇总线表示，当产品价格不因增产而变化时，各厂商想要使用的要素 A 数量的总和。对产

第九章 边际生产率理论和生产要素的需求

A 要素的价格

行业的 A 要素的需求曲线

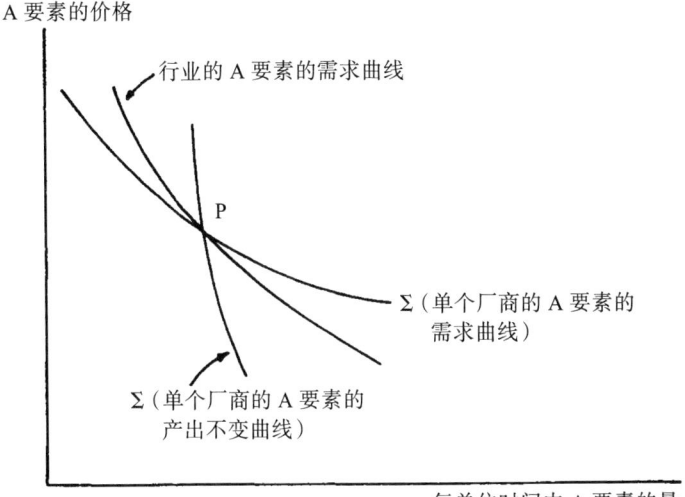

P

Σ（单个厂商的 A 要素的需求曲线）

Σ（单个厂商的 A 要素的产出不变曲线）

每单位时间内 A 要素的量

图 9.3

品的需求弹性越大，这两条曲线之间的分歧就越小。

产品价格变化不仅影响 A 要素的使用量，也影响所有其他要素的使用量。如前所述，如果产品价格不变，可以推断，其他要素的需求，总体上会随 A 要素价格下降而增加。一旦考虑到产出增长对产品价格的影响，这种推断就不一定成立。这一点，通过产品需求完全无弹性的极端例子，很容易看出来。这种极端情况下，产品价格将下降到保持总产出不变所需的任何水平，而行业对 A 的需求曲线，大致等于上述图 9.3 的各厂商固定产出曲线的汇总线（这里还要求行业的其他要素价格给定）——"大致"的限定是必要的，因为，行业内所有厂商的生产函数并不一定相同，A 要素价格下降，对不同厂商可能有不同影响。结果，行业总产出不变，背后可能是一些厂商的产出减少,另一些厂商的产出增加,两相平衡。如前所见,这些曲线意味着 A 要素对所有其他要素(作为一个整体)的替代(当然并非对每种要素都如此,因为有一些要素可能与 A 高度互补),因此,总体来说,减少了其他要素的使用量。这个例子表明,如图所示,行业对 A 要素的需求曲线,一般处在单个厂商的固定产出曲线的汇总线和需求曲线的汇总线之间,确切位置取决于产品的需求弹性。

如果该行业用到一些专用资源,那么,A 要素价格下降,对这些专用资源的价格还会有另一层影响。上一段的讨论表明,这时我们不能指明影响一般会是哪个方向的。如果专用资源与 A 要素之间竞争性很强,那么,几乎任何环境下,专用资源的需求都会随 A 价格下降而减少,从而其价格也趋下降。竞争性强的要素的价格下降,就其本身来说,降低了以 A 要素取而代之的动机,但也降低了边际成本,从而增进了扩大产出的激励。我们或许可以推测,综合效应可能是:较之这些竞争性要素的价格保持不变的情况,这时 A 的使用量要少增一些。如果专用资源与 A 要素之间互补性很强,那么,几乎任何环境下,专用资源的需求都会随 A 价格下降而增加,从而其价格也趋上升。较之这些互补性要素的价格保持不变的情况,这个趋势显然会使 A 的使用量少增一些。之所以如此,既是因为以 A 替代其他要素的优势下降了,也是因为边际成本提高了。除上述两类专用资源外,对其他专用资源的需求,则可能朝任一个方向移动。产品需求弹性越大,其他专用资源的需求量与价格越可能上升。这时,专用资源价格变化的综合效应会使 A 的使用量少增一些——比所有其他资源(除 A 要素外)的价格都保持不变时少。反之，产品需求弹性越小，其他资源的需求量与价格越可能下降。下降的幅度可能足以导致 A 的使用量增加更多——比所有其他资源的价格都保持不变时多。

当然，A 要素价格下降引起的生产模式变化，除了有这些金钱上的外部效应外，还可能有各种技术上的外部效应（已见于讨论供给曲线时的分析）。这些效应可能对 A 的使用量产生影响的方向不定。

如果我们只关注单一行业对 A 要素价格下降的反应效应，最终结果总会是对 A 的购买增加，产出增加。那些外在于单个厂商而内在于一个行业的效应，可能会使这些增量的大小发生变化，但总是不会由增加变为减少（也许要排除反常的特例）。正是产出增加，使得产品价格下降，并使单个厂商的增产积极性比在初始价格时下降；另一方面，其他要素的价格平均而言不会上升，除非是由于其他要素的需求普遍增加——而其他要素需求普遍增加，也就意味着产出增加。

这个说法对整个产业而言是真实的，但对每家个别厂商而言则未必。不同厂商可能运用不同的生产技术和要素组合。例如，一些厂商采用的技术可能要特别多地用到某种要素——这种要素的价格正好因外部效应而上升，那么，对这些厂商而言，该要素价格的上升可能足以导致产出减少。也有一些厂商可能受到技术上的外部效应的特别影响，如此等等。

第三节　整个经济体

从分别考虑的每个行业转到整个经济体，以上分析大部分内容同样适用。每个行业对于 A 要素的价格变化作出反应，都会给自身和其他产业带来外部效应。

显然，当要素 A 价格下降时，那些与 A 有高度竞争关系的资源会跌价，而与 A 高度互补的资源会涨价——不管资源价格怎么量度（即相对什么而言），也不管供给状况如何，情况尽皆如此。关于这些，上述分析已无剩义。但是，除 A 之外的其他所有资源，总体而言会如何呢？显然，A 价格下降，就是其他资源相对 A 的价格上升，因而也是相对所有资源平均价格的上升，而我们所说的始终只是相对价格。但 A 价格下降，对所有资源（包括 A）之于最终产品及服务的相对价格有何影响，某种程度上取决于：我们关于导致 A 价格下降的供给增加来源的初始假设（即关于"资源供给状况给定"含义的初始假设）是什么。如果 A 的供给增加仅仅是指相对供给增加，所有其他要素的供给相应减少，可用资源总量在某种意义上保持不变，那么，在相同意义上，总产出也会不变，从而所有资源的平均价格相对于最终产品及服务的平均价格也会不变。但这意味着，除 A 之外的其他资源的平均价格，相对于最终产品与服务的平均价格，是上升了。如果假设 A 的供给增加是社会总资源的净增加，即其他要素供给不变，那么显然，总产出会更大。这种情况下，不能确定所有资源之于最终产品及服务的相对价格，会受到何种影响；但可以确定，除 A 之外的其他所有资源之于最终产品及服务的相对价格，会像前面的情况一样上升。① 总之，关键是要认识到：若

---

① 与本节的其他地方一样，这里我们忽略了测量"平均"价格中的价格指数问题。这与消费者需求一节中所考虑的问题相同。

没有规定价格赖以量度的基础，我们便无从讨论整个经济体的"价格"变化问题。

如刚才所述，至少就"生产要素供给状况给定"的一种可能的解释而言，当 A 的相对价格下降时，某种意义上，总产出仍会保持不变。而我们在上一节看到，如果只考虑单一行业的反应，A 的价格下降，会导致每个行业的产出分别增长。因此显然，一定存在某些外部效应，抵消了一些或很多行业的产出增长的效果。例如，当 A 价格下降时，与 A 高度竞争或高度互补的专用资源的价格会相应变动——这种外部效应就会有此影响。但更普遍地看来，在这一点上具有重要意义的外部效应，是在最终产品及服务的相对价格上，以及相应的消费替代上的外部效应，即第八章中，固定比例情况下的那种纯粹的消费替代效应。

在上一节，我们分析了每个行业由于自身对 A 价格下降的反应而引起的其他资源价格变化。这里要说的，是这些资源价格变化对其他行业也会有外部效应。如上段所述，A 的价格下降，意味着其他资源价格，相对于 A 的价格，相对于所有资源的平均价格，相对于最终商品及服务的平均价格，一般都是上升了。对于主要由这些其他资源生产的产品而言，这些资源价格上升的影响，将抵消 A 的价格下降而有余。因此，这类产品的生产成本会上升，供给曲线会向左位移。这些行业发生这种变化，并不是它们自己对 A 价格下降作出反应的结果，而是由于其他行业对 A 价格下降作出反应，转而施加给它们的外部效应。这些行业的产出会下降，虽然它们的 A 的使用量可能不会减少，因为，像其他行业一样，它们也有动机以 A 替代其他要素。但是，产出下降也可能足以导致 A 的使用量也减少。因而，尽管每个行业各自的 A 要素需求曲线为负斜率，但一条曲线——表示一个行业在 A 的各个价位上的最终 A 要素使用量的曲线（顾及所有的内部与外部效应）——却不一定是负斜率。一个特殊行业可能在 A 的较低价格上使用较少的量。当然，一般而言，这类情况只是例外。

如果 A 的供给增加是社会总资源的净增，这些讨论本质上同样适用。这时，总产出会增加，因此每个行业产出都增加的情况就不是不可能的。但一般来说，那些较少用到 A 要素的产品，其产出即使没有减少，也一定会比其他产品的产出增加来得少一些。这是上面的表述中唯一需要改变的地方。

如果 A 的供给增加是社会总资源的净增，同时我们假设：其他资源的供给曲线完全无弹性，处处都是竞争状态，不存在技术上的外部效应等；那么，整个经济体对 A 的需求曲线，就是整个经济体的边际产出所值曲线（你会发现，分析上述每一种限定条件为何必要很有启益）。但是，它不是每家厂商各自的边际产出所值曲线的加总。个别厂商的曲线，不仅要求产品价格给定，还要求每家厂商各自所用的其他资源数量给定。而整个经济体的曲线允许资源在厂商之间、行业之间的转移——它只要求整个经济体的其他资源数量给定。这条曲线反映的是：增加一单位 A 到固定数量的所有其他资源上，当所有资源在厂商和行业之间以最优方式重新配置之后，可以得到的总产品增加值。当然，何谓可能的重新配置，取决于假设条件，特别是允许的调整时间——长期一定比短期调整得更为广泛。任何期限内，经济体的边际产出曲线总是比各厂商边际产出曲线的加总更有弹性，因为，总是有一些重新配置发生。期限越长，边际产出曲线会越有弹性,因为可能的重新配置的幅度越大。

无论假设 A 的供给增加来源为哪一种,整个经济体对 A 的需求曲线,总是位于所有个别厂商对 A 的需求曲线的加总线与它们对 A 的固定产出需求曲线的加总线之间,因此,图 9.3 也适用于整个经济体,如同适用于个别行业一样。

第四节　竞争性要素市场的小结

整个经济体的生产要素需求曲线,反映了生产与消费两方面的替代效应。如果产品和其他要素的价格不变,那么,一种要素供给增加,价格相应下降,会使每家厂商有动机在最初的生产中,以这种要素替代其他要素,并扩大产出。但是,如果很多厂商都试图作这样的调整,就会提高其他资源相对于产品的价格。这会使某些产品——生产中用到跌价要素较少的产品——比用到较多的产品,成本有所提高,这些产品的供给及价格也相应变化。这样,就在各厂商与行业内部的生产替代的基础上,增加了行业之间的消费替代。由于生产中的要素之间、消费中的产品之间的种种特殊关系、特殊影响,上面的整体效应就变得复杂化。生产上与跌价要素有密切替代关系的要素,其价会相对下降;有高度互补关系的要素,其价会相对上升。而对于生产中特别倚重这些要素的产品,其价格又有进一步的次生效应。同样,与更多使用跌价要素的产品有密切消费替代关系的产品,其价下降;有密切互补关系的产品,其价上升;如此等等。

对经济体中的每家厂商分别而言,均衡要求,一种要素一定使用量的边际成本,要等于该要素这个使用量的边际产值。在一个竞争性要素市场中,这意味着,在经济体对一种要素的需求曲线的每一点上,要素价格等于经济体内各家厂商的该要素的边际产值。这就是生产要素需求的边际生产率理论的核心命题。但如上所见,这个命题比乍看起来的印象要复杂得多。需求曲线上的不同点,不仅包含所讨论的要素的不同数量,还包含在组织与利用其他要素方面的广泛调整——调整的幅度取决于所考虑期限的长短。单个厂商寻求边际产值与要素价格相等。厂商是通过改变生产方式与产量,从而改变边际产值来实现这种相等,而不是通过改变要素价格来实现的,因为后者厂商无法直接控制。

第五节 买方垄断

本节再对非竞争性要素市场的情形略作详述。假设某一要素的卖主之间完全竞争,因此该要素的供给曲线是有意义的;但是,假设某个厂商是该要素的唯一购买者,即买方垄断的情形。如上所述,这种情况下,厂商在要素的各价位上会使用多少量,不再是一个有意义的问题,因为厂商同时决定了要素的价与量。

图 9.4 描绘了这种情形。如果厂商是某要素的竞争性购买者,曲线 VV(标示为假定的需求曲线)就是这种要素的需求曲线,并由上面所述的过程推导而得。正如上述推导过程所见,该曲线表示:在要素 A 的每个量上,厂商每增加 A 的一单位使用量,所能够增加的(最大)收入额。如果厂商可得的所有其他要素数量固定,它就是 A 的边际产值曲线。如果厂商可得的所有其他要素数量可变,那

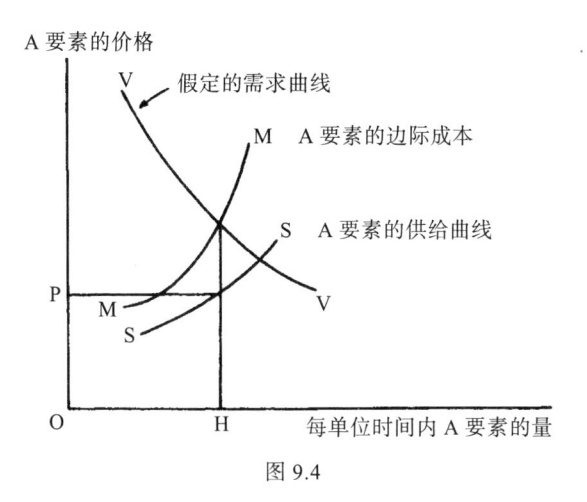

第九章 边际生产率理论和生产要素的需求

```
A要素的价格
│
│    V
│     ＼  假定的需求曲线
│      ＼
│       ＼ M   A要素的边际成本
│        ＼／
│        ／＼
│       ／  ＼ S   A要素的供给曲线
│      ／    ＼
│     ／      ＼
│    ／        ＼
│ P ┼─M─────────＼────
│    ／S          ＼V
│   ／
│  ／
│
O─────────H─────────── 每单位时间内A要素的量
```

图9.4

么,当厂商使用更多或更少的A时,它会相应改变这些其他要素的使用量,以保持它们的边际产值等于它们的边际成本,因此,曲线VV不再是A的边际产值曲线,因为曲线上各点的其他要素数量不同了。

曲线SS是厂商面对的A要素的供给曲线。它表示在A的各价位上,厂商最多可以买到的数量。SS上任意一点的纵坐标,就是当厂商购买由对应横坐标给出的A数量时,每单位A的平均成本。因此,SS曲线的边际曲线(MM)的纵坐标给出的是,每增加一单位A的使用量,厂商将要增加的成本,即A在不同数量上的边际成本。显然,只要新增的收入(VV的纵坐标)超过新增的成本(MM的纵坐标),更多使用A要素对厂商而言就是值得的。因此,这两条曲线的交点给出了A的最优使用量,在本例中即OH。而支付给A的单价,就是供给曲线在H点上的纵坐标,即OP。

请注意,由于在要素的某个数量上,不同的要素供给曲线可能对应相同的边际成本，因此，很多不同的要素价格可以与同一条 VV 曲线、同一个要素使用量相互并存。图 9.5 给出了这样一个例子。

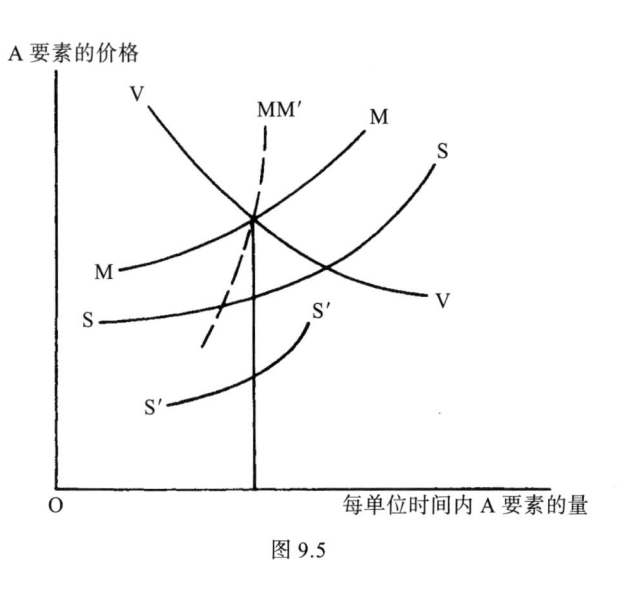

图 9.5

要素市场的非竞争性，也可能是因为这种要素只有一个卖主，而非某个厂商是要素的唯一买家。这种情况与产品销售中的垄断基本相同。要素卖主面对的需求曲线为负斜率，他会争取使边际收入等于任何可能被他视为边际成本的指标。

如果一种要素的垄断性买家遭遇垄断性卖主，就出现了双边垄断的情形。两个垄断者合计的最大收益，由垄断卖主的边际成本曲线和上图中垄断买家的 VV 曲线的交点给出；这也是两个垄断者合二为一时会使用的要素数量。如果两个垄断者之间的讨价还价没有使要素使用量达到这个水平，则状态就是不稳定的，即通过合并可以得到更大的收益：任何一方垄断者均可以向另一方提供比其垄断地位价值更大的金额，来收购后者的垄断地位，因此，存在双方都可获利的进一步交易的空间。这个分析说明，在这种双边垄断的情况下，至少当合并没有因为非经济因素而被排除在外时，存在唯一的、确定的要素使用量。但是，在确定两个垄断者如何分配垄断收入方面，上述分析没有提供任何方法。在这方面，结果只能认为基本上是不确定的。

这种买方垄断分析的一个有意思的特殊运用，是以其证明：强制实施高于通行工资水平的法定最低工资，可能增加雇用劳工的数量。证明见图9.6：实线表示没有最低工资时的情况，OA是在工资水平为OW_1时的均衡的劳工雇用量。假设法定最低工资为OW_2，并得到有效执行。厂商面对的劳动力供给曲线不再是SS，而是OW_2CS，因为在低于OW_2的工资水平上，厂商将雇不到任何劳

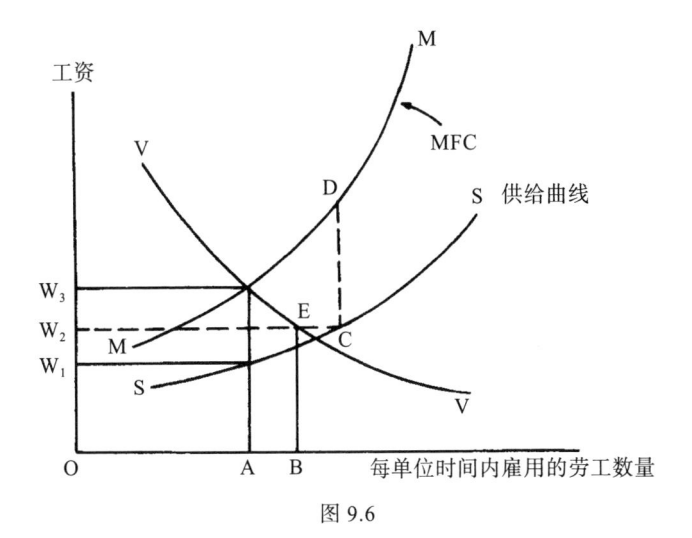

图9.6

工。于是，边际成本也不再是 MM，而是 OW_2CDM，它与 VV 曲线相交于 E 点。这时，尽管工资水平由 OW_1 提高到了 OW_2，均衡就业量却是 OB，比原先的要大。显然，为了达到这种效应，最低工资必须在 W_1 和 W_3 之间。如果超过 W_3，则会是通常的减少就业量的效果。[1]

也许应该明确指出的是：这种情况不过是理论上的稀罕玩意儿，并没有什么重要的实际价值。这是因为，一方面，那些受最低工资影响的生产要素，显然不太可能出现明显的买方垄断；另一方面，即使有这种情况，也无法推断最低工资会正好落在类似 W_1 与 W_3 之间。

---

[1] 关于这种看似简单的分析所体现的微妙之处，及其容易出错之处，《美国经济学家》杂志的一系列评论给出了一个富有启益的例子。它由法勒诺（Frank Falero, Jr.）对这种分析的批评文章"关于买方垄断、最低工资与就业"最先引起（见《美国经济学家》第 10 卷［1966 年秋］，第 39—42 页）。后又出现了六篇进一步分析的文献：耶茨（Richard C. Yates）和泰勒（Benjamin J. Taylor）"关于买方垄断、最低工资与就业：评论"（同上，第 11 卷［1967 年秋］，第 56—61 页）；法勒诺"关于买方垄断、最低工资与就业：答辩"（同上，第 12 卷［1968 年春］，第 52 页）；格拉姆（William P. Gramm）和埃克隆德（Robert B. Ekelund, Jr.）"买方垄断、最低工资与就业：一点反思"（同上，第 52—54 页）；格雷（Ralph Gray）和莫里尔（John E. Morrill）"买方垄断、最低工资与就业：补充"（同上，第 55—64 页）；格拉姆和埃克隆德"混乱的买方垄断论"（同上，第 12 卷［1968 年秋］，第 79—80 页）；斯托克斯（Houston H. Stokes）"买方垄断、最低工资与就业：进一步评论"（同上，第 14 卷［1970 年秋］），第 79—81 页）。为了得到全面、正确的分析，必须把最后三篇文章结合起来读。

第十章　边际生产率分析：若干一般性问题

如上所述，边际生产率分析并没有提供完整的生产要素定价理论。它总结了影响生产要素需求的因素，但要素价格还取决于它们的供给状况。为使理论完备，我们就必须分析生产要素供给曲线背后的因素。但在转向这项分析之前，需要考察一下某些与边际生产率理论有关的一般性问题。这些问题主要与生产要素需求分析中用到的中心命题——要素总是获得它们的边际产值——相关，而不是与供给状况相关。

第一节　产出的完全分配

有一个问题，几乎在边际生产率理论刚一提出时就出现了：根据边际产出取酬，是否能够确保把总产出全部分光？如果每种要素的报酬与边际产出相一致，所有要素的报酬之和，是否就不会超出或者少于可用于分配的总量呢？如果发生了这种情况，差额又是怎么回事？

关于这个问题，威克斯蒂德[*]给出了曾一度得到广泛认同的答案。

---

[*] 菲利普·威克斯蒂德（Philip Henry Wicksteed, 1844—1927），英国经济学家，著有《政治经济学常识》等。——译者

他指出：如果生产函数是一次齐次的，则欧拉定理证明，根据边际生产率取酬，可以把全部产出分光。令 a, b, ... 为生产要素的数量，x = f (a, b, ...) 为生产函数。如果下面(1)式成立，则 f (a, b, ...) 就是 t 次齐次函数：

$$(1) \quad f(\lambda a, \lambda b, ...) = \lambda^t f(a, b, ...)。$$

欧拉定理指出，对于一个 t 次齐次函数，

$$(2) \quad \frac{\partial f}{\partial a} \cdot a + \frac{\partial f}{\partial b} \cdot b + ... = tf(a, b, ...) = tx,$$

如果 t 是指一次，此式就变成：

$$(3) \quad \frac{\partial f}{\partial a} \cdot a + \frac{\partial f}{\partial b} \cdot b + ... = x。$$

其中偏导数正好就是各种生产要素的边际产出，它们分别乘以相应要素的使用量。因此，等式左边的每一项，就是对每一种要素的实物形式的总报酬（如果每种要素获得其实物形式的边际产出），其和正好等于获得的产出总量。这个等式不会由于各项都乘以产品价格而改变，实际上，这正是完全竞争市场上的情况。

但某种意义上，这个答案过于完美了。如果单个厂商的生产函数处处都是一次齐次，那么，不管要素的组合比例如何，根据边际产出取酬都会把全部产出分光，而且，各要素的回报与厂商规模无关。此外，如果存在垄断，根据边际产值取酬就不能完全分配全部产出。最后，如前面已经说到的，[*]从一个足够宽泛的角度看，把生产函数都视为一次齐次函数是合理的；但是，不能根据这种观察角度而认为，从个别厂商的角度看，生产函数也是处处一次齐次。即使

---

[*] 见第六章第三节。——译者

确是如此，那也不过经验上的偶然现象而已。把经济学的基本命题建立在一种经验事实的基础之上，应是很难令人满意的。对这种经验事实的确认，甚至不属于经济学范畴，而是属于技术范畴。

一种更令人满意的答案是认为：产出完全分配，根本不是特定技术状况的必然结果，而是均衡的条件。考虑这样一种情形：如果一种资源的所有者向一切其他资源所有者支付了他们的边际产出，而他所剩余的超过了自己所拥有资源的边际产出。那么，这种资源的所有其他所有者都会有动机这么做，于是在这个过程中消除了上述差异。相反，如果剩余的少于资源的边际产出，他就不会再当剩余收入接受者，而是停止现有活动，并出租他的资源以取得边际产出。结果，在竞争条件下，单个厂商会在使生产函数为一次齐次的产出水平与资源组合状态下，从事生产经营。

第二节　边际生产率在实证和规范分析中的作用

在讨论边际生产率分析时，有必要背离一下我们关于回避规范性问题的一般原则。理由是：实证问题和规范问题之间的混淆，可能是误解边际生产率分析的根本渊源，是在这个理论上持续论战的基本原因。

这一混淆，最简单的就表现为这样一种观点：如果边际生产率分析是正确的，那么，任何工资水平（或其他资源的回报率）都是必然的，都取决于"自然法则"，都不因人的行为而改变——这个结论如此令人不快，以致连边际生产率分析都无法让人接受。当然，即使这个推论正确无误，它也不应是我们拒绝边际生产率分析的正当理由。正如我们可以抱怨世界是圆的，而且我们对此无能为力，但不能因此拒绝将其视为事实。而且，上面的分析已清楚表明，这个推论并不正确。实际上，边际生产率分析恰是一种方法，用于分析某个职业的工资是如何因人的行为而改变的。通过提高雇员的边际生产率，就可以相应提高工资。而要提高雇员的边际生产率，可以通过减少雇员数量，提高工人效率，改善经营效率，或者增加所用的资本数量等来实现。

而复杂一些的混淆，是一套经常出现在大学教科书（特别是劳动经济学教科书）中的反对边际生产率分析的意见。大意是说：边际生产率理论"假设"资源是完全灵活的，可选择机会是完全透明的，竞争也是完全充分的，等等，因此不能成立。且不论这些关于"假设"的说法会带来的一般性问题，如果我们把边际生产率分析看作是一种实证分析的工具，是理解生产要素需求背后的影响因素、并进而理解资源价格为何如此的方法，那么显然，在进行边际生产率分析时，这些假设完全无关宏旨。

假设某种劳动力在南方与北方之间完全不能移动。这意味着，两地的这种劳动力实际上是完全不同的资源。既是两种不同的资源，就有各自的供给曲线。两种资源的价格由各自的供求曲线交点决定。北方劳动力的需求曲线取决于它的产出价值，当然，后者又取决于南方劳动力的价格，反之亦然，就像劳动力需求可能取决于例如土地的价格一样。如果两地的单位劳动力具有生产上的完全替代关系（也就是说，无论是在北方还是南方，很多活动可以同样成本完成得同样好），需求状况将促使两者价格相同。如果它们不是完全可替代，价格就会有差异，如此等等。因此，边际生产率分析，对于确定不可流动性的影响也是有用的。同样，知识与信息的缺乏就像不可流动性一样，也会影响生产要素的供给状况。而我们已经看到，这种分析也很容易用于垄断情形。

我们引入这些"假设"，就是因为它们关系到应该如何判断"根据边际产出取酬"的规范性含义。假设，由于不了解其他家具工厂的工作机会，劳动力滞留在一组工厂之中，而没有到另一组工资更高的工厂求职。因此，实际上相同的劳动力，在某一组工厂中得到的工资要高于另一组，尽管在每一组工厂中，每个劳动力都分别得到了他的边际产出所值。显然，如果知识与信息的缺乏得以消除，总产出会增加。工人从工资较低的工作岗位跳槽到工资较高的岗位，他在新岗位上所增加的产出，要大于离开原岗位所减少的产出。

如此例所示，根据边际产出取酬的规范性功能，是实现资源配置的有效率。向工人支付其边际产出，会激励他寻求自身边际产出最高的职业。假设两组家具工厂边际产出不同，但工资相同；那么，工人们就没有积极性跳槽到边际产出较高的工厂去。同样，根据边际产出取酬，会激励雇主使用最适合其目的的资源。例如，假设存在两种类型劳动力：A 和 B。假设两者在活动 1 中完全可替代，在活动 2 中 B 的生产率比 A 高。如果报酬与边际生产率相一致，B 会因为他在活动 2 中有更高生产率，而得到比 A 高的工资（假设 B 的量有限，因而市场均衡时能全部在活动 2 中就业）。活动 1 的雇主有动机雇用 A 而不是 B，因为，若雇用 B，他们必须支付 B 在活动 2 中的边际产出。反之，假设 A 和 B 的工资被武断划一，这就意味着工资不能与边际生产率相一致。活动 2 的雇主仍有动机以 B

代替 A，但活动 1 的雇主就不再有动机以 A 代替 B 了。当然，所有这些情况中，这种"动机"自身又取决于雇主是根据他的边际产出得到报酬的，因为他的生产率恰恰在于选择最适合其目的之资源。如果他的回酬不取决于他完成这项工作的好坏，他又有什么积极性把它干好呢？

更一般地说，根据边际产出取酬，可以看作是一种手段，以使最终产品在市场购买中的替代率，等于生产替代的技术可能性比率。如果忽略所有中介，这一点很容易看出来。假设在其他资源给定的条件下，一小时劳动的边际产出，是一蒲式耳玉米，或一蒲式耳小麦。那么，它们之间的技术替代率是 1:1。如果玉米和小麦的市场售价不同，显性替代率不是 1:1，则实际提供给消费者的选择机会就是扭曲的。当然，分析到此，只要求回报率与边际产出成比例即可。但是，如果回报率不等于边际产出，市场产品与非市场产品之间的替代率就会被扭曲。假设上例中，一小时劳动的价格为半蒲式耳小麦。对于劳动者而言，通过放弃半蒲式耳小麦，就能得到一小时的闲暇，但社会实际上为此损失了整整一蒲式耳的小麦。

深入分析这些规范性问题，需要开展更为广泛的讨论，特别是讨论有关"未定归属"的收益和成本所引起的问题（如"邻里效应"，即私人产出与社会产出的分歧）。不过，我们应该已经充分说明，为什么在分析"根据边际产出取酬"的规范性含义时，信息缺失、不可移动性和竞争程度等问题特别重要。而且，对下列观点应该也已作了充分说明：资源的"合理"配置，是通过调整每单位资源的回报率来实现的，而不是通过调整相关个人的总收入来实现的——总收入不仅取决于资源回报率，还取决于个人拥有的资源数量。

第三节 分配的伦理学

最有争议的规范性问题,还不是边际生产率在实现配置效率上的作用问题,而是根据边际产出取酬是否可以实现分配公平的问题。边际生产率理论被认为是对现行收入分配制度合理性的辩护。人们认为,边际生产率理论表明,在合理近似竞争状态的环境下,每个人都会得到他所生产的成果。显然,人们应该得到各自的劳动成果。因此,大家认为,现行的收入分配制度是合理的。

针对这个观点的一种反对意见是:与个人所得报酬相一致的私人产出,可能与社会产出相乖离。例如,窃贼用的撬棍的生产者也得到了(个人)边际产出的报酬。但是,这种反对意见并不重要;它所抨击的只是上述观点中的一个次要前提——它不过认为,在某些情况下,产出的市场量度并不是恰当的量度;但它并未否定,如果恰当量度产出,个人是应该得到他们的劳动成果的。

这个观点能够成立的基本假定条件,是如下一种伦理主张:个人应该得到由他的资源所生产的东西。暂且不管这种主张是否可以接受,我们必然承认,它得到了广泛的、潜意识的认同。一个社会保持稳定的基础,就在于有一套信仰被社会大众潜意识地接受,被认为理所当然而无异议。在我看来,上述主张正是或曾经是我们社会中的这套信仰之一。社会之所以接受市场体系及相应的报酬方式,部分原因就在于此。根据边际产出取酬,可能"确实"可以实现资源配置效率。但它之所以能够发挥这种功能,只是因为人们广泛地,也可能是错误地相信:根据边际产出取酬,能够实现分配正义。

这种伦理主张如此深刻地嵌入于我们社会的价值观,以致最极端反对现行制度的人默认其是。马克思对资本主义制度的一项主要批判是他的劳动剥削理论。他宣称:劳动创造全部产出,但只得到其中一部分,因此,劳动受到了剥削。即使"劳动创造全部产出"的说法是对的,但为什么"劳动创造全部产出而仅得其中一部分"的结果就是"不好的",或者说就是"剥削"的表现呢?只有认定劳动"应该"得到其产出,这种结果才能说是"不好的"——而这种认定正是上述基本伦理主张。如果我们接受罗斯金[*]"各尽所能,各取所需"的口号(同样不管"能""需"如何定义的问题),那么,马克思的全部论证就荡然无存了。因为若是这样,为了证实"剥削",人们须得说明:不是劳动所得少于某种意义上的劳动产出,而是劳动所得少于其"所需"。

当然,马克思的剥削理论尽管接受了这种基本的伦理主张,逻辑上仍然是错误的。因为显然,现期产出的一部分应归因于非人力资本。马克思对此的回答是:非人力资本是以往劳动的成果——可说是"物化的"劳动。如果是这样的话(当然,我并不认为确实如此),马克思的口号就必须改为:"现在和过去的劳动创造了全部产出,但现在的劳动只获得其中一部分。"这最多只是意味着,被剥削的不是现在的劳动,而是"过去的劳动"。而且,必须引入一种新的伦理主张:现在的劳动应该得到现在与过去劳动的全部产出。

---

[*] 约翰·罗斯金(John Ruskin,1819—1900),英国艺术评论家、社会改革家。——译者

第十章 边际生产率分析：若干一般性问题

当然，这里讨论这个马克思主义教条的目的，不是给出完整的分析，只是为了说明，这种对资本主义制度的批判本身，也是建立在资本主义伦理的基础之上的。

如果更深入地考察"个人应该得到其资源（劳动力与非人力资本）之产出"的主张，我认为，它既不能通盘接受，也不能全然拒绝。就两个处于可比环境、拥有相同机会的个人而言，这种主张完全合理。因为，通过市场支付的报酬，只包含资源使用的一部分；而且，按照市场化的产出支付报酬，是实现总收益均等所需要的。但就两个机会不均等的个人而言，这个原则似乎没有多少合理性。一人生而目盲，另一人视力正常，前者因为生产能力较弱而比后者所得要少，这是否"公正"呢？困难在于，很难找到任何其他适用的原则。根本的"不公正"在于资源的初始分配上，即一人目盲而另一人正常的事实。实际上很显然，在这种情况下，我们并没有运用根据产出取酬的原则。

人们有时认为，这个原则更适用于对人力资源的使用与报酬，而不是对非人力资源的使用与报酬；个人"应该得到"自己劳动或自己所生产的资本的产出，但不应得到来自继承资本的产出。但正如上例所暗示的，这种区别很大程度上是站不住脚的、无意义的。如果一个人应该得到他的劳动所得，就意味着，只要没有干扰别人，他有权自由消费他的产出。如果他可以用之于声色犬马，却不可以传给自己的子女，那还能说他得到了自己的产出吗？甲继承了父亲的遗产；乙继承了罕见而值钱的体能或智力。或者，甲用他的劳动所得为孩子提供技艺教育，从而提高孩子的收入能力；乙用他的劳动所得给孩子置办了一份产业，也同样提高孩子的收入能力。其中又有何差别呢?

问题复杂而微妙,以上讨论却粗浅又兼片面。其目的不是提出什么完整或令人满意的分析,只是说明:决定资源回报率的边际生产率分析,并没有什么独特的伦理含义。接受边际生产率分析,绝不是要人们把现行的收入分配制度当作正确或恰当的分配模式予以认同;也不是要人们予以排斥。

第十一章　生产要素的供给

第一节　生产要素

上面讨论生产要素需求，所用的都是高度抽象的术语；我们没有考虑生产要素的具体性状，也未予命名。理由是：在需求方面，似乎没有什么要素的经验分类法，具有值得专为一提的特殊重要性；而具体怎样分类有用，又因问题而不同。在需求方面，要素分类主要考虑的是生产上的替代性。如果生产上可完全替代，就是同一种要素；不能完全替代的，就是不同的要素。对于一些问题，有必要区分出很多不同的生产要素；而对于另一些问题，只需区分出少数几类。

传统观点认为，是供给状况为以明确的术语区分生产要素，提供了更加扎实、更有实证涵义的基础。古典经济学家把生产要素主要分为三类：土地、资本和劳动力。他们认为土地是一种永续的、不可再生的资源，数量固定，因此对于整个经济体的供给完全无弹性。认为资本是可再生资源，数量可以通过特意的生产活动而改变，因此供给不是完全无弹性。实际上，他们基本倾向于认为，资本富有弹性。又认为劳动力就像资本一样，是可再生、可增加的，而且长期看，劳动力实际上是以不变的成本供应给经济体的；劳动力与资本的区别，是它作为生产要素和最终消费者的双重身份。

这种特定的三分法，无疑是古典理论发展时期凸显出来的特定社会问题的反映，是英国工业革命时期的社会结构变化的体现。现在，对于某些问题来说，把土地从其他资源中区分出来，可能仍然是重要的；但对大多数问题而言，这种区分已无甚紧要。在很多现在看来很重要的场景中，无论从哪种经济意义上讲，土地与其他形式的资本都无从区别。土壤的生产能力可以通过灌溉、施肥等类似的成本支出而创造出来，显然不是永续性的。而且随着时间的推移，在发达国家中，地租，即使是惯常意义上的地租，也已经变成了总收入中很小的一部分。

从广泛的视角来看，关于把所有生产力来源都视为资本的观点，需要进一步阐述。大部分我们称为"劳动力"的生产力，显然是特意投资的产物，是像机器或建筑物一样被制造出来的。人的生产力可以替代物的生产力，也可以由后者以一定代价生产出来。实际上，资本主义发展的显著特征之一，就是这样一个趋势：在总投资中，越来越大的部分表现为人力资本投资。社会越发达，总收入中被界定为财产性收入的部分，其比重一般会越小——尽管实物资本的绝对量大为增加。例如，美国的财产性收入占比要小于缅甸或印度，甚至还可能小于法国或英国，而今天美国的占比也可能小于一百年前的。

虽然我们认为，生产性服务的所有来源都可视为资本，但我们的社会与政治制度还是要求我们承认：对于很多问题而言，在人力资本和非人力资本这两种资本类型之间，存在重大的区别。我们可以通过考察马歇尔关于劳动力"特性"的讨论,来探讨这种区别的意义——在马歇尔看来,正是这些"特性"证明了把劳动力与其他要素区别开来是合理的。他列出了五项特性:

1. "工人出售劳动,但自己保留资本。"
2. "出售者必须自己交付劳动。"
3. "劳动力是不经久的。"
4. "劳动力的出售者在讨价还价谈判中通常处于劣势。"
5. "增加专业技能劳动力的供给,需要很长时间。"

如同马歇尔认识到的,这些特性中,前两项所依据的基础与后三项颇为不同。所谓劳动力是不经久的,是指劳动服务的来源(即人力)的贬值,主要取决于时间,而不是它的使用率,因此,如果今天的劳动服务未加利用,并不能很方便地储存起来,明天也不会有相应更大数量的劳动服务可得。但是,这一点对很多非人力资本同样正确。桥梁、公路或者机器的服务也是主要因时间而退化;或者一辆汽车,从经济的角度来说,它的物理性状固然可以维持,但经济价值却会因过时而下降。

其次,讨价还价上的劣势,绝不是像马歇尔所说或以往经验再三展示的那样,总是在劳工一边。即使这方面确实存在某些系统性差异,那也只是第一项特性的间接效应。由于非人力资本可以买卖,因此,抵押非人力资本而借贷,较之抵押预期的赚钱能力要来得容易一些。而且,通过出售非人力资本而获取现款是可能的,但对于人力资本而言,却不可能。更一般地说,任何类型的"讨价还价"问题,只有在市场具有非竞争性时才会出现,而且严格说来,只有在买卖双方都为非竞争性时才会出现。不过,这时讨价还价的优势在哪方，取决于哪方是垄断者；如果双方都是，则取决于他们的相对垄断势力。我们很难说，劣势还是优势，紧密取决于所讨论的资源是或不是劳工。

同样，第五项特性最多也只是程度问题。增加其他类型的资本供给可能也需要一段长时间：只要想一想苏伊士和巴拿马运河，想一想早期对无线电、航空和电视产业的投资，就很容易明白这一点了。

但第一与第二项特性所依据的基础与上不同，因为它们源自我们这个社会的基本制度特征。只有在奴隶制社会，而且只是对奴隶而言，这些特性才不复存在。如上所述，在我们的社会中，人力资本不能买卖的事实，意味着人力资本一般不能像非人力资本一样，方便地储存起来以备不时之需。因此，在任何给定的总收入中，来自人力资本的比重越大，人们储蓄的意愿通常就会越强。

需要加上"通常"的限定，是因为只有当人身与财产安全有充分保障时，这种说法才能成立。如果人们总是处于（或感觉自己处于）被没收财产或被逐出居所的危险境地，那么人力资本就是比非人力资本好得多的储备。最近的例子如第二次世界大战前的纳粹难民等。这时，身怀具有普遍性价值的技艺的人，例如医师，比拥有大量财产的人，就有了好得多的应急储备。一个更古老的例子：人力资本在这种环境中的优越性，正是解释犹太人在长期流亡中特别重视教育的主要因素。

人力资本不能买卖的另一个后果，是减少了市场自发的人力资本投资的力度。个人投资一台机器，就可以拥有这台机器，因而可以确信自己得到了投资回报；而投资在另一个人身上，却没有这种把握。另一方面，个人很有积极性对自己或子孙进行人力资本投资——这种积极性并不是在投资机器设备方面同样拥有的。因此，很容易出现人力资本相对于非人力资本的投资不足或投资过度。

最后，人力资本不能买卖也是马歇尔说的第二项特性的基本理由：正因为人力资本不能买卖，出售者才必须自己交付劳动。但这意味着：非金钱方面的因素与人力资本的使用变得相关——非人力资本一般没有这种相关性。例如，土地所有者不会关心土地是以"舒适"还是"不舒适"的方式被使用，马的所有者也不会关心马在工作中是"愉快"还是"不愉快"，只要两种工作不致影响土地或马后续的生产率即可。而劳动力的拥有者不同，他有理由关心这些。可以说，他需要订一个搭售合约：在出售劳动力的同时，搭配"购买"了工作的环境、作业的舒适性，等等。

这些适用于人力资本的特殊因素，影响了人力资本的供给。其影响方式值得我们进一步分析。下面，我们将转入考察短期和长期的一般劳动供给，然后再考察不同职业的劳动供给。而对于其他要素来说，类似的分析是多此一举。

第二节　整体的劳动供给

劳动显然不是同质的：泥水匠的一小时劳动不会等同于飞行员的一小时劳动。但是，我们通过假定某种工资结构，采用某种惯例做法，把不同类型的劳动加总在一起，总是可以设想构建一条一般的劳动供给曲线。例如，我们可以按照固定的工资比价，定义假设的工资结构，然后以这种工资比价，把实际劳动时间转换为"等价"劳动时间。如果假设飞行员的工资固定为泥水匠工资的十倍，我们就可以把飞行员的一小时工作等同于泥水匠的十小时劳动。这样，就可以把等价劳动时间的总供应量，想象为某个工资结构指数的函数，比如说泥水匠的工资结构指数的函数。即认为，每个如此定义的工资水平上的劳动总供给，实际上是由多少泥水劳动时间、多少飞行工作时间等等组成的。而且一如往常，在这个过程中，我们并不认为，相对工资结构其实外生于经济系统，或与工资水平无关。我们只是分割问题，逐项考察而已。

一般来说，有必要区分下列两种劳动供给曲线：一种是短期劳动供给，指给定人口（有给定的最大生产力）下的劳动供给；另一种是长期劳动供给，指没有这些限制条件下的劳动供给。第二种劳动供给显然包含了人口"理论"。

第三节　短期劳动供给[*]

显然，我们给定的条件意味着，用于所有用途的短期劳动供给总量是完全无弹性的：如果我们忽略对劳动力不同素质的修正，24小时乘以人口数就是可得的日劳动供给总量。但是，我们感兴趣的问题显然不是所有用途的劳动供给，而是通过市场交易而加以利用的劳动供给部分。因此，我们关心的问题本质上是：什么因素决定了总劳动力中提交给市场出售的比例。

在现代社会，这个比例相对较小，因此存在相当大的变动空间。略小于一半的总人口属于"劳动力"范畴，这些个人也只是把全部

---

[*]　原书这个标题的层次疑有误，译文已改正。——译者

时间的一小部分(大约 1/4)用于市场活动。而不同时期、不同国度，这个比例无疑有很大的变化。

关于短期劳动供给曲线，最广为接受的假设大概是：在某个工资水平之上，曲线会向后弯曲，如图 11.1 所示。曲线上各点，可解释为给定工资水平下的最大劳动供应量——这也就是为什么把曲线的负斜率部分说成"向后弯曲"而非"向前下降"的原因。各种经验证据证实了这个结论。首先，随着发达国家长期以来真实工资的不断增长，每周的平均劳动时间趋于下降，劳动市场上的童工比例趋于减少。女工比例的变化没有那么有规律，可能有所增长。但总体而言，如果供给曲线描绘的是这种长期的观察，就会出现向后弯曲的部分。另一个证据来自欠发达国家的经验。欠发达国家的普遍情况是：小时工资在相当低的水平上一有增加，就会导致工作时间减少。那些当地居民好像只想得到一笔确定金额的钱，而不管为此要工作多长时间；如果能在较短时间内得到那笔钱，他们就会工作得少一些。

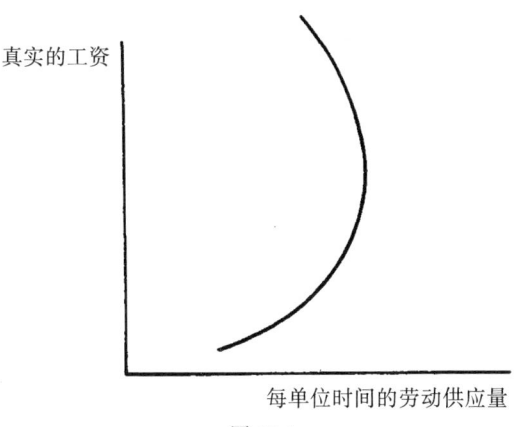

图 11.1

对于供给曲线向后弯曲部分的理论解释是：由劳动需求增加引起的实际工资增长，有两种效应。(1)使闲暇更加昂贵，因为每小时闲暇的成本就是一小时能够挣得的工资。这是替代效应，由此会增加劳动的时间。(2)如果个人劳动相同时间，实际工资上涨会增加他的真实收入，这会导致他想要购买更多各种商品，包括闲暇。这是收入效应，除非闲暇是贫穷物品，否则，由此会减少劳动的时间。因此，上述证据实际上是说：某一点之后，收入效应会超过替代效应，表现为人们的劳动时间减少，辅助劳动力（如儿童等）退出劳动队伍等。这种分析也清楚表明，问题很大程度上取决于：在市场上以货币购买的物品，之与可由非市场活动获得的物品之间的相对价值。在原始社会，初始工资很低，但工资的收入效应占支配地位，这反映了原始社会对市场交易商品的不熟悉和品味的局限性。随着品味提升，知识增长，收入效应占支配地位的点就会趋于上升。

对于类似上述分析，有时人们会提出如下异议：个人并不能决定自己的劳动时间；劳动时间是一种制度安排，个人要么接受，要么辞职。这种异议完全不能成立。首先，我们已经看到，很多调整可以通过改变劳动队伍中的人口比例来实现。其次，具体个人在任何时候都有一些调整的余地。他可以决定加班或不加班，年休的时间可长可短，可以选择某类型的职业或雇主以使对方所要求的劳动时间正合他意，等等。但这些尚不是根本的谬误所在。最重要的一点是，个人就像完全竞争者：就每个人分别而言，每周的劳动时间可能固定；但这个固定的水平却是很多个人作为一个群体的选择的结果。任何时候，如果劳动时间平均比人们在给定工资下所希望的水平要长，那就意味着，如果某位雇主把劳动时间缩短，调整到工人乐意接受的水平，就可以使他的职位比其他雇主的职位更具吸引力。从而，他可以吸引更好的工人，或在一个较低的工资水平上招工。这样就会激励雇主调节工作条件和时间，以适应工人的偏好（根据前面的术语，因为这种交易的搭售性质，雇主既是工作条件的卖家，又是劳动力的买家）。这样的竞争就允许个人事实上决定了他们自己的劳动时间。

尽管我们讨论的是短期供应曲线——所谓短期，这里是指人口数量保持不变；但我们在说不同的实际工资水平的影响时，所指的每一工资水平，都被视为是持久的，即预期会延续下去。显然，对于将会回归较低水平的临时性较高工资，与预期持久的较高工资相比，反应会很不相同。临时性较高工资比永久性较高工资，一般更可能导致固定人口中的劳动力供应量增加。因为，如果较高工资是临时的，人们就会尽量在较高工资存续的时期内利用好机会，过后再购买闲暇。

关于这一点，美国二战期间的经历是一个贴切、有趣的例子：战争时期，加入劳动队伍的人口比例和人均每周的劳动时间，都大大高于战前时期。乍看之下，好像这种增长反映的并不是实际工资较高但预期不能持久的社会反响。因为，货币工资急剧上升，物价也急剧上升——既有公开的涨价，也有产品质量恶化的间接涨价，因此，单位时间的平均货币工资，除以经由质量校正的消费者商品价格指数的商，可能根本没有上升，甚至可能下降。一些经济学家引入货币幻觉的概念，来解释实际工资不变与劳动供应量增加之间的这种表面上的矛盾，即认为，劳动供给者是对名义货币工资作出反应，而不是对实际工资，比如说，如果所有名义价格和工资都翻番，他们的行为也会有所不同。

其实，解释这种现象，并不需要引入诸如货币幻觉这样的"挡箭牌"。表面上实际工资没有上升，这本身反倒是一种错觉——对此有两点浅显的理由。第一，很多新进入劳动力市场的人，以前未曾在通行的实际工资水平上被雇用过；虽然平均工资没有上升，但他们得到的实际工资增加了。确实，存在这样一种可能性：就每个人分别而言，实际工资是上升了；但平均而言，实际工资仍然保持不变。[①] 第二，人们可能信心满满地认为，战时消费品价格的上涨是临时的，战后物价会回归到战前水平。他们的工资中任何节省下来的部分，都会由于预期的战后物价（而非战时物价）而得到通货紧缩效应。如果情况确是如此，就可认为：收入者认定的实际工资，要高于简单扣除现行物价指数所得的工资水平。如果如前所述，有部分劳动供给增加是为了利用临时性的机会，那么，第二个理由就尤为重要。这意味着，劳动者应会作出规划，把收入增量中特别大的份额节省下来——其中，预期的未来物价水平就显得特别重要。很多事实间接支持了这种解释，特别是：战争期间，收入用于储蓄的比率非常之高；这些储蓄中，更多的是以票面价值固定的资产形

[①] 为说明这种可能性，假设：工人的工作时间不可能变化；A 类工人最初职业的工资是每小时 1 美元；B 类工人是每小时 0.5 美元；现在 A 类与 B 类工人各有 50 人；A 类工人愿意在每小时 1 美元的工资水平上工作，而 B 类工人不愿意在每小时 0.5 美元的工资水平上工作。那么，最初只有 A 类工人会被雇用，社会平均工资是每小时 1 美元。假设提供给 A 类工人的（实际）工资水平上升到每小时 1.25 美元，B 类工人的上升到上升每小时 0.75 美元。假设在这样的工资水平上，两类工人都愿意工作，都工作相同时间。那么，社会平均工资仍然是每小时 1 美元，但对每个工人分别而言，与劳动供给相关的工资水平都已上升了。

式持有（如政府债券、现金等），而不是以普通股股票或实物形式。当然，最后，关于未来物价水平的预期破灭了，但是，对未来的误判与对现状的幻觉是完全不同的。

第四节　长期劳动供给

如果转向长期劳动供给问题，我们就必须分析实际工资对人口规模及其素质、技能等的影响。换言之，我们需要人口理论和人力资本投资理论。这两种理论显然是相关的：追加劳动力可以通过增加劳动者人数来实现，也可以通过对每个劳动者进行更多投资来实现。为简化起见，在下面的讨论中，我们将用"人口规模"的短语来表述，但这些讨论很多也适用于人力资本投资。

最初，人口理论被看作是经济理论的一个基本组成部分，马尔萨斯的人口理论是古典经济学理论的一方基石。最简略地说，马尔萨斯的学说认为：劳动力是一种资本形式，像其他资本一样，它可以一定成本生产出来；而且，劳动力是在不变成本的条件下生产出来的，这个不变成本水平就是维持生计所需的最低生活水准。如果工资水平提供了一个高于这一点的生活水准，结婚就会提前，生育率会提高，死亡率会下降，人口会增长；反之亦相反。据此，这个理论推导出一条完全弹性的长期的劳动供给曲线，如图 11.2，其中 OW 就是保证最低生活水准的工资。

这个理论，即使仅就这种简略的形式而言，也符合很多事实观察，其中一些在马尔萨斯时代就已存在，更多的是那个时代之后的经验。菲律宾和波多黎各就提供了极端的例子。过去半个世纪，

图 11.2

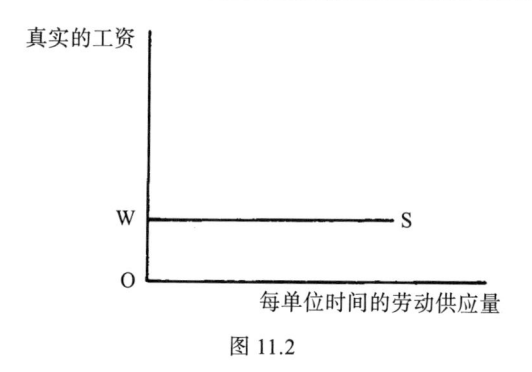

美国对菲律宾进行了大量的资本投资,带来的是人口大约增长了两倍,而平均生活水准很少或根本没有变化。同样,美国(尤其是1933年以来)对波多黎各增加援助的主要后果,也是人口的飞速增长。其他大量例子不胜枚举。

但是,如果我们把 OW 理解为本质上是由技术决定的指标,那么,大多数西方国家的经验就与简略的马尔萨斯理论相矛盾了。在过去的一个半世纪里,这些国家的实际工资已显著提高。人口确实也增加了,但绝对没有增加到使真实收入增长化为乌有的程度。

由于存在这种显而易见的矛盾,马尔萨斯理论遭到了经济学家的拒斥,甚至导致人口理论被完全排除在经济学之外。人们认为,人口主要由很多非经济因素所决定,这些因素不在我们的能力或兴趣范围内。就我们的目的而言,应把人口看作是给定的,并把人口变化留给人口学家、社会学家等去解释。不过,最近,经济学家又重拾了对人口理论的兴趣,并再次关注将人口理论和经济理论重新融为一体的问题——这是一种值得鼓励的发展态势。

要构建一种人口理论——既与西方世界的经验相符,又与整体经济理论互洽——途径之一是重新审视马尔萨斯理论，并以更精细的方式阐释之。我们可以认为，马尔萨斯理论的本质，不是说存在一个由技术决定的人口繁衍的成本，而是这样一种观念：人口繁衍应被看作是慎重的经济选择，取决于收益与成本之间的平衡。据此，子女可被认为具有双重角色：他们既是消费品，是一种通过花费收入获得满足的方式，是对购买汽车、家政服务或其他商品的一种替代；同时，他们又是经济活动生产出来的资本品，是对建造机器、房屋或类似东西的一种替代。

在被视为消费品时，生育子女的数量取决于子女与其他消费品的相对成本、所有可用收入，以及个人的品味与偏好。非经济因素主要通过决定品味与偏好进入这个分析图景。而在被视为资本品时，生育子女的数量取决于这种资本品之与其他资本品的相对预期收益、相对生产成本等。子女与其他资本品的主要区别在于：最初进行投资的个人最终占有投资收益的可能性彼此不同。子女乃是上述双重角色意义上的连带产品——这一事实意味着，上面两种考虑需要结合起来，即，子女作为资本品的收益，可看作是减少了作为消费品的成本。如果没有这一点，很明显，在一个自由社会里，人力资本总投资不足的问题几乎在所难免。

从这种更宽广的角度看，图 11.2 中的 OW 不再被看作是由技术决定的指标，而是以上所议各种因素的相当复杂的结果——在马尔萨斯时代，人们把 OW 看作是"约定俗成"的最小值，就是强调了这一点；现在，我们又强调通过改变人们的品味与价值观，可能要提高这个"最小值"。

由此看来，西方世界的人口增长没有像简略的马尔萨斯理论所推断的那么快,可能只是反映了生育子女的成本相对于收益上升了——这个解释甚至无须引入品味变化的说法。由此让人联想到,在这个方面,可能有很多因素在起作用:(1)城市与农村相比,养育子女的成本显然更大,而西方世界的经济发展包含了大规模的城市化。(2)子女作为资本品的收益又是城市低于农村,因为城市居民在童年时一般价值更小;而且城市里的习惯,可能更早就不再把生产活动的报酬交给家庭。(3)伴随着工业化,家族关系日渐松弛,使子女作为预防失业与养老保障之所需的价值也降低了。(4)随着真实收入增长,子女作为消费品的一面较之作为生产要素的一面,变得更为重要——也就是说,子女作为消费品,是一种富裕物品。但这意味着送子女就学的时间更长,待在劳动力市场之外的时间也更长,从而减少了子女给予父母的回报,增加了相关成本,使得子女相对于其他消费品更加矜贵。以上所列并非意欲穷尽所有因素,只是给出一些提示。显然,一些相抵消的因素同样需要包括在内。

修正后的马尔萨斯学说,不仅可与西方世界的历史发展相吻合,也可与现实观察到的很多现象相契。例如,农村地区的出生率比城市高,显然与上述因素有关。实际上,根据这个观点,对于美国由农村到城市的人口净迁移的长期趋势,可以作出与通常所说的大相径庭的解释。通常认为,这种趋势反映了一种处于不断调整中的非均衡状态,但由于摩擦太大,这个调整过程进展缓慢,或者说是"太慢了",以致平均而言,农民的报酬要低于与城市居民报酬相协调的长期均衡水平。而由上述分析给出的另一种解释是:农村在人力资本的生产上具有比较优势,恰如食品的生产一样;可以说,农民同时从事两种连带的产业——食品生产和人力资本生产,并向城市净输出这两者。在这种解释中，人口由农村向城市的净流动不再是失调的迹象，而是均衡的证据；而且，农村家庭收入的一部分，就是从子女身上得到的金钱或非金钱形式的回报。

另一个观察到的现象可能也符合这种分析，即"较高"社会经济阶层的家庭生育子女的数量明显少于"较低"社会经济阶层的家庭（如专业人士与商人家庭的子女少于普通工人家庭）。至于社会经济阶层内部是否也存在收入越高，子女数量越少的趋势，则不甚了了。上面第三、四种因素给出了解释这些现象的一种方法。由于品味和机会不同，各社会经济阶层养育子女的相对成本也不同。主要因素大概是：较高阶层家庭的子女上学时间可能更长，而且非常重要的一点，所受教育必定是自费的；而较低阶层，教育更可能是公费的，或者是子女自己勤工俭学。因此，家庭的社会经济阶层越高，子女比之其他消费品就越矜贵。但在各社会经济阶层内部，这些因素可能不起作用。因此，如果发现在同一个阶层之内，收入越高的家庭子女反倒越多，就不足为奇了。

此外，出生率与一般经济状况的关系、政府给予儿童特殊津贴的影响等，都为这种解释提供了间接证据。希特勒和墨索里尼都推行过这种儿童津贴。很多家庭津贴方案，如法国现行的津贴方案中也都包含这样的津贴。似有一些证据表明，这些方案确实显著影响了人口增长率。

上述分析还不是完全站得住脚，甚至相关定义都尚不明确。但是，它可能是人口经济理论较有希望的发展方向之一。[①]

---

① 自本书这部分杀青之后，此方面的研究又取得了很多成果。

第十二章　工资厘定与失业

有一个主题不容易在价格理论与货币理论之间作出归类,就是上述工资厘定分析与就业—失业总水平波动之间的关系问题。如果工资取决于需求与供给的相互作用,那为什么会有"非自愿"的失业呢?为什么工资不会作出调整,以出清市场?

一种答案是经济学家的万金油式的解释——当不能对观察到的现象作合理解释时,经济学家就会抛出这种理由——市场是不完善的,这里体现为"刚性"或"坚硬"的工资。简言之,这种解释认为:如图 12.1,虽然工资 W_0 可以出清 E_0 单位的雇用劳动,但市场存在某种缺陷,阻止工资下降到 W_U 以下;而在 W_U 的工资水平上,只有 $W_U U$ 单位的劳动力会被雇用;于是 UB 单位劳动力失业,其中 UA 是"充分"就业水平超过实际就业水平的部分,AB 是在工资水平为 W_U 而非 W_0 时,增加的劳动供应量。

这种说法不是答案,而仅仅是问题的复述。工资为什么会铆在 W_U 上?显然,一些特定情形可使问题唾手而解,比如说存在法定最低工资。这时,$W_U BS$ 线才是实际的供给曲线,而非 SS 线,答案就是(实际)供给曲线与需求曲线的交点。但是,这种回答显然没有普遍性。

凯恩斯在他的《通论》中给出了一种较为深奥的解答。他认

第十二章 工资厘定与失业

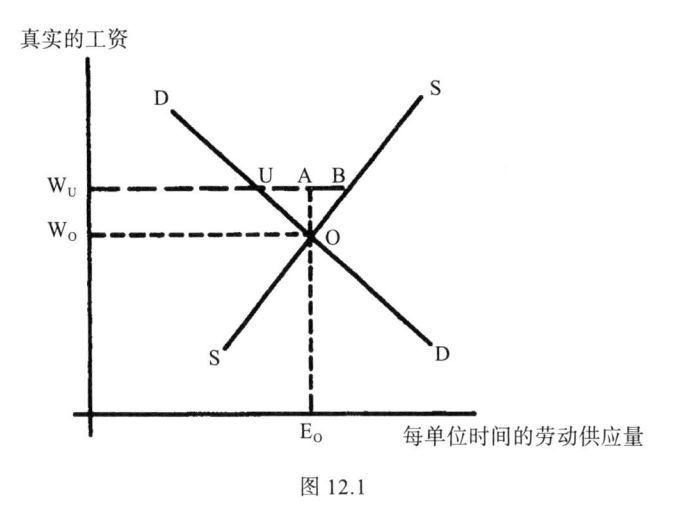

真实的工资

图 12.1

为,图 12.1 关于实际工资决定要素的概括是不完备的,它忽略了另一组需要考虑的因素,这些因素与下述情形有关:在由货币供求状况决定的利率水平上,促使一些人愿意储蓄的量等于另一些人希望投资的量。这里不对凯恩斯的观点作过多讨论,因为它属于货币理论而非价格理论(不过本书第十七章给出了对该问题的局部分析)。就我们的目的而言,该论断的意义是:在凯恩斯看来,与储蓄—投资的货币供求状况相契合的实际工资,可能不同于与"充分"就业相呼应的实际工资,比方说,前者可能是 W_U 而非 W_O。凯恩斯认为,在这种情况下,"实际"工资下降也许可以增加就业,但这一点不能通过下调"货币"或"名义"工资来实现,因为"货币"或"名义"工资下调,会被"货币"或"名义"物价的同步下降所抵消。因此之故,工人会"理智"*地抵制名义工资下调。这样,凯恩斯就从另一个

---

* 原文为 wise,如果直接理解为理智,这句话的前后逻辑似乎不好理解:既然名

角度解释了：为什么应把 W_UBS 而非 SS 看作是"实际"的供给曲线，从而工资位于（实际）供给曲线与需求曲线的交点。

这种解答同样不能令人满意。首先，它很不严谨地在"名义"和"实际"工资之间来回摇摆，这一点我们将在下面详述。其次，也是更重要的：只要市场处于 U 点上，数量为 UB 的劳动力，就有动机以略低于 W_U 的实际工资提供他们的劳动服务。这种压力如何克服？如何在愿意提供 W_uB 数量劳动服务的供给者中间配置 W_uU 的就业机会？"惯例"、工会刚性等等，作为拖延调整的因素可能还说得过去，但如果认为是它们促成了长期、稳定的低于"充分"就业的均衡状态，那同样是回避了实质性问题。

过去几十年间，为寻求这个问题的满意解答，出现了两项相关的发展。一项是所谓菲利普斯曲线，它把失业与通货膨胀联系起来；另一项，是研究特殊的人力资本与"搜寻"成本在短期工资刚性化中的作用问题。

第一节 菲利普斯曲线 *

关于菲利普斯曲线的讨论，在 1926 年发轫之时是正确的，续

义工资下调会被物价下降所抵消，工人如果明智，就不应该反对。由此，这句话说的似乎不是工人的理智，而是工人的错觉。因此，译文中将理智一词加了引号。——译者

* 这一部分重印自我的论文"失业与通胀：对菲利普斯曲线的评论"，英国经济事务学会（IEA）非定期论文第 44 号（伦敦：经济事务学会，1975 年），并作了两个补充：关于图 12.6 的讨论和最后一节"正斜率的菲利普斯曲线？"。该论文最初是 1974 年 9 月在伦敦的一个演讲稿。图示已经重新编号，脚注也重新标示，以便与全书其他部分相一致。

之是大约30年的错误,现在又回到了1926年,回到了最初的正确性。这一个完整的循环大约是50年。通过回顾这个过程,你可以发现,分析技术的发展是如何加快"无知"的产生与消亡过程的。

我选择1926年作为起点可不是随意为之,而是因为:正是在这一年,费雪发表了题为"失业与价格波动之统计关系"的论文。[①]*

费雪的方法

费雪的论文与菲利普斯教授在大约32年后发表于《经济学刊》的著名论文,所分析的是完全相同的经验现象。[②] 两位都对以下经验观察印象深刻:通胀往往与低失业率相关,而通缩往往与高失业率同步。费雪的论文一起笔就从不同角度写了一段有趣的话头。他说:他对这个主题如此感兴趣,以致"特别是在最近三年,我的办公室里至少有一台计算机几乎一刻不停地在为这个主题而忙碌着"[③]。当然,他所指的是一位操作计算机的人。

但是,有一个关键性差异,即关于因果关系之方向的差异,存在于费雪和菲利普斯的分析中,存在于1926年的真理与1958年的谬误中。费雪认为物价变动率是自变量,是整个变化过程的起因。

---

① 欧文·费雪,《国际劳动评论》1926年6月,第785—792页。该文重印于《政治经济学杂志》1973年3/4月刊,第496—502页。

* 原书这一段之前又有一个节标题:"Fisher and Phillips",这样似乎反而把这里前后的节、目关系搞乱了,因此删去。原书中本章节、目结构都比较乱,译文根据理解作了少量修改。——译者

② 菲利普斯,"英国的失业与货币工资变动率的关系,1861—1957",载《经济学刊》(1958年11月),第283—299页。

③ 费雪,《国际劳动评论》,第786页。

用他的话说:

> 当货币贬值,或换言之,当物价上升时,企业家发现,平均而言,他的收入与一般物价上涨得一样快;但开支不然,因为开支在很大程度上是由通过合约固定下来的项目所组成的……于是,至少一段时间内,就业受到了刺激。[①]

为详细说明他的分析,并使表述更合时宜,我们假设:由于某种外因,消费水平提高了——或更确切地说,消费出现了比预期更高的增长率。最初,生产商会认为,消费增长率提高是对其产品的真实需求增加了。鞋子、帽子或服装的生产商会发现,如果定价不变,他们所能售出的产品数量明显增加了。这时,他们之中无人知道,这种变化是由他独享呢,还是普遍情况。如费雪所说,起初,每个生产商都会被鼓动去扩大产出,同时考虑提高价格。而在这最初阶段,出乎预料的名义需求(即以货币表示的需求)增长,绝大部分会转化为就业与产出增长(或更快增长),而不是价格增长(或更快增长)。反之,假设出于某种原因,消费水平下降,或者说,消费增长率比预期的变慢,起初,每个生产商也都会认为,这种下降至少部分是唯他独有的。结果,产出下降,失业增长,同时,价格也下跌。

费雪描述了一个动态的过程,这个过程起因于消费增长率围绕着某种平均趋势或基准发生了波动。他特别强调区分"物价高低和

[①] 费雪,《国际劳动评论》,第 787 页。

物价涨落"的重要性。① 之所以这样说，是因为在他著述的年代，稳定的物价水平被认为是一种常态。如果他在今天写作，估计会强调通货膨胀率与通货膨胀率变动之间的区别了。(也可能，未来某个作者将不得不强调二次导数与三次导数的不同！而最重要的，是预料到的变化与出乎预料的变化之间的区别——很显然，这也是费雪所关注的。

菲利普斯的方法

菲利普斯教授的方法恰好相反。他认为就业水平是自变量，是整个变化过程的起因，而把工资变动率看作因变量。他的论证是一种非常简单的分析，是针对静态的供给与需求状况而言的——我也许不该说它是无知的，但事实证明确实如此。他说：

> 当一种商品或劳务的需求相对大于它的供给时，我们预计它的价格会上升；需求大出越多，价格上升的速度越快……这个原则看来也应是决定货币工资（即劳动力服务的价格）变动率的因素之一。②

菲利普斯的方法建立在如图 12.2 所示的通常的(静态)供给与需求曲线的基础之上。在交点 O，市场达到均衡，工资为 W_0，被雇用的劳动量 E_0 等于劳动需求量。失业为零，也就是说，测量到的失业只是"摩擦性"或"过渡性"的失业，或者用我在多年前借自维

---

① 费雪，《国际劳动评论》，第 788 页。
② 菲利普斯，《经济学刊》，第 283 页。

图 12.2

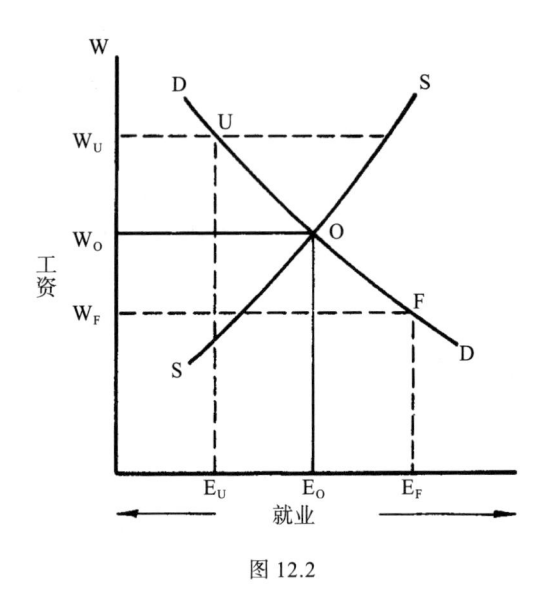

克塞尔(Wicksell)的术语来说：失业率处于"自然"水平上。菲利普斯认为，在这一点上，工资没有上涨的压力。再看 F 点，劳动需求量大于劳动供给量，这时存在过度就业，W_F 的工资低于均衡水平，会有上涨压力。而在 U 点，存在失业，W_U 高于均衡工资，有下跌压力。劳动力的需求量与供给量的差距越大，压力就越强，工资涨落也就越快。

菲利普斯把失业率水平标记于一轴(横轴)，工资的时序变动率标记于另一轴(纵轴)，如图 12.3 所示，就把上述分析转化成了一种可观测的关系。E_O 点对应于图 12.2 的 O 点，这时失业处于"自然"失业率水平，因而工资是稳定的(或者，在一个增长的经济体中，工资以等于生产力增长的速度上涨)。F 点对应于"过度"就业，工资会上升；U 点对应于失业，工资会下降。

第十二章 工资厘定与失业

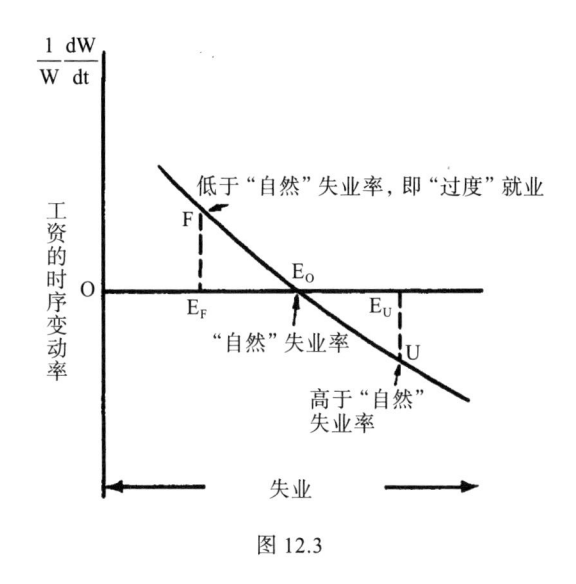

图 12.3

费雪讨论物价变动，而菲利普斯讨论工资变动，但我相信，就我们的目的而言，这不是什么要紧的区别。费雪和菲利普斯都理所当然地认为：工资是总成本的主要组成部分，物价与工资往往会一起变动。因此，两人都很自然地由工资变动率过渡到了物价变动率，而我也将这么做。

菲利普斯的谬误

菲利普斯的分析看似清晰而有说服力，但它是完全错误的。错误在于：没有哪位经济学家曾经断言，劳动力的需求与供给是名义工资（即以货币表示的工资）的函数。从斯密时代直到现代，每位经济学家都会告诉你，图 12.2 的纵轴应该是指实际工资，而不是指名义工资。

图 12.4

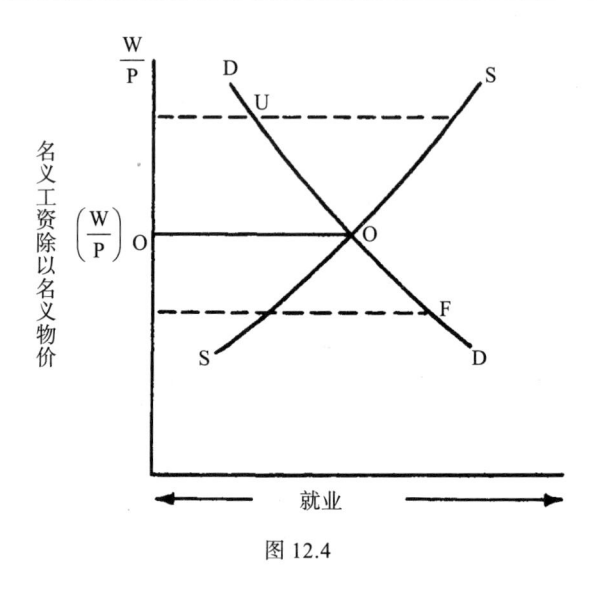

219　　一旦你将纵轴标记为 $\frac{W}{P}$，如图 12.4 所示，那么，这幅图就完全不能告诉你，名义工资或物价会发生什么变化。它对此未置一喙，初步印象性的猜测也一无所有。例如，看图 12.4 中的 O 点。这个就业水平上，实际工资既没有上升压力，也没有下降压力。但是，让实际工资保持不变的，可以是下列多种情况：W 和 P 都不变，W 和 P 各自每年增长 10%，或每年下降 10%，或其他情况——只要两者变动率彼此一致。

第二节　凯恩斯主义混淆名义与实际工资

像菲利普斯这样思维缜密的人——他确实是一位非常缜密而敏

锐的经济学家——怎么会混淆了名义工资与实际工资呢？致使他这样的，是当时由凯恩斯主义革命造成的流行的学术思潮。从这一点看，凯恩斯主义革命的基本要点，是假设物价比产出远为刚性，因此，费雪所考虑的那种需求变化，会几乎全部反映在产出上，而很少反映在物价上。物价水平可以看作是制度性的因素。简单地说，菲利普斯的错误就在于，他由此而假设了名义工资的变化等于实际工资的变化。

当然，他并没有直接这么说。他的说法要更缜密一点，即，预期的名义工资变化等于预期的实际工资变化。在凯恩斯主义体系中，有两个基本点至关重要：第一，预期物价刚性的概念，即人们在计划其行为时，并不考虑物价水平变化的可能性，因此，人们把名义工资与物价的变化视同为实际工资与价格的变化；第二，事后的实际工资可能由于意外的通胀而改变。其实，凯恩斯主义关于充分就业政策是否可能的所有辩论，都是基于如下假定：让工人接受因通货膨胀导致的实际工资下降是可能的（至少在凯恩斯写《通论》的1930年代是如此），但如果直接降低名义工资，工人却不会接受。[1]

这两个基本点意味着，预期的名义和实际工资，与真实的名义和实际工资之间，存在明显的差别。在当时的凯恩斯主义思潮之下，菲利普斯很自然地认同这种差别，而认为预期的名义和实际工

---

[1] 凯恩斯，《就业、利息和货币通论》（麦克米伦出版社，1936）：尽管工人经常抵制货币工资下降，但是每当工资商品价格上升时，他们却不会减少劳作。（第9页）……工人虽然没有意识到，但天然地是比古典学派更明智的经济学家。……他们抵制货币工资的下降……但不抵制实际工资的下降。（第14页）……由于工会不会企图对每一次生活成本上升都展开斗争，因此，工会并没有对就业量的增加加以阻挠——而古典学派认为他们会这么做。（第15页）

资是一起变动的。

我并不是批评菲利普斯这么做。科学之为可能,正是因为在任何时候,总是存在一套被视为理所当然的共识、意见或观念,科学家们就在此基础上进行科学建构。如果每一位作者都要回头去质疑作为研究基础的所有前提,就没有人能够有所建树了。我认为,一些追随者应该比菲利普斯本人受到更多的批评,因为他们在这个理论要点业已被指出之后,仍然没有注意到其重要性。

总之,菲利普斯之所以根据名义工资而非实际工资思考问题,正是源于当时流行的学术思潮。另一方面,大家都知道凯恩斯主义体系是不完善的,缺了一个等式。菲利普斯曲线方法之被迅速接受,一个主要原因就是大家普遍相信,该方法给出了所缺少的联系真实层面与货币层面的等式。在我看来,这种看法也是错误的。完善凯恩斯主义体系所需的,是确定均衡价格水平的等式。而菲利普斯曲线处理的是物价或工资变动率与失业水平之间的关系。它并不确定均衡价格水平。话虽如此,菲利普斯曲线还是被广泛接受,并立即被运用于政策目的。[①]时至今日,它仍然广泛运用于政策目的,用以假设性地描述通胀与失业之间的政策"替换"关系。

人们认为,菲利普斯曲线的含意,是我们面临一种选择。如果我们选择低通货膨胀,即稳定的物价,那么,就必须忍受较高的失业率。如果我们选择低失业水平,就必须忍受高通胀率。

---

① 例如,里斯(Albert Rees),"作为政策选择菜单的菲利普斯曲线"(载《经济学刊》1970年8月,第227—238页),明确提到了对下面说到的稳定菲利普斯曲线的反对意见,但认为这里仍存在值得加以利用的替换关系。他写道:"我从关于预期问题的文献中能够得出的最强烈的政策结论是,决策者不应企图在菲利普斯曲线的一个点上决策……而是,他们应该允许失业在一定幅度内波动。"(第238页)

第三节 反驳凯恩斯主义体系

三项历史事态的发展,改变了人们的看法,提出了新的问题。

第一项,是对凯恩斯主义体系的一般理论性反驳。这些反驳使原始菲利普斯曲线方法把名义和实际工资等同起来的谬误明朗化。

第二项,是菲利普斯曲线所说的关系对其他样本不能成立。费雪已经发现这种关系对于美国1925年之前的一段时期是成立的;菲利普斯发现它对于英国的很长一段时期也成立。但奇怪的是,当人们以其他样本来验证它时,从未获得过好的结果。没有人能够再根据其他时段的情况,构建一条像样的菲利普斯实证曲线。这样说可能有点言过其实——无疑还存在其他成功的例子;但大量的尝试确实都失败了。

第三项也是最近的一项发展,是出现了"滞胀",这使得很多经济学家关于"替换"关系的信心满满的说法,显得有些荒唐可笑——而这种说法正是基于所谓有实证基础的菲利普斯曲线而得的。

短期和长期菲利普斯曲线

在遭到实证上的失败和理论上的反驳后,有人就试图通过区分短期和长期菲利普斯曲线来挽救这种方法。由于潜在雇主与潜在雇员都认为,自己面对的隐性或显性的雇用合约会延续相当长的时间;因此,双方事先都会在猜测:对应于给定的名义工资的,会是什么样的实际工资?于是,双方一定都对未来物价水平形成预期。标示在供求曲线图的纵轴上的实际工资,就不是现行的实际工资，而是预期的实际工资。如果我们假设，对物价水平的预期变化很慢，而名义工资可以变得很快，并且马上被人知晓；那么，短期而言，我们基本上可以回到菲利普斯的初始构想；只是这时，均衡状态不再是固定的名义工资，而是一种变动的名义工资——其变动率等于预期的物价变动率（对于成长中的经济体而言，还要加上生产力的预期变动率）。于是，供求变化首先会表现在名义工资变动率的变化上。而名义工资变动率的变化，也意味着预期的实际工资的变化。但是，现实的物价变动可能与工资变动一样快，甚至更快，因而，事实上得到的实际工资可能与名义工资呈反方向变动——尽管预期的实际工资与名义工资呈同方向变动。

用菲利普斯曲线来说明这一点的方法是：纵轴上标示的不再是名义工资的变动率，而是该变动率减去预期的物价变动率。如在图 12.5 中，$\left(\frac{1}{P}\frac{dP}{dt}\right)^*$ 代表预期的物价变动率，它从 $\left(\frac{1}{W}\frac{dW}{dt}\right)$ 中扣减。现在这条曲线告诉我们的，更像是费雪的原意，而非菲利普斯的。假设，一开始经济处于 E_0 点，这时物价与工资都是稳定的（略去增长因素）。假设由于某种外因，比如货币扩张，引起名义总需求增长，进而导致物价与工资以比如说每年 2% 的速度上涨。最初，工人们会以为这是实际工资的增长——因为他们仍然预期物价不变——因此，他们愿意提供更多劳动（沿供给曲线上行），即就业增加，失业率下降。雇主对于一般物价水平可能具有与工人一样的预期，但是他们更加直接地关注着自己产品的价格，并对此有更多的信息。最初，雇主会以为，自己产品的需求与价格的上涨，是相

第十二章 工资厘定与失业

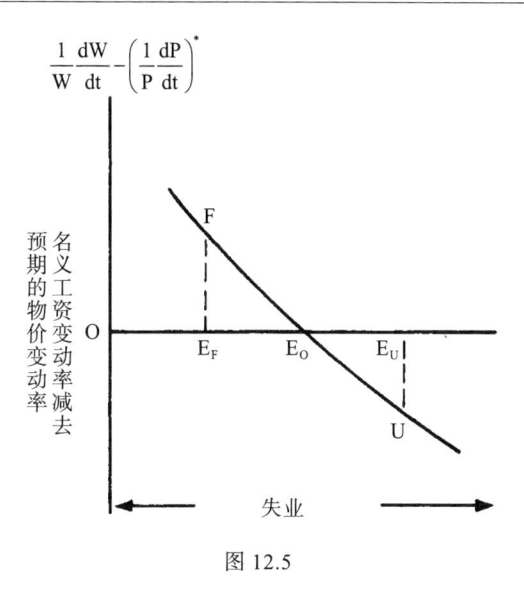

图中纵轴标注：$\frac{1}{W}\frac{dW}{dt} - \left(\frac{1}{P}\frac{dP}{dt}\right)^*$

纵轴文字：名义工资变动率减去预期的物价变动率

横轴：失业

图中标示点：F、E_F、O、E_O、E_U、U

图 12.5

对价格的上涨，这种上涨意味着按其产品计算的实际工资支付下降了。因此，他们也愿意雇用更多劳动（沿需求曲线下行）。两方面结合的结果，是向比如说 F 点的移动，F 点对应的是"过度"就业，这时名义工资以每年 2% 的速率上涨。

但随着时间的推移，雇主和雇工都发现，物价是在全面上涨。正如林肯所说：你可以一时欺骗所有的人，也可以永远欺骗一些人，但是，你不可能永远欺骗所有的人。结果，双方都提高了对预期通胀率的估计，从而降低了预期实际工资的增长率，并引导你沿着曲线下滑，最终回到 E_O 点。因此，通胀与失业之间存在短期的"替换"关系，但是没有长期的"替换"关系。

图 12.6 对相同的分析作了另一种表述，在这种表述中，雇主与

图 12.6

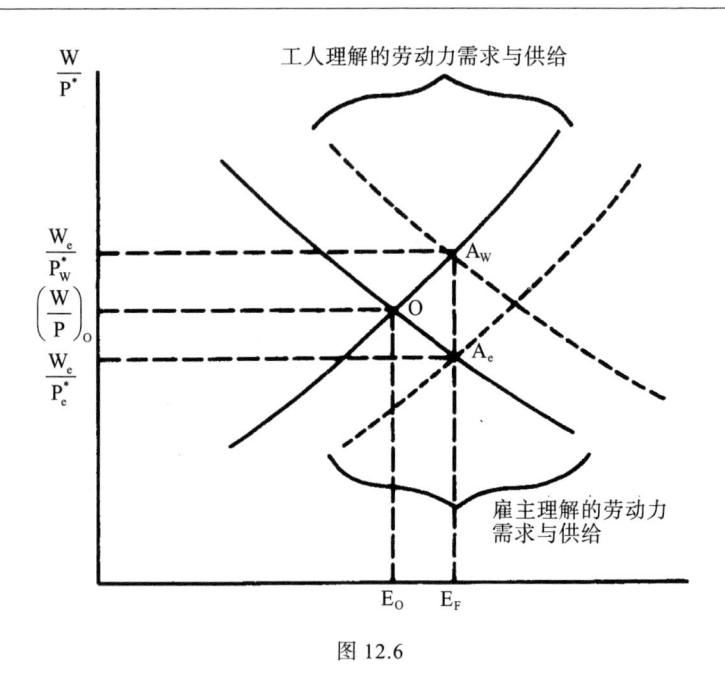

雇工考虑问题的差别会体现得更加清楚。像上图一样，E_O 表示均衡就业，$\left(\dfrac{W}{P}\right)_O$ 表示均衡的实际工资。为简化起见，假定初始均衡状态时物价水平固定不变。现在假设某种外因导致名义需求普遍增长，使得雇主寻求雇用更多工人。工人怎么理解这种变化呢？对他们来说，关键的实际工资，是名义工资除以所购买商品与服务的物价指数。只要他们尚无理由认为物价水平发生了变化，他们就不会改变自己的供给函数。如果我们把 P^* 诠释为工人所理解或所预期的物价水平，他们的供给曲线就仍然是图 12.6 中以实线表示的供给曲线。在他们看来，劳动力需求似乎已经向右位移，变成了虚线表示的需求曲线。在每个名义工资水平(同时也是他们理解的实际工资水平)上,雇主在寻求雇用更多工人。于是,新的均衡点为A_w,包含了名义上和理解上的较高的工资(或其等价物),以及较高的就业水平。[1]

从雇主的角度看,情况完全不同。对他而言,关键的实际工资并不需要扣除一般商品与服务的物价指数,而只是名义工资与所生产商品的价格之间的关系——这个商品价格,就是代入第九章方程式(5)的价格。如果我们用名义工资除以这个商品价格,表示雇主对劳动力的需求,那么,他的劳动力需求不会变化。并且,即使P^*不是代表整个经济体所理解的物价水平,而是代表每个生产者理解的物价水平的平均值,经济体对劳动力的总需求曲线也不会发生变化。需求曲线仍然是图12.6中以实线表示的需求曲线。但是,雇主根据自己理解的物价情况(仅见自家产品价格上涨,未见一般物价与工资上涨),认为劳动供给曲线不同了。当市场对其产品的名义需求增加时,雇主会希望能够提高价格,或有类似效应。[2]从其上涨的产品价格来看,相同的名义工资,意味着较低的实际工资。雇主作为一个整体,他们面对的劳动力供给曲线似乎向右移动,变成图12.6中以虚线表示的供给曲线。新的均衡点为A_e,包含了雇主理解的较低实际工资(尽管名义工资更高),以及较高的就业水平。

A_e和A_w两点对应着相同的就业水平,这并非巧合。由雇主看

---

[1] "等价物"可能是更多的加班、更长的规定工时,或者非货币的津贴,而非工资报价的变动。

[2] "类似效应"可能是较低的销售成本、较少的特殊优惠或折扣等。因此,计入公布的价格指数的报价可能没有变化,但真实价格变化了。

来的供给曲线右移,之与由工人看来的需求曲线右移,仅仅是换一种说法而已。两者必定会得到相同答案。

如图12.6所示,工人理解的实际工资$\frac{W}{P_w^*}$,看起来要高于初始实际工资$\left(\frac{W}{P}\right)_0$,高出的程度,正好等于雇主理解的实际工资$\frac{W}{P_e^*}$低于初始实际工资的程度。因此,就我们的例子而言,雇主理解的平均价格上涨(粗略地说,即实际物价水平增长)[1],约为名义工资增长的两倍。[2] 但是,这个结果只是特定图示的偶然情况,反映的是需求曲线与供给曲线弹性大致相同(绝对值相等)的情况。不过,雇主理解的物价,平均增速一定比名义工资增速快一些,否则,雇主理解的实际工资不会下降。但具体要快多少,取决于需求与供给曲线的弹性。一个极端,如果劳动力供给曲线具有完全弹性,名义工资就完全不会增长;另一个极端,如果劳动力需求曲线具有完全弹性,名义工资增长就会与理解的物价平均增长一样快。在这两个极端之间,供给曲线弹性越大而需求曲线弹性越小,名义工资增长相对于物价增长的比值就越小。对于就业来说,两条曲线越有弹性,就业会扩张越大。

图12.6中对应于E_F就业水平的状态只是一种临时性的状态,两股压力会促其变化。其一,雇工逐步认识到,一般物价已经上升,

---

[1] 用"粗略"一词,是因为前一个脚注中提到的限制条件。

[2] 举例来说:假设$\left(\frac{W}{P}\right)_0=1$,$\frac{W}{P_w^*}=1.10$,$\frac{W}{P_e^*}=0.9$。因为我们已经假定$P_w^*=P_0$,则$W=1.1P_0$,因此$P_e^*=\frac{1.1}{0.9}P_0=1.22P_0$。也就是说,雇主理解的平均价格的涨幅,大约是他所支付的平均名义工资的涨幅的两倍。

这在某种程度上会使他们沿着自己的供给曲线由 A_w 重新滑落到 O。其二，雇主最初是把其他商品与服务的名义价格（或名义上的要素供给曲线）视为给定的，现在也逐步认识到，一般物价已经上升。这导致他们在名义工资之与自家产品价格的各个比值上，都减少（平均的）劳动力需求，在某种程度上使他们沿着需求曲线由 A_e 重新攀升到 O。虚线表示的需求曲线与供给曲线，再次携手向左移动。雇工理解的物价上升，与雇主理解的物价上升逐步趋同，两者都逼近名义工资上涨率。

通过上面这样把价格预期纳入菲利普斯曲线的做法，无形之中，我回避了最近关于菲利普斯曲线的争论中的一个主要问题。* 由于最近的"滞胀"经验，加上理论分析的推进，现在每个人都承认，看似明显的短期菲利普斯曲线其实是错误的，并严重夸大了长期的替代关系。但是，很多人仍然不愿意接受长期替代关系为零的观点。

我们可以运用把价格预期纳入菲利普斯曲线的另一种方法，来验证这个问题。如图 12.7，仍以纵轴表示名义工资变动率，但给出一系列不同曲线，每条对应一个预期的工资增长率。用数学方式表示，可以将菲利普斯曲线关系写成：

$$（1）\qquad \frac{1}{W}\frac{dW}{dt} - \left(\frac{1}{P}\frac{dP}{dt}\right)^* = f(U)，$$

其中 U 为失业率，我们还可以把它写成更一般的形式：

$$（2）\qquad \frac{1}{W}\frac{dW}{dt} = f\left[U, \left(\frac{1}{P}\frac{dP}{dt}\right)^*\right]。$$

---

* 即下面的长期菲利普斯曲线问题。——译者

图 12.7

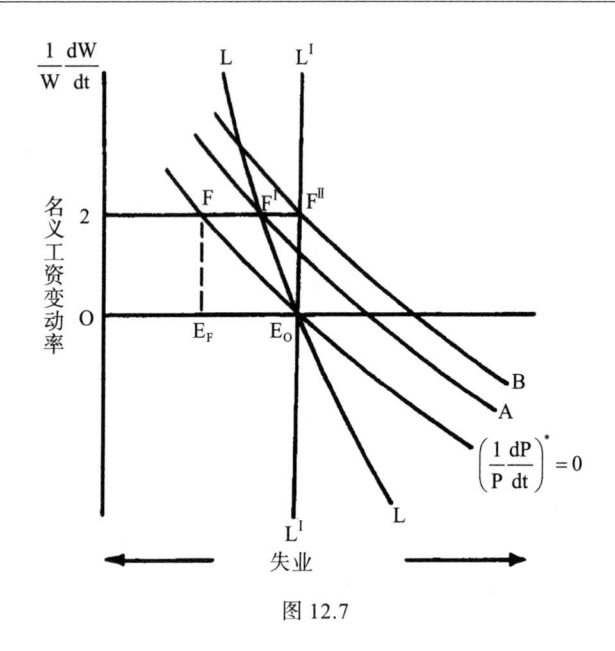

现在假设经济处于 F 点，即名义工资以每年 2% 的速度增长，失业率低于自然失业率水平。这时，由于人们调整自己的通胀预期，短期的菲利普斯曲线会向上移动，最终停在预期通胀率等于现行通胀率的短期菲利普斯曲线上。现在的问题是：短期菲利普斯曲线会是如 A 线呢，还是如 B 线——前者使长期菲利普斯曲线为负斜率，如 LL 线，在这种情况下，2% 的通胀率虽被预料到，仍可降低失业率水平，尽管降幅没有像 2% 通胀率未被预料到时那么大；而后者使长期菲利普斯曲线为垂直，即是说，被预料到的通胀率无论是 2%，还是 0，失业率水平都会是一样的。

不存在长期货币幻觉*

1967年，我在就任美国经济学会会长的演讲中指出，长期菲利普斯曲线是垂直的。其主要理由已概述如上，即其实不存在任何长期货币幻觉。[1] 几乎与此同时，现在供职于哥伦比亚大学的费尔普斯（E. S. Phelps）教授，根据不同但相关的依据，提出了相同假说。[2] 这个假说现在被称为加速通胀假说，或者是自然失业率假说。称为加速，是因为：一项政策若要把失业率控制在长期垂直菲利普斯曲线的水平截距之左，就必然会引起加速的通货膨胀。

假设初始状态是图12.7的E_0点，其间没有谁预期会有通货膨胀。这时，人们想要达到更低的失业率，比如说E_F。最初，通过制造一个2%的通货膨胀，就可实现这个目标，即沿着与预期零通胀相对应的菲利普斯曲线上移。但如上所述，由于人们的预期会变化，经济状态不会停留在F点。如果通胀率保持2%，经济会回归到最初的失业水平。唯一能使失业率持续低于自然失业率的办法，是不断加速通货膨胀，使实际通胀率一直高于预期通胀率。这种分析与英国实际情况之间的相似性，并不是一种巧合：英国政府近期竭力想做的，就是要把失业率控制在自然失业率之下，为此，他们不得不加速通货膨胀——根据官方统计，是从1964年的3.9%，加速到1974年的16.0%。[3]

---

* 原书这个标题的层次似乎有误，译文已改正。——译者
[1] "货币政策的职能"，载《美国经济评论》1968年3月，第1—17页。
[2] "货币工资动态与劳动市场均衡"，载费尔普斯主编的《就业和通胀理论的微观经济学基础》（纽约：诺顿出版社，1970年）。
[3] 英国一般零售物价指数，载《就业部公报》。

对"自然失业率"的误解

该假说被称为自然率假说,是因为它强调自然失业率。但"自然"的概念被误解了。这里的自然失业率,不是指某个不能再降低的最低失业,而是指与当下劳动力市场的实际情况相符的就业水平。通过排除劳动力市场上的障碍,减少摩擦等,可以降低自然失业率;而引入新的障碍等,也可以提高自然失业率。这个概念的目的,是要把影响就业状况的货币因素与非货币因素分离开来——这正好与维克塞尔在讨论利率时使用"自然"一词的目的完全一致。*

过去几年间,关于长期菲利普斯曲线是否垂直的问题,出现了大量统计研究;但争议仍然存在。

大部分统计检验是通过把等式(2)改写成以下形式来进行的:

(3) $$\frac{1}{W}\frac{dW}{dt} = a + b\left(\frac{1}{P}\frac{dP}{dt}\right)^* + f(U)$$

或 $$\frac{1}{P}\frac{dP}{dt} = a + b\left(\frac{1}{P}\frac{dP}{dt}\right)^* + f(U),$$

其中,等式左边是工资变动率或物价变动率。现在要求解的是 b 值。① 原始的菲利普斯曲线实际上是假定 b = 0;加速通胀假说是令 b 等于 1。而我所说的各种统计检验,则是用观测到的数据——主要是时序数据——估计 b 值。② 几乎所有这些检验的结论都是 b 值

---

* 下一段开始,似乎不属于"对自然失业率的误解"的内容,而是对统计检验研究的分析。——译者

① 这是预期通胀率的系数,即预期通胀率变动一个百分点,会导致现期工资或物价变动率变化几个百分点。

② 顺便提一下:几年前,索洛(Robert Solow)在英国发表的一些演讲中,包含了

小于 1，即意味着存在长期的"替代"关系。[①] 但是，这些检验中存在很多麻烦，一些相当浅显，另一些则是根本性的。

一个明显的统计问题是：针对不同的拟合期，统计拟合曲线各不相同；而对拟合期之后的时段，只能提供非常不可靠的趋势推断。因此，不管目的为何，统计结果看来确实更像是量度短期关系的。而关键问题是：为了进行统计检验，必须要有预期通胀率的某种估量。因此，每一个这类检验，都是对加速通胀假说与某种有关预期形成之假说的联合检验。

第四节 适应性预期假说

这类统计检验，大部分都体现了所谓适应性预期假说——这个假说适用于很多问题。它认为，预期会根据现行通胀率和预期通胀率的差别进行修正。比如说，如果预期通胀率为 5%，而现行通胀率为 10%，那么，对下一时段通胀率的预期，会向上修正，幅度是 10% 与 5% 之差的某个比例。显然，这意味着，预期通胀率是以往

一项这方面的尝试，引起了广泛关注（见《价格预期与物价波动》，曼彻斯特大学出版社，1969）。不幸的是，他的检验有一个致命的缺陷，而与我们现在讨论的问题南辕北辙。简言之：为了在考虑需求的同时也考虑成本，他在类似（3）式的等式右边，引入了工资变动率，在左边，引入了物价变动率。在这样一个等式中，即使在最严格的加速假说下，b 值也不可能为 1，因为，这时等式已成为确定物价与工资变动率的差额会有何变化的等式。假设预期通胀率上升一个百分点，但工资变动率保持不变，带来的物价上涨，会扩大产品价格高出成本的部分，从而刺激产出。因此，在索洛的等式中，严格的加速假说，隐含着 b 值也小于 1。

① 关于这些研究的一个简要概述，见特诺夫斯基（S. J. Turnovsky）的"短期宏观经济模型中通胀预期的作用"，载《经济学杂志》（1974 年 6 月）第 317—337 页，特别是第 326—327 页。

实际通胀率的指数加权平均,权重随时间的上溯而减少。

这样,这类统计检验即使如其所言,结果[*]也可作两种不同的解释。一种解释是:长期菲利普斯曲线并非垂直,而是负斜率的。另一种解释是:这类统计检验中所运用的适应性预期假说,并不能令人满意地估计人们的预期。

关于这些等式,还有一个更为微妙的统计问题:如果加速通胀假说是合理的,那么上述结果[**]可能是因为看到的是短期曲线,也可能是反映了统计的不稳定性。现在我们假定 b 的真实值为 1,那么,当现行通胀率等于预期通胀率时——这是长期曲线的定义——我们有:

$$(4) \qquad f(U) = -a。$$

这就是垂直的长期菲利普斯曲线,满足该式的 U 值即自然失业率。而 U 的任何其他值,或者反映了短期均衡状态,或者体现了自然失业率的一个随机部分。但是,上述检验所用的估计方法都把 $\frac{1}{P}\frac{dP}{dt}$ 放在等式左边,等于是把观察到的不同失业率 U 看作是外生的,好像可以无限期持续下去。因此,这种方法根本不可能推导出等式(4)。实际上,这种方法隐含假设了失业率可以取不同的值,从而回避了加速通胀假说提出的全部问题。在统计上,我们需要将 U 或 U 的函数置于等式左边,而不是将 $\frac{1}{P}\frac{dP}{dt}$ 置于等式左边。

---

[*] 即 b 值小于 1。——译者
[**] 同上。——译者

第五节　理性预期假说

最近，美国很多经济学家提出了一种更本质性的批评。这种批评起源于玛斯（John Muth）的一篇关于理性预期的重要论文。在卡内基—梅隆大学的卢卡斯（现在芝加哥大学）、明尼苏达大学的萨金特（Thomas Sargent）及其他很多学者的最近的论文中，已经运用到理性预期方法。[①]

这种批评指出，我们不可当真认为：人们对通胀率的预期，是对过去经验按照固定权重加权平均而得的，或者，是以不同于通胀实际生成方式的任何其他机制作出的。例如，假设现在的物价变动轨迹如图 12.8A 部分所示，通胀是加速的。在固定指数的加权模型（权重之和为 1）中，预期通胀率会如图 12.8B 部分所示，总是落后于实际通胀率。但是，作预期的人——或至少其中一部分人——不是傻瓜。他们不会执迷不悟。更一般地说，他们不会仅仅根据以往的物价波动来预测未来。有谁对下一年度通胀率的预期，会与即将到来的英国大选的结果毫无关系呢？——但大选结果可没有反映在

---

① 玛斯的"理性预期与价格波动理论"，载《计量经济学》（1961 年 7 月），第 315—335 页；卢卡斯的"自然失业率假说的计量经济学检验"，载埃克斯坦（Otto Eckstein）主编的《定价的计量经济学研讨会文集》（华盛顿特区：联邦储备理事会与社会科学研究委员会，1972）；卢卡斯的"计量经济学的政策评价：一个评论"，载卡内基—梅隆大学工作论文，1973 年；卢卡斯的"关于产出—通胀替代关系的若干国际例证"，载《美国经济评论》（1973 年 6 月），第 326—334 页；萨金特的"理性预期、实际利率和'自然'失业率"，载《布鲁金斯经济活动论文集》第 2 卷（1973），第 429—472 页；萨金特和华莱士（Neil Wallace）的"'理性'预期、最优货币工具和最佳货币供给规则"，载《政治经济学杂志》（1974 年 4 月）。

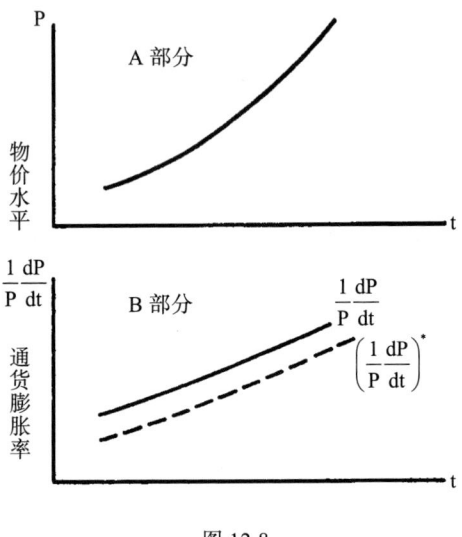

图 12.8

过去的物价报告中。又有谁对下一年度通胀率的预期，会与即将上台的政党所宣布的政策毫无关系呢？如此等等。因此，玛斯认为，我们应该假设，人们是根据正确的经济理论形成预期的：不是说人人都正确，而是说，在长时期之内，平均而言，他们是正确的。确实，人们有时会按照适应性预期的方式形成预期，但绝非一直如此。

把这些观点运用于上面的问题，结果是：如果在真实世界中，人们是基于理性而形成预期的，从而平均而言他们是正确的，那么，当你假设他们是按照固定权重，对以往通胀率加权平均而形成预期时，你的结论会是等式(3)中的 b 值小于 1 ——尽管其真实值为 1。

考虑这样一个情况：长期菲利普斯曲线是垂直的，人们是理性地形成预期；因此，平均而言，长期内，人们的预期通胀率会等于实际通胀率。这时，统计学家出来了，他假定人们是按固定权重加权平均以往的经验而形成预期的,并依此假定估计了等式(3)。他会发现什么呢?他会发现 b 值小于 1。当然,这种可能性并不能证明,包含适应性预期的统计检验就是错误的,而只是为检验结果提供了另一种可能解释。

卢卡斯和萨金特在一系列非常有趣而重要的论文中,探讨了理性预期假说的含义,并试图不以可能误导的适应性预期假说为前提,对长期菲利普斯曲线的斜率进行实证检验。①

他们的实证检验运用了不同类型的信息。例如,理性预期假说的一个含义是:物价大幅波动的国家,与物价相对稳定的国家相比,前者的预期通胀率对现行通胀率变动的反应要灵敏得多。由此推断,观察到的短期菲利普斯曲线,在第一类国家要比第二类国家更陡。按照这种方法比较各国,以及进行其他一些检验,迄今为止的结果完全符合任何理智的人的必然预期:既然你不能永远欺骗所有人,真实的长期菲利普斯曲线就是垂直的。

第六节 理论与政策含义

相关验证远远没有悉数罗列。上面提到的论文,有一些尚未发表,一些也只是在最近几年才发表。因此,我们显然不能认为这个问题已经解决了。不过,还是应该注意到:这种观点不仅对菲利普斯曲线问题,而且对于政策,都具有深远的意义。

其中一项政策含义显明而重要:如果你认为人们是理性地形成

---

① 见前注。

预期的，那么，就没有什么货币或财政政策的固定规则，可以实现某一种不同于自然失业率的就业水平。道理很简单。回顾一下上面最初的菲利普斯曲线分析：减少失业的唯一途径，就是要有意料之外的通货膨胀。

如果政府采取某种固定的规则，无论是什么规则，人们一旦知晓，就会把它纳入考量范围。因此，你不能通过任何固定规则，达到不同于自然率的失业率目标。达到这种目标的唯一办法，是你一直比所有人聪明，你不断制订出新的规则，并在人们察觉前的一段时间加以运用。一旦被察觉，你又必须发明一套新的规则。但这并不是轻而易举就能做到的。

这种分析，为我们中间一些人长期信守的一种观念，提供了不同的知识背景。这观念就是：政府出台政策时，最好是申明准备与人们合作，并告知他们会采取什么政策，以便给他们一个判断的依据，而不是试图欺骗他们。实际上，萨金特—卢卡斯的论证和分析就是告诉我们：你以为自己可以愚弄他人，其实是愚弄了自己。

这方面的争论目前大体处于这个阶段。概而言之，现在基本上已经没有经济学家还相信当初提出的那种幼稚的菲利普斯曲线。争论已转移到另一个层面：在这个层面上，大家都同意，长期菲利普斯曲线比短期菲利普斯曲线更陡。尚有争议的是：长期菲利普斯曲线是垂直的，还是并不完全垂直？这方面的验证没有悉数罗列于此。但是，据我所知，确实存在一种分析和推理的办法，让我们能够以垂直的长期菲利普斯曲线的假说，对所有现存的验证案例作出逻辑自洽的解释。

第七节 正斜率的菲利普斯曲线?

上述分析解释了为什么充分就业政策总是伴随着加速的通货膨胀,但没有解释最近出现的另一种典型情况,即平均失业率与平均通胀率同时上升的趋势,也即严格实证的长期或较长期菲利普斯曲线为正斜率而非负斜率或垂直的趋势。

出现这种情况,是因为上述分析其实是针对"自由"通胀的情景而言的。它考虑到了可能存在的预期对经验的缓慢调整、合约的长期性、政府对特定市场的干预,以及其他的"摩擦"或"刚性"因素——这些因素都可能妨碍物价对变化了的环境作出迅速的调整,并可能导致"自然"失业率高于可达水平。但它没有考虑到,这些"摩擦"或"刚性"本身也可能是通胀率的函数。

实际上,在目前的政治环境下,我们不大可能允许通胀处于上述意义上的"自由"状态。当局会被迫以各种方法抑制通胀,包括以"权威呼吁"的方式扩大对某些行业的行政干预范围,对某些行业实行正式的价格或工资管制,或者全面的价格或工资控制(委婉地称为"收入政策"),以及其他类似措施。而且,(实际或潜在的)通胀率越高,这些措施就越有可能干扰价格体系的运行。

某些境况下,例如战时,隐性通货膨胀可能带来过度就业。这一部分是因为,爱国激情使战时的价格管制比平常更能够有效实施;又有一部分是因为,"现在只是临时状态"的预期,会使雇工把明显降低的现行实际工资,理解为增长的实际工资(见第十一章原书第207—208页);还有一部分是因为,需求的构成发生了变化,来自单一买家——政府的需求占了更大的比重。

但在通常的和平时期，对较高的通胀率增加干预，可能意味着自然失业率上升，因为干预会降低劳动力市场的效率。结果，就多年平均的观测而言，会出现一条正斜率的菲利普斯统计曲线。

第八节 周期性失业

上述关于菲利普斯曲线的分析，无疑依托于某些因素——特别是不完全的信息、获取信息的成本、人力资本特殊性对劳动合约形式的影响等——这些因素直到最近才被经济学理论真正关注。这些方面的先驱性工作，是由施蒂格勒1961年的论文"信息经济学"和贝克尔1964年的专著《人力资本》完成的。

不完全信息，是雇主和雇工理解的实际工资彼此不同的原因。对于两个群体而言，知悉一般物价可能发生什么变化，都是困难而有代价的。对工人来说，寻求有什么可供选择的就业机会也需要成本，但他们寻找的动机很强，因此，较之一般物价水平，他们可能对可以得到的名义工资了解更清楚。而对雇主来说，发现自家产品的需求发生了什么变化，是最重要又最方便的，因此，较之一般物价水平，他们可能对自家产品及自己所用资源的价格了解得更清楚。

对意料之外的总需求变化作出调整，在所需时间的长短上，获取信息的成本也起着决定性作用。近年来，这个领域的一派研究就已强调了劳动力市场的"搜寻成本"。

工人要找到另外一些可以从事的职业，是需要花时间和精力的。骑牛揾马，在受雇期间搜寻一份新职业并不容易。因此，一个

第十二章 工资厘定与失业

未被雇用的工人，无论是刚刚步入劳动力市场的，还是已辞职或丢了工作的，都有可能不愿意接受第一份工作机会。因为，接受的代价，是降低了找到"更好"工作的可能性。只有当工资足以弥补这种代价时，他才会接受这第一份工作机会。反过来，是否足以弥补，又取决于他对劳动力市场的预期。由此可见，我们通常理解的失业，不仅仅是资源的浪费与闲置；它更像是"两次就业之间的间歇"，或者说，是寻找资源最佳用途的生产性活动。

假设出现意料之外的总需求增长，可以让我们进行菲利普斯曲线的分析。这时，雇主会试图雇用更多工人。求职的工人会更容易获得工作机会——依据他们未改变的预期，这些工作机会有足够的吸引力让他们不再继续搜寻。于是，平均的就业间隔时间（或者是从步入劳动力市场到获得第一份工作的时间）会缩短，登记失业也会减少。[①] 当更有利的就业形势变得广为人知时，求职者会改变关于就业机会的预期，变得更加挑剔，登记失业又会增加，逼近"自然"的水平。这就从另一个角度，解释了图 12.6 中从 O 点到 A_w 点，然后再返回的变化。

---

① 注意，登记失业是一个非常微妙的概念。它记录了某个时点上报告自己在寻找工作的人数。即使某个特定时期内失业人数始终没有任何改变，登记失业人数也可能变化。举一个高度简化的例子：假设每个人找到工作正好需要两周时间（10 个工作日）；每个工作日有 40 万人开始寻找工作，并有同样数量的人被雇用。那么，任何一天的失业人数会是 400 万，即此前 10 个工作日内开始寻找工作的人数总和。现在假设每天开始寻找工作的人数和找到工作的人数不变，但找到工作的时间翻番成了四周。这时，登记失业的人数也会翻番，但在任何时点上，可以认定是变成失业的个人一个也没有增加。

实际上，失业率的周期性上升下降，既反映了就业间隔时间的波动，也反映了特定时期内失业人数的变化。

相反，假设出现意料之外的总需求下降，这时，雇主会希望在自己理解的每个实际工资水平上少雇一些工人。而求职的工人会发现，依据他们未改变的预期，足以让他们放弃搜寻的工作机会变少了。平均的就业间隔时间会延长，登记失业会增加。而当更不利的就业形势变得广为人知时，求职者也会改变关于就业机会的预期，变得较不挑剔，登记失业又会下降，回到"自然"的水平。

前面说过，通常意义上的劳动力供给曲线，所展示的是可获得一定劳动力数量的最低工资，或者是给定工资下可以得到的最大劳动力数量。而这种简单的描述，与这种通常意义上的劳动力供给曲线完全一致。但是，这个描述并不完整，为了简化，它完全集中于分析求职者的搜寻成本。雇主寻雇工人也需要搜寻成本。他们开出的薪酬条件，取决于他们认为市场状况如何。他们的需求价格是他们愿意支付的最高代价。不过，将上面的讨论扩展到雇主一方是非常容易的。

更重要也更有趣的问题是：上面描述的现象，为什么在劳动力市场表现如此突出，而在诸如证券、商品等市场，却几乎没有迹象呢？这些市场中，意料之外的需求变化会迅速而充分地反映到价格上。"搜寻"行为无疑也有，但搜寻进行得如此迅速而有效，以至于不会妨害价格几乎同时作出调整。劳动力市场上与此相应的情况应该是：雇员的工资连续、大幅地调整，实时监测到的失业微不足道，失业率波动几近于无。

对这种差异的已有解释，主要体现在有关人力资本的研究中。这些研究都围绕着马歇尔所说的劳动力"特性"的前两项："工人出售劳动，但自己保留资本"和"出售者必须自己交付劳动"。这些特性的一个效应是：与各种在组织有序的市场上交易的证券和商品相比，劳动力的同质性往往较少。一蒲式耳小麦确实可能与另一蒲式耳不同，但小麦很容易划分为不同的质量标准等级；购买小麦的人可以根据等级采购，而不需要分别检查每一单位小麦，去看看它是否符合要求。就是说，小麦市场的搜寻成本很低。而对很多工种的雇主来说，情况通常不同于此。如果雇主面对的情况也是这样，例如日工市场，那么，劳动力市场可以，而且实际上也确是出现了价格逐日变动的情况——这就与商品市场的情况很接近了。

另一个更重要的效应是：工人的生产能力不仅取决于他的个人特征，还取决于他在人力资本方面的培训与历练。如果人力资本是"一般的"，即它的价值与具体用途是无关的，那就不会节外生枝。而一旦它是"特殊的"，即对某个雇主比对其他雇主更有价值的话，问题就来了。实际上，很多人力资本都是特殊的，就是说：很多工人对现在的雇主比对其他雇主更有价值，因为他们得到的历练与培训和现在的工作休戚相关。

考虑一个特别简单的例子。假设一名工人，在没有特别历练和培训的情况下，对很多潜在雇主的"一般"边际生产力是每小时 5 美元。在受雇于某个雇主，经过一年历练之后，他的"特定"边际生产力会变成每小时 7 美元，如果这时他新易雇主，初始边际生产力又会回复到每小时 5 美元。最初是存在竞争的；但一年后，如果工资比方说是日结日清的，就会出现双边垄断的局面。最方便的解决方案，是双方预先达成一个相对固定期限的协议，把工资水平定在 5 和 7 美元之间。雇主之间的竞争，会使工资达到这样的水平：培训期内的工资超过边际生产力的程度，与培训期后的边际生产力超过工资的程度,正好相当。

特殊的人力资本,一方面与劳动者不可须臾或离,另一方面,对某一雇主又比其他雇主更有价值,因此,它会促使双方订立较长期限的工资合约。反过来,这项特性又增强了预期的重要性。但针对未来的预期必定是不完善的,这就使工人和雇主双方,都值得在搜寻活动上投入很多时间和精力。

这种分析解释了搜寻行为和长期合约,但没有解释合约的结构,特别是,没有解释为什么合约往往要求雇主对支付的工资水平作出承诺,而不要求他对提供的职数作出保证(据说事实是这样)。这是最初的问题——当总需求发生意料之外的变化时,相应的调整为什么是就业量增减,而不是工资涨跌——的另一种表述方式。更形象地说:当需求减少时,为什么是解雇工人而不是降薪?

一种答辩是:上述所谓事实,充其量只是猜测而已。很多合约是既保证工资又保障就业的——对此,大学终身教授有很大发言权。但是,这并不是完全令人满意的回答,有很多其他解释正被提出,加以探讨。

即使我们接受上面的分析,但它是否既能解释战后轻度衰退时期的就业与失业波动,又能解释大萧条时期的严重失业——在1932和1933年低谷期,登记失业人数超过了劳动力总数的五分之一——答案尚不十分明确。一方面,一系列急剧、出乎预料的总需求下降,需要人们反复地,并不断加大幅度地重新调整预期。这表现为货币数量不断加速减少,以致1929至1933年,货币总量最终削减了1/3。另一方面,1873—1879年有一段非常相似的经历。当时,名义收入下降几乎与1929—1933年一样多,但名义工资与物价下跌更甚，而就业下降少得多，失业看上去远没有那么严重。显然，经过半个世纪，工资和物价已经变得更为刚性了。对于这两段史实，我们尚无令人满意的统一解释，但是，候选答案显然包括：生产过程越来越复杂，使特殊人力资本愈显重要；农业的重要性下降；政府对经济活动的干预加强；工会发展壮大；自由移民被暂停（1870年代的自由移民能调节人口余缺，而1930年代已不复有此）等等。

还有一个更棘手的矛盾，直到最近仍未解决，即1933—1939年，名义总需求已大幅增长，大规模失业却仍然存在。按照一般公认的估计，1933年失业率达到25%，1937年下降到14%，1938年又上升到19%，一直到美国在第二次世界大战前开始实施积极的战备计划后，失业率才下降到14%以下。对此，"搜寻"理论或者"人力资本"理论都没能提供令人满意的解释。

不过，值得庆幸的是：现在认为，这些所谓"一般公认的估计"，按照现在普遍接受的失业定义看，是大大高估了1930年代的失业水平。当时的失业人口，包括了由联邦、州和地方政府根据"应急"方案或"工赈"计划雇用的人员（尽管付给他们的工资，是当作"工资"支付而非转移支付，包含在国民收入估算中的）。根据达比（Michael Darby）估计，以现行定义计算，1933年失业水平达到23%的顶点，然后到1937年下降至9.2%，这种下降被1937—1938年的经济衰退打断，1938年重新上升到12.5%。[1]这些数据都是年度平均值，因此，从1933年3月的大萧条谷底，到正好四年后的

---

[1] 达比："350万美国雇员被错划了：对1934—1941年失业问题的解释"，载《政治经济学杂志》第84期（1976年2月）。

1937年5月的顶峰之间,失业率下降一定更富戏剧性。这里,就很少有证据可以证明:劳动力市场对总需求变化的回应有什么明显的失灵。[1]

---

[1] 1933—1937年的产出增长,要大于此前有据可查的任何一个四年期的增长幅度。

第十三章　不同职业的工资

在讨论一般劳动供给曲线时，我们把不同劳动的工资结构，即不同职业的相对工资看作是给定的。工资结构本身由不同劳动的相对需求与供给决定。对此，我们之所以在前面暂且搁置而现在单独分析，是因为决定某一职业的劳动供给曲线的主要因素，虽不尽然，但庶几可以认为是独立于劳动总供给的决定因素的。

任何时候，不同职业总是存在某种相对工资（或平均收入）结构。这种结构可以看作是三种因素或现象的结果，即，是这三种因素或现象导致了不同职业之间的工资差别：

1. 除工资之外，其他影响不同职业对择业者的吸引力的因素。即使满足完全竞争，劳动力完全自由迁移，所有人都有相同的能力等，不同职业的货币工资也绝不会相等。一些职业本身比其他职业吸引力小，因而，如果要吸引人们从事这些职业，就必须支付比其他职业更高的工资。给定品味上的不同，由这种因素带来的工资差别的确切结构，不仅取决于职业的性质，还取决于职业对劳动力的需求状况。如果一种职业的劳动力需求相对较小，就有可能全部由那些认为它比其他职业更具吸引力的人来充职。这种情况下，且仅就这一点而言，工资会相对较低。相反，如果一种职业的劳动力需求相对较大，只有再吸引那些认为其他职业更有吸引力的人就业才能应付时,工资必须相对较高。由这类因素引起的工资差异,可以称为补偿性差异。

2. 产生非竞争性团体的因素。出于种种原因,并不是所有人都有选择职业的自由——甚至可能一生也未得一次。就业门槛的存在,导致了一系列受到局部保护(虽非完全封闭)的市场,限制了上面讨论的因素发挥作用。天赋的差异可以归于这一类,尽管或许也可以归于上面一类。由这类因素引起的工资差异,可以称为来自非竞争性团体的差异。

3. 对需求或供给变化的调适不充分。各种劳动力的需求或供给的任何变化,对工资的即时影响,可能与最终影响大相径庭。在劳动力市场上,要感受到最终影响,或者说,即时影响要引起反应而导致新的均衡,可能需要很长时间。因此,无论何时,总有一部分工资差异可归因于调适的不充分。当然,具体哪些可归于这一类,取决于个人观点,取决于为了手头目的而设定为不变的条件——因为,所谓调适,我们的意思是指对某些给定条件的调适。如果这些给定条件定义了市场的供求曲线,现状又包含了对这些条件的充分调适,那么,也就不会有这一类因素了。期限越长,即视为给定的条件越少、越基础性,可归于这一类的因素就越多。由调适不充分引起的工资差异,可以称为过渡性差异。

工资的补偿性差异

为了简化不同职业劳动力供给的讨论,我们集中于分析两种职业,比如说 A 和 B。这样,我们可以把这两种职业的劳动力供给状况概括为图 13.1。纵轴表示 A 职业工资与 B 职业工资的比值——

第十三章 不同职业的工资

两者都以某种常见、方便的形式表示,比如说每小时工资。横轴表示供应给 A 职业的人时数与 B 职业的人时数之比。于是,该曲线表示:在各种相对工资水平上,所供给的人时数的最大相对数。

当然,用这种方法概括供给状况,并非是完全一般化的,而是暗含着关于供给状况的某些前提假设。因为,所供给的相对人时数,可能不仅取决于相对工资,还取决于绝对工资水平——例如,A 工资为 3 美元 B 工资为 1.5 美元时的相对供给,与两者分别为 6 美元和 3 美元时的相对供给也许并不相同。但是,对于这种绝对工资的影响,这里我们不作深入讨论;而对之略而不议,损失可从这种供给状况概括法的便利性中得到补偿而有余。当然,这条供给曲线只有在"其他"条件,特别是可供选择的就业机会给定时,才是有效的。

如果所有人拥有相同的品味和能力,给定相同的信息,他们对不同职业的优缺点会作出相同的评价。结果是图 13.1 所示的供给曲线会是水平的。即,存在某种相对工资,被大家公认为可使两种

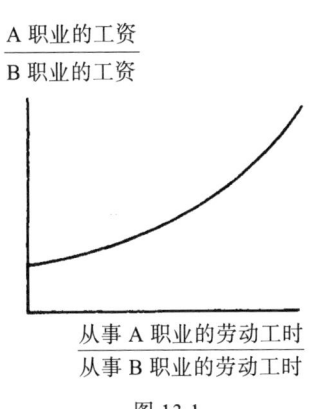

图 13.1

职业具有同等的吸引力。一旦相对工资高于这个水平，所有人都会选择 A 职业；一旦低于此，都会选择 B 职业。而品味、能力不同，关于两种职业的信息差异，会使个人之间就什么样的相对工资可使两种职业具有相同吸引力的看法出现分歧，从而使曲线倾斜起来，如图 13.1。

为便于讨论，我们可以把影响供给曲线的因素分成三类：(1)决定两种职业在金钱上的相对吸引力的因素，(2)两种职业的收入不稳定性，(3)两种职业的非金钱差异。作这种特定分类的主要理由是：第一类因素对所有个人（至少是所有相同能力的个人）都有同等影响，因此主要是影响供给曲线的高度。在"奴隶"社会，这几乎是唯一需要考虑的因素。在确定非人力资本在不同用途上的供给曲线时，需要考虑的也是与之相应的因素。第二类和第三类则是由于人力资本的特殊性而变得重要的因素。

1. 可作精算估值的因素：假设一个奴隶主，在决定让他的奴隶进行专业化训练以从事 A 职业，或是 B 职业。当然，这个决定可能不是不可改变的。一个受过 A 职业训练的人，日后也许能够转到 B 职业上，但这通常需要可观的成本。奴隶主在作决策时，除了两种职业的小时工资外，还会想知道得更多一些。比如说，A 可能是季节性的而 B 不是，这会使 A 的预期每年劳动时间比 B 少。又如，A 可能比 B 更容易受到经济周期的影响，从而 A 的预期工作年份数会比 B 少。A 可能是一项需要强体力支撑的职业，因此个人可以从事 A 职业的年份可能比 B（如一项案头工作）短。再如，A 可能需要较长期的训练等。

所有这些因素的影响，可以归纳为每种职业在给定的工资水

第十三章 不同职业的工资

选择 A 职业的年预期净收入

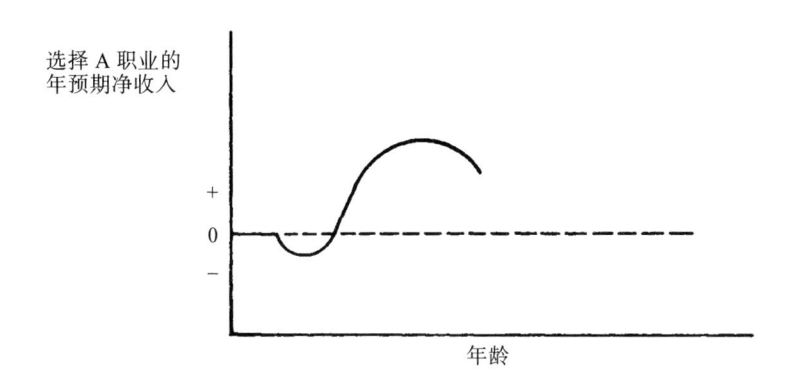

年龄

图 13.2

平下，给就业者带来的各个年龄上的预期净收入，如图 13.2 所示。当然，某一职业和某一年龄的净收入，恰又取决于我们认为什么是需要从总收入中扣除的职业开支。一个纯粹的奴隶主会把奴隶的衣、食、住等费用都视为职业开支，他只对收入超出这些费用总和的部分感兴趣。但在我们的社会中，由于人有双重性——既是生产要素，又是最终消费者（正是为了满足人的需要才要生产）——所以几乎不可能从最终消费中区分出应被视为职业开支的消费部分（即维持人作为生产要素所必需的开支）。[1] 最好的做法也许是：只扣除那些明显为某一职业特有的职业开支，并把超过这部分的、维持人力作为生产要素所必需的最小开支，看作是对所有职业都一样。这样处理解释了图 13.2 中最初的零收入部分——图 13.2 意

---

[1] 在征收所得税时，对有赡（抚）养对象的个人给予一定的免除与抵扣，就是为了体现以此补偿这类职业开支。同样，人们要求"对工资收入实行税收优惠"，也是基于如下共识：在计算来自非人力资本的应税所得时，所有支出都已扣除；而在计算来自人力资本的应税所得时，却非如此。

在展现"有代表性"的终身收入模型的特征。随后的负收入阶段指的是受训期,其间的格外支出,如学费、书本费、装备费等,可能超过某些正的回报。再接下去,一般是净收入上升,到一个顶点后再下降。在计算净收入时,除了比较明显的职业开支外,所得税显然也应扣除。

由于上图标示的数字是预期净收入,它们隐匿了个人之间真实收入的广泛分歧,还会受到失业可能性的影响。同样,曲线下降部分不仅反映了在岗工人随着年龄增长,生产力可能下降,也反映了一个人随着年岁渐长,由于主动退休,因健康问题而退休或赋闲,甚或死亡等等原因,他对收入还是汲汲以求的可能性也越来越小。同时还要注意:纵轴表示的是如果选择 A 职业的收入,而不是实际从事 A 职业的收入。因此,它包括了来自其他职业的收入——这里的其他职业,是指人们在最初选择 A 的情况下,以后又放弃 A 而从事的职业。这样表示的理由是:为一项职业所作的训练,对于转岗从事其他职业的相对价值如何,正是影响不同职业吸引力的因素之一。

尽管图 13.2 的曲线形状很典型,但不同职业在细节上显然会各不相同。职业不同,资本投入的数量差别很大,随之,预期收入变为正的年龄也变化很大,曲线的顶点以及达到顶点的年龄也会很悬殊。

当然,一生收入的简单平均水平,并不足以概括一种生命收入模型的吸引力,即使对于冷血的奴隶主而言也是如此。在一个利率不为零的世界里,收入的时间分布也很要紧。例如,假设 A 和 B 两种职业的生命收入模型如图 13.3 所示,并且两者具有相同的

第十三章 不同职业的工资

预期净收入

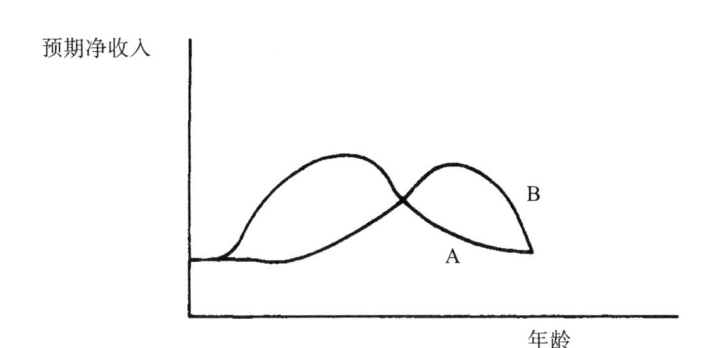

年龄

图 13.3

平均水平。显然，A 具有财务上更大的吸引力，因为 A 在早年的超额收入，可以用于投资生息，产生一项 B 得不到的收益。考虑到这种效应，我们可以计算出每种职业的预期净收入的资本现值。令 $E_1, E_2, \ldots$ 为第 1, 2, ... 年的预期年度净收入，r 为利率。那么，$V = \dfrac{E_1}{1+r} + \dfrac{E_2}{(1+r)^2} + \cdots$ 就是预期收入流在初始年份的资本价值。

上面，生命收入曲线及其资本价值，都是根据特定的工资计算的。为概括现在讨论的这类因素的影响，我们可以问：什么样的相对工资可使两种职业的资本价值相等？假设 A 职业的工资是 B 职业的 1.4 倍时，可使两种职业的资本价值相等。那么，我们就可以说，当两种职业的工资为这个比值时，它们在财务上或精算上具有相同的吸引力；进而，如果精算上的吸引力是唯一需要考虑的因素，供给曲线会是在 1.4 的相对工资上的一条水平线，如图 13.4。

上面已经罗列了很多影响相对工资，从而使两种职业具有财务上同等吸引力的因素：如就业的季节性和周期性变化，训练的时间

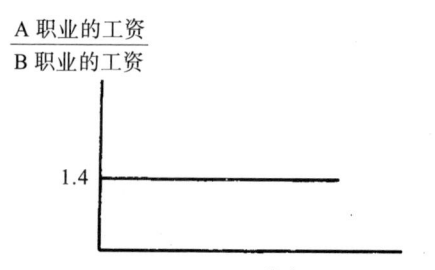

$$\frac{\text{A 职业的工资}}{\text{B 职业的工资}}$$

1.4 ─────────────────────

$$\frac{\text{从事 A 职业的劳动工时}}{\text{从事 B 职业的劳动工时}}$$

图 13.4

长度，训练的直接成本，训练后续的直接职业开支，税收结构，一项职业的工作生涯长度，整个工作生涯中的收入时间模式等。毫无疑问，对某种特定职业而言，很多其他因素可能也很重要，因此，不可能一一列举。一种考虑了这些因素的自洽的分析框架是可能的，也是可取的；但要自洽而又完整地罗列所有需要考虑的经验因素，既不可能，也无必要。

2. 收入的不稳定性：如上所述，用于计算资本价值（定义如上）的平均净收入[*]，隐匿了人与人之间的收入差别。这些差别对奴隶主而言不重要——至少当我们假设他拥有很多奴隶时是如此——因为这些差别会相互抵消，所以他可以只关注预期收入。但是，对于在现实社会中择业的个人而言，这些差别就不是那么容易置之不理了。个人不仅想知道预期收入的资本现值，还想知道收入的概率分布——或更简单地说，是想知道资本现值的概率分布。例如，职业

---

[*] 原文为 average net returns，但如前文用"预期净收入"似乎更贴切，因为是"预期"起了隐匿分歧的作用。——译者

第十三章 不同职业的工资

A 和 B 可能具有财务上相同的吸引力,但 A 是这样一种职业(比如说演员):有一个微小机会获得高收入,同时有很大机会获得低收入;而 B 是这样一种职业(比如说打字员):有充分把握获得一定收入,但没有什么机会出现任一方向的大偏差。

当然,这种不稳定性的影响如何,取决于个人对风险或不确定性的偏好。如果我们接受选择的预期效用理论,那么,使两种职业对个人具有同等吸引力的工资,是使它们的预期效用相同的工资,而不是使预期货币收入或资本价值相等的工资。

如果所有人对不确定性有相同的偏好,那么,两种职业的收入不稳定性不同,只是会提高或降低供给曲线的高度,如图 13.4 中在相对工资为 1.4 处的水平线的高度。比如说,A 职业有微小机会获得高收入,B 职业的收入不稳定性不大,如果人们普遍更偏好 A 型的不确定性,那么,不稳定性的影响是降低曲线的高度,例如从 1.4 下降到 1.3,其中的差距可说是量度了人们愿意为得到合意的不确定性而付出的代价。真实情况可能是:更多人喜欢上述演员的收入不稳定性类型,而不是打字员的,由此,我们可以推测,演员的平均收入——同时考虑了失败者与成功者的平均收入——要低于打字员的平均收入。

当然,人们并不总是有相同的偏好。可能一些人偏好 A 职业的不稳定类型,另一些人偏好 B 职业的不稳定类型。前者会在相对工资低于 1.4 的情况下仍从事 A 职业,而后者只有在更高的相对工资时才接受 A 职业,因此,供给曲线会像图 13.5 所示,斜率为正。如果 OA 大于 1,则可认为,总体上人们更偏好 A 职业的不稳定类型,否则相反。

340　　　　　　　　　　　价 格 理 论

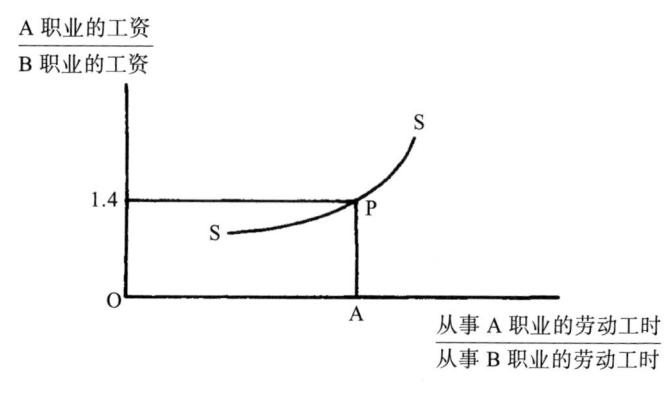

```
 A 职业的工资
 ─────────
 B 职业的工资
                                 S
                               ╱
                             ╱
                           ╱
    1.4 ─────────────── P
              S ─────╱
    O                 A       从事 A 职业的劳动工时
                              ─────────────────
                              从事 B 职业的劳动工时
```

图 13.5

3. **非金钱优势**：影响不同职业对某人的吸引力的，除了那些影响职业的货币收入的因素外，还有很多其他因素，如工作的类型、上班的地点、职业的社会地位，等等。如同对收入的不稳定性一样，大多数人对这类因素的评价可能非常接近；这时，它们的影响就只是向上或向下位移供给曲线。一旦人们对非金钱优势与劣势的评价不同，那么，其影响就是让供给曲线有了斜率。这种不同的极端情况是：不管金钱收入相对如何，一些人可能始终喜欢 A 职业，而另一些人总是偏爱 B 职业。在这种情况下，供给曲线会完全无弹性。

如果偏好与能力没有差别，市场又是非常完美的市场，那么，所有劳动供给曲线都会是完全弹性的，相对工资完全取决于供给状况，而需求状况只是决定各种职业的就业量。在这种情况下，所有收入差异都会得到补偿，并对每个人尽皆如此。也就是说，工资结构会是这样一种状况：在这种工资结构下，从事何种职业对每个人都不再有差别，因此也就不存在"租金"。另一个极端的情况，个人

第十三章 不同职业的工资

完全被非金钱因素束缚着,并且偏好迥异,那么,供给曲线会完全无弹性,相对工资完全由劳动力需求状况决定。这时,可以说所有工资都是由价格决定的,而不是决定价格的,因此都是"租金"。

更一般的情况是,偏好与能力存在差别,但这些差别并没有完全决定职业的选择,供给曲线会有正斜率。这时,收入差异只在边际上得到补偿。一些人即使总收入降低,也会继续从事原来的职业,因此,他们是得到了这种意义上的租金的。即便这些人认为由工作稍微长一点或累一点而增加的收入,刚好补偿相应增加的成本,从而他们也会处在边际上,情况也是这样。换言之,存在外延的边际和内包的边际。劳动力需求的增长,会通过吸引更多人加入该职业而向外推广外延边际。但劳动力需求增长对内包边际的影响不好确定,理由在上面讨论向后弯曲的、短期的一般劳动供给曲线时既已述及。

4. 所得税的影响:所得税的影响看来有必要专门提请关注。因为:首先,近年来所得税的重要性显著增加;其次,人们普遍误解了所得税的作用,总是认为所得税不能被"转移";再者,在我与库兹涅茨(Kuznets)明确讨论过的各种因素中,所得税被疏忽了(见课外阅读文献,原书第327页)。*

我们知道,个人在判断两种职业的相对吸引力时,用来比较的数据不是税前收入,而是税后收入。大家经常争执不下的观点是:所得税不影响择业,因为税前收入较多也就意味着税后收入较多,

---

* 即弗里德曼与库兹涅茨,《自由职业的收入》(纽约:国家经济研究局,1945)。——译者

因此,如果一种职业在税前比另一种更有吸引力,那么在税后也会更有吸引力。很遗憾,事实并非如此,因为:其一,税基并不一定就是在考虑净金钱收入时的相应金额,其二,税基不能涵盖非金钱因素。

先看不存在税收豁免的固定比例所得税情况。即使是这样的税制,也会影响不同职业的相对收入——如果不允许在税基中扣除被视为择业费用的全部开支,且不同职业的这类开支又各不相同的话,此中道理就非常明了。但是,即使在与职业选择有关的收入的意义上税基彼此相等,一旦转从其他意义上讲,税基还是会有差别。例如,假设一种职业给从业者带来年年不同的收入,而且有时是负收入;另一种职业每年都有相同的收入。这时,除非税制规定,当净收入为负时提供补助(负的税赋),否则,第一种职业的税收负担会比第二种职业重。因此,即使两种职业的相对工资使它们的税前资本现值彼此相等,税后资本现值还是第一种职业要小。这种情况并不是绝无仅有的。特别是当一些职业需要培训而另一些无需培训时,很容易出现这种情况。因为如前所述,前者净收入在开始几年很可能为负。这时,在计算应税收入时不允许扣除培训开支,就是忽略了负收入的情况。

原则上,这些影响都可以通过恰当界定税基而排除掉。但如果两种职业的区别在非金钱的吸引力上,只有一种职业的金钱收入比另一种高,才能使两者吸引力相同,那么,排除所得税的影响就几乎不可能。因为,这种情况下,为使两种职业有相同吸引力,有税时比之无税时,需要有更高的相对收入比。实际上,正是由于低薪职业的非金钱优势不受税收影响,才使从事非金钱优势大的职业,成了一种避税办法。

如果引入税收豁免和累进税率，还会有进一步影响：一种个人收入年年不同的职业，与另一种收入年年不变的职业相比，在税前资本现值一定情况下，往往有更重的税负。同样，这里，为"拉平"收入而作出的税法调整，有可能消除这种影响；但是，如果这种变化是发生在人与人之间，就没有什么调整可以有效消除类似的影响。假设职业 A 和 B 预先承诺的税前平均收入都一样，但职业 A 的收入在从业者个人之间变化更大。那么，累进税率下，职业 A 的税后个人平均收入就会少于 B。累进税率强化了上述非金钱优势的影响，因为在这种税制下，税后收入比会小于税前收入比。

由此可见，所得税确实影响了职业选择，影响了资源在不同用途间的配置。但如果所有收入差别都是补偿性的，即前述的供给曲线是水平线，那么，不管税率累进有多高，所得税都完全没有收入再分配的效应。高累进税率与单一税率相比，税后相对工资会是一样的。因为，人们会辞掉受高累进税率影响特别大的职业（指那些以高工资补偿极端非金钱劣势的职业，或收入波动很大的职业），从事受影响较小的职业，直到市场达成相同的税后相对工资为止。当然，相同的税后相对工资，对于受高累进税率影响的职业而言，意味着更高的税前工资，而这会缩减该职业的劳动力需求量，以适应减少的供给量。

更一般地，偏好不同会产生正斜率的供给曲线，从而使税收影响到相对工资。受高累进税率影响大的职业，就业人数会减少，因为那些在非金钱方面最少依恋于这些职业的人会辞职而去（或更真实的是不再进入）。最终结果是：比之单一税率，在累进税率下，这类职业的税后相对工资会下降——不过,税前相对工资反而更高。

显然,这里的所得税分析,与通常的消费税分析是一致的。其实,原则上,对于任何给定的所得税,总是可能存在一组针对最终服务征收的消费税,正好具有与之相同的资源配置和收入分配效应。*

来自非竞争性团体的差异

只有当很多人处于可自由选择相关职业的状态时,我们才可以说,这些职业的收入不同主要是补偿性差异,即主要由上一节所讨论的因素所致。很大程度上,实际情况正是如此,因此,现实中很多工资差别可以被视为补偿性差异。但是,也有大量迹象表明,并非所有收入差别都可以作如是观。特别是,在诸如专业与非专业这样宽泛的职业划分中,收入差别看来要大得多,远不是成本差异、非金钱的优势或劣势等能完全解释的。

这时,需要考虑的另一个因素是:高收入职业存在这样或那样的进入障碍。只有一些人可以自由地选择某些职业,按照卡纳斯(Cairnes)的恰当命名,他们组成了"非竞争性团体"。很多不同原因可能导致进入障碍,从而确立非竞争性团体。其中一些比较重要的原因可列举如下:

1. 有意的进入限制:例如,移民管制,使美国工人成为独立于其他国家工人的一个非竞争性团体。在美国,从事一种职业(如医疗、法律等)需要许可证,也可能是故意限制进入的一种手段。颁发许可证的权限通常掌握在业内人士手中,他们要限制进入是很自

---

* 此观点可参见第三章。——译者

然的。另外，工会强迫雇主不得跌破议定工资，也是限制职业进入的一种方式。

这类限制细说起来数不胜数，并在近几十年中不断增加。尽管这些限制也很令人纠结，但我还是认为，除了移民管制，其他限制可能并没有什么实际重要性。几乎可以肯定，它们并没有像其他一些被提及的障碍一样重要。

2. 地理上的不可移动性：这一点经常被引用为收入差别的原因，特别是所谓南北方之间的差别，乡村与城市之间的差别。但是，就美国而言，除了个别特例，这一点有多重要是值得怀疑的。人口普查数据显示了非常充分的人口迁移。比如说1940年代，美国境内的人口迁移甚至使欧洲的强制性人口迁移（例如纳粹的强制迁移）都相形见绌。而且必须记住，并不是每个人都有必要迁移，边际上的迁移就足够了。

3. 能力上的差别：能力上的差别，究竟是视为引起非竞争性团体的原因，还是将它们与偏好上的差别相结合，视为导致补偿性差异的原因——这里有些任意性。很显然，能力不同导致人与人之间的收入差别，要大于补偿相应成本差别等等之所需；这样一来，某个人就比其他人拥有更多的劳动天赋，更大的人力资本。因为不同职业往往会聘用（或需要）平均能力不同的人，于是，就出现了能力对各种职业的薪酬的影响。当然，能力"高低"，并没有为市场所遵循的客观标准：一项特定能力是否能得到高报酬，完全取决于对它的需求是否比可能的供给更大。

一些例子也许可以说明：要从"偏好"差别中区分出经济学意

义上的"能力"差别,为什么不易做到;而把"能力"差别包括在引起补偿性差异的因素中,为什么有吸引力。给深海潜水员的高报酬,应该被视为愿意*在水下及危险环境中工作的报酬呢,还是应该被视为这个行业非金钱劣势的补偿?杂技演员的报酬又是什么?医师的报酬呢?显然,存在一个很大的"能力"和"偏好"混合的空间。

4. **社会经济的层级化**:国内的"进入"障碍,也许主要是由人们在社会地位上的层级化造成的——这一点,目前对很多国家仍是真实的,不久之前则大多数国家尽皆如此。一般来说,学者及其他某些职业,只对上流阶层的人们完全开放,余此类推。当然,层级从来不是绝对的,总是存在一些升迁的机会;但是,这种升迁小径上的障碍,已经足以维持收入上的巨大差异。

在美国,严格的社会分层从未像其他很多国家那么重要,而且显然,社会分层正随着时间的推移而大大减少——这在很大程度上是因为学校教育的普及。脑力劳动与体力劳动的相对工资变动趋势,清楚揭示了社会层级的重要性下降。曾几何时,断文识字如此稀罕,以至于足以构成一个非竞争性团体;现在这种情况显然不再。结果,脑力劳动相对体力劳动的收入比出现了长期下降的趋势。一般而言,现在脑力劳动的报酬可能不是明显较高,而是偏低的。大学教师相对于中学教师的薪水比率,在更高水平上重演着同样的现象:这个比率也随时间的推移而稳步下降。

---

* 原文为 be willing to,但这里既然是说"能力的差别",似乎应该说 be able to 才更恰当。——译者

社会与经济地位为什么会影响青年人在择业时的选择余地？主要原因是：很难或不可能在人力资本投资方面，建立有效的资本市场。获得昂贵教育的可能性，取决于家长或捐助人负担经费的能力，或青年人"自力更生"的意志和能力——而且，这里是指这个青年人的家庭在他因接受教育而没有（若工作则可以取得的）收入的情况下，做到这一点的能力。这些因素对某些职业而言非常重要，而且毫无疑问，这是归于非竞争性团体的收入差异的最重要来源之一。

5. 肤色问题可能已包含在上述小标题中，但把它单列出来作专门讨论或许更好。在择业上，黑人显然并未处在与白人同等的地位上。他们没有获得培训和教育的同等机会，一是因为可以享受的公共教育设施减少，二是因为私立教育机构存在歧视。但肤色的影响远不止于此。由于顾客和同事都存在偏见，认为黑人在某些职业上生产力低下，因此，肤色对收入的影响与能力差别的影响可相匹敌。结果，在美国，根据肤色划分的人口层级，俨然已成为导致非补偿性收入差异的最重要因素之一。

过渡性的收入差异

这个标题无须多费口舌。显然，某一种类型的劳动力供给的短期弹性，一般都比长期弹性要小得多，因此，需求的任何变化，最初影响可能比最终影响要大得多。唯一需要进一步说明的，也许就是一开始所说的：把什么称为过渡性差异，取决于我们看问题的角度。考虑一下前面提到的脑力劳动对体力劳动的收入比变化问题。从一个足够宽广的角度来看，大约一个世纪以前的脑力劳动收入的超额部分,也可视为是过渡性的。因为,正是脑力劳动的高收入(和其他因素一起),带来了学校教育的供应和白领阶层的声望提升。这些又在几代人的时间内,使超额收入缩减乃至消失。但很显然,对于很多问题而言,这是过于宽泛、大而不当的角度了。

第十四章 功能性收入分配与个人收入分配的关系

前面几章讨论了生产要素的价格。这些价格，连同生产要素的数量，共同决定了所谓收入或产出的功能性分配，即根据各种资源在生产中所发挥的功能而作的分配。但从很多角度来看，人们更感兴趣的是所谓个人收入分配，即在一定的收入单位例如个人、家庭或住户之间进行的分配。

第一节 初始的个人分配和最终的个人分配

收入单位间的初始市场分配，不仅取决于生产要素的价格，还取决于生产要素的所有权在收入单位间的分配情况：每个单位的收入额，等于它提供给市场的各种生产要素数量，乘以每种生产要素的单位价格。

这种初始市场分配会由于各种政府税收和补贴的再分配而改变，因此，可用于消费或储蓄的最终收入分配，可能与市场自发的初始分配大相径庭。

初始分配与最终分配之间的区别非常重要，又非常复杂和模糊。我们考虑一块假定"属于"某甲的土地，他把它租给某乙，并缴纳"财产税"——该财产税正好等于所收租金的一半。可以认为：某甲在初始分配中得到了全部租金，而后在政府强制的再分配中付出了一半。但对这个简单例子的另一种，也是更令人满意的看法是：把政府看作拥有一半产权的"隐名合伙人"，而某甲拥有另一半产权，并充当任职合伙人。显然，某甲或任何他人购买这块土地所支付的金额，是他得到的那部分租金的资本化价值，而非全部租金。他可能向政府开出纳税支票，但是，说他"缴纳税赋"并没有经济学的意义——除非是当一项完全出乎意料的税收突然开征时，他正好是土地的所有者；这种情况下，他遭受了初始资本损失，即一项财产税。

这个例子非常简单，但基本观点适用于整个再分配范畴。美国联邦政府可以被看作是对每家中等以上规模的公司都拥有48%所有权的"隐名合伙人"，因为税前收入的48%会作为公司的企业所得税被收走。同样，相当于收入的个人所得税部分的人力资源归谁所有？是最初获得收入的个人（或更准确地说，是将收入记入其名下的个人，因为在源头扣缴所得税就避开了这个过程）？抑或是联邦、州或地方政府？或者，是否更应该看作是个人先获得全部收入，而后支付一部分以购买政府服务——就好像司机支付燃油税，用于高速公路的维护和建设一样？

暂且不管定义的歧义性，正如我们在前面章节已经看到的，初始分配与最终分配的区别还提出了一些重要的实质性问题。税收（或政府对资源的部分所有权）的存在，改变了支配资源使用的任职合伙人的激励。因此，税收改变了各种资源对各种用途的供给，同时间接地改变了各种资源的需求和单价。(关于这种可能影响的更复杂层面,留待下一章分析。)

这里不是全面分析这些问题的地方,传统上,这些问题属于公共财政课程,在"税收的转移与归宿"的标题下讨论。在此,我们只需强调:通常针对税前(及补贴前)收入分配和税后(及补贴后)收入分配所作的比较,其数学意义与经济学意义是不一样的。[①] 因为在没有税收与补贴的情况下,与有税收与补贴的情况相比,"初始"分配会非常不同。

除了再分配问题之外,这方面另一个流布极广的错误看法,是认为我们可以轻松地把功能性分配与个人分配对应起来。据信,工资和薪水是"穷人"的收入,利息、股息、租金和个人经营所得是"富人"的收入。因此,任何相对提高工资的措施,都会缩小收入差距,反之亦反。但是不管怎样,这个结论是错误的。理由有二:第一,它完全避开了有关个人分配的确切含义及其多样性的问题。就某种定义的个人分配尚属正确的观点,对另一种定义的个人分配则不尽然。第二,它过于简略地把人们的收入类型与经济地位对应起来了。

第二节 个人分配的含义

我曾试图找出生产要素的价格变化对个人收入分配的影响规

[①] 例如,见总统经济咨文(1974年2月)第5章,特别是第143页的图35和178页的图49。

律，但多番尝试之后得出的结论是：几乎不可能有信心做到这一点。所谓某项措施会缩小或扩大个人收入分配的差异或不均，此类说法都不可尽信。下面，我分三步略述这个结论的依据：首先，在这一节讨论界定个人分配的一些关键性问题；其次，下一节简述关于收入类型的少量一般性事实；最后，在本章末节考虑两个具体案例。

在建构个人收入分配理论时，有三个基本问题必须解决：(1) 收入的单位，(2) 收入的定义，(3) 度量收入的时间单位。每一个问题，恰当的选择关键取决于分配分析的目的。分配分析是为了增进理解劳动力市场，还是理解资本形成的可用资源，或是生产资源控制上的差异，或生活水平的不同？目的不同，选择也不同。

1. **收入的单位**：收入单位是否应该是个人？如果应该是，那么应是所有人，还是14岁（或其他约定俗成的岁数）以上的人？或是劳动力队伍中的所有人，还是这些人再加上其他拥有非工资收入的个人？

另一种选择，收入单位是否应该是家庭？如果应该是，又如何定义家庭？只根据血缘关系？或有血缘关系和共同住所的群体？或有血缘关系并"共享"收入的群体？或者收入单位应该是"居民户"——包括了可共享同一住所的各无关个人？

无论是根据抽象分析，还是经验证据，这类问题都不易解答，但是它对结果又有重大的影响。例如，考虑以下两种情况的不同：一是14岁以上个人之间的收入分配，二是在两人及两人以上组成的家庭之间的收入分配。你想说明贫穷有多严重吗？——只需强调：1973年，美国14岁以上的公民中，有40%以上个人的年货币收入低于2 000美元。想说明贫穷有多轻微吗？——只需强调：

第十四章 功能性收入分配与个人收入分配的关系

1973年，两人及两人以上组成的家庭中，只有不到3%家庭的年货币收入低于2 000美元。①

对于和判断生活水平相关联的大部分目的而言，"家庭"是更合适的单位，但是，家庭这个概念本身还需要进一步深思。我们是不是可以依照斯泰因（Gertrude Stein）的方式，说一个家庭就是一个家庭——不管它是由独居的一个人组成，还是由一对夫妻加上两个孩子组成，或一对夫妻和四个孩子组成，或是其他一些组合方式？②

对于子女数目不同的家庭来说，很多收入分配问题的结论取决于考虑问题的角度。如果从父母的角度看，并且认为父母是通过比较支配收入的不同方式而择定子女数量的，那么，就没有理由对不同规模的家庭加以区分。收入相同但子女数目不同的家庭，应该被视为处于相同的经济水平上。差别仅仅是因为一些父母喜欢把收入用于养育子女，而另一些更喜欢用于购置汽车、游艇或高档音响等。③

而从子女的角度看，即把子女视为根本意义上的人，而不仅仅是向父母提供消费服务的来源，或者是从不能也不愿选择生育几个子女的父母的角度来看，情况就完全不同。对于两户收入相同但子女数目不同的家庭而言，小家庭的子女比大家庭的子女，会有更多

---

① 关于美国年货币收入分布情况的概览，见美国人口普查局《当前人口报告》之《消费者收入》系列 P-60。
② 美国人口普查局把"家庭"定义为"由两个或更多有血缘、婚姻或收养关系，并居住在一起的人组成的群体"。因此，在他们的概念中，没有一个人的家庭的情况。
③ 我把另一种可能性推到后面再考虑，即，因为这里忽略了非货币收入，收入的度量可能因为子女数目而有所偏差。

的资源可资个人消费。

这可是非同小可的问题。事实上,历史地看,经济相对贫困的主要原因可能就在于大家庭。上个世纪或这个世纪的每次社会调查,都生动地印证了这种观察。两个工人彼此工资一样,如果其一子女很少而另一子女很多,他们的生活水平就会差距悬殊。我甚至猜测,在本世纪西方世界,为减少相对贫困所做的最重要的一件事情,就是节育知识和技术的广泛传播,以及由此带来多子女家庭的锐减。

但是,就"单身个人"(在官方人口普查报告中,这种委婉的说法用来指不与任何亲属生活在一起的个人)与两人及两人以上组成的家庭相比较而言,从任何角度来看,都不能认为相同的收入对应着相同的生活水平(假设,这里排除由单一成人和经过慎重选择的孩子所组成的家庭)。

在研究不同规模、不同构成的家庭的收入分配时,很多文献涉及如何考虑家庭规模的问题。一种简明的方法是计算出人均收入。但是,这种方法通常并不能令人满意,一是因为收入的定义存在缺陷,二是因为一般推测,家庭人数不同,"需要"也会不同。两个人也许不能生活得像一个人那样节省,但应该说确实可以比一个人生活费用的两倍要节省些——即两个人在一起生活,要达到两个人分别生活所达到的某种意义上的相同生活水平(即相同效用水平),收入无需两倍之多。①

---

① 这句话听起来很有道理,其实充满了模棱两可的地方。而且你会发现,尝试将这句话所包含的意义以严谨的方式表述出来(你几乎肯定会失败),倒是一项有益的练习。得出这个结论,是不是因为忽略了"非货币"收入,因此,对于正确的收入定义而言,

更清楚的一点是，小孩不应等同于成人来计算，婴儿也不应等同于少年。因此，很多考虑家庭规模与构成的尝试，都包括了建立等价尺度的问题。具体地说，例如，如果把一个18至45岁的男人视为一个单位，则同样年龄的女人是8/10个单位；0至2岁的小孩是3/10个单位等等。其中两个最著名的尺度分别称为阿美因（Ammain）和法美因（Fammain）尺度——意为"成年男子生活费用"和"成年男子食品费用"，前者针对一般消费，后者仅针对食品。

要找到这些等价尺度，需要开发出分析家庭预算数据的坚实方法，也需要长期探索如何客观界定最低生活标准或贫穷线。[①] 幸运或不幸的是，实际上没有办法做到这一点。任何社会对于"贫穷"的判断，总是相对于一般生活水平而定的。在16或17世纪法国的早期著作中，"最低适度生活水平"被界定为每天一千克面包。我们在美国认为属于贫穷的生活水平，对当今世界上很多人来说，还会被认为是富足的。无法给出一个真正客观的定义，并不妨碍我们有一个美国政府对贫穷的官方定义："其金额三倍于估计为营养充分的、可自由选择的日常饮食的估算成本。"[②] 这些每年根据物价变

它是错误的？或者，它是否只是反映了"显示性偏好"的自明之理，即一对夫妇除非是生活在一起可使双方都感到效用有增益，否则不会一起生活？或者，它是否反映了家庭生产的规模经济？果真如此，是什么令"单身个人"无法获得相似的经济实惠？如何比较两人一起的效用水平和每个人分别得到的效用水平？如果一个人处境"转好"而另一个境况"恶化"，能进行这样的比较吗？等等问题。

① 见弗里德曼："不同构成的家庭的收入比较方法"，载《收入与财富研究》第15期（纽约：国家经济研究局，1952），第9—20页。

② 营养充分本身是一个带有随意性的概念。由美国国家研究委员会给出的定额随时间推移而改变，这就表明，所谓"必需的"定额，存在不确定性。不管如何界定"必需的"定额，总是有花费了这个金额的家庭不符合这些界定。随着食物总支出增加，符合这些界定的家庭比例也会上升，但永远达不到100%。美国农业部在最初确定营养充

化进行修订的量化"贫穷"界限,因家庭规模不同而不同,因而体现了隐含的等价尺度。①

因此,收入单位的问题包括两部分:选择什么收入单位;不同大小、不同构成的收入单位彼此如何对比。

2. 收入的定义:不管是何单位,另一个问题是:该用什么样的收入定义呢?我们已经考虑了由税收和政府补贴带来的主要问题。在更宽泛的概念层面上,另外还有两个问题:应该用"收入"还是用"消费"作为定义?劳动收入与财产收入如何取舍?

对于生产要素使用的问题而言,显然,通常理解的"收入"是比较适合的概念。而当涉及福利或生活水平的问题时,消费的概念看来更适合。在这个方面,很多问题从来没有被探讨过,特别是收入水平不同,各类消费项目的价格变动趋势也不同。长期来看,不管社会最富裕人群相对于最贫穷人群收入上发生了什么变化,可以肯定的是,他们之间相对消费水平的差距已经大大缩小了。

回顾一下历史上最富裕人群的情况。经济、技术和科学的进步只在两个重要方面让他们受益,即医疗卫生的进步,以及交通运输的改善。除此之外,被大肆标榜的现代化发展对他们增益无多。不间断的冷热浴水吗?罗马贵族有奴隶为他们运水沐浴。电影、电

分的含义时即规定:如果75%的家庭达到国家研究委员会就八种特定营养的每一种所给出定额的2/3,就算是令人满意的了。见露丝·弗里德曼(Rose D. Friedman)《贫穷:定义和视角》(华盛顿特区:美国企业学会,1965年)。

① 隐含的等价尺度,包含了非常大的规模经济和相当奇特的模式。例如,考虑下面一组家庭:一名65岁以下的单身男人;一对65岁以下的夫妻;同样一对夫妻和1、2、3、4个子女;各家庭都非农民。指定单身男人的最低生活标准为1。那么,分派给另一名成员的边际值是0.25(即那对夫妻的"最低收入水平"是单身男人的1.25倍);第一个子女是0.25,第二个是0.38,第三个是0.33,第四个是0.27。

第十四章 功能性收入分配与个人收入分配的关系 357

视、无线电收音吗？罗马贵族可以命令他们那个时代最好的艺术家作私人表演。如此等等。

至于较晚近年代，我曾根据自己参观杰斐逊（Thomas Jefferson）在蒙蒂塞洛（Monticello）的故居的印象，估计今天一个人如果要像杰斐逊那样，指使那么多人以为己所用，他得有多少钱可花在消费之上。结果，这个数目达到一年好几百万美元之巨，是今天极少有人能够或实际支付的。而在那个时代——须知当时人口少得多——斐逊并不是特别富有的人。

劳动收入与财产收入的问题是：财产收入说的是净值，扣除了相应成本（包括资本的折旧或偿还）；而劳动收入说的是总值，包括很多成本（例如衣、食、住等既是成本又是支出收入之方式的项目），也包括人力资本的折旧或偿还。后面这个问题经常被提及，但通常只是一带而过。我尚未在收入分配的著述中，见过关于这个问题的令人满意的讨论。

在实证层面，收入定义的关键性问题是非货币收入的处理。例如自家庭院出产的实物收入，丈夫或妻子的家庭劳动的收入，子女本身带来的消费服务的收入，或者来自自有住宅或其他自有耐用消费品的虚拟收入等。获取非货币收入的动机，显然与可能豁免一些类型的税赋有关。因此，忽略非货币收入的惯常做法，很可能给量度收入分配带来大的偏差。

3. 时间单位：原则上，我们可以想象某一个时点上的收入分配，以界定任意时间单位的收入流。于是，时间单位的问题就归结为收入定义的问题：我们是想把收入定义为瞬间的流量，还是定义为可无限期持续的流量？是真实意义上的无限期持续，还是名义上的无限期持续？

实际上，资料显示的往往是特定时期的收入所得或消费支出，如：一天、一周、一月或一年。显然，所用的时间单位不同，收入分配结果可能差别很大。为了避免季节性因素的影响，很多收入分配估计都是针对年收入。这确实排除了很多短期内影响数据的随机因素，但显然也并不完全令人满意。

首先，如图 13.2 描绘的终生收入模型意味着，一生的收入预期完全相同的人们，在某个特定年份，会因年龄不同而有不同的收入。出于这种考虑，我们对人的分类就要以终生收入为准，而不是以某一年的收入为准。这就带来了很多概念上和实证上的问题——当我们追问一户家庭而非一个人的终生收入是何含义时，其中一些问题就会显现出来。另一种更有吸引力的选择是着眼于财富分配（包括人力和非人力财富）。人力财富可以根据预期未来收入的现值估计，原则上可以对家庭每个成员作计算，然后加总（但现实几乎不可能做到）。实际上，以往的财富分配分析都只是针对非人力财富的。[①]

时间单位的另一个问题与如下事实有关：人们的经济地位的流动性，会影响对收入分配的理解。假设有两个国家，它们的人口在年龄、性别、家庭规模等方面的分布都一样，年收入的分配结构也相同。假设在其中一国，每个人年复一年地滞留于所处年龄—性别

[①] 在美国，这类分配的主要问题之一，是如何把现在及预期的社会保险支付的现值，作为个人财富的一部分来处理。见马丁·费尔德斯坦"社会保险、诱导性退休和总资本积累"，载《政治经济学杂志》第 82 期（1974 年 9／10 月），第 905—926 页；"社会保险与美国经济"，载《公共利益》第 40 期（1975 年 7 月）。

组的相对位置而不变。在另一个国家，则存在很大的流动性、大幅度的上下，以致一个人可能在某一年位于所在组别的顶点周围，第二年就跌到底部附近了。简而言之，影响收入的临时性因素比永久性因素更强势。如果以两年为单位而不是以一年为单位来量度收入，第一个国家的收入分配会比第二个国家更分散。因为在第二个国家，流动性会使收入趋向平均，而这在第一个国家不会发生。量度期限越长，两国差别就越大。

我相信，国与国之间广泛存在这种差别，这使得跨国别的比较非常不可靠。例如，我猜测，相对而言，英国更像上面所说的第一个国家，美国更像第二个国家。因此，年收入的分配结构，倾向于低估英国相对美国的收入差异化程度。

第三节　关于收入类型的事实

即使上一节提出的所有问题都令人满意地，或至少是可接受地解决了，仍然很难从功能性分配过渡到个人分配。随着时代的发展，个人和家庭的收入越来越由多种不同类型的功能性收入组合而成。其中包括：工资加上利息、股息、租金或企业家才能的回报；政府转移支付，例如社会保险、失业救济、食品券；如此等等，不胜枚举。而且，每一种类型又包含了各种各样的具体内容。例如，"工资"或"工资和薪水"，既包括低薪的家政服务员所得的报酬，也包括高薪的大公司首席执行官的薪金。又如，利息收入，既包括低收入家庭区区几美元的所得（这些家庭的唯一非人力财富就是在储蓄与贷款协会中的养老金）；也包括拥有大量免税证券的富人所得到的利息收入。

通常所谓工资和薪水是"穷人"的收入，财产性收入和企业家才能的回报是"富人"的收入，这种说法有其合理性，但过于简化。根据所得税的申报数据判断：与中等收入阶层相比，高收入阶层中，工资和薪水占总收入的比例要低得多，财产性收入的占比要高得多——但有意思的是，低收入阶层的情况也是如此。不过，收入等级的底层和顶层所得到的财产性收入类型是不同的。在底层，财产性收入主要是利息和租金的形式，当然还有个人养老金和社会保险收入。其中，利息来自在"商业和互助储蓄银行""储蓄和贷款协会"等的储蓄存款，以及政府储蓄公债。租金来自诸如有三两个居住单元的住宅的所有权，或可作小买卖之用的房产的所有权——这些财产往往需要事必躬亲的料理，因此对财产较少而时间宽裕的个人更有吸引力。而在顶层，财产性收入的主要形式是公司红利和资本收益。

独立经营收入在各个收入阶层都存在。它占总收入的比重是总收入的双峰函数，先随收入而上升，然后下降，再上升，最后又下降。在底层，收入来自数以百万计的小本经营——家庭农场、夫妻杂货店、服务站、修理铺等等。这些小本经营者的平均收入可能低于主要靠工资收入者。在双峰型的第二个波段中，独立经营者不仅包括大农场主和大企业主，还包括更多的自由职业者，如医师、牙医、律师、会计师，等等。

由于收入来源的多样性和它们在收入和财富阶层中分布的复杂模式，我们难以推断，一项影响功能性收入分配的变化，对于个人收入分配会有什么样的效应。下一节的例子就将说明这一点。

第四节 两个实例

租金管制：一个源远流长的例子是租金管制的效应。第二次世界大战期间，美国实行了全面的价格管制，包括住宅的租金管制。战后租管取消，但仍允许个别城市继续保留。纽约是大城市中唯一保留的。而在这期间，很多地方重新实施了租管；1971年8月15日，尼克松总统颁布全面物价冻结计划，随后实行价格管制，又把全国性的租管包含在内，直到1974年才最终结束。

通常赞成租管的理由是：房东是富有的，租客是贫穷的，因此，租管是一种由富人到穷人的收入再分配。且不论这个理由的规范性问题，即如果这种再分配结果实现了，是否就能够证明租管是合理的。就我们的目的而言，这里我们要问：事实上它能实现吗？

上一节所说的事实已经提出了一些疑问：与中高收入家庭相比，租金对低收入家庭是更重要的收入来源。由此推见，平均而言，房东应比租客穷。但这也是过于简单的结论。租客支付的租金是总额，而房东申报所得的租金是净值。* 更重要的是，租金收入的来源可以是住宅房产，也可以是商业房产，但租管影响的主要是前者。更有甚者，很多住宅房产属于公司法人所有，租金会改头换面以利息和股息的形式支付，在申报数据中，被包含在这些项目而非租金项目之下。高收入家庭很有可能通过这些形式，间接获得了比低收入家庭更多的租金收入。

---

* 因此不是简单的收入转移，还有漏出。——译者

即使仅凭这些随意的评论，我们也可以清楚知道：关于租管的再分配效应，没有什么简单的定论可以令人信服的。几年前，约翰逊(D. Gale Johnson)详细研究了这个问题，得出结论说："我不想争辩说，有现成的证据表明，房东比租客更穷；但是资料肯定也不能支持相反的结论——房东的收入比租客高得多。"①

石油价格：一个更近的例子是1973年秋，石油输出国组织(OPEC)将石油价格提高三倍所带来的影响。公众关于美国石油政策的讨论，充斥着高油价的收入分配效应的看法，并且几乎一致认为，高油价给低收入家庭带来了特别沉重的负担。当然，这种看法可以视为老生常谈，仅仅表达了如下观点：任何有害的事物，总是给低收入者带来比高收入者更重的负担。但是，我们可以更严肃地思考这种看法，把它看作是表达了这么一种经验判断：价格上升，会使最低收入家庭(占10%、20%或其他比例)的总收入或总消费的份额下降。就整个美国而言，进口原油提价的损失，约为国民收入的1.5%；这是美国的"实际成本"，即从美国消费者转移到国外原油资源所有者的金额。因此，前面所说的看法，实际上是说：由于油价上升，"低收入"家庭真实收入下降的幅度要大于1.5%。

私人汽车用的汽油——作为其中一部分——情况适得其反。汽车是奢侈品，即是说，汽车需求的收入弹性肯定大于1。随着总开支规模扩大，全部消费中用于汽油支出的部分急剧上升。由油价上升导致在汽油上的额外支出，会减少在其他方面的开支，这又会降

---

① 约翰逊："租金管制与收入分配"，载《美国经济评论(论文与公报)》第41期(1951年5月)，第571—582页。

低其他物品的相对价格。平均而言，这些"其他开支"有一个比汽油低的收入弹性，因此，这些对低收入群体更为重要的物品价格的相对下降，部分抵消了高油价对他们的负面影响。显然，就这部分汽油而言，较高油价对低收入家庭的影响是相对有利的。

所有其他部分，情况远没有这么清晰。用于供热的成品油的支出，收入弹性较小，甚至可能无弹性，与上述情况正好相反。营运车辆的汽油价格上升，会影响包含运输服务的产品的相对价格。这些产品中，间接消耗汽油较多的，相对于间接消耗汽油较少的产品，价格将会上升。不同程度受此影响的产品，它们的收入弹性是否存在系统性差别？若要令人信服地回答这类问题，需要开展大量调查研究。要搞清楚高油价对电力生产成本的最终影响，也是如此。

而且，上面我们仅仅考虑了问题的一面，即由消费项下的成本所带来的影响。另一面则是对生产要素价值的影响。汽车产业及其他受到特别不利影响的产业，它们使用的要素，现在面临较低的相对需求；而煤炭产业，及其他直接或间接替代进口石油的产业，它们使用的资源，现在面临着较高的相对需求。这将倾向于朝哪个方向重新分配收入？若要得到令人信服的答案，同样需要开展大量调查研究。

还可以举出更多类似例子，诸如社会保险、累进所得税、环境管制等。你会发现，探讨一下这些例子的再分配效应，是大有裨益的。

第十五章 收入的规模分布[*]

传统的"分配理论"只关注生产要素的定价问题,即相互协作的、根据生产功能分类的要素之间的收入分配问题。其对社会个体成员之间的收入分配言之甚少,也没有相应的理论。现代经济学理论的一个重要缺环,就是没有令人满意的个人收入分配理论,没有连接功能性收入分配与个人收入分配的理论桥梁。

功能性收入分配一直被认为主要反映了个人通过市场所作的选择:要素的价值来自它们合作生产的最终产品的价值,而最终产品的价值又取决于消费者在技术可能性范围内的选择。而另一方面,个人的收入分配,即使加以分析,很大程度上也被看作是独立于个人的市场选择的——除非是这些选择影响到了生产要素的单价,才另当别说。一般认为,个人或家庭在收入总额上的差别,要么反映了基本不受有关个人控制的环境的影响,要么反映了集体行为的影响——前者如可遇不可求的运气、自然禀赋或继承遗产的不

---

[*] 本章重印自拙著"选择、机遇和个人的收入分配",载《政治经济学杂志》第41卷第4期(1953年8月),第277—290页。重印征得出版商的许可,1953年的版权属于芝加哥大学。

该文是1952年5月的一篇论文的修订版,后者当时提交给由法国国家科学研究中心在巴黎主办的一次名为"不确定性理论的基础与运用"的国际研讨会。

同等,后者如征税和补贴等。

在如此紧密联系的两个领域,个人选择的作用却是如此大相径庭,这实在难以自圆其说。实际上,无论是不受相关个人控制的外部环境,还是旨在影响收入分配的集体行为,个人的市场选择,都可以大大改变它们对个人收入分配的影响。而且,那些集体行为本身,即使不是通过市场作出的选择,也主要是个人偏好的体现。

个人选择可以两种截然不同的方式影响收入分配。第一种:货币收入上的差别可能是为了补偿与这些收入相关的非金钱优势或劣势。这种情况经常被提及(尽管其重要性总是被低估),因此这里不准备进一步讨论。例如,一项令人不快的职业,必须支付更高的报酬,才能吸引那些也可以选择更称心职业的人员加盟;人气低迷地区的收入,一定要高于同一类人可轻松进入的人气旺盛地区的收入——否则人们免不了要搬迁出去;如此等等。在这些例子中,货币收入的差别是为了实现真实收入的均等。[①]

第二种个人选择影响收入分配的方式较少被提及。个人可择取的各个选项之间,除了其他方面差别之外,还有承诺收入的概率分布上的差别。因此,个人的选择,部分取决于风险偏好。假定两个社会,一个由极端厌恶风险的人组成,另一个由"爱好"风险的人组成,两个社会中的人们面临同样的选择集。这种偏好差异,会使人们在相同的选择集中作出不同的选择。这些不同选择会非常清楚地(尽管不是一一对应地)体现为资源的不同配置,进而形成各

---

① 见盖维(George Garvy)在收入与财富研讨会上的论文"收入不均等:原因与量度",载《收入与财富研究》第15卷(国家经济研究局,1952)。论文为这种货币收入差别的可能的重要性提供了证据。

自所愿的风险类型。例如，保险在第一个社会里会是重要产业，而第二个社会的重要产业会是博彩；所得税和遗产税在第一个社会里会是高累进的，而在第二个社会里是低累进甚或累退的。结果，两个社会的收入分配就会有差异。第一个社会的收入不均等程度，往往要小于第二个社会。因此，很大程度上可以认为，一个社会的收入不均，如同生产的产品一样，至少部分，甚至可能主要是，反映了社会成员依照自己品味与偏好作出的有意选择，而非仅仅是"上帝的旨意"。

以下讨论在抽象层面上阐述与探讨"个人的风险选择"与"个人的收入分配"之间的关系。为了进行以下探讨，我将接受选择的预期效用理论。也就是说，假设个人在各种包含风险的选项中作选择时，好像知道各选项所对应的收入的概率分布，并且在寻求某个指标的预期值最大化——这个指标称为"效用"，它是收入的函数。[①]而且，我还先验地认为，效用是收入的递增函数。

第一节 孤立的个人

最简单的例子，我们先考虑与世隔绝的鲁宾逊·克鲁索的情况。为了回避收入量度的问题，假设鲁宾逊只生产一种产品，或者可以等价地说，假设存在有一组相对的"价格"或"价值"，可用以

[①] 见弗里德曼和萨维奇："风险选择的效用分析"，载《政治经济学杂志》第56期(1948年8月)，第279—304页，再版于美国经济学会的《价格理论读物》(芝加哥：Richard D. Irwin出版社，1952)，第57—96页；"期望效用假设与效用的可量度性"，载《政治经济学杂志》第60期(1952年12月)，第463—474页。

第十五章 收入的规模分布

把全部产出以单一产品的单位表示出来。

任何时刻,鲁宾逊都有很多事情可做,也就是说,有很多不同的利用时间和岛上资源的方法。他可以在土地上深耕或者广播,可以制作这样或那样的资本品来辅助耕作,也可以狩猎、捕鱼或两者兼而为之,如此等等,不胜枚举。现在假定,他采取了某种行动,并完成到位。结果,会有某种跨时的收入流,比如说 I(t)——其中 I 代表每个时间单位的收入,t 代表时间单位。在他采取这种行动的时刻,即 t_0 之时,此后 t 时刻的收入流 I(t) 当然是不能确知的。因为,所采取行动的实际后果,不仅取决于鲁宾逊的所作所为,还依赖于一些偶然性条件,如天气、刚好他去捕鱼时附近海域的鱼的数量、播下的种子质量,及鲁宾逊的健康状况等。为了分析这种不确定性,我们可以假设,每一个行动,都对应着未来一组可能的收入流——其中每一个可能收入流都配备已知的发生概率 $p_{t_0}[I(t)]$。这样一组收入流概率分布,我们可以称之为一个期望(prospect)。

显然,在任何时刻 t_0,可供鲁宾逊选择的各种期望,取决于他自己以前的所作所为。但进一步,这以前的所作所为,又可看作是更早以前的类似选择的结果。因此,如果愿意,我们可以认为,他在我们开始分析的任一时点,比如说登上孤岛的那一刻,作了一个决策,从而影响了他的余生。当然,这样的一般化程度并非对所有目的都适用。对某些目的而言,考虑"个别变动"可能比"全盘策略"要更好一些——这里所谓"个别变动"和"全盘策略",都是冯·诺依曼(von Neumann)和摩根斯坦(Morgenstern)用的术语。而在目前的分析阶段,忽略所有不必要的复杂因素是适宜的。有鉴于此,我们可以省略 t_0 的下标。这是因为,与这里的分析相关的只有一组期望，其中每一个期望都包含了相同时期（即从初始点到无限未来）的一组未来收入流。

进一步的简化（不过也是更有问题的简化），是用单一数值代替每一个收入流 I(t)——这里，要么是假设 I(t) 为一个单参数集合的所有成员，例如具有相同斜率的所有直线；要么是按某个特定利率，把未来收入折现到初始时点，加总得到每个收入流的现值，且同时需要假设，任何两个在该利率水平下具有相同现值的收入流，对个人均无差异。[①] 这两个假设，都允许每个收入流 I(t) 以单一数值如 W（代表财富）来代替。这样，我们就可以在不知道个人效用函数的情况下进行计算了。

这些简化的假设意味着：任一期望，都可以表述为一个概率分布函数[*]，如 P(W)，它给出了"某个行动的结果是一个小于 W 的财富

[①] 即使我们不讨论如何定义"恰当"利率的问题，这个步骤也是不可靠的。理由是：一个与世隔绝的个人得自特定的、不可变更的收入流的效用，只有在效用函数的形式非常特殊的情况下，才会是以现值为唯一自变量的函数。对任何其他形式的效用函数，收入流的时间形态会以更复杂的方式影响其效用，因此，两个具有相同现值的收入流，并不具有相同的效用。

一般来说，要证明这种折现方法是否合理，我们只能看：是否可以把任一时间形态的收入流，以一个给定的跨期替代率，转换为任何其他想要的时间形态的收入流——其中的跨期替代，就孤立个人而言，是通过生产活动实现；更一般的情况而言，是通过自由资本市场上以市场利率进行的借贷来实现。这种验证，对于确定的收入流而言固无异议。但我们的全部问题，关键正在于收入流是不确定的，而且也因此之故，所谓自由资本市场、收入流以市场利率转换等观念，都充斥着困难。

因此，在对这个问题作比本文更充分的分析时，显然应该放松这种简化。

[*] 原文为 cumulative probability distribution（累计概率分布），即概率论里的"概率分布函数"：一个随机变量 x 的概率分布函数 P(t)=P(x≤t)，即随机变量 x 小于等于 t 的概率。任一随机变量，其概率分布函数可以完整地刻画或者表现这个随机变量的概率分布情况。——译者

值"的概率。令 A 为所有可能的行动，a 是其中某个特定的行动，$P_a(W)$ 是行动 a 所对应的期望。[①]

单是假设"效用为财富的递增函数"（在这里，我们是以财富代替收入），就足以排除某一些期望。如果：

$$P_a(W) \leqslant P_{a'}(W) \quad （对所有的 W 而言）$$

而且

(1) $\quad P_a(W) < P_{a'}(W) \quad$（对部分的 W 而言），

那么，不管财富效用函数的确切形态如何，a 显然都比 a′ 要好。[②] 现在假设，业已通过上述方法排除了一些行动后的 A 集合，是指这样一个行动集合：其中再也没有一对行动的期望能够满足不等式(1)。那么，要对 A 集合中的各种行动作出选择，只有效用函数的一阶导数就不够用了。

令 U(W) 为鲁宾逊的效用函数。在预期效用的假设下，他会选择期望 a 以使

(2) $\quad \bar{U} = \int_{w=0}^{w=\infty} U(W) dP_a(W)$

为最大。这里，除了这样重述预期效用假说之外，在目前的一般化程度上，再没有什么可补充的了。[*]

现在假设，有很多相同的鲁宾逊，他们都面对同样的可选行动

---

① 请注意，这种描述也考虑了个人有可能刻意采取某种行动，以求改变收入的概率分布。例如，一种行动可能包括花时间去修建仓库或其他活动，目的是为减少因青黄不接而忍饥挨饿的可能性。

② 这是马瑟（Pierre Masse）在相似情景下设计的绝对偏好的一个例子。

* 本节到这里为止，是纯粹的数理分析，意思是说鲁宾逊会最大化其预期的效用。其中的公式，是用积分表达具有连续概率分布的随机变量的预期效用。——译者

与相应期望,并且彼此之间完全隔绝。原则上,所有鲁宾逊都会作出相同的选择,得到如期望 a'。进而,如果任一鲁宾逊的行动的结果(即他所获的 W),在统计上独立于所有其他鲁宾逊的行动结果(即他们所获的 W),那么,$P_a(W)$ 就是在他们之间实现的财富的累积分布。一定程度上,他们之间的收入"不平等"是有意选择的结果,且"不平等"的程度部分取决于共同的效用函数的形态。如果效用函数是直线,每个鲁宾逊会选择最高预期收入的期望;如果效用函数是处处向下凹的(即收入的边际效用递减),他会乐于牺牲一些预期收入以减少收入的变动性;如果是处处向上凹的(即收入的边际效用递增),他会乐于牺牲一些预期收入以增加收入的变动性,如此等等。如果有一组数量足够多、变化足够大的期望,鲁宾逊们收入的"不平等"程度会在第二种情况下最小,在第三种情况下最大。[①]

但是,某个鲁宾逊所得到的 W,并不一定在统计上独立于其他鲁宾逊得到的 W。比方说,虽然每个人并不知道他人的存在,但他们所在的岛屿可能都处于相同的地理位置,并受到相同气候环境的影响。这种情况下,如果我们假设每人只作一次选择,$P_a(W)$ 将不再是在他们之间实现的财富的累积分布。在完全相关的极端情况下,所有鲁宾逊都将获得相同的财富,这时,即使效用函数处处向上凹,财富分布也会完全平等。居中的情形是,相关性的类型和程度,会影响所实现的收入分布的状况,但不会影响"效用函数的形态左右不平等程度"这个一般结论。

---

① 当然,我这里是在宽泛的意义上运用"不平等"的概念,因为就现在的要求而言,无需涉及精确的含义。

第二节　社会中的个人：
再分配无需费用的情况

现在假设很多相同的鲁宾逊之间建立了联系。这样一来，决定各人行动的因素就发生了根本变化。因为，现在大家有可能通过事先在产品再分配上达成一致意见，而得到各种新的期望。现实生活中，个人之间的很多安排就包含了这种再分配，而无需由"政府"出面采取集体行动。这方面的典型而明显的例子，就是私营企业直接提供保险服务或经营博彩业。实际上，这种现象非常普遍：某种程度上，几乎社会上所有的企业，都是调整财富概率分布的安排。例如，假设一个鲁宾逊让自己成为企业家，保证付给他人"工资"，并获得剩余的部分——同时假设，每个人都继续从事他们在其他情况下也会干的活，也即这个"企业家"一点也没有行使通常所谓的监督管理之职——结果还是会改变每个相关者可得的期望集。事实上，有充分的理由认为，这种不是通过技术变革或进步，而是通过对不确定性影响的再分配来"提供"新的期望的功能，才是现代社会"基本"的企业家职能。

当然，一般而言，既已建立了联系，经由知识的传播，会改变某一行动所对应的财富的概率分布；借助产品的交换，还会使一些新的行动成为可能，从而促进了劳动分工和生产专业化。但是，这里我们可以忽略这些复杂情况，因为它们主要影响收入的可能水平，而不是收入的分配。我们可以假定：仅仅是建立联系或交换产品，并不会改变每个鲁宾逊的可得收入的概率分布。

但是，另一个复杂的问题不容率尔弃之不顾，即再分配安排中的管理与执行费用。其中最重要的，是这些再分配安排对人的动机的影响。一个人如果买了房屋火灾保险，与自己承担全部火灾损失相比，其把资源用于防火的动机就要小一些。用我们的术语来说，只有当鲁宾逊自己直接得到行动 a 的后果 W 时，该行动 a 及相应的概率分布 $P_a(W)$ 才是可以实现的。如果一个团体议定，每人都从事 a 行动，汇总所得产出并作出分配，比如说是平均分配，那么，实际得到的财富，会与每个人独立从事 a 行动的结果大相径庭——就是说，实际上这些个人不会从事 a 行动。显然，正是这一点，说明了为什么全额损失保险，只有针对那些很大程度上与个人行为无关的灾害才是可行的；为什么所有要把个人的报酬与他们的产出贡献分离开来的尝试，都遭遇了巨大困难，或者完全失败了。

我们把这个复杂问题放到下一节再讨论。在这一节，我们假设再分配安排无需费用，就是说：不管个人各行其是还是参与再分配，行动集合 A 及相应的各种期望 $P_a(W)$，都是同样可以实现的——其中 W 代表一个人在再分配之前取得的财富，也就是他能够贡献给某个再分配共同基金的金额。如果我们进一步假设：各个鲁宾逊所得的财富 W 在统计上彼此互不相关，[1] 期望 $P_a(W)$ 的函数性状良好*，而且鲁宾逊的人数足够多[2]；那么，采取什么行动就只取决于相应期

---

    [1] 这个限制条件并非必不可少，但采用这个限制条件，可以在不损失基本一般性的情况下简化讨论。

    * 原文 well behaved，是指某个函数具有连续、可导等特征，便于进行微分或者线性的运算，可译为性状良好。——译者

    [2] 这是为了满足适用大数法则所需的条件。（原文这个脚注的位置疑有误，译文已改正——译者）

望 $P_a(W)$ 的预期值;而相同个人之间的所得财富分布的不均等程度,只取决于他们的共同偏好。就大量、独立的个人而言,他们在某个共同行动中所得到的人均财富——平均财富或预期财富——不确定性很小,甚至没有。因此,采取人均财富最大化的行动是可取的,因为,这样会使可供分配的财富总量最大化,并以最优方式在他们之间分配。

以下是更理论化的表述:假设在上一节所述的情况下,鲁宾逊会选择行动 a',该行动带来预期财富 $\overline{W}_{a'}$;但行动 a'' 带来的预期财富 $\overline{W}_{a''}$ 更大。* 现在假设达成的协议是:每个鲁宾逊都从事 a'' 行动,并把所得贡献给共同基金,然后以某种随机的方式取得初次回报——这种方式会使他的初次回报小于 $\overline{W}$ 的概率为 $P_a(\overline{W})$。显然,对于每个鲁宾逊来说,仅这项初次回报的期望,就与没有再分配安排的 a' 行动有了相同的吸引力,而且,现在有 $(\overline{W}_{a''} - \overline{W}_{a'})$ 乘以鲁宾逊人数的总额,留在共同基金中作为额外的收益。因此,具有适当的再分配安排的行动 a'' 一定比 a' 更为可取。同理可知,总是存在一种再分配安排,可使一种具有较高预期财富的期望,比任何具有较低预期财富的期望更为可取——不管后者是否伴有再分配安排。由此可见:在目前分析的特定情况下,由"造物主"提供给人们的机会,只是决定了实现的财富分配的平均值;财富不均完全是人为所致。

假设人们的财富效用函数处处向下凹,则最优的财富分配显

---

* 原因是如上一节所说,由于孤立个人的效用函数为向下凹或向上凹,他会牺牲一些预期收入降低或增加收入的变动性。——译者

然是平均主义。鲁宾逊们会集中他们的财富,然后每人获得均分的一份。另一个极端,假设财富的效用函数处处向上凹,显然,最优的收入分配是尽可能不均。鲁宾逊们会集中他们的财富,然后每人得到一张彩票,拥有同等机会,以获取唯一的以全部财富为标的的奖项。

还有一种更值关注、更契实际的效用函数。萨维奇和我在解释少数简单且被广为接受的关于风险环境下人的行为的经验概括时,曾经指出了这种效用函数的曲线形状。[①] 即一个函数,它的曲线最初向下凹,然后向上凹,最后再向下凹,如图 15.1 中的 U(W) 曲线。

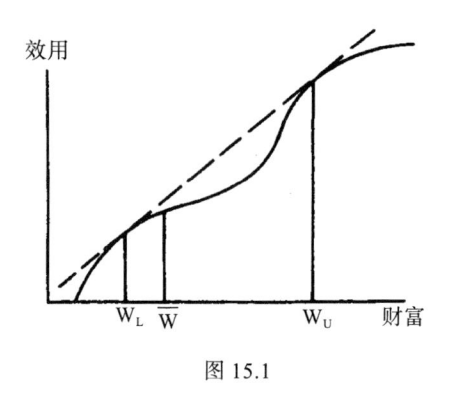

图 15.1

我们把最大预期财富(即每个人都从事 a″ 行动时所得的财富)记为 $\overline{W}$。考虑这样一个期望,它由两个财富值 W_L 和 W_U,及相应的概率 p_L 和 p_U 构成。它们满足 $p_L W_L + p_U W_U = \overline{W}$,且 $W_U \geqslant \overline{W} \geqslant W_L$。这个期望所对应的预期效用,就由财富 $\overline{W}$ 在连接 $U(W_L)$ 和 $U(W_U)$

---

① 见弗里德曼和萨维奇:"风险选择的效用分析"。

第十五章 收入的规模分布

的弦上的对应纵坐标给出。*针对一条确定的效用曲线,这个预期效用何时最大呢?由几何图形可知:如果存在一条直线,正好在某两点上与图15.1中的效用曲线相切(两个切点的横坐标可分别记为W_1和W_2,其中$W_2 > W_1$);并且$\overline{W}$处于W_1和W_2之间;那么,当上述的财富值W_L和W_U分别等于这里的切点横坐标值W_1和W_2时,这个期望所对应的预期效用就是最大的。[①] 相应的概率p_L和p_U分别就是$(W_2-\overline{W})/(W_2-W_1)$和$(\overline{W}-W_1)/(W_2-W_1)$。我们把这个预期效用最大的期望称作$a_d$(下标d表示二重切线)。

任何预期财富为$\overline{W}$的更复杂的期望,都可以表示成预期财富同样为$\overline{W}$的单值或双值期望的一个概率组合。于是,这种更复杂的期望的预期效用,也可以表示为它所能分解成的单值或双值期望的预期效用的预期值,因此,它不可能超过其中具有最大预期值的单值或双值期望的预期效用。由此得出结论:在一个每人的效用函数如图15.1所示的社会里,a_d是每个人的最优期望。根据我们的假定,它还是所实现的财富分配。

这个结论的一个很值得关注的特征是:我们可以放弃"所有个人都有相同的行动集合A及相应的期望集$P_a(W)$"的假定,只要有一个较弱的限制条件,结论仍然成立。[②] 给定其他假设不变,事后

---

* 为什么不是由效用曲线上的对应点纵坐标给出呢?因为这里说的是期望所对应的预期效用,而不是期望值($\overline{W}$)所对应的效用。——译者
① 上引书,第289—291页。
② 这一点对于导致彻底不平等的处处向上凹的效用函数同样是正确的,但对于处处向下凹的效用函数却不正确。因为,在各自的期望集不同和效用函数处处向下凹的情况下,每个人从事预期财富最大的行动,把结果贡献给共同基金,并取得等于最高

的财富分布状况只是由效用函数的性状和全社会的人均最大预期财富决定,而与不同个人可得期望的差别完全无关——这里只要每个人的最大预期财富*$\overline{W}$都处于W_1和W_2之间即可。

为了证明这一点,假定社会成员可分为两组,每组成员具有各自相同的期望集,第一组的最大预期财富是$\overline{W}^{(1)}$,第二组的最大预期财富是$\overline{W}^{(2)}$,两者不等。根据上面的分析,每组成员分别汇集他们的财富,作为回报,每人会得到一张彩票,有$(W_2-\overline{W}^{(i)})/(W_2-W_1)$的机会得到$W_1$,和$(\overline{W}^{(i)}-W_1)/(W_2-W_1)$的机会得到$W_2$。假设第一组包含总人数的$n^{(1)}$比例,第二组包含总人数的$n^{(2)}$比例,那么,$n^{(1)}\overline{W}^{(1)}+n^{(2)}\overline{W}^{(2)}=\overline{W}$,其中$\overline{W}$为全社会的人均最大预期财富。最终结果是:一部分人获得W_1的财富,他们所占比值由下列(3)式给出,剩余部分的人获得W_2的财富。

$$(3) \quad n^{(1)}\frac{W_2-\overline{W}^{(1)}}{W_2-W_1}+n^{(2)}\frac{W_2-\overline{W}^{(2)}}{W_2-W_1}=\frac{W_2-\overline{W}}{W_2-W_1}$$

这个结果,也正是所有人都有相同期望集,并且最大预期财富都为$\overline{W}$时的结果。

更一般地,最终结果是:每个人从事预期财富最大的行动,把所得贡献给共同基金,作为回报,得到一份有保证的财富W_1,外加一个机会——可能赢得标的为(W_2-W_1)的单笔奖赏的机会。对第i

---

预期财富的量,因此,财富的最终分配,由个人之间的最高预期财富的分布情况决定,不再是均等的。

* "最大预期财富"原文为 the expected wealth of the prospect with the highest expected wealth(具有最高预期财富的期望的预期财富)。——译者

第十五章 收入的规模分布

个人来说,其获奖机会的大小是 $(\overline{W}^{(i)} - W_1)/(W_2 - W_1)$,其中 $\overline{W}^{(i)}$ 为他所贡献的预期财富。因而,每个人因各自期望集不同,最终获得财富 W_2 的机会也不同;但所得财富的最终分配,与所有人都有相同期望集时的情形一模一样。

如果不再假定各人所得的再分配前的 W 在统计上不相关,结果会复杂一些,但也不致受到大的影响。我们可以看看"所有个人的所得完全相关"的极端情况。首先,假设全体人员的、任一行动的所有财富可能值 W,都在 W_1 和 W_2 之间。那么,不管采取什么行动,在行动之后,所有人都会得到某个单一的真实所得值。根据上述分析,人们会集中他们所得的 W,然后通过抽奖对总量进行再分配。于是,实现的财富分配会把人们分为两组:一组中每人得到 W_1,另一组每人得到 W_2。实际产出所决定的,只是每组人员的占比。由于事先存在恰当的再分配协议,预期财富增长,预期效用也一定增长,因此,对大家最有利的,还是采取能够产出最高预期财富的行动。而且,同样,每个人可选择的期望集不同,并不影响最终结果,只是影响每人抽奖机会的多寡。

另一种情况,如果任一行动的所有财富可能值 W,都不在 W_1 和 W_2 之间,那么,某个行动 a 虽然预期财富最高,但也可能不再是最优的。不过,所谓事先的再分配安排是说:如果实际取得的、再分配之前的 W 值在 W_1 和 W_2 之间,则它会被再分配,以得到 W_1 和 W_2 值——这种说法仍然正确。因此,最终实现的财富分配,无论如何都不会落在 W_1 至 W_2 的开区间之内。

如果不再假定个人偏好(即效用函数)一致,一般性结论同样成立:只要再分配无需费用,财富的不均等性,主要取决于社会成员的偏好,其次(如果有的话),才与他们可得的期望集相关。*不过,放弃上述假定,确实改变了另一个更特殊的结论,即原先认为所实现的财富分配一般会是双值的。假设每个人都有如图15.1的常见的效用函数,但每个人的 W_1 和 W_2（即效用函数线的二重切线的切点横坐标）彼此不同,并把第 i 个人的值记为 $W_1^{(i)}$ 和 $W_2^{(i)}$——它们是函数中与当前问题相关的仅有的两个参数。就每个人分别而言,最优的再分配安排本质上与前面一样:有 $(W_2^{(i)} - \overline{W}^{(i)})/(W_2^{(i)} - W_1^{(i)})$ 的机会获得财富 $W_1^{(i)}$,有 $(\overline{W}^{(i)} - W_1^{(i)})/(W_2^{(i)} - W_1^{(i)})$ 的机会获得财富 $W_2^{(i)}$,其中 $\overline{W}^{(i)}$ 是第 i 个人通过任何有可能的行动,所能获得的最大预期财富。**下面的再分配安排同样会出现:每个人从事预期财富最大的行动,把所得贡献给共同基金,作为回报,取得一份抽奖彩票,从而得到上述获得财富 $W_1^{(i)}$ 或 $W_2^{(i)}$ 的机会。由于每份抽奖彩票都是精算"公平"的,整个抽奖过程也会如此;只要期望 $P_a^{(i)}(W)$ 的函数性状良好,同时 $W_2^{(i)}$ 是有限的,那么,大数法则就仍然适用。因此,如果参与的个人足够多的话,作为一个整体,抽奖的不确定性也是可以忽略的。① 在这种情况下,实现的财富分配取决于 $W_1^{(i)}$

---

* 这句话有非常重要的含义。我们一般认为,个人间的收入分配,取决于个人的禀赋差别等外部环境。简单说收入取决于禀赋,等于什么也没有说,因为永续收入流与禀赋(财富)实际上是一回事。这个结论则认为,收入分配首先取决于偏好,即与功能性收入分配一样,与个人选择有关。——译者

** 原文这里的上划线疑有误,译文已改正。——译者

① 也许,这种再分配安排最好是被具体想象为由两部分组成:(1)每个人同意从事会有最高预期值 $\overline{W}^{(i)}$ 的行动,并把产出交给共同基金,作为回报,得到一个收益为 $\overline{W}^{(i)}$ 的保障。可以说,他购买了一份保单。(2)每个人可参与一项精算公平的、提供唯一巨额奖金的博彩。在这项博彩中,他可以购买某一数量的全部或部分种类的彩票。

与 $W_2^{(i)}$ 的分布*，及最大的预期财富。总之，偏好不同的影响，是在偏好相同条件下的财富分配的基础上，引入了额外的离差，离差大小取决于偏好分歧的程度。下一节将要看到，再分配费用有着与此非常相似的影响。

第三节 社会中的个人：再分配需要费用的情况

再分配安排的可观的费用，尤其是它们对"动机"的影响，把一些原本可取的安排都剔除在外了。因此，"造物主"所赋予的各种机会，即初始期望集 $P_a(W)$，不仅影响财富的平均值，还会影响到财富的分配状况。结果产生了第一节（有关孤立个人）和第二节（有关再分配无需费用的社会中的个人）的结论的某种混合。

联合这两种情况的最简单模型，也许是假设每个人的各种可能行动可分为两部分：其一称作 A_s，结果不能被再分配；另一称作

通过这样的博彩，每个人可以构建任何他想要的精算公平的奖金分配，只要最高奖金不超过单一奖项所能提供的金额。个人购买的彩票的种类，决定了他获奖的机会；如果某种彩票是中奖彩票，他所购买的该彩票的份额，决定了他赢得奖金的多少。例如，如果某项博彩中有 100 万张彩票，唯一奖项奖金 100 万美元，因此每张彩票成本 1 美元；通过购买"奖金为总额的 1/10"的"每份五张彩票"的注子，他就可以有 20 万分之一的机会赢得 10 万美元；通过购买"奖金为总额的 1/20"的"每份四十张彩票"的注子，他就可以有 2.5 万分之一的机会赢得 5 万美元，如此等等。根据图 15.1 的效用函数，他会花 $\overline{W}^{(i)}-W^{(i)}$ 的钱去购买彩票；对每种彩票，他会使自己购买的份额占比彼此相同；而且这个占比会刚好产生等于 $(W_2^{(i)}-W_1^{(i)})$ 的单笔奖金。为了使每个人都能够得到他的最优期望，唯一的要求是，这项博彩所提供的奖金要超过各个 $(W_2^{(i)}-W_1^{(i)})$ 中的最大值。

* 取决于 $W_1^{(i)}$ 和 $W_2^{(i)}$（效用函数线之二重切线的切点横坐标）的分布，就是说因效用函数曲线的具体形状不同而异，即财富分配取决于偏好。——译者

A_r，结果可以无费用地被再分配——两部分互不相关又互不竞争。[①] 我们将会看到的，这种简单模型所推导出的财富或收入分配，与实际观察到的情况，至少有一些类似性。这样，个人在每一部分中都选择一项行动。再分配之前，他所得的财富由 W_s 和 W_r 两部分组成；再分配之后，则是 W_s 和 W_r'，因此最终财富是 $W_s + W_r'$。现在，每个人关心的是 $W_s + W_r'$ 的概率分布，而不是每一项单独的概率分布。

如果效用函数的曲线形状如图 15.1 的 U(W)，并且，为简化见，假设所有人的效用函数都一样，那么，什么是最优的再分配安排呢？现在，已不可能实现前面所说的最优状况，即一个双值期望：按一定的概率获得 W_1 或 W_2，且预期值最大。因为，如果我们假设，W_r' 尽管可能与预期的 $P_{a_s}(W_s)$ 相关，但独立于实际所得的 W_s——这样假设看来是合理的——那么，不管采取什么样的再分配安排，都无从均摊或消除 W_s 上的风险。[②] 显然，对行动集合 A_r 的最优选择，仍然是预期财富最大化的行动，因为，关于 W_r 的任何想要的再分配都是可行的，争取总财富最大化不会有什么损失。但是，对于行动集合 A_s，最好是同时调整所作的选择及再分配安排，以便尽可能地接近最优状况。

当然，为更具体地分析最优的再分配安排，我们需要比上面更

---

① 当然，这两类行动实际如何划分，取决于偏好（即效用函数）。这是因为，再分配支付的费用，取决于它的改进所带来的收益。但在目前的分析水平上，假设事先能够作出一个不容变通的区分，并不会对分析带来任何大的损失。

② 如果作出相反假设，则基本上是回到了第二节的情况。因为，如果 W_r 取决于实际所得的 W_s，就等于说 W_s 也易于进行再分配。

第十五章 收入的规模分布

精确地指定期望集 $P_{a_s}(W_s)$ 的特征,可能还有效用函数 U(W) 的特征。有一种情况看来并非不可能,即,存在某种期望集 $P_{a_s}(W_s)$,它能证明几乎任何再分配安排都是合理的。对此,我不打算详加分析。但我猜测:对于大部分概率分布函数 $P_{a_s}(W_s)$ 和效用函数 U(W) 而言,最优的再分配安排与第二节介绍的情形是相同的;即使人与人之间的期望不同,也会如此。[①] 在进一步分析之前,暂且接受这个猜测,并假设 $P_{a_s}(W)$ 和效用函数 U(W) 具有某些支持该猜测的属性。

这种再分配安排可以描述为:每个人对总财富作出一份贡献,也即在一项博彩中下一份注,作为回报,得到某个赢得指定金额的机会,亦即一次中彩的机会。每个人付出的金额取决于他所得到的

---

① 举例来说,假设所有人的期望集 $P_{a_s}(W_s)$ 都一样,其中每个 $P_{a_s}(W_s)$ 是单峰和对称的,并且平均值小于 W_1;而在 W_1 和 W_2 的某个邻域内,U(W) 曲线和二重切线之间的垂直距离对于 $W_i + \Delta$ 和 $W_i - \Delta$ (i = 1,2) 是相同的。进一步假设,每个期望 $P_{a_s}(W_s)$ 中的 W_s 值波动,都要小于 $(W_2 - W_1)$。选择一个平均值为 $\overline{W}_s$ 的期望 $P_{a_s}(W)$,并将它与一项博彩联系起来——这项博彩汇聚了所有的 W_r,并且有 $(W_2 - \overline{W}_s - \overline{W}_r)/(W_2 - W_1)$ 的机会得到 $W_1 - \overline{W}_s$,有 $(\overline{W}_s + \overline{W}_r - W_1)/(W_2 - W_1)$ 的机会得到 $W_2 - \overline{W}_s$。这样,就将原有的 $P_{a_s}(W)$ 分割成了两种分布:其一的众数为 W_1,另一的众数为 W_2,两者以一定的比例关系组合起来,以保持总的预期财富不变。这种再分配安排的预期效用,偏离了最优状况的预期效用,偏离度为 U(W) 曲线和二重切线之间垂直距离的预期值。但给定假设不变,这种从最优状况的偏离,比起其他与相同期望集 $P_{a_s}(W)$ 关联的再分配安排来,显然要小一些。因为,任何其他安排都会扩大两种分布在 W_1 和 W_2 上的差别,或者使它们的平均值偏离 W_1 和 W_2,从而加大了平均的垂直差距(即偏离度)。如果上述分析对任一期望 $P_{a_s}(W)$ 都是正确的,那么,对于最优期望 $P_{a_s}(W)$ 也会是正确的。

上一段的假设显然比所必需的更为严格。特别是,期望 P(W) 的对称性要求看来并不必要,效用函数只需宽松得多的限制。进一步,期望 $P_{a_s}(W)$ 也不必对所有人都一样。它们之间的不同,可以由对再分配安排的贡献度的差距来抵消。唯一需要的是:每个人贡献 $W_r^{(i)} - (W_1 - \overline{W}_s^{(i)})$,以取得 $(\overline{W}_s^{(i)} + \overline{W}_r^{(i)} - W_1)/(W_2 - W_1)$ 的机会赢得 $W_2 - W_1$。

W_r，以及他在 A_s 行动组中所采取的行动；但不取决于已实现的 W_s，因为我们已经假定 W_s 不能用于再分配。如果所有人都有相同的期望集，那么，所有人都会选择相同的一对期望；只是由于所得的 W_r 不同，个人支付的金额才不同。但是，如果各人有不同的期望集，人们支付的金额就不仅取决于所得的 W_r，还取决于他们在 A_s 行动集中所选择的具体期望。这是因为，这项支付的目的，是要让每个没有中彩的个人的财富接近于 W_1 的水平。因此，预期将获得相对较高 W_s 值的人，将会在 W_r 中保留较少的金额，甚或额外再付出一些；反之，则保留较多。这些支付金额上的差别，将由中彩机会的不同（也即彩票数量的不同）来补偿。支付较多者的中彩机会更大。奖金多少对所有人都一样，等于 $(W_2 - W_1)$，因为，其目的是让中彩者的财富接近于 W_2 的水平。

在这样的再分配安排下，最终实现的财富分配是两项财富分配的概率之和。从行动集合 A_s 中挑选某项行动，导致了所得 W_s 的某种财富分配——分配的确切状况，取决于具体的最优选择[①]、不同个人所得 W_s 的相关程度，以及个人可得期望集的差别等。现在，购买彩票的支出改变了这种财富分配。这些支出的影响，是把财富分配的中位数推移到 W_1，并减少分配的变动性（如果个人可得期望集存在差别的话）——因为，人们购买彩票的支出不同，正好可以抵偿可得期望集的不同。现在假设抽奖完成，胜负已定。这样，财富

[①] 请注意，在行动集合 A_s 中的个人最优选择，受到是否存在再分配安排的影响。特别是，如果再分配安排影响总预期财富的很大部分，肯定不值得牺牲 W_s 的预期值以增加 W_s 的变动性——即使没有再分配安排时可以这么做。相反，牺牲 W_s 的预期值以缩小 W_s 的变动性也许是可取的——即使没有再分配安排时这样做不可取。

分配就被分成了两类：一是赢家的分配，另一是输家的分配。这两类分配一般无需相同，因为，拥有更好期望集的个人通常有更大的胜算；同时也是因为，由较好期望集带来的财富分配状况，与其他期望集带来的财富分配相比，可能存在系统性的差别——这种差别不体现在平均值上，也不体现在其他决定抵偿性的购买彩票支出的位置参数上。现在，赢家的分配根据他们各自得到的 $(W_2 - W_1)$ 的奖金情况而变动，而最终的分配是输家分配和赢家分配的汇总。

为说明上述分析，假设 $D(W)$ 是购买彩票之后、奖金分配之前，所得财富的概率分布函数；也即 $D(W)$ 表示在这个阶段，财富少于 W 的人员占比。假定此时的分配与购买彩票的议定支出无关，从而赢家与输家的分配没有差别。令 g 为赢家的人数占比，奖金为 $W' = W_2 - W_1$。那么，最终的财富分配是：

(4) $\qquad F(W) = (1-g)D(W) + gD(W-W')$。

也许有必要明确指出的是：这种分配是两项分配的加总，而不是两个随机变量加总的分配。

与上节所说的一样，放弃偏好相同的假设，不会从根本上改变这些结果。只要人们在偏好上有某种普遍的相似性，W_1 和 W_2 的值就会形成两个大相径庭的分布。W_1 和 W_2 值之间的这种离散，从根本上增强了 W_s 值的离散状态，对最终分配产生普遍的影响——这种影响与更大的 W_s 值初始离散的影响是一样的。

等式(4)或其推导式中两项分配的相对重要性，取决于博彩赢家的比例；这个比例又取决于平均实现财富 $\overline{W}$ 相对于 W_1 和 W_2 的大小。有理由认为，效用曲线的形状与位置，本身是由社会平均财富和财富分配状况决定的——而到目前为止，我们都把效用曲线视为简单给定,并独立于个人的可得期望集,或实现的财富分配。但从一个比目前更宽广、更适合我们的目的的视角来看,显然应该认为效用曲线和期望集都是相互影响的。[①] 只有当社会平均财富显著接近于 W_1 而偏离 W_2 时,观测到的事实才能推断出,效用函数具有如图 15.1 的特定形状。而这意味着,赢家的占比 g 接近于零。如果 g 接近于零,通过对等式(4)所描述的概率分布函数求导,所得的概率或频率分布会是高度歪斜的。因为,以 W_1 为中心的第一项分配,比起以 W_2 为中心的第二项分配,其权重要大得多。

另外,分布也可能是单峰的,唯一的众数处在 W_1 的邻域、$\overline{W}$ 的下方。第二个众数,即第二项分配在 W_2 邻域可能发生的上升,可能会被第一项分配在 W_1 右边的下降所淹没,因为后者在权重上大得多。这样一来,第二项分配的影响,就只是使综合分配的众数,比之单有第一项分配的众数,稍稍向右移动一些,并熨平和延长了分布的尾部。综合分配会显得比较尖耸,并朝财富更多的方向有一条非同一般的长尾。于是,"明显的歪斜、广泛的可变性和突出的峰值等……,是自由职业的收入分布特征"[②],也是其他职业的收入分布特征,同时也是观察到的财富分布的特征。这又正好是当 g 值很小时,等式(4)的分配应会表现出来的特征。因此,上述理论分析所得到的分配函数,至少通过了初步检验,即能够再现观测到的

---

① 关于这些方面的一些尝试性意见,见弗里德曼和萨维奇的"风险选择的效用分析",第 56 部分,第 298—299 页。

② 见弗里德曼和库兹涅茨,《自由职业的收入》(纽约:国家经济研究局,1945),第 62 页。

财富与收入分配的比较显著的特征。①

当然,等式(4)与观察到的财富或收入分配没有明显的矛盾,并不意味着,它们就是相一致的;也不意味着,等式(4)赖以成立的模型,与用于解释现实的财富或收入分配的基本原理之间两不相干。不过,没有明显矛盾的事实,连同理论逻辑上的合理性,应该能够证明:开展实证研究,论证等式(4)是否确实很好地描述了现实的财富或收入分配,是很有必要的。

第四节 小结

上述分析浅尝即止,非常初步。它包含了需要检验的猜测,只考虑高度简化的模型,极为简单化地把财富分配看作是单一选择及该选择在随机事件影响下的后续展开的结果,如此等等。但我认为,它已足以说明,我们不能排除这样一种可能性:现实中的财富

---

① "尽管各种收入分配之间有很强的相似性,我们却从未能够发现某种规则,可以恰当地描述它……在已经发现的规则中,对数正态曲线也许是最好的近似,因为它经常与数据相吻合。但有时吻合度也很差;当吻合得很好时所出现的些微偏离,也并不像是随机分布的。而且……它不能反映负收入的情况。"(同上书,第66—67页)这里最后一点异议,对于包括所有未来可能收入来源(包括人力资本)的财富分配而言,是不存在的,因为这样定义的财富不可能为负。而如果像在很多统计研究中一样,测量的财富仅仅包括非人力的收入来源,那么就存在这种异议了。类似的说明适用于收入的各种定义。我有一个不成熟的看法:以等式(4)所提示的方式增加第二条对数正态曲线,往往会按上面提到的系统性偏离的方向,修正单一的对数正态曲线。情况也可能是:两项分配的加总,很好地吻合于算术正态曲线,从而解决了负的财富或收入的问题。这是因为,当只有一项分配被运用时,第二项分配引入了歪斜,造成了对数代换或类似情况。[这里有一个关于科学意外发现的有趣例子:用两项概率分布的加总来近似收入分配,这个主意我是在二战期间想到的,当时我作为一名数学统计专家受雇从事战争研究,我运用这样的加总来描述装备着特殊导火线的火箭的爆炸点分布。1975年补记。]

不均，很大部分可以看作是人们为满足各自偏好的结果。这就意味着：自然禀赋或继承遗产方面的差别，之与现实的财富或收入分配状况之间的联系，并不像通常想象的那么直截了当；很多常见的经济和社会制度安排——从企业的组织形式，到全民课征的所得税和遗产税——都至少部分地，可以理解为是为实现符合社会公众的偏好的财富分配而设计的。最后，上述分析还蕴含了对收入分配及相关制度安排的规范性评价的含义——由主动参与博彩所导致的不均等，之与由外界强加给个人的不均等之间，显然有着非常不同的规范性问题。

第十六章　利润

很少有经济学术语像"利润"一样，纠结着如此之多的意义。而这种种意义的一个共性是，它们都或隐或现地联系着不确定性。就我们的目的而言，"利润"各种用法的主要区别在于：是用它来指生产要素的报酬呢，还是指预期报酬与实际报酬之间的差异？——若是前者，那么利润由生产要素的供求决定；若是后者，则取决于随机因素。尽管前一用法已经而且很可能今后仍然是最常见的，但我们还是不予接受。我们赞成后一种用法。

在斯密、李嘉图等人的古典经济学论著中，利润一词是指三分法要素报酬中的一类："工资"是人力资本的报酬；"租金"是非人力、不可再生资本的报酬（这里主要是指土地，它具有"固有、不灭"的性质）；"资本利润"是非人力、可再生资本的报酬。时过境迁，这种用法已不合时宜。非人力、可再生资本的报酬逐渐被称为利息或准租金，而利润一词，转而指经营管理的收益，尤其是指经营管理中承担不确定性的回报。

这种表示经营收益的"利润"的用法，与一种观念密切相关，即把"利润最大化"当作是市场经济的基本原则，或更确切地说，当作自由厂商—货币交易经济的基本原则。对于从事风险经营的企业家、冒险家来说，利润与不确定性挂钩，有其特殊的重要性。

在垄断利润的概念中,"利润"的用法又有不同——它是指一种特殊的租金,或者说是由价格决定的报酬。垄断利润与地租的区别在于:产生垄断利润的生产要素,是因为制度性渊源(如专利权、许可证等),才有了供给刚性。这种用法也许是与不确定性联系最少的一种,只是因为人们用"利润"一词来指代企业家(或剩余收入接受者)的报酬,才出现了"垄断利润"的概念。这里,企业家(或剩余收入接受者)被视为某种受惠者——所受之惠,来自任何限制进入和制造垄断的事实。

现在还有一种通行的用法,是把利润当作一个会计概念,用以指收入与合约成本之间的差额,如"公司利润"。这种用法的"利润"所对应的生产要素是什么,取决于公司的具体财务结构。比方说,两家其他方面都一样的公司,一家通过发行固定利率的债券获得大部分资本,另一家通过发行普通股股票获得全部资本。假定这两家公司的所有其他收入与支出都相同。那么,同样一个金额,在第一家公司的账簿中会一部分以"利息支付"、一部分以"利润"的名目出现,而在第二家公司的账簿中会全部作为"利润"出现。又假设第一家公司租用土地,第二家公司自己拥有土地。那么,在第一家公司的账簿上登录为租金的金额,在第二家公司的账簿上会登录为利润。

如上述各例所示,一旦利润一词是指一种要素的报酬,那么,这种用法就是含糊、多余和容易误导的。说它是含糊的,因为如上例所示,总是很难划出一条明确的界线,以区分被称为利润的要素报酬和其他称谓的要素报酬,如工资、资本收益、利息、股息等。说它是多余的,因为其他概念已经足以描述所有要素报酬。说它是

第十六章　利润

容易误导的，因为，说经济主体寻求的是不同于其他要素报酬的"利润"的最大化——这含意有误。我们认为，经济主体是寻求他们的效用最大化，或更确切地说，是预期效用最大化，而不是利润最大化。作为中间一步，是尽力最大化经济主体拥有的要素的报酬。工人寻求最大化劳动报酬，地主寻求最大化土地报酬，其他形式资本的所有者寻求最大化各自资本的报酬。剩余收入接受者也寻求最大化他拥有的资源的预期报酬。因此，更准确地说，自由厂商—货币交易经济的基本原则，是最大化要素报酬，而不是最大化利润。

很显然，在商业会计中，在国民经济核算中，以及在公众的议论中，利润一词将会继续被不太严肃地用于指一种要素的报酬。但是，由于上述理由，在专业的经济学中，以这种方式使用该术语看来并不合适，特别是：还有另外一个概念需要我们用一个术语来表述，而利润一词正好拥有符合这个目的的内涵。

另一种选择，是沿袭奈特在其经典著作《风险、不确定性与利润》中的用法，以"利润"表示预期报酬与实际报酬的差额。它与不确定性有密切的联系，但只是不确定性的后果，而非承担不确定性的回报。

这种用法可以用博彩作最简单的例证。假定有 1 000 人，每人同意下注 1 美元，参与一项完全随机的抽签，以确定某个人赢得 1 000 美元，其他每个人一无所获。事先，每人有 1 美元的预期收益。抽签之后，某个人获得了 1 000 美元，这意味着，根据我们现在使用的术语，他获得了 999 美元的利润；而另外 999 人一无所获，这意味着，他们每人获得了 –1 美元的利润（即 1 美元的损失）。参与这项博彩的动机是对前一种结果的期望，但是，把参与者说成是寻求这种术语用法上的利润最大化,显然是没有意义的。事先,没有人能够说出他的利润会是什么,因此,它不可能成为行为的动机。

如果明确举办博彩需要费用,问题会复杂化。假设,举办博彩活动的竞争使均衡的奖金为900美元,而非1 000美元;也就是说,举办博彩活动的"费用"为100美元;或活动主办方的服务的"均衡"价格为10美分。每购买一张彩票,就为这项服务支付10美分;总计100美元,是为得到能够参与抽奖的消费服务的支付,也是对主办博彩的企业的一种要素报酬。事先,每购买一张彩票的预期收益是:可能获奖的精算值——90美分,加上价值10美分的参与抽奖的消费服务。事后,胜者获得900.10美元的收益,其中利润899.10美元;每个负者获得10美分的收益,而利润是−90美分。

把这个例子原原本本地推广到市场整体。企业根据合约,使用一些生产要素,并保证给要素所有者一定的报酬。在这种最简单的情况下,只有"企业家"或"剩余收入接受者"获得不确定的回报。他根据自己对各种行动的成本与收入之概率分布的预期,选择有望使他拥有的资源产生最高预期报酬(或更确切地说,是报酬的最高预期效用)的行动,由此决定生产什么、如何生产和生产多少。事后,他得到了某种实际报酬。如果实际报酬超过他的预期报酬,他就实现了正的利润;反之,是受到了损失。

更一般地说,大部分生产要素的所有者都处在这种情况中。例如,一个工人可能只是得到每小时工资多少的允诺,而没有得到每年工作多少小时的确切保障,或者他可能以计件工资受雇,或者可能以"分红"的安排受雇。在这种种情况中,他面临的是报酬的概率分布,而不是简单、确定的报酬。在他的实际报酬与预期报酬之

第十六章 利润

间就会出现差异。他可能获得利润或者遭受损失。

我们是否可以说：利润和损失的合计，会像上述简单的博彩例子一样等于零呢？根据定义，在事先的利润与损失的预期分布上，情况确实是这样的。但事后却不一定正确。有时因为普遍的乐观主义，实际报酬平均可能达不到预期水平，于是出现净损失。当然，情况也可能相反。但奈特推测，前一种情况具有典型性；因为，参与不确定性活动的人通常比较乐观，容易遭受损失。

第四章关于不确定状态下的行为分析和第十五章关于收入的规模分布的分析，已经表明事先预期的利润分布会影响行为。之所以影响行为，不是因为经济主体寻求利润最大化，而是因为经济主体寻求预期效用最大化，而且，不是把收入概率分布的精算值，视为决定预期效用的唯一相关因素。

事后的利润与损失的分布，可能通过改变参与者对未来概率分布的预期，而影响未来的行为。这就是第十二章提到的"理性预期"文献所强调的行为特征。

奈特在其开创性的著作中，对*风险*和*不确定性*作了明确的区分：风险是指服从于一种已知或可知的概率分布的事件；不确定性是指不可能明确其概率值的事件。我从未援引这种区分，因为我觉得它是不正确的。我赞成萨维奇关于*个人概率*的看法，他认为，这方面的任何区分都毫无根据。我们可以认为，人们好像对每个可能事件都赋予一定的概率值（见第四章）。有时人们意见一致——这时，我们可以认为这种概率是"客观的"；有时人们意见不一——这时，我们可以认为概率是"主观的"。但这种分类本身也会变化。

第十七章　资本与利率理论

理论上，我们可以把经济体系视为这样一个系统：生产要素存量（资本）供应生产服务流，生产服务流又转化为最终的消费服务流。这种连续流量的问题，就是如何在各种用途中配置生产服务，生产服务在转化为消费服务的过程中如何组合，消费服务在社会最终消费者中间如何分配的问题——对照第一章介绍的奈特的经济问题五分法，就是其中第一、二、三和五个问题。这些问题是前面各章所讨论的，可以认为，它们主要涉及不同服务流的相对价格。

除了流量问题之外，还有奈特提到的第四个问题，即"保障经济的持续和发展"，或曰，生产要素存量，亦即生产性服务来源的经营管理问题。这就是本章将要讨论的资本理论的主题。

当然，实际上，流量问题和存量问题是纠缠在一起的。如果要使两者完全分开，我们必须把诸如消费者购买面包及其他食品也视为一种存量问题，而非流量问题。消费者是持有生产性服务来源的存量，即他的食品存货，并将由此产生的服务与来自其他消费资本（如冰箱、火炉等）的服务相结合，创造出最终服务——营养。物理意义上，根据能量守恒定律，没有物质可以被消灭，只能被转化。所有消费都是服务（而非物质）的消费。食品存货不同于冰箱、火炉之处只在于：在生产营养服务的过程中，前者的减值速度要快得多。

第十七章 资本与利率理论

但对于很多具体问题而言,把分析推进到这一步并无裨益。通常,把减值快的物品视为服务本身要更好一些。以下分析就将如此行事,而重要的是,我们须得意识到这一点。

从最宽泛的角度看,资本包括了所有生产要素。它可分为三大类:(1)物质的非人力的资本,例如建筑、机器、存货、土地及其他自然资源;(2)人力资本,包括了人的知识和技术;(3)货币资本。人力资本与其他两项的主要区别在于:现存的制度与社会框架,资本市场的缺陷等,致使人力资本对经济压力与刺激的反应,不同于非人力资本。而货币资本与其他两项的不同在于:货币提供的有效服务,并不紧密依赖于有多少货币单位,而是只要有货币资本存在即可。设想如下两个社会:其他方面别无二致,只是一个社会的标记为1美元的纸片,是另一个社会的两倍之多。这种差别的唯一影响是:第一个社会的名义价格是第二个社会的两倍。两个社会中,货币资本提供的服务总量却是一样的。

混淆了存量与流量的一个最普遍的例子,是这样一种常见的说法:资本相对于劳动变得便宜(或昂贵)了,因此要用资本替代劳动(或相反)。这种说法意味着:工资与利率是一组可对比的指标。但实际上,可与工资相比对的,应该是每架机器在单位时间内的租金——两者都是指单位实物在单位时间内所得的货币。而利率是每一美元(一个纯粹的数值)在单位时间内所得的货币,它并不能与工资对应。换言之,以机器租金除工资,求两者之比,用的都是实物单位;反映的是可通过市场购买,以人力工时替代机器工时的比例关系。这个比值的升落意味着什么是很清楚的,它不受所有物价成比例变动的影响。而工资与利率之比完全不同;它用的并不都是实物单位,而是牵涉到了价值。可以说,它所反映的是人力工时和一美元资本—工时的替代率,因此,会受到所有物价成比例变动的影响。

资本替代劳动的一个很形象的例子是:雇用一个开挖土机的人,代替操铁铲的人,去挖掘一条沟渠。这里所涉的其实是生产挖土机的劳动替代挥动铁铲的劳动,或者说,是用于生产挖土机的人力(或其他)资本,替代用于生产并使用铁铲的人力(或其他)资本。设计和生产挖土机的工程师、生产者的技术性劳动服务,替代了非技术性的劳动,因为前者相对于后者变得更便宜了。此外,社会可能更加富裕了,整体上可能获得了更多的资本。这并不是资本替代劳动,而是获得了更多资本,通常包括更多的人力资本和非人力资本。以操作挖土机的方式替代挥动铁铲的方式使用一部分现有的资本存量,辅之以其他方面其他资本的重组——这些就属于现有资本存量的经营的范畴,即奈特所说的"保障经济的持续"。利用现有的生产性服务,增加(人力和非人力的)资本存量,而不是用于当前消费——这属于储蓄和投资过程的范畴,即奈特所说的"保障经济的发展"。

通常,资本理论中关键性的价格是利率。但有时候,利率的倒数是更容易理解的基本概念。它是以服务流的方式给出的要素的价格。例如,一块土地,每年产出1美元,年年不歇,并假设相关的利率为5%。那么,这块土地的价格会是20美元,或者,用一种在英国比在美国更常见的术语表述:土地的价格等于它20年的收益。由此得出要素价格的关键性质:某个永续要素的价格,就是来源于该要素、足以购买该要素本身的若干年服务流之和。还须注意的是，这里有许多等价的合约形式。在一个确定的世界里，以每年1美元的价格租入一块土地，完全等同于借入20美元购置这块土地——无论是以5%的利率无限期借入20美元，还是以5%的利率借一年，计划下一年续借等等，都是等价的。但在一个不确定的世界里，这些做法不会完全等价，这就造成了不同合约安排的并存，以及针对不同跨期交易的很多报价的并存。

利率影响许多决策，例如：

1. 消费的时间模式。因为不同时态的收入流的互换条件取决于利率。

2. 资产的持有形式。近期货币理论研究所关注的一个重要问题是：应以货币形式还是以其他形式持有资产。这只不过是边际原理的推广——不同资源的持有比例，应该是使各方面的边际报酬相等的比例。

3. 生产的特性与结构。

4. 社会产出的构成，即总产出中作为投资品的比例和作为消费品的比例。利率下降，会提高生产要素的价格，并激励生产要素的生产。

5. 非人力财富占总财富的比重，以及应急储备的规模。由于这里只讨论相对价格理论，我们略去了利率对经济活跃程度可能产生的短期影响。

跨期交易及相关交易条件的种种令人眼花缭乱的变化，提出了一个基本上属于算术性质的问题：如何区分交易条件的本质性差别和非本质差别。我们首先讨论这一点；然后以房子为例，分析某一特定项目的两个伴生的存量—流量问题（即以流量表示存量价格和利用流量增加存量);最后,把这种存量—流量分析推广到全部资本。

第一节 利率的计算

用一般用语来说,资本市场是指:代表着不同金额、不同期限的收入流权益的凭证在其中买卖流通的市场。就我们的目的而言,为了对应于"生产服务来源",似应更广义地定义资本的概念,不过,较狭义的概念已足以说明不同收入流的比较问题。

例如,考虑以下合约:(a)承诺某日起的一年后支付105美元,(b)承诺某日起的一年后支付210美元,(c)承诺某日起的一年后支付525美元。为了简化,所有情况都忽略违约可能。

假设 a 合约的市场价格为100美元。我们可以把该价格描述为:支付1美元购买一年后获得的1.05美元。如果 b 合约的价格为200美元,c 合约的价格为500美元,就可认为,所有这三份合约都是以相同的价格出售,即现在支付1美元以获得一年后的1.05美元,或者说,一年期贷款的年利率(单利)为5%。

请注意,无论在算术上还是在经济学上,都不要求 b 的价格是 a 的2倍,c 的价格是 a 的5倍。就像数量折扣可能使一打衬衫的价格小于一件衬衫价格的12倍一样,这里也可能存在数量折扣(或相反),使 c 合约的价格小于(或大于)a 合约的5倍。(附带说明:在关于借贷合约的描述中,需要引入括号里的选项,这说明了跨期合约的双重性:是贷方用当前的资金向借方购买未来的资金,从而他希望为明年的5倍收入支付少于5倍的现值呢;还是借方用未来的资金向贷方购买现在的资金,从而他希望明年为现在的5倍收入

第十七章 资本与利率理论

支付少于5倍的金额？第一种情况会使交易金额越大，利率越高；第二种情况相反，交易金额越大，交易金额越大，利率越小。）把所有交易简化为现在的1美元与一年后若干美元的关系，就可以区分出本质性差别和非本质差别。

如果合约a、b、c存在本质性差别，就会出现套利空间，即以较低的利率借入，以较高的利率贷出。这就是金融机构如商业银行、互助储蓄银行、储蓄贷款协会、货币市场基金等提供的一种金融中介服务。这种套利行为或金融中介服务，又会限制本质性差别的大小，使之不能超出中介服务的成本——因为成本决定着中介服务的供应。另外，这种套利行为的存在还意味着，资本市场与其他每种有中间商的市场一样，对于看似相同的合约，也有必要区分"买"价和"卖"价。不过，我们一般忽略这种复杂情况，只讨论单一价格。

现在来看一份略为不同的合约：(d)承诺某日起的两年后支付110.25美元。显然，这是比较复杂的情况。如果该合约的价格为100美元，那么是说：为现在得到1美元，承诺两年后支付1.1025美元。它可以分解为两份像a一样的彼此相同的一年期合约。例如，可以把它描述为一份合约——为现在获得1美元，承诺第二年支付1.05美元；再加上另一份与之连续的合约——为一年后获得1美元，承诺两年后支付1.05美元（1.05×1.05=1.1025）。但这种分解不是唯一可行的。d合约也等于一份合约——为现在获得1美元，承诺第二年支付1.03美元；再加上另一份连续合约——为一年后获得1美元，承诺两年后支付1.07038835美元（1.03×1.07038835=1.1025）。同样，它也等于其他任何可以带来相同结果的一对连续合约。可见,要把 d 合约分解为期限与合约 a、b、c 相同,仅靠数学计算是不够的。

市场会确定 d 合约和 a 合约的价格,根据这两个价格,我们就可以推定两个不同年份的一年期基本合约(如 a 合约)的各自价格。例如,如果"两年期复利的年利率"为 0.05(即 d 合约的当前售价为 100 美元),当期的"一年期单利"也是 0.05(即 a 合约的售价也为 100 美元),那么,在今天,一年后发放的一年期贷款的(隐性)市场单利也是 0.05。但如果目前的"一年期单利"是 0.03[*](即 a 合约售价为 105/1.03=101.9417876 美元),那么,在今天,一年后发放的一年期贷款的(隐性)市场单利会是 0.07038835。

请注意,在作这种分解时,我们须得回避量大折扣或量大加价的问题。还要注意,如果我们忽略违约(及相应担保)的问题,对于个人来说,分开订立连续合约是完全可行的。通过同时买入 d 合约和卖出 a 合约——也就是以两年期贷出,以一年期借入——个人现在就办理了一笔一年后起始的贷款。因此,任何跨期支付的合约都可以分解为一系列起始日期不同的一年期基本合约(如 a 合约);原则上,所有这些合约都有隐性的市场价格。当然,一年期的提法也是人为决定的。基本合约可以是一季的、一月的甚或一天的。这里所要求的只是连续复利,因此,可以把 a 合约看作是瞬间合约的无限连续序列,瞬间合约的利率为 1.05 的自然对数 0.04879……

起讫时间相同的合约,如合约 a、b、c 或其他同一年度的一年期基本合约之间,是有可能套利的。而如果套利是指订立可相互

---

[*] 原文为 1.03,疑有误,已改正。——译者

第十七章 资本与利率理论

抵消的,因而不含风险的金融买卖合约,那么,两个分属不同时间的基本合约之间,一般无法进行套利。例如,假设 a 合约的价格为 101.94 美元(四舍五入为小数点后两位),d 合约的价格为 100 美元,因此,目前年度的一年期单利为 0.03,下一年度的一年期单利为 0.07。表面看来,好像应该现在借入,下一年度贷出。例如卖出两份 a 合约,买入一份 d 合约(包含了目前年度净借入和下一年度净贷出),就可以做到这一点。但是,如果你跳出而不囿于收付的计算,你会发现,这样做并不能保证必有收益。结果如何,取决于下一年度的一年期利率。只有一种情况下,不同时期的金融套利本身一定可行,即未来利率为负——这时,短期贷出,长期借入即可。因为再不济,第一年放款的收入,在第二年也可以现金的形式持有(产生零收益),并在长期借款到期时偿还借款。①

把所有跨期合约分解为一系列基本合约——这是针对不同合约求其共同基础的一种方法,而且很可能是最常见的方法。有了这种共同基础,就可以把价格或利率上的本质性差别与非本质差别区分开来。不过,还有另一种方法也可用于说明资本理论的基本原理,虽不常见,却更可取。

这种方法就是把所有模式的跨期支付都转换为不变的、永续的收入流。奈特、凯恩斯等都采用过这种方法——凯恩斯以此定义了投资的边际效率的概念。这种方法还出现在报纸的金融版面上,用于报道固定收入债券的"到期收益"。

---

① 当然,强调一定可行的是"金融"套利本身,是因为存在"实际"和"名义"收益的区别。

我们来看一般化合约(e):承诺在此后的第一年末支付 R_1(代表收入),第二年末支付 R_2,……第 n 年末支付 R_n。

假设该合约在市场上以金额 W(代表财富)售出。那么,我们可以写作:

$$(1) \quad W = \frac{R_1}{1+r} + \frac{R_2}{(1+r)^2} + \frac{R_3}{(1+r)^3} + \ldots + \frac{R_n}{(1+r)^n},$$

也即市场价值是收入流的贴现值。① 如果 W 和 $R_1, R_2, \ldots R_n$ 都是已知的,那么满足该等式的 r 值就是"内部收益率"。这个公式也适用于不连续的数据。更一般地,令 R(t) 代表时点 t 上承诺的支付。那么,初始时点 0 的资本价值可以写作:

$$(2) \quad W = \int_0^\infty e^{-\rho t} R(t) dt,$$

其中 ρ 是连续复利。② 那么,如果用年复利计算的话,与合约 e 对应的永续收入流就是 rW;或者,如果以连续复利计算的话,就是 ρW。

如果我们不厌其烦地详述贴现的过程,可以更全面地理解其中的内涵。把有限收入流转换为永续收入流,关键是要把每一笔收入(receipt)分割为两部分:收益(income)和折旧提成(后者可能为正,也可能为负)。以等式(1)的不连续情况为例。第一年年末的收入

---

① 注意,可能有一些 R 值为负。也即,等式(1)也适用于要求购买者在一些年份追加支付的合约,例如购买未完工建筑物,就是这种情况。

② 更一般地,允许 ρ 值变化,从而有:

$$(2a) \quad W = \int_0^\infty e^{-\int_0^t \rho(\tau) d\tau} R(t) dt,$$

其中 ρ(τ) 是适用于 τ 时段的连续利率。但正如前文所说,对于给定的 W 和 R(t),并没有唯一的 ρ(τ) 值。

可以看作是：

第一年的收益　　　　rW

折旧提成　　　　　　$R_1 - rW$。

假设第二年起始时的资本为 W_1，那么

(3) $\quad W_1 = R_1 - rW + \dfrac{R_2}{1+r} + \dfrac{R_3}{(1+r)^2} + \ldots + \dfrac{R_n}{(1+r)^{n-1}}$。

如果我们把等式(1)中的 W 值代入该式的 W，合并同类项，就得到：

(4)* $\quad W_1 = R_1\left(1 - \dfrac{r}{1+r}\right) + R_2\left[\dfrac{1}{1+r} - \dfrac{r}{(1+r)^2}\right] + \ldots + R_n\left[\dfrac{1}{(1+r)^{n-1}} - \dfrac{r}{(1+r)^n}\right]$

$\qquad\qquad = \dfrac{R_1}{1+r} + \dfrac{R_2}{(1+r)^2} + \ldots + \dfrac{R_n}{(1+r)^n} = W$，

于是得出命题：其中的 rW 是在保持资本价值不变的前提下，可以用于消费的收益。为使这个过程一直延续下去，需要假设折旧提成也有 r 的收益率（r 为一般贴现率）。

以这种方法把所有跨期合约转换为可比较的形式，最大好处是它回避了如何确定时限的全部问题。这时，合约仅由两个指标来描述：资本总值和永续收益；或更简单地说，只需一个指标，即每单位资本的产出。当然，这并不意味着合约的其他特征如规模、支付期限等不会影响产出，但是，这样至少消除了非本质差别。

这种方法的另一个好处，是它给出了把一种时间形态的收入流转换为另一种的可能性。假设一个收入流具有某种时间形态，市场

---

* 原文第二个等号前面一项中括号内为 (1-r)，疑有误，应为 (1+r)。译文已改。——译者

利率一直不变,那么,通过适当的借入与贷出,或通过对折旧提成的适当积累与消耗,总是可以把这个收入流转换为任何其他时间形态的收入流。因此,这个收入流的所有者处境,只须借助与之等价的永续收入流即可描述。

对于后面几节的理论推演来说,这些好处也有代价,带来了不少严重的缺陷。首先,就如上面讨论清楚可见的,这种对跨期合约的表述方式,排除了未来不同时期存在不同利率的情况——而这种情况正是现实资本市场非常重要的特征,对此,特别是最近十几年中,已倾注了大量的经济学理论和实证研究。

第二个缺陷是这种表述方式助长了一种错误的观点,即认为内部收益率较高的合约(或投资计划),一定优于内部收益率较低的合约。如果两项计划的收入时态完全一样,这种观点固然没错。而如果收入时态不同,并且存在可借以融资的市场利率,那么,这种观点就错了。例如,考虑下面两项计划:

	初始成本	年末的收入 第1年	第2年
(f)	100	110	—
(g)	100	—	118.81

计划 f 的内部收益率是 10%,计划 g 的内部收益率是 9%,两者都按年复利计算。计划 f 是否比计划 g 更优呢? 这要具体情况具体分析。如果现在知道:在第一年末,可以获得另一项与 f 相同的计划,那么,这样两项连续的计划会在第二年产出 121 美元,这显然比 118.81 美元更好。这里我们所做的,就是把两者转换为具有相同收入时态的计划。但是,如果市场主体可以 5% 的利率在一般市场上

自由借贷,并且,这两项计划他都可以购买,这时,计划 f 的现值是 $104.76\left[\dfrac{110}{1.05}\right]$ 美元,而计划 g 的现值是 107.76 美元,显然是 g 比 f 更可取。当然,在上述假设下,该市场主体会乐意同时承揽两项计划,也包括任何其他内部收益率高于 5% 的计划。但是,同时承揽上述两项计划也许是不可能的,因为它们可能是二中择一的计划,比如建造一幢房屋的不同方法。

显然,这里远没有充分讨论选择投资计划的相关原则,但还是给出了重要的观点:经济主体从事投资,借以将现有资源转化为未来收入流,一般来说,他的目标并不是最大化投资项目的内部收益率。更好的表述是:最大化按照恰当的外部收益率折算出来的现值。对于一家处于有效资本市场之中的企业而言,外部收益率是由市场给定的。另一个极端,鲁宾逊在决定如何使用他的资源时,争取最大化的是效用现值,他所考虑的项目的外部收益率取决于他的效用函数——揭示他愿意以未来收入替换当前收入之比值的效用函数。

关于利率计算的最后一点说明是:计算中,并不要求利率为正。例如,一个售价 100 美元、承诺一年后支付 90 美元的合约,内部收益率就是 −10%。[*](以前在伊利诺伊州,当每年征收个人财产税的时候,这种情况就会发生。因为该州的个人财产税税基包括公司的活期存款,但不包括其他某些金融资产。于是在征税时,公司愿意以负利率短期贷出资金,以规避税负。)不过,经济中存在某些因素,使负利率成为只是偶然发生的现象。就名义利率而言,所应考量的

---

* 原文这里疑有误,缺漏 percent 一词。——译者

经济因素是：现金的持有成本接近于零。① 而就实际利率而言，所应考量的经济因素是：存在经济意义上的永续的资产——这一点我们将在后面详加讨论。

第二节　存量与流量的关系： 以流量表示存量的价格

为了区分"以流量表示存量价格"和"以流量增减存量"这两个问题，我们先分析一种永续的固定存量，它无需维护费用，也不能有所增加。与这种情况近似的真实例子是古代大画家的作品存量。它们不会增加（除非是伪造），不过它们需要维护费用，例如防偷窃和损毁的费用、偶尔的清洁费用等。不过，为了在两种存量—流量的问题中运用相同的例子，我们还是以住宅为例：假设所有住宅性质相同，数量固定——后者比方说是法律禁止建造任何新住宅所致。关于维护费用，我们可以简单地假设，住宅存量在实物形态上是保持完好的；并假设在画住宅单元的需求曲线时，所指的每单位住宅的租金是净租金，即已扣除了保持住宅单元完好所需的费用。

根据这些假设，图17.1给出了由住宅单元提供的服务的需求曲线。如果每单位时间有A数量的"年住宅单元服务"供应，比如说是每年100套，则年住宅单元服务的需求单价会是R_A，*比如说1 000美元。支付的总租金会是每年$A \cdot R_A$，比如说10万美元。如

---

① 即使在这种情况下，人们愿意付费在银行金库的保管箱里储藏现金，也是负利率的一个例子。

* 图17.1中标示为P_A，P_B，疑有误，应为R_A，R_B。——译者

第十七章　资本与利率理论　405

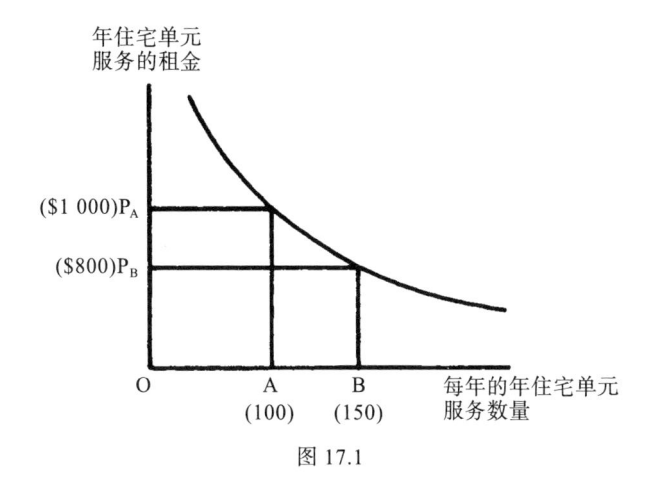

```
年住宅单元
服务的租金

($1 000)P_A ┤
($800)P_B  ┤

O        A     B        每年的年住宅单元
       (100) (150)      服务数量
         图 17.1
```

果有 B 数量(150 套)的年住宅单元服务供应，需求单价会是 R_B(800 美元)，支付的总租金会是每年 $B \cdot R_B$ = (120 000 美元)。

现在的问题是：住宅单元存量本身的需求曲线，而非住宅单元服务流量的需求曲线是怎么样的？如果存在完全独立于住宅市场的外生市场利率，那么答案很简单。住宅单元的售价会是它所创造的持续收入流的资本化价值（注意，我们已经把租金界定为扣除维护费用之后的净值），如果利率是 r，住宅单元存量的售价就是 $\frac{R}{r}$。图 17.2 的需求曲线是图 17.1 需求曲线的翻版，只是刻度不同：横轴是住宅单元存量，而非每年的年住宅单元服务数量；纵轴是租金乘以利率的倒数；比方说，如果利率是 0.05，图 17.2 的纵坐标刻度就是图 17.1 纵坐标的 20 倍。①

---

① 如图所示，横坐标刻度在数字上是同一的。但这容易引起误解。如果图 17.1 的横坐标刻度变为"每月的年住宅单元服务的数量"，那么，图 17.2 的横坐标刻度就是图 17.1 的 12 倍，因为，一套住宅单元每月只能提供 1/12 的年住宅单元服务。

图 17.2

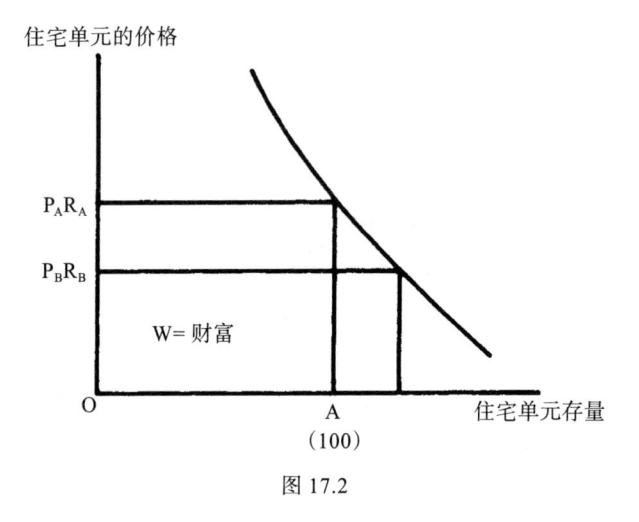

但是，这种利率外生的假设，完全回避了我们感兴趣的基本问题。因此，我们要假设住宅单元是能够被占有与买卖的唯一收入流来源，即以住宅代表全部非人力资本。这样一来，利率必须与每单位住宅的租金同时确定。如果明确假定住宅单元存量不会增加，也不会减少，并隐含假定其他生产要素存量同样不变，那么，令利率为内生并不会改变图 17.1。因为，这些假设限定了当期收入（即生产性资产存量的服务）的用途——除了用于当期消费之外，别无他用。从而，住宅单元服务的需求，只是固定的消费服务总流量在各种用途之间的分配问题。而一旦我们允许用当期的生产性服务来增加资本存量，或者耗费现有资本以增加消费服务的流量，那就不能再认为，住宅单元服务的需求与利率的确定毫无瓜葛了。

图 17.3 展示了与利率确定相关的需求曲线。横轴给出由住宅单元存量产生的每年的收入额，相当于图 17.1 中长方形的面积——

第十七章 资本与利率理论

在我们的例子中,相当于 A 点所对应的 10 万美元。纵轴表示每年一美元收入流的价格。对每年收入流的需求,与图 17.1 中体现的来自住宅单元服务的效用无关,而是取决于人们赋予非人力财富存量作为应急储备的效用。

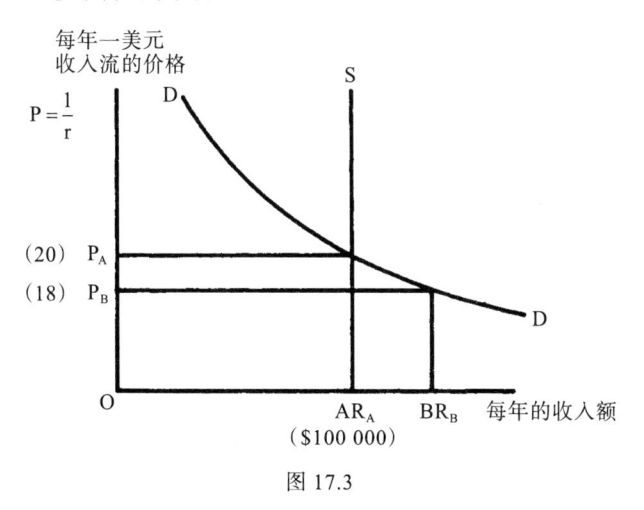

图 17.3

现在来看一看社会个体对永续收入流的不同价格的态度。如果每年一美元收入流的价格"偏低",很少甚至没有人愿意售出永续收入流(即售出收入流的"来源"),而会有很多人愿意买入永续收入流,即愿意为了获得永续收入流而放弃当期消费。但是,根据我们的假设,社会作为一个整体无法做到这一点。这种意愿只是意味着:在该价格上,人们想要购买的永续收入流超过可得的 AR_A 美元,并因此抬高了永续收入流的价格。另一方面,如果每年一美元永续收入流的价格"偏高",所有者就有积极性卖出,但很少有人愿意买入;即社会作为一个整体,会寻求把永续收入流的来源转变为当期消费。根据我们的假设，这一点也无法做到。这种意愿只是意味着永续收入流的价格会下降。存在某个中间价格，比如说OP_A，在此，市场会实现均衡——该价格上，社会作为一个整体，再没有意图去增加或减少收入来源：一些人想要售出的数量，正好等于另一些人想要买入的数量。这样，对应于假设的收入流的不同供应量，其价格（如OP_A）的轨迹（DD），就是这个社会对收入流的需求曲线。OP_A和AR_A的乘积就是社会的财富总量，或全部住宅单元的总价值。

如果资本的概念无所不包，既包括人力资本，也包括非人力资本，就没有理由认为永续收入流的需求曲线的斜率会是负的，而不是正的。也许最合理的推测是有无限弹性。因为在这样的社会里，由于所有财富都已经资本化，收入（Y）就等于rW——其中r是利率，W是财富。于是，$\frac{1}{r}$，即购买一项永续收入流来源要支付多少个时间单位内的收入，就是财富与收入之比。这个财富与收入的比值只有时间单位的尺度，而与其他任何因素的绝对值无关。那么，这个比值的期望值怎么会取决于分子或分母的绝对水平？确实，除了相对于另一组财富或相对于收入，还有什么比较标准可用于说明一种财富水平是"大"还是"小"？或者相反，除了相对于另一组收入或者相对于财富，还有什么比较标准可用于说明一种收入水平是"大"还是"小"呢？如果社会希望维持一个财富对收入的固定比值，而不管收入的绝对水平，那就意味着对永续收入流的需求曲线是水平的。

如果资本的概念并非包罗一切，而是专指非人力财富，而且，我们假设，人们仍然希望维持财富与收入的固定比值（但这时是指非人力财富与总收入之间的固定比值），那么，就有 $\dfrac{W_{NH}}{Y_H + rW_{NH}} = K$，其中 W_{NH} 是非人力财富的价值，Y_H 是人力财富的收入。由 AR_A 给出的固定流量*，定义为 rW_{NH}，我们把它称为 Y_P。以 $\dfrac{Y_P}{r}$ 替代上述表达式中的 W_{NH}，得到 $\dfrac{\frac{Y_P}{r}}{Y_H + Y_P} = K$ 或 $\dfrac{1}{r} = \dfrac{K(Y_H + Y_P)}{Y_P}$，由此说明：在人力资本的收入给定时，来自非人力财富的永续收入流的需求曲线为负斜率。更一般地说，无论人们希望的财富与收入的比值 K 是否固定，都有理由认为需求曲线会是负斜率。这时，非人力财富的增加，与给定的人力财富收入一起，会提高非人力财富对人力财富的比值，以及非人力财富对收入的比值，因此可以预计，个人赋予非人力财富相对于人力财富或收入的重要性会下降。

这样一来，图 17.2 中住宅单元存量的需求曲线的来历就清楚了。对于任何给定数量的住宅单元存量，比如 A，找到由图 17.1 的需求曲线给出的租金 R，两者相乘，得到每年的总收入 AR，将这个总收入代入图 17.3 的需求曲线，得到每年一美元收入流量的价格 P，再将它与每户住宅单元的租金 R 相乘，就得到了对应于上面给定的住宅单元数量 A 的住宅单价 PR。*显然，图 17.2 中住宅单元存量的需求曲线，是来自两组完全不同考量的综合：一组是住房服务比之其他消费服务的相对效用；另一组是未来收入之与现期收入的相

---

* 原文为 the fixed stock（固定存量），译文根据前后文意修改。——译者。

对效用,以及非人力财富的应急储备效用。

图17.3归纳的永续收入流需求,与资本的供给是一枚硬币的两面。财富所有者提供资本,并提出对永续收入流的需求。建造住宅的企业家需要资本,同时提供永续收入流(这里暂且放弃没有新建住宅单元的假设)。自然,资本的供给曲线可以表示为图17.4,其中,把利率视为价格,把财富存量视为供给量。注意图17.3和17.4中曲线的关系。如果图17.3中的需求曲线具有单位弹性,意味着不管利率为何,总财富都保持不变,这种性质可以转化为图17.4的垂直的供给曲线。为使图17.4的供给曲线为正斜率(这种情况看似自然),图17.3中的需求曲线必须是富有弹性的。如果图17.3中的需求曲线缺乏弹性,图17.4中的供给曲线会向右下倾斜,在极端情况下,会是弹性等于-1的直角双曲线。图17.3中的垂直供给曲线,在图17.4中即为具有单位弹性的直角双曲线形状的资本需求曲线。①

这两种确定利率的方法,给不变资本存量的概念带来了一个难以回避的歧义。假设住宅单元数量和对其服务的需求都是固定的,从而由此带来的每年收入量也是固定的,即图17.3的供给曲线为垂直线。现在假设图17.3中的需求曲线,由于诸如应急储备的需求增加等原因而向上位移。于是,每年一美元收入流的价格会上升,相同实物资本存量尽管产生相同的服务流,其财富价值也会上

---

* 这里的字母R、AR、P、R、PR是译者补上去的。——译者

① 注意,即使图17.4的供给曲线斜率为负,在极端情况下,它也只能接近于直角双曲线;因此,图17.4总是存在稳定均衡。

升。在一种（实物）意义上，资本存量保持不变；而在另一种（价值）意义上，它又增加了。很多混乱就是因为没能清楚区分这两种意义而出现的。图 17.3 这种表示方式的一个优点，正在于它非常敏锐地指出了这一点。

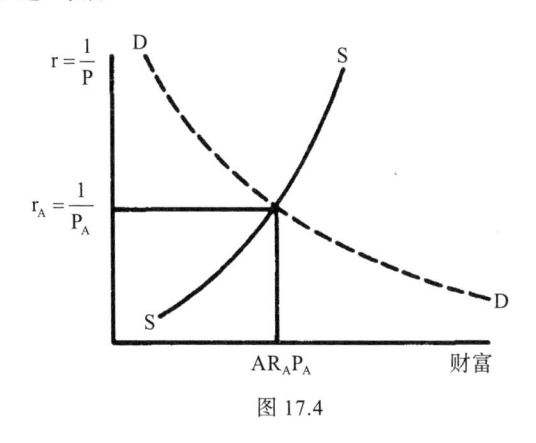

```
          D
  r = 1/P  ╲          S
           ╲         ╱
            ╲       ╱
             ╲     ╱
  r_A = 1/P_A ─────●
              ╱   │╲
             ╱    │ ╲
          S ╱     │  ╲ D
                  │
                 AR_A P_A      财富
             图 17.4
```

图 17.4

为简化起见，我们假设图 17.4 的资本供给曲线斜率为正（这看来是合理的），从而，图 17.3 中永续收入流的需求曲线有着绝对值大于 1 的弹性。这样，我们就可以很方便地描述图 17.2 中住宅单元存量的综合需求曲线和图 17.1、图 17.3 两条流量需求曲线（它们是图 17.2 的依据）之间的关系。假设住房服务的需求具有单位弹性，那么，不管住宅单元的数量是多少，总租金都将保持不变。这也意味着，不管住宅单元的数量是多少，图 17.3 的供给曲线是垂直的，图 17.4 的需求曲线是直角双曲线；进而利率水平也不因住宅单元数量而变。于是，住宅单元存量的需求也会有单位弹性。增加实物资本存量，并不会改变这些存量所产生的服务流的价值，因而也不会改变存量的财富价值。

如果住房服务的需求是富有弹性的，较大的住房实物存量就会带来较高的总租金，和每单位收入流的较低价格。住房存量的价值会因为较大的总租金流而趋于增加，又会因为每单位租金流的较低价格而趋于减少。我们假设图 17.3 的需求曲线富有弹性，即意味着第一种效应会抵消第二种效应而有余，因此，图 17.2 中住宅单元的需求曲线也会富有弹性，但它小于住房服务需求曲线的弹性。同样，如果住房服务的需求缺乏弹性，住宅单元的需求也会缺乏弹性，但缺乏程度不及前者，因为较大的住房存量，会降低总租金，从而提高每单位租金流的价格。

第三节 存量与流量的关系：用流量改变存量

现在我们可以转向第二个存量—流量的问题，即用流量改变存量。为了探讨该问题，我们放弃住宅单元存量固定不变的假设。取而代之，假设新住宅单元可以建造起来，旧住宅单元也会用坏废弃。但我们仍然假设，所有住宅单元不管年代长短都是同质的，从而，我们可以继续讨论住宅单元的租金问题。很可能，建筑业会有某个恰好使住宅单元存量保持不变的产出水平。更高的建筑业产出水平，意味着住宅单元存量会增加——用国民收入核算的术语来说，是净资本形成为正；更低的建筑业产出水平，意味着住宅单元存量会减少，即净资本形成为负。①

---

① 在这种处理问题的方法中，一个陷阱应予点明，因它说明：运用广泛的资本形成总值和国民生产总值的数据，为什么存在概念上的任意性。如果住宅单元就像寓言

第十七章　资本与利率理论

图 17.5 的右边部分重现了图 17.2 住宅单元的存量需求曲线。左边部分给出了关于新住宅单元的供给状况的一种描述,这种描述简单而又特殊(特殊性见下述)。新增住宅单元的供给曲线 S'S' 延伸到横轴的负值部分,是因为总存量既可增加,也可减少。供给曲线始终向右上倾斜,是因为,住宅存量减少的速度越快(即在横轴负坐标上越靠左),建筑业的规模就越小,(进而住宅供给单价就越低);反之,住宅存量增加的速度越快,建筑业的规模就越大,(住宅供给价格越高)——这里,为了简化,我们假设建筑成本处处递增。**

该图的一个特征是:供给曲线与房屋存量无关,但房屋存量决定着在供给曲线与纵轴的交点上的建筑业规模(这个特征后面还将讨论)。这样说的理由是:长期看,住宅建筑业的成本是不变的,因此,图右部分的存量供给曲线(SS)为水平线。但是,为增加房屋存量而扩大建筑业规模,会抬高成本。因为这种建筑业规模会被认为

中的"单骑马车"*,在一定期限内无需维护并提供同质的住房服务,然后坍塌,那么就很容易计算每年建造的房屋总数,很容易确定维持住宅单元存量完整不变所必须建造的数量。但实际上,情况显然不是这样。要保持住宅单元存量不变,有两种可供选择的方法:一是维修现有的住宅单元;二是遗弃旧的,建造新的。这两者中间如何划定界限?哪种支出应被视为不间断的经常性运营支出,哪种支出应被视为是补偿资本消耗,并包括在"资本形成总额"之内?无论在概念上,还是在实践中,界限都具有任意性。(实践中,这一点根据产出项目的耐用性而定,界限是预期耐用性三年。预期耐用性更长的项目视为资本项目,产出计入资本形成总值;预期耐用性较短的项目视为存货部分,只有其中存量的净变化才计入资本形成总值。)但是,指代资本存量变化的"资本形成净值"概念,尽管在实践中很难准确测量,逻辑上却无懈可击。

* "单骑马车"的典故出自美国作家霍姆斯(Oliver W. Holmes St.)的讽喻诗歌 *The Wonderful One-Hoss Shay*(《奇妙的单骑马车》,1858 年)。该马车的每个部件都同样坚固,因此没有逐渐磨损的过程,但是在使用了一百年后突然自发地完全解体。它通常被解读为对加尔文主义在美国突然崩溃的讽刺。——译者

** 本段括号内文字均为译者所加。——译者

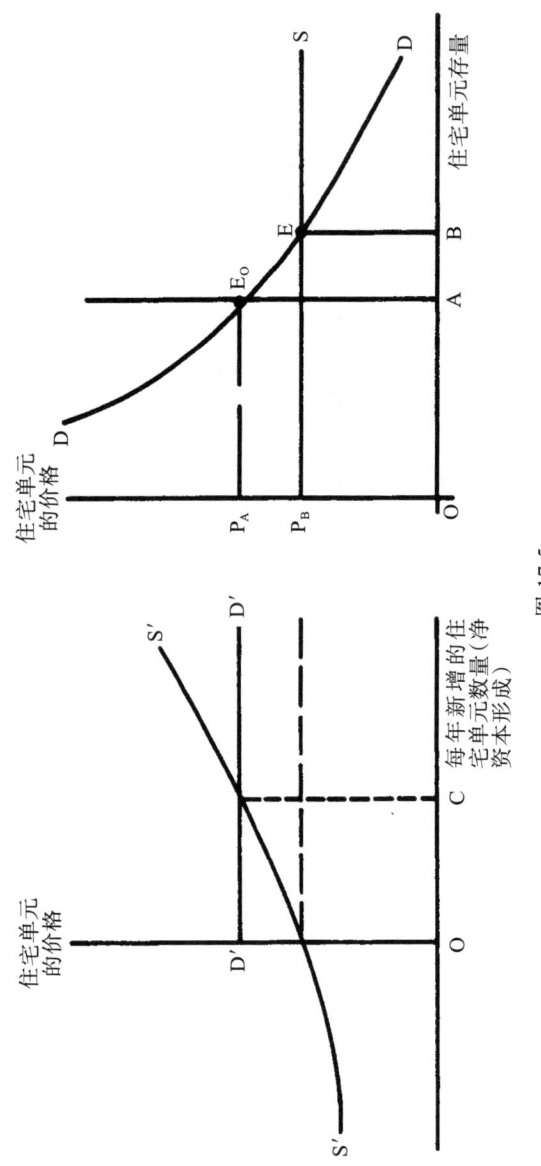

图 17.5

是临时状态；要让资源在这种状况下继续进入建筑业，必须给予额外补偿。同样，为减少房屋存量而缩小建筑业规模，会降低成本。因为这也被认为是临时状态，一些资源出于长期前景较好的预期，愿意接受暂时的较低回报。这一点还说明：尽管对应于不同房屋存量的新增住宅单元的供给曲线 S′S′ 可能与纵轴交于同一点，它们也可能不会有相同的斜率。

右图的存量需求曲线 DD 还包含着一个很特殊的假设，即需求曲线的形状与住房单元以何速度增长无关。这个假设是可疑的，之所以这么说，明摆着至少有一个理由：如果现有资源被用于增加住房存量，当期总消费就会减少，而这又会影响到图 17.1 中住房服务的需求曲线。

稍后我们会再回到这些复杂问题上。现在，我们先分析图 17.5 所说的特殊情况。假设初始状态是有 A 套住宅单元存量存在，在 A 点，短期的住宅单元供给无弹性，为使需求与供给相等，现有房屋的价格必须是 P_A。这时，如果新住宅单元能够以低于 P_A 的代价建造出来，那么显然，建造新的住宅单元比购买现成的更可取。于是，每年新建住宅的数量会扩张到某一点（在图 17.5 中标示为 C）——在该点上，新建住宅单元的供给价格等于现有住宅单元的价格。即新住宅单元会以每年 OC 套的速度产出。

请注意，这里的存量需求 DD 和短期供给曲线 S′S′ 都是针对某一时点的，正因如此，住宅单元的一个固定存量(OA)才可与存量的任意增长率(OC)相容。* 这就好像说：尽管你的车开得很快，但在

---

* 这里的 OA、OC 是译者补上去的。——译者

某个特定时点，你还是处于某个具体的地理位置上，只是不会在那里停留。同样，在存量为 A、价格为 P_A 的时点上，住宅单元存量以每年 OC 套的速度增长，因此点 E_0 完全是临时均衡状态。随着时间流逝，均衡点会沿着 DD 下滑到稳定的均衡状态 E，在这个点上，存量为 OB，价格为 P_B。由于 P_B 价格上的净产出为零，即 P_B 是长期的新房供给价格，因而，此时是稳定均衡状态。

如果房屋初始存量超过 OB，初始价格会低于 P_B，净产出会是负值，均衡点会沿着 DD 上行，直到停止在 E 点上。

当然，均衡点由一点转移到另一点所需的时间，取决于新住宅单元供给曲线 S'S' 的形状和准确的数据说明。这条曲线在与纵轴的共同交点上越是陡峭，接近均衡点的过程就越缓慢，反之则越快。

上面我们已经了解到，一条固定且斜率为正的新住宅单元供给曲线（S'S'），意味着存量供给曲线（SS）有无限弹性。相应地，一条固定且斜率为负的存量需求曲线（DD），也意味着新住宅单元的流量需求曲线（D'D'）有无限弹性，但它会随时间变化而上下平移。在均衡点由 E_0 沿 DD 下滑到 E 的过程中，流量需求曲线始终保持无限弹性的状态下降，直到它与通过 OP_B 点的水平线重叠，并在这个位置上停止移动。

无限弹性的流量需求曲线，对于当期产量占存量的比例很小的事物而言，可能是合乎情理的经验近似。[①] 但作为一个理论命题，

---

① 例如，假设房屋平均使用寿命为 50 年，我们可以将它们近似为单骑马车的模型。如果存量保持不变，年产量会是存量的 2%。将当期产量翻番，也只在下一年增加 2% 的存量。即使存量需求弹性大，价格在一年后也只会下降一点（，因此流量需求弹性很大——译者）。

这样的曲线很难令人置信。这是因为，人们愿意为现有住宅单元支付的价格，会由于以下两个原因，而与新建住宅单元的流速有关：第一，正如我们已经提及的，资源转向建造新住宅单元，降低了当期总消费，这可能使图17.1中房屋服务的需求曲线向左位移，从而降低当期的租价。第二，预期的房屋存量增加，会压低房屋价格，最终达到OP_B——这个过程是更大房屋存量对租价的影响和对永续收入流价格的影响的共同结果。任何一个正在以OP_A价格购买房屋的人，一旦知道房屋存量在增加，就一定会预料到未来要承担资本损失。显然，这种预期又会强化前面的效应。我们在讨论图17.2时，之所以能够忽略这些效应，是因为那里的需求曲线是针对一组可供选择的、静态的世界而画的。但在房屋存量变化的世界里，租金流的现值（即住宅价格）必须把变动不居的未来租金和利率考虑在内。

为把这些复杂性考虑进来，我们可以认为，如图17.6中，DD曲线只是表示流量为零时的各种房屋存量的需求状况$\left(\dfrac{dH}{dt}=0\right)$。这意味着，在流量方面，$OP_A$只是$\dfrac{dH}{dt}=0$时的需求价格。对于给定的初始存量OA，新住宅单元的供给流量越大，存量和流量的需求价格都越低。如果图17.6中D'D'是标示新住宅单元的流量需求，那么，临时均衡价格是$P_{C'}$，流量速度是C'。在右边的存量图上，为了表示这种效应，我们可以画出对应于C'流量速度的另一条存量需求曲线。对于每个住宅单元存量，$\dfrac{dH}{dt}=C'$时的需求价格，都会低

图 17.6

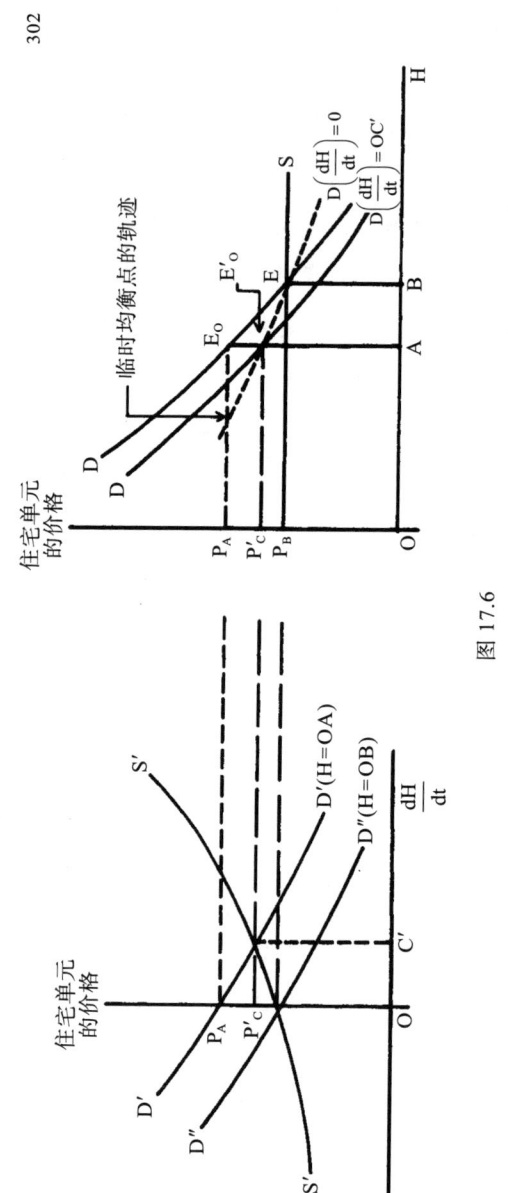

于 $\frac{dH}{dt}=0$ 时的需求价格。当然,在图 17.6 的两条存量需求曲线之间,存在着其他无数条对应着 0 至 C′ 流量速度的曲线,同样地,较低的曲线对应于较高的流量速度,而 DD $\left(\frac{dH}{dt}=0\right)$ 以上的曲线,对应的是净减少的流量速度。①

这样,E'_0 成为均衡点,但这显然只是瞬间均衡。住宅单元有净产出,因此房屋存量会增加;短期存量供给曲线向右推移。这样一来,图 17.6 左边部分的流量需求曲线会向下位移,它在纵轴上的交点,对应着存量需求曲线在 $\frac{dH}{dt}=0$ 时的需求价格。这个过程一直持续到住宅单元存量为 OB——此时,流量的需求与供给曲线在纵轴上相交,净产出为零;右图在 E 点实现完全均衡,房屋价格为 P_B。②

只要我们假设长期存量供给曲线为水平线,短期流量供给曲线为正斜率,且不受存量影响,那么,当产出增长(实现净产出为正)时,住宅单元的价格一定高于长期价格;当产出下降(净产出为负)时,一定低于长期价格。换言之,图 17.6 右边部分的瞬间均衡点的轨迹,一定如图所绘向右下倾斜。不过,跟上面分析存量与流量的需求曲线一样,对于存量与流量的供给曲线,我们也应作类似的概

---

① 原则上,非零流量速度所对应的存量需求曲线,取决于住宅单元存量净增趋势的整个预期前景,而不仅仅取决于当前的流量速度。这里将存量需求曲线处理为当前流量速度的函数,是基于隐含假设:各种增加住宅单元存量的未来时间模式是一个单一参数的集合。

② 显然,对于房屋存量与所有资源一起匀速增长的世界,整个分析略作修改即可适用。

括。如图 17.7*：如果长期存量供给曲线如 17.7 的右图为正斜率，那么，流量供给曲线就不再与住宅存量无关了。只有当存量为 OB 时，流量供给曲线才会与纵轴交于 P_B 点，$S'S'$ 才成立。如果存量是 OA，17.7 左图的流量供给曲线一定与纵轴相交于 P'_A 点——即较小的住宅单元存量 OA 的存量供给价格。

请注意，图 17.7 中的长期存量供给曲线的正斜率，于左图反映在流量供给曲线和纵轴的交点上，而不反映在流量供给曲线的斜率上。长期存量供给曲线的正斜率说明，为使建筑业保持不同规模的稳定产出，所需成本要随稳定产出规模的增加而上升。成本上升，说明需要改变行业中各要素的投入比例，需要吸引并不太适合该行业的资源进入等——这些都是长期供给曲线斜率为正的惯常理由。左图中流量供给曲线的正斜率，反映了另一组不同但有关联的效应：当建筑业临时性扩张或收缩而偏离通常规模时，成本会相应变化。

根据右图的存量需求曲线和供给曲线，我们知道，住宅单元价格一定在净产出为零的需求价格 P_A 和供给价格 P'_A 之间。如果住宅单元价格为 P_A，超过了建造成本，建筑商会有积极性增加住宅单元存量，因此 P_A 不是均衡状态。如果住宅单元价格为 P'_A，正好等于建造成本，建造商没有积极性增加存量；但在这个价格上，住宅单元的所有者和潜在所有者会想要更大的存量，从而抬高价格。因此 P'_A 也不是均衡状态。在图 17.7 的左边部分，如对应于存量 OA 的流量需求曲线（$D'D'$）和流量供给曲线（$S''S''$）所示，随着每年新

---

* 原书图 17.7 的横坐标没有标示。应分别标示 H/t 和 H。——译者

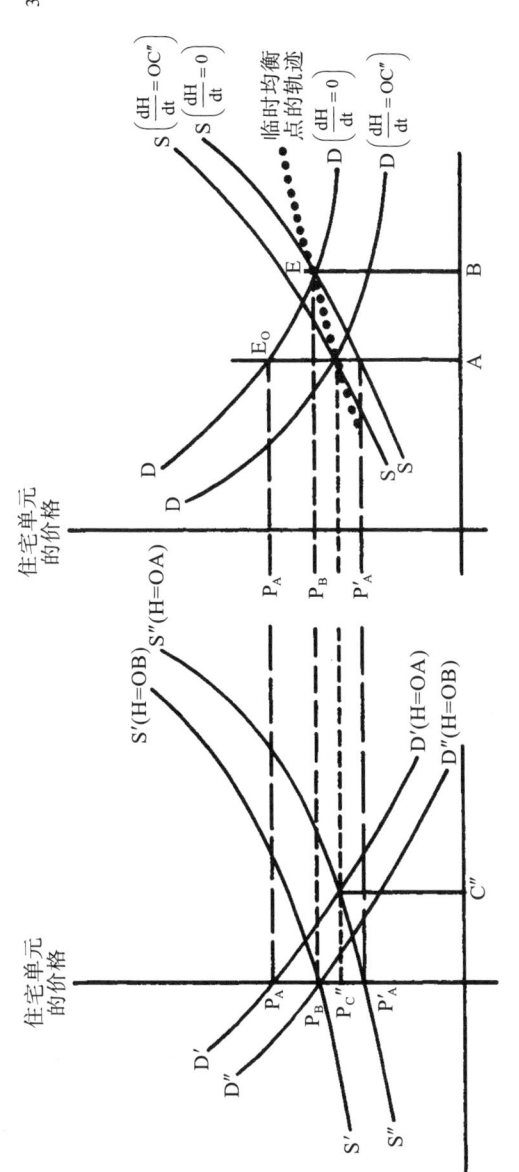

图 17.7

增住房单元流量*增加,需求价格会下降,供给价格会上升。这里,临时均衡价格取决于两条流量曲线的弹性。在图 17.7 中,我们按照临时均衡价格 $P_{C''}$ 低于长期均衡价格的假定,绘制了这些曲线。这是为了说明:在从初始存量 OA 到最终存量 OB 的过程中,如右图所示,临时均衡价格也可能上升而非下降。当然,上升也不是必然的。如果流量需求曲线比较平坦,流量供给曲线更加陡峭,临时均衡价格就可能高于最终均衡价格(如前例的情况)。

图 17.6 中,我们针对不同流量速度,画出了不同存量需求曲线,同样,图 17.7 中,我们也针对不同流量速度,画出不同的存量供给曲线。价格为 $P_{C''}$ 的临时均衡状态,是在流量速度为 C'' 的存量供给曲线和存量需求曲线的交点上(注意:该存量需求曲线低于图 17.6 中 $\frac{dH}{dt}=OC'$ 的存量需求曲线,是因为这里的 $\frac{dH}{dt}$ 更大)。随着存量增加,存量需求曲线上移,存量供给曲线下移;流量需求曲线下移,流量供给曲线上移,直到最后,两条存量曲线相交于 E 点,左图的两条流量曲线相交在纵轴上——此时净产出为零,价格为 P_B。

第四节　存量—流量分析的一般化

上述住宅单元的例子,很容易推广到一般资本,并以确定利率。这里,我们将从图 17.3 中对永续收入流的存量需求曲线开始分析,

---

* 即 $\frac{dH}{dt}$。——译者

而不再从图 17.2 对住宅单元的存量需求曲线开始。我们不再采用建造住宅单元的供给曲线，而是引入永续收入流的供应成本——这里的永续收入流，不是仅仅来自建造住宅单元，而是来自任何生产或消费要素的存量增加。经过这样的转换，资本存量增加对它所提供的服务的价格影响，就由需求方转到了供给方。这是因为：例如房屋存量增加，导致租金下降，现在表现为一美元收入流的供应成本更高了，即为了获得相同的永续收入流，现在需要建造更多的实物住宅单元。而上面已知，图 17.3 的收入流需求曲线，并不是由图 17.1 中住宅单元服务的需求曲线确定的。不过，这是由住宅单元例子推广到一般资本的过程中唯一的实质性变化。因此，概括一般资本情况的图 17.8 是图 17.7 的直接翻版，只是改变了标识，以及为了说明另一种可能性，右图中瞬间均衡点的轨迹改为向右下倾斜。

图 17.8 中，S 代表储蓄，I 代表投资。永续收入流的存量的长期需求曲线对应于储蓄为零（S = 0）的情况；长期供给曲线对应于投资为零（I = 0）的情况。我们把储蓄和投资表示为收入的一部分，以便使之不受数量单位的影响。如果一个社会拥有 Q_1 的资本存量，它不会稳定在 I = 0 的资本供给曲线或 S = 0 的资本需求曲线之上。因为，如果它处在 I = 0 的资本供给曲线上，[*]社会公众（资源所有者）会争取购买比可得更多的永续收入来源，从而抬高价格；如果它处在 S = 0 的资本需求曲线上，生产企业会寻求提供比所需更多的永续收入来源，从而压低价格。在 P_A 和 P_B 之间的某处[**]，如这里标示

---

[*] 资本价格为 P_B，根据 S = 0 的资本需求曲线所示。——译者
[**] 原书图 17.8 中是 P_A 和 $P_{A'}$，疑有误。后者应改为 P_B。——译者

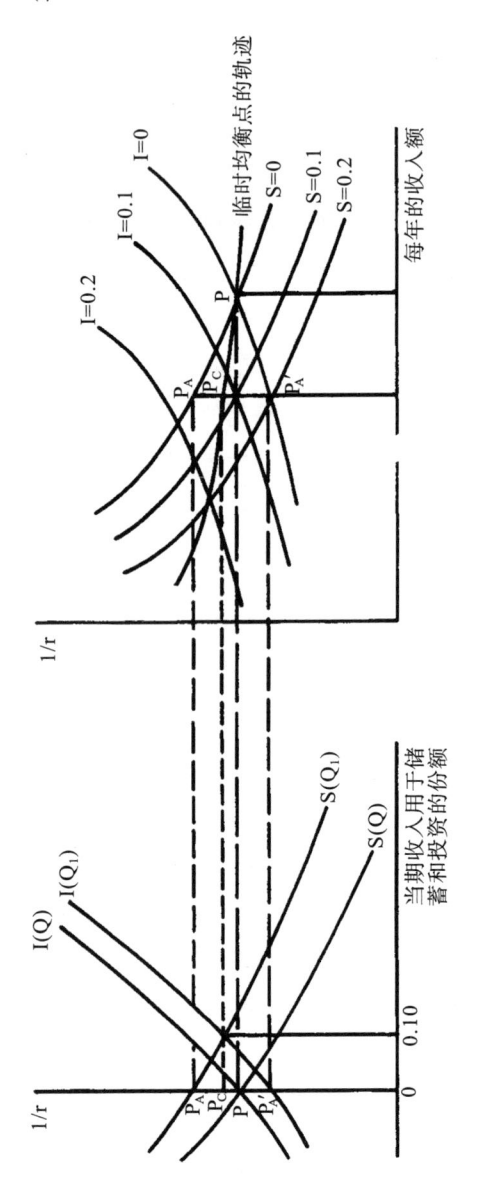

图 17.8

的 P_C，是使永续收入流的新增来源的需求量等于供给量的价格。需求价格降低，是因为随着收入中用于购置永续收入流来源的份额增加，相对于当期消费，进一步添置来源的意愿下降了；供给价格升高，是因为随着用于创造来源的生产服务的比例增加，用于当期消费的比例下降，进一步创造新来源的成本提高了。在图17.8的具体例子中，当0.1的生产服务用于创造新来源，0.1的收入用于购置新来源，即 S = I = 0.1 时，需求价格与供给价格相等。在这一点上，永续收入流来源的存量在增长，因此 P_C 点是一种临时状态，会沿着 P_C 和 P 的连线朝 P 方向的移动。

假设我们使用包罗一切的资本概念。那么，如上所述，可以认为永续收入流的存量需求曲线具有无限弹性，供给曲线也具有无限弹性。用奈特的术语来说，即应认为不存在投资收益递减的情况。曲线的高度取决于任何能带来每年一美元永续收入流的资本的生产成本（根据对资本边际生产率这一含糊概念的一种理解，就是资本边际生产率的倒数）。因此，对应于图17.8的，可能是像17.9的图形：所有曲线都是水平的，每一条水平曲线都对应着某个储蓄率的永续收入流来源的需求曲线，和某个投资率的永续收入流来源的供给曲线。如果如图所示，S = 0 的需求曲线在 I = 0 的供给曲线之上，那么，所描述的就是一种无限发展的状态，即不存在符合稳定均衡的资本存量水平。该图展示了一种"动态均衡"，其中每年一美元收入流的价格为 P_C，投资和储蓄按收入的10%比例无限期地进行下去，资本存量不断增长。

现在，我们转而以财富的概念表达上面的分析。我们不再讨论不同价格下的永续收入流的需求和供给，而是讨论以利率为自变量的

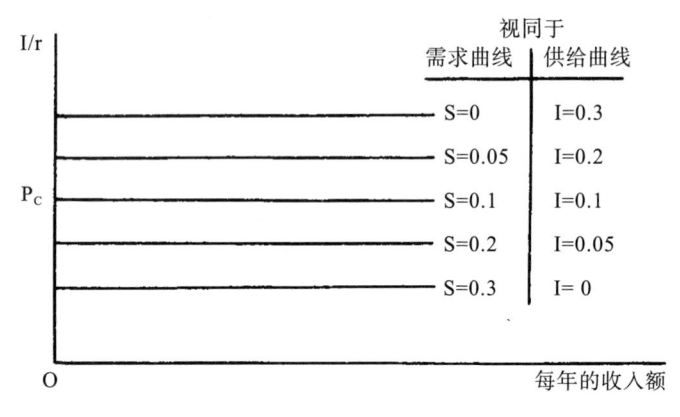

```
                                      视同于
    I/r                        需求曲线 │ 供给曲线
                               S=0     │ I=0.3
                               S=0.05  │ I=0.2
    P_c                        S=0.1   │ I=0.1
                               S=0.2   │ I=0.05
                               S=0.3   │ I=0

    O                                    每年的收入额
```

图 17.9

资本的需求和供给。[*]前一种表述方式的主要优势,也即现在这种表述方式的主要劣势,是给出了稳定均衡状态下的固定资本存量。这两种方法量度的资本存量,后者受利率影响,前者不受影响。如果资本存量是以永续收入流的资本化价值来量度,其值变化会与利率水平变化相反。(基于不同利率,)[**]带来一定收入流的会是一组资本,这组带来不变的永续收入流的固定资本存量,可以直角双曲线来表示。另一方面,如果我们直接以所带来的永续收入流来表示资本存量,其值就不受利率影响,因此这样表示的资本存量会是垂直线。

为了得出第二种方法量度的资本的需求和供给,我们必须记住:对资本的需求是生产企业的需求——这在前面被视为永续收入流的供给。而资本的供给是积蓄资本的一部分人的供给——这在

---

[*] 即纵轴由 1/r 变为 r。——译者
[**] 括注为译者所加。——译者

前面被视为是对永续收入流的需求。此外还要注意：这两条曲线指的是存量，而不是单位时间的流量。如图 17.10，两条曲线的交点给出了长期、稳定的均衡资本存量和利率。与前面一样，这些曲线之所以具有如图所示的形状，是因为所用的资本概念不是包罗一切的。现在转以包罗一切的资本概念考虑需求曲线（该曲线对应于上面的供给曲线）：按照奈特的看法，我们知道，由于资本受到制度及其他因素的限制，投资的收益是递减的。而包罗更广的没有收益递减的资本概念，意味着对资本的需求具有无限弹性。需求曲线的高度即利率取决于"资本的边际生产率"。同样，如果我们假设人们希望保持财富与收入的某个固定比例，并且所有的收入都来自财富（即无须区分人力资本和非人力资本），供给曲线也会是无限弹性。供给曲线的高度由 $\frac{1}{K}$ 给定，其中 $K = \frac{W}{Y}$。

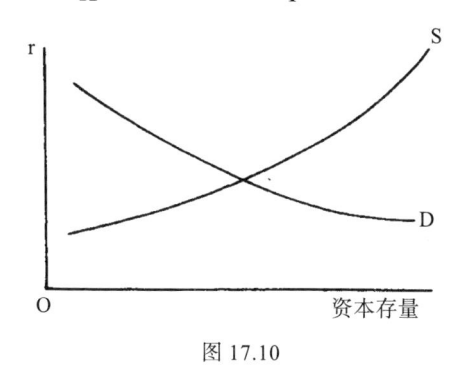

图 17.10

无论何时，社会上总是存在一定的资本存量——当然，不一定是均衡存量。图 17.11 中标示为 Q_1 的曲线是直角双曲线，代表产出固定的 Q_1 永续收入流的资本存量的价值。如果生产企业在任何

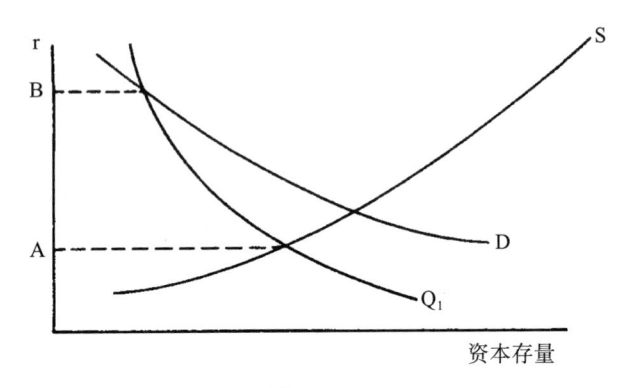

图 17.11

利率水平下都没有积极性去改变这个资本存量*,即没有积极性对更多的资本存量支付利息,那么,Q_1曲线就代表资本需求。但实际上,在给定技术条件下,利率越低,生产企业增加资本存量的积极性就越大。因此,利率越低,D曲线相对于Q_1曲线应该高出越多。如果利率为B,生产企业就没有积极性去增加需要付息的资本存量,但储蓄者有积极性寻求贷出更多。同理,如果利率为A,储蓄者没有积极性贷出更多,但生产企业有积极性借入更多。储蓄者会使利率低于B水平;投资者会使利率高于A水平。

因此,利率既不会在A点,也不会在B点。究竟在哪里,取决于人们的储蓄和投资倾向,即体现为图17.12中的储蓄和投资曲线。这些曲线决定了社会从Q_1点对应的资本存量移动到均衡存量的速度。如前所述,图17.11中的资本需求曲线,是投资为零时的利率和资本总额的交点的轨迹。同样,资本供给曲线,是储蓄为零时的

---

* 指实物资本,本段下同。——译者

第十七章 资本与利率理论

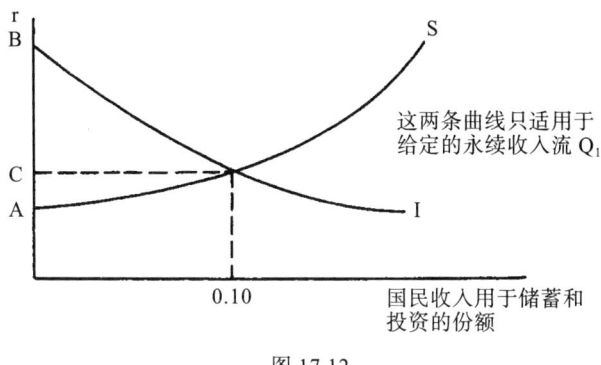

图 17.12

利率和资本总额的交点的轨迹。根据两条曲线描述的行为函数,我们就能够确定资本的长期均衡存量。另一方面,图 17.12 中的储蓄、投资函数是针对一定的资本存量而言的,它们分别描述了利率和储蓄、投资在国民收入中的占比之间的关系。有了这些曲线,我们就能够追溯达成长期均衡的动态过程。

这个过程可以全部全部归结于图 17.13*——它是图 17.8 的翻版。$S=0$ 和 $I=0$ 曲线代表资本的供给和需求曲线。这两条曲线的交点给出了长期均衡。其他曲线则反映了某种变动趋势。它们给出了为维持不同储蓄率和投资率所必须的资本与利率的各种组合。我们已经假设社会拥有一个给定的资本存量,其值由直角双曲线 Q_1 表示,因此,利率一定落在 A′ 和 A 之间;同时,根据这个给定资本存量下的储蓄和投资函数,即可确定利率为 C,相应的投资率和储

---

* 原书图 17.13 没有横坐标的单位标识。根据下句关于 Q_1 的表述,横坐标应与 17.11 同,那么,这里的 S=0 和 I=0 等曲线与图 17.12 的 S、I 曲线完全是两回事。——译者

430　　　　　　　　　　　　价 格 理 论

图 17.13

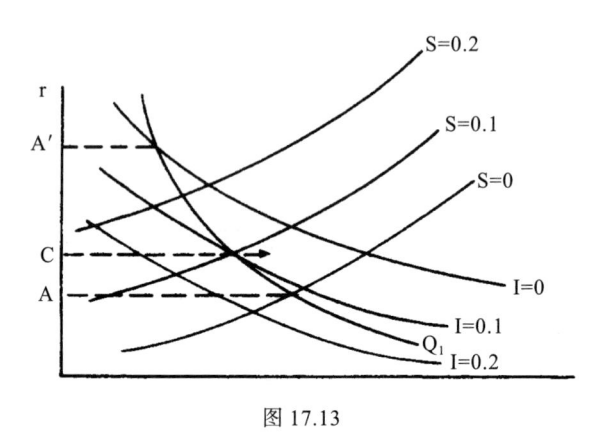

蓄率为 0.1。这个利率 C 和 0.1 的投资—储蓄率都是暂时的，因为，随着社会的资本存量增加，会出现新的储蓄—投资率和新的利率，最终达到稳定均衡状态 P。*

这个分析也可以用联立方程组的形式加以归纳。令 W = 所分析的实际财富总值，r = 利率，Y_w = 单位时间内来自 W 的收入（因此 Y_w = rW），I = 单位时间内的"投资"，而 S = 单位时间内的"储蓄"。对于生产企业，存在一个关系式，可说明利率与财富、投资之间的关系，表示为：

(5) 　　　　　　　r = f(W, I)。

这个函数可以看作是对"资本"的需求曲线，即它反映：在什么样的财富最大值下，当当期生产性服务中有 I 的部分用于增加资本存量时，生产企业愿意支付的利率是 r。这个函数也可以看作是

---

* 原书图 17.13 中漏标了 P 点。P 点应该是 S = 0 和 I = 0 曲线的交点。——译者

永续收入流的供给曲线,它反映:在什么样的最低价格$\frac{1}{r}$下,当生产企业把当期生产性服务中的 I 部分用于生产永续收入流时,企业可持续提供的永续收入流数量是 rW。

对于资源所有者来说,还存在关于"资本"供给,或对收入流需求的另一层关系,表示为:

(6) $\qquad r = g(W, S)$。

我们假设,短期内的 Y_w 固定,比如说是 Y_{w_0}。因此,短期均衡由等式(5)(6)加上以下等式给出:

(7) $\qquad S = I$

(8) $\qquad rW = Y_w$

(9) $\qquad Y_w = Y_{w_0}$。

这是有五个方程的联立方程组,含有五个未知变量 r、W、S、I、Y_w。

而长期内,相关的联立方程组是等式(5)(6)加上以下各式:

(10) $\qquad S = 0$

(11) $\qquad I = 0$

(12) $\qquad Y_w = rW$。

这也是有五个方程的联立方程组,含有同样的五个未知变量。

第五节 负的均衡利率

如果我们把分析限于物物交换的经济,那么,到目前为止我们所说的内容中,就没有对 S = 0 和 I = 0 曲线的形状加以太多限制。特别是,两条曲线交于负利率的情况也是可能的,如图 17.14。这意

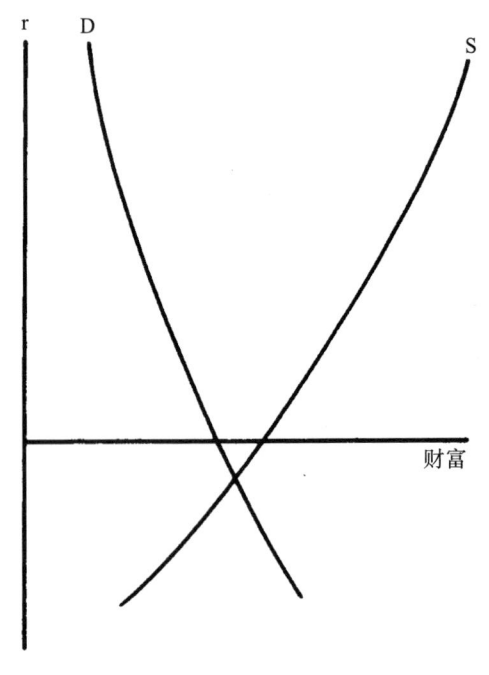

图 17.14

味着：在某个给定资本存量下，社会将处于一个负利率的长期均衡状态。

要有这样的结果，需要满足什么条件呢？先来看看 S 曲线，该曲线显示的是某种性质的财富的存量——它们可以被占有，可以被买卖，而且最终财富持有者在各种利率水平上都愿意持有一定的量。假设市场利率为零，就是说，无法持有可以带来收益的财富。那么，就没有谁会把财富作为获得当前（金钱）收入的来源而持有。但是，仍然会有个人和家庭想要持有财富，以备不时之需。显然，即使持有财富不仅不能带来收益，而且需要付出代价，仍然会有人想要持有。例如,假设人们持有财富的唯一办法是储存粮食,而这需要付出相当大的变质、损耗等储存代价。这时,人们显然仍想持有一些这种形式的财富,以保护自己免受粮食供应波动的影响。图17.14 中,存量供给曲线所显示的负利率的财富值,就相当于这种情况。当然,实际持有的存量不会常年不变,因此,图中所标的数量应被看作是一个相对长时期的平均值。[①]

实际上,资本给财富持有者带来负收益,不仅可能缘于刚才例举的客观情况,也可能是由于征收资本税——资本税有可能把税前的正收益,转变为税后的负收益。

再来看需求曲线。首先,这一点与前面的分析似有矛盾——在前面的分析中,关于不变的永续收入流意义上的固定资本存量,我们是以它所生成的单位弹性的财富需求曲线来描述的。不变收入流就是生产企业为拥有这项资本而愿意支付的最大的每期利息总额。这条需求曲线怎样才能有更小的弹性呢?显然,如果这里的资本仅是就对应于经济意义上的永续收入流而言的,这种情况就不可能发生。假设有一块土地,每年产出一美元租金的经济性永续收入流,当利率变得越来越低时,该土地的资本价值会越来越大,以至无穷。换言之,如果有某种方法——比如说填充沼泽地——可以某个有限的成本,获得任一规模的经济性永续收入流,那么,在一个足够低的利率水平上,通过借入上述成本以产出收入流,就会是有利可图的。

[①] 同样,这里的收益也是在实物的意义上为负,即是对自孳的利率而言,而不是对效用而言的。因为,当物品的效用值上升时,物品储备会被用于补充产出的不足;而当产出充足因而效用值下降时,则会回补储备。

但请注意，这里强调的是*经济意义上的永续*。就像讨论资本的供给一样，这里也可能由于某些物理上的原因，而没有经济意义上的永续收入来源。比如说，唯一可以被生产、占有和转让的资本可能是会贬值的粮食存货。或者，可能存在物理上或技术上的永续收入流的来源，例如土地，但税收或其他制度安排（如有限期的所有权）等原因，可能让它们失去了经济意义上的永续性。

因此，长期均衡利率为负的基本条件是：图17.14适用的财富类型，都是不能产出经济性的永续收入流的资本。负利率指的是财富所有者为保护财富完好而付出的保管费用。为了维持这种状态，财富所有者必须拥有一些其他收入来源，以取得他们必须支付的款项（其值等于负利率乘以财富价值）。从而，一定存在产出永续收入流的某些形式的资本（人力资本、不可转让的非人力资本）。否则，社会就不会稳定，而是每况愈下。可见，负的均衡利率对于包罗一切的资本概念而言是不可能的。

长期稳定负利率所需要的条件非常特殊。但是，我们有必要把它讲清楚，因为，负的均衡利率与凯恩斯的一个观点联系非常密切，即凯恩斯认为，可能不存在充分就业的长期稳定均衡。深入阐释这个观点的一种方法，是将其分解为下列三个子命题：

1. 在无货币的物物交换经济中，均衡利率可能为负。
2. 在货币经济中，市场利率不可能为负。
3. 因此，在货币经济中，可能无法达到充分均衡。

上述分析表明，子命题(1)是正确的——尽管只是在非常特殊的情况下才正确。而在有关利率计算的讨论中，我们已经看到，子命题(2)也是正确的。但是，子命题(3)并不是(1)和(2)的逻辑推论——除非货币经济中的均衡利率与非货币经济中的均衡利率所指是同一回事。实际情况并非如此。凯恩斯关于"市场"利率和均衡利率的对比很有误导性。在他所分析的货币经济中,两者都不可能为负。为了说明这一点,我们必须在分析中明确引入货币。

第六节 引入货币的情况

一旦将货币引入经济,就必须区分名义利率和实际利率。前者是指在保持资本的货币数量不变的前提下,每美元孳生的货币量;后者是指在保持资本的实际数量完好的前提下,每美元孳生的货币量。就连续的复利计算而言,实际利率是名义利率减去物价变动率:

$$(13) \qquad \rho = r - \frac{1}{P}\frac{dP}{dt},$$

其中 ρ 是实际利率,r 是名义利率,$\frac{1}{P}\frac{dP}{dt}$ 是物价的瞬间变动率。对于货币分析,还有必要区分已实现的实际利率和预期的实际利率:在前者,$\frac{1}{P}\frac{dP}{dt}$ 表示现行的物价变动率;在后者,$\frac{1}{P}\frac{dP}{dt}$ 表示预期的物价变动率。但就我们分析稳定均衡的目的而言,可以忽略这种区别,而把现实的和预期的实际利率视为同一的。

为简化起见,我们首先考虑另外一些稳定状态:这些状态中的物价水平都是固定的,即 $\frac{1}{P}\frac{dP}{dt}=0$ ——凯恩斯及其大多数追随者所默认的正是这种情况。然后,我们再引入物价变动的可能性。我们将始终把货币看作是通货及其等价物,即名义利息为零的资产。

一旦我们引入货币,名义利率就再也不可能为负,因为无论如何,单纯持有现金的成本一定是零。因此,如果利率接近于零,人们就会以货币的形式持有其全部财富。根据上一节的分析,现在,货币变成了一种永续收入流为零的财富形式,因此,它比任何永续收入流为负的财富形式都要优越。

图 17.15 将这种特征纳入了长期稳定均衡图式。其中,S 曲线是如前定义的资本供给曲线(对应于 S = 0)。S′ 曲线表示资源所有者希望以非货币形式持有的相应财富量,因此,S′ 和 S 曲线之间的水平距离,度量的是所有者希望以货币形式持有的财富量。S′ 曲线则给出了各个利率水平上可以"租给"生产企业的财富供给,它与如前定义的需求曲线(对应于 I = 0)的交点,给出了长期均衡状态(即图 17.15 中的 c 点)。

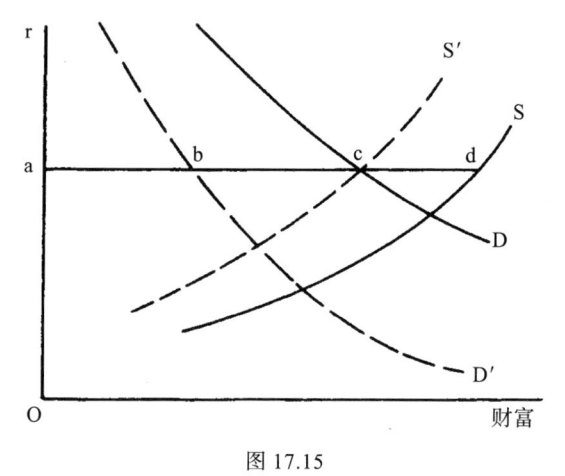

图 17.15

但是,生产企业也会以现金形式持有一部分需要付息的财富。在图 17.15 中,这些"交易余额"由 D 和 D′ 曲线之间的水平距离表

第十七章 资本与利率理论

示。于是，均衡状态下，bd 是均衡的"实际"货币量，其中 cd 由资源所有者直接持有，bc 是生产企业的"运营"资本。进而，均衡物价水平必须是能使现有名义货币量的实际价值等于 bd 的物价水平。这个论断是货币量理论的一种简洁的表述方式。

现在我们可以理解，为什么一旦把货币引入经济体系，均衡利率就不可能为负。在图 17.16 中，S 和 D 曲线由图 17.14 复制而来，两者相交于负利率。这个交点给出了物物交换经济的均衡解。但是，一旦引入货币，均衡就由 S′ 曲线和 D 曲线的交点给出，而只要持有货币的成本可视为零，S′ 曲线必定与 D 曲线相交于正利率上。这是所谓"庇古效应"的本质的一种表述方式——庇古效应证明了上述凯恩斯的子命题(3)是不合逻辑的。*

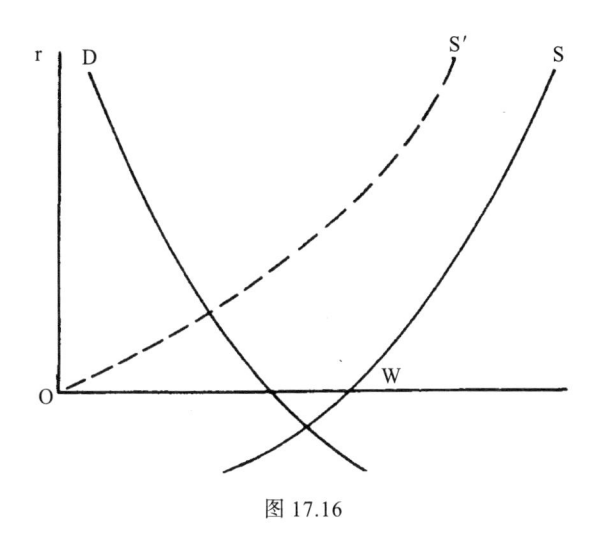

图 17.16

---

* 庇古效应，又称"实际货币余额效应"，是指物价下降导致货币余额的实际价值增加，会刺激消费，从而对经济产生一种自动调节的作用。——译者

318 　　如果物价水平并非固定，我们就不能像图17.15和17.16一样，以单一的r同时表示名义利率和实际利率。假设物价以不变的速率上涨，从而名义利率超过实际利率，这将影响图17.16的所有曲线。如果前面持有一美元现金的名义和实际收益为零，现在就都是负值。因此，对于给定的实际利率（如图17.15中的Oa）而言，现在，能够带来这个实际利率的资产就比现金更有吸引力。无论是对最终的财富所有者而言，还是对生产企业而言，情况都是如此。因此，图17.15中bc和cd的距离会像图17.17一样双双缩短——图17.17复制了图17.15的曲线，并加入了对应于物价上涨新情况的标有星号的曲线。生产企业和最终的财富所有者都想要以真实财富取代现金余额，因此，曲线D′和S′都向右位移。而在物价上涨的情况下，这个包含现金余额的财富集合，对生产企业而言生产率

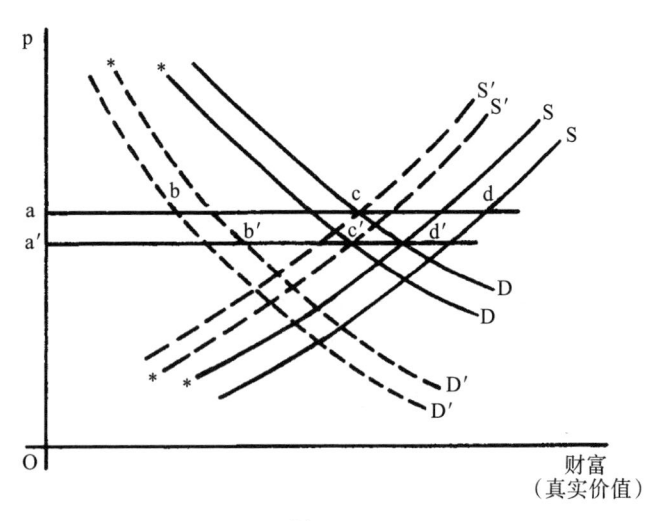

图17.17

较低，对最终财富所有者而言效用较小，因此，曲线 D 和 S 都会向左位移。这样，新的实际均衡利率由标有星号的 D 和 S′ 曲线的交点确定，它低于前面的实际利率。不过，实际利率的降幅一定小于物价变动率，因为，实际利率的降幅，是由物价变动率和同时出现的较高的名义利率共同决定的。作为一种理论命题，关于物价涨幅在更高的名义利率和较低的实际利率之间如何划分，我们已无法更深入一步。但作为一个经验命题，可以说，物价上涨的主要影响看来是在名义利率上，实际利率基本不变。其含义是：或者需求曲线 D′ 和供给曲线 S′ 都是富有弹性的；或者实际货币量在全部资本总价值中的占比很小。

图 17.17 就是有时被称为蒙代尔效应的要义。①*

如果物价以不变的速率下降，则其影响正好相反：这时，实际利率会比物价稳定的情况下更高，而名义利率更低。②

下面我们作一点偏离主题的讨论，希望把上述分析与一个更常见的凯恩斯主义命题——可能不存在资源充分利用状况下的均衡——联系起来。凯恩斯认为，在所有资源都已利用的情况下，为实现这种均衡，生产企业想要增加的资本存量，必须等于最终财富

---

① 参见蒙代尔（Robert Mundell）的"通货膨胀和实际利率"，刊于《政治经济学杂志》第 71 卷（1963 年 6 月），第 280—283 页。

* 蒙代尔效应，又称"蒙代尔—托宾效应"，是指即使公众完全预期到通货膨胀，货币扩张也能够改变收入的时间分布和均衡资本存量。在向松祚译的《蒙代尔经济学文集》（中国金融出版社，2003 年）第二卷，蒙代尔该文（1963）改写为《通货膨胀、储蓄和真实利率》，可参考。——译者

② 见弗里德曼的"最优货币数量"，载《最优货币数量及其他论文》（芝加哥：阿尔定商务出版社，1969）。

所有者想要增加的财富存量；也即净资本形成或净投资，必须等于净储蓄。现在假定，资本的投资收益如此之低，以致在充分就业时，生产企业想要投资的量，要小于公众想要储蓄的量。凯恩斯隐含地认为，在物物交换的经济中，这个问题可以由负利率解决。但在货币经济中，名义利率不能为负。解决矛盾只能通过减少就业，由此减少人们想要储蓄的量，以契合企业想要投资的量。

不过，凯恩斯也认识到，这种状态并非稳定均衡：闲置的资源会为被雇用而竞争，由此压低它们的名义价格。但他认为，这个过程会没有休止；较低的名义成本意味着较低的名义价格，意味着投资和储蓄的较低名义价值，但是，始终不会引入任何因素以消除最初的差距，即生产企业想要增加的生产资本数量和公众想要增加的财富数量之间的差距。于是，他又引入了价格和工资刚性的概念，作为遏制价格和工资无限下调的"挡箭牌"。

而庇古认为，公众的终极意愿不是储蓄，而是有一个如其所愿的财富存量，因此，如图所示，存在一条对应于 $S=0$ 的资本存量供给曲线。一个给定的名义货币量（这是凯恩斯假定的），其财富价值可能因为物价水平而成为任意某值。物价水平"高"，其财富价值会降低；物价水平"低"，其财富价值会升高。如图17.16中，总是存在使货币余额的财富价值等于 OW 的物价水平。在这个物价水平上，公众获得想要的财富存量，而且在充分就业的情况下储蓄意愿为零；因此，即使企业的投资意愿为零，也不存在矛盾。在货币经济中，均衡利率最低为零。

如果名义货币数量固定而物价水平可变，庇古的论断是完全正确的：总是有足够低的物价水平，可使社会对货币余额的财富价值感到满意；或者，总是有足够高的物价水平，使货币余额的实际价值下降，从而让社会（最终财富所有者加上生产企业）希望以货币形式持有的总财富比例，无论是多少，都能得其所愿。

就固定的名义货币量而言，还有一种对凯恩斯命题的更为深刻的反驳。它认为：在资本的物质生产力有其极限的情况下，即使公众对于增加（非人力）财富的欲壑无穷，凯恩斯的那些说法也同样不能成立。这种反驳依据的是区分不同的收入定义：其一，收入被定义为生产要素的价值；其二，收入是每个人分别视为各自收入的东西的总额。后者不仅包括生产性服务的报酬，还包括资本盈余或损失。假设，经济运行中出现了凯恩斯困境，物价与工资开始下降。下降的物价会增加财富的实际价值，现金持有者可以获得资本盈余，他们认为的收入会超过生产要素的价值。这时，消费会等于生产要素价值，企业家的净投资为零，但财富所有者仍然可以按照自己希望的比率进行储蓄。可见，在名义货币量固定的情况下，总是存在一个足够大的物价跌幅，使生产企业的投资意愿与财富所有者的储蓄意愿，在充分就业的状态下不相抵牾，而不管两种意愿本身怎样顽固难变。

这种反驳意见没有体现在上述图示中。因为上述图示有这样一种观念：存在一条财富的供给曲线，当利率为零时，曲线反映的合意的财富水平也是有限的。而这种反驳意见暗含着与此矛盾的假设。

图 17.17 表明，庇古的论断可以略加推演，用以说明名义货币量和物价水平偕同变动的情况——这时，该图针对正的物价上涨率而画的稳定状态，反映的是货币增长率等于物价上涨率的情形。在

这样的物价与货币的增长率下，每个时点上，都会有一组物价水平和实际利率，可以同时使得：(1)可得的名义货币量，等于所需的名义货币量；(2)生产企业愿意付息取得的财富量，等于最终财富所有者希望持有的可以生息的财富量。

最后，上述那种更为深刻的反驳意见（其中强调的是价格变动率而非物价水平），也可加以推演，用于说明实际货币量变化的情况。在充分就业的情况下，如果财富所有者一味坚持要储蓄比生产企业希望投资的更大的量，那么，物价下降一定要比货币量下降更快，使财富持有者能够以现金余额实际价值增长的方式，遂其所愿。

这些对凯恩斯命题的庇古的、以及更深刻的反驳意见，具有非常重要的理论意义，保障了我们的理论分析不会出现根本性的差错。话虽如此，亟须补上的一句话是：在我看来，这些意见都不能说明，那些在现实的经济波动中具有实际重要性的影响。

第七节　最后说明：包罗一切的资本概念

对于一个经历了上百年经济增长的世界来说，稳定均衡的概念听起来很不切合实际。因此，有必要强调：我们分析中的稳定性特征，是源于我们通常只考虑一种生产要素，而隐含地假设了其他生产要素（主要是人力资本）的数量是固定的。均衡的稳定性只是相对于这个固定量而言。

如果其他要素数量增加，所有局部资本概念的曲线都要不断向右位移，那么，稳定均衡就会变成动态均衡，就像很多所谓增长模型分析的一样。

第十七章 资本与利率理论

更一般地，如果我们认为其他要素的数量是因经济状况而变，是以比市场买卖更为间接的方式发生变化，那么，我们就可以切换到包罗一切的资本概念上，如图 17.9 所示。现在我们把图 17.9 中的 S = 0 和 I = 0 曲线，表述为利率和财富的函数，而不是多年购买额[*]和收入流的函数，这样更有助于体现包罗一切的资本概念的内涵。图 17.18 即如是而为，针对的是增长中的经济体。

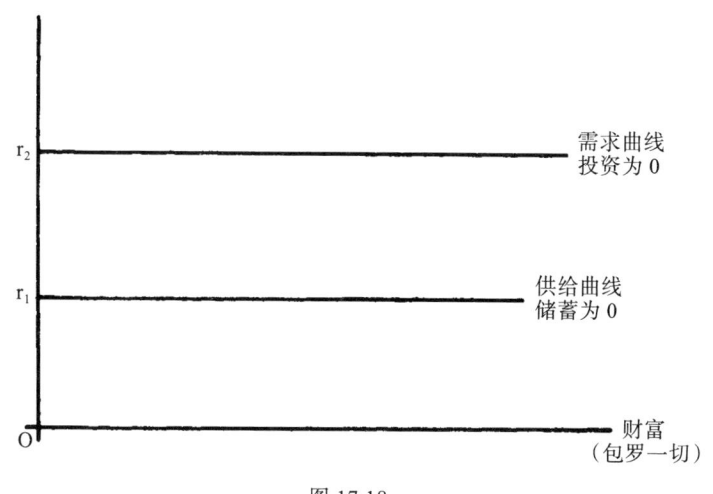

图 17.18

请注意，资本供给曲线包括纵轴中 r_1 点以下的部分，需求曲线包括纵轴中 r_2 点以上的部分。在任何高于 r_1 的（实际）利率上，公众希望以各种形式积累的财富量是无限的；尽管每个时点上，人们愿意以怎样的速度进行积累，当然又是有限的。而在任何低于 r_2 的

---

[*] 这里原文是 number of years' purchase。而在第四节，图 17.9 的纵轴是 the cost of producing a capital source capable of yielding a dollar a year indefinitely（能带来每年一美元永续收入的资本的生产成本），可简称为单位资本成本。——译者

（实际）利率上，企业希望付息取得生产要素的数量也是无限的；尽管对于应以怎样的速度取得（并提供新的收入流来源），当然也是有限的。根据这样的理念，我们把 r_1 称为内生贴现率或内在时间偏好率；把 r_2 称为资本的边际生产率。实际上，并不像图 17.18 所描述的特例一样，要求在任何财富水平上，内生贴现率和资本边际生产率都是常数。但是，正如前面已提请注意的，当资本量增加时，这两项比值是上升还是下降，并不明确。只要资本的边际生产率高于内生贴现率，经济就会不断增长。

相反，如果 r_2 低于 r_1，经济就会衰退。对于这样的经济体，也可画出相似图示。

附　录

A　指定阅读文献

备注

1. 我假定，修这门课的学生有一定的经济学基础，熟悉施蒂格勒《价格理论》和博尔丁（Kenneth Boulding）《经济分析》这一层次的材料。

2. 补充读物（推荐但不要求；其中包含一些后面所列文章的重印本）：

American Economic Association. *Readings in Price Theory*, Homewood, Ill.: Irwin, 1952.

——. *Readings in the Theory of Income Distribution*. Homewood, Ill.: Irwin, 1951.

Becker, Gary S. *Economic Theory*. New York: Knopf. 1971.

Breit, W., and Hochman, H., eds, *Readings in Microeconomics*. Paperback. 2d ed. New York: Holt, Rinehart & Winston, 1971.

Hirshleifer, J. *Investment, Interest, and Capital*. Englewood Cliffs, N.J.: Prentice-Hall, 1970. Esp. part 1.

Stigler, G, J. *Production and Distribution Theories*. New York: Macmillan, 1941.

3. 标有星号（*）的是推荐读物，不在必读之列。

导论与方法

Knight. F. H. *The Economic Organization*. 1st published ed., 1951; reprint ed., New York: Augustus M. Kelley, 1967. Esp. pp. 3-37.

Keynes, J. N. *The Scope and Method of Political Economy*. 1st ed., 1891; reprint of 1917 ed., New York: Augustus M. Kelley, 1973. Chapters 1 and 2.

Friedman, M. "The Methodology of Positive Economics," pp. 3-43, in M. Friedman, *Essays in Positive Economics*. Chicago: University of Chicago Press, 1953.

Hayek, F. A. "The Use of Knowledge in Society." *American Economic Review* 35 (September 1945): reprinted in F. A. Hayek. *Individualism and Economic Order*. Chicago: University of Chicago Press, 1948. pp. 77-91.

需求理论

Marshall, A. *Principles of Economics*. 1st ed., 1890; 8th ed., London: Macmillan, 1930. Book 3, chapters 2-4; Book 5, chapters 1 and 2.

Friedman, M. "The Marshallian Demand Curve." *Journal of Political Economy* 57 (December 1949): 463-495; reprinted in Friedman, *Essays in Positive Economics*, pp. 47-99.

Schultz, H. *The Meaning of Statistical Demand Curves*. Chicago: n.p., 1930. pp.1-10.

Working, E. J. "What Do Statistical 'Demand Curves' Shows?" *Quarterly Journal of Economics* 41 (1927): 212-227; reprinted in A.E.A., *Readings in Price Theory*, pp. 97-115.

Knight, F. H. *Risk, Uncertainty and Profit*. 1st ed., 1921; Harper Torchbook ed., New York: Harper & Row, 1965. Chapter 3.

* Becker, G. S. "Irrational Behavior and Ecnonmic Theory." *Journal of Political Economy* 70 (February 1962): 1-13.

Stigler, G. J. "Economics of information." *Journal of Political Economy* 69 (June 1962): 213-225; reprinted in G. J. Stigler, *The Organization of Industry*.

Homewood, Ill.: Irwin, 1968. pp. 171-190.
* Alchian. A. A. "Information Cost, Pricing, and Resource Development," pp. 27-52, in E. S. Phelps et al., *Microeconomic Foundations of Employment and Inflation Theory*. New York: Norton, 1969.

消费者选择理论

* Allen, R. G. D. "The Nature of Indifference Curves." *Review of Economic Studies* 1 (1933-34): 110ff.
Hicks, J. R. *Value and Capital*. Oxford: Clarendon Press, 1939; 2d ed., 1946. Part 1 (pp. 11-52).
* ———. *A Revision of Demand Theory*. Oxford: Clarendon Press, 1956.
* Samuelson, P. A. *Foundations of Economic Analysis*. Cambridge: Harvard University Press, 1947: 2d ed., 1958.
* Wold, H. *Demand Analysis*. New York: Wiley, 1953, Chapter 1.
* Friedman. M. *A Theory of Consumption Function*. National Bureau of Economic Research Series, no. 63. Princeton: Princeton University Press, 1957.
* Stigler G. J. "The Early History of Empirical Studies of Consumer Behavior." *Journal of Political Economy* 62 (April 1954): 95-113.
* Slutsky, E. "On the Theory of the Budget of the Consumer," pp. 27-56, in A.E.A., *Readings in Price Theory*.
Mosak, J. L. "On the Interpretation of the Fundamental Equation of Value Theory," pp. 69-74, in O. Lange et al., *Studies in Mathematical Economics and Econometrics*. Chicago: University of Chicago Press, 1942.
* Wallis, W. A., and Friedman, M. "The Empirical Derivation of Indifference Functions," pp. 175-189, in Lange et al., *Studies in Mathematical Economics and Econometrics*.
Houthakker, H. "The Present State of Consumption Theory." *Econometrica* 29 (October 1961): 204-240.
* Lancaster, K. "A New Approach to Consumer Theory." *Journal of Political*

Economy 74 (April 1966): 132-157.
* Becker, G. S. "A Theory of the Allocation of Time." *Economic Journal* 75 (September 1965): 493-515.
* Friedman, M., and Savage, L. J. "The Utility Analysis of Choices Involving Risk." *Journal of Political Economy* 56 (August 1948): 270-304; reprinted in A.E.A., *Readings in Price Theory*, pp. 57-96.
Friedman, M., and Savage, L. J. "The Expected-Utility Hypothesis and the Measurability of Utility." *Journal of Political Economy* 60 (December 1952): 463-474.
Alchian, A. A. "The Meaning of Utility Measurement," *American Economic Review* 43 (March 1953): 26-50.

供给与单个厂商经济学

Marshall, A. *Principles of Economics*. Book 5, chapters 3-5, 12; Appendix H.
* Robinson, J. *The Economics of Imperfect Competition*. 1st ed., 1933; 2d ed., London: Macmillan, and New York: St. Martin's Press, 1964. Chapter 2.
Clark, J. M. *Studies in the Economics of Overhead Costs*. Chicago: University of Chicago Press, 1923: 2d ed., 1931. Chapter 9.
Viner, J. "Cost Curves and Supply Curves." *Zeitschrift für Nationaloekonomie*, Book 3 (September 1931), pp. 23-46; reprinted in A.E.A., *Readings in Price Theory*, pp. 193-232.
Apel, H. "Marginal Cost Constancy and Its Implications." *American Economic Review* 38 (December 1948): 870-885.
Smith, C. "Survey of the Empirical Evidence on the Economies of Scale," pp. 213-230, in *Business Concentration and Price Policy*. A Conference of the Universities-National Bureau Committee for Economic Research. Princeton: Princeton University Press, 1955.
Stigler, G. J. "The Economies of Scale." *Journal of Law and Economics* 1 (October 1968): 54-71.

Chamberlin, E. H. *The Theory of Monopolistic Competition*. Cambridge: Harvard University Press, 1933; 8th ed., 1962. Chapter 3, sections 1, 4, 5, 6; chapter 5.

* Harrod, R. F. "Doctrines of Imperfect Competition." *Quarterly Journal of Economics* 48 (May 1934): 442-461, section 1.

Stigler, G. J. "Monopolistic Competition in Retrospect," pp. 12-24, and "Competition in the United States," pp. 46-65, in G. J. Stigler, *Five Lectures on Economic Problems*. London and New York: Longmans, Green, 1949.

* Triffin, R. *Monopolistic Competition and General Equilibrium Theory*. Cambridge: Harvard University Press, 1940. Esp. part 2.

Harberger, A. C. "Monopoly and Resource Allocation." *American Economic Review*, Suppl., 44 (May 1954): 77-87.

Robinson, E. A. G. *The Structure of Competitive Industry*. 1st ed., 1931; rev. Cambridge Economic Handbook, no. 7, Chicago: University of Chicago Press, 1958.

* Stigle, G. J. "The Statistics of Monopoly and Merger." *Journal of Political Economy* 64 (February 1956): 35-40.

* ——. "The Kinky Oligopoly Demand Curve and Rigid Prices." *Journal of Political Economy* 55 (October 1947): 432-449; reprinted in A. E. A., *Readings in Price Theory*, pp. 410-439, and in Stigler, The *Organization of Industry*, pp. 208-234.

* ——. "A Theory of Oligopoly." *Journal of Political Economy* 72 (February 1964): 44-61; reprinted in Stigler, *The Organization of Industry*, pp. 39-63.

Archibald, G. C. "Chamberlin versus Chicago." *Review of Economic Studies* 29 (October 1961): 1-28.

* Robinson, E. A. G, *Monopoly*. 1st ed., 1941; Cambridge Economic Handbook, no. 11, Cambridge: Cambridge University Press, and London: Nisbet, 1955.

* Plant, Arnold. "The Economic Theory Concerning Patents for Invention." *Economica*, N.S., 1 (February 1934): 30-51.

* Dennison, S. R. "The Problem of Bigness." *Cambridge Journal* 1 (November 1947): 109-125.

分配理论

Marshall, A. *Principles of Economics*. Book 4, chapters 1-3; Book 5, chapter 6.

Clark, J. B. *The Distribution of Wealth*. 1st ed., 1899; reprinted ed., New York: Kelley & Millman, 1956, Preface; chapters 1, 7, 8, 11-13, 23.

Mill, J. S. *Principles of Political Economy*. 1st ed., 1848; reprint of 7th ed., New York: Augustus M. Kelley, 1965. Book 2, chapter 14.

Hicks, J. R. *The Theory of Wages*. London: Macmillan, 1932; 2d ed., 1963. Chapters 1-6.

Smith, A. *The Wealth of Nations*. 1st ed., 1776; reprint of the 1904 E. Cannan ed., New Rochelle, N.Y.: Arlington House, 1966. Book 1, chapter 10.

Marshall, A. *Principles of Economics*. Book 6, chapters 1-5.

* Friedman, M., and Kuznets, S. *Income from Independent Professional Practice*. New York: National Bureau of Economic Research, 1945. Preface, pp. v-x; chapter 3, section 3, pp. 81-95; chapter 4, section 2, pp. 118-137; appendix, sections 1 and 3, pp. 142-151 and 155-161.

* Stigler, G. J. *Domestic Servants in the United States, 1900-1940*. N.B.E.R. Occasional Paper, no. 24. New York: National Bureau of Economic Research, 1946.

Becker, G. S. *Human Capital: A Theoretical and Empirical Analysis*. New York: Columbia University Press for the National Bureau of Economic Research, 1964. Chapters 2-3.

* ———. *Human Capital and the Personal Distribution of Income: An Analytical Approach*. Ann Arbor: University of Michigan, 1967.

Lewis, H. G. *Unionism and Relative Wages in the U.S.* Chicago: University of Chicago Press, 1963. Esp. chapter 5.

Reder, M. W. "A Partial Survey of the Theory of Income Size Distribution," pp.

205-253. in Lee Soltow, ed., *Six Papers on the Size Distribution of Wealth and Income*. N.B.E.R. Studies in Income and Wealth, no. 33. New York and London: Columbia University Press for the National Bureau of Economic Research, 1969.

* Friedman, D. *Laissez Faire in Population*. New York: Population Council, 1972.

* *Economic Report of the President transmitted to the Congress February 1974*. Washington, D.C.: U.S. Government Printing Office, 1974. Chapter 5, "Distribution of Income."

资本与利润理论

Fisher, I. *The Nature of Income and Capital*. New York and London: Macmillan, 1906. Chapters 1, 2, 4, 7, 11-15.

Knight, F. H. "Interest," in *Encyclopedia of the Social Sciences*, vol. 8 (1932); reprinted in F. H. Knight, *Ethics of Competition*. 1st ed., 1935; reprint ed., Freeport, N.Y.: Books for Libraries, 1969. pp. 251-276.

Keynes, J. M. *The General Theory of Employment, Interest and Money*. London: Macmillan, 1936. Chapters 11-14.

Lerner, A. P. "On the Marginal Product of Capital and the Marginal Efficiency of Investment." *Journal of Political Economy* 61 (February 1953): 1-14.

Clower, R. W. "Productivity, Thrift, and the Rate of Interest." *Economic Journal* 64 (March 1954): 107-115.

* Solow, R. M. *Capital Theory and the Rate of Return*. Amsterdam: North Holland, 1963. Lectures 1 and 2.

* Weston, J. F. "A Generalized Uncertainty Theory of Profit." *American Economic Review* 40 (March 1950): 40-60.

———. "The Profit Concept and Theory: A Restatement." *Journal of Political Economy* 52 (April 1954): 152-170.

一般均衡理论

Cassel, G. *Fundamental Thoughts in Economics*. New York: Harcourt, Brace & Co., 1925. Chapters 1-3.

——. *The Theory of Social Economy*. Translated by J. McGabe. New York: Harcourt, Brace & Co., 1924; new rev. ed. Translated by S. L. Barron for the same publisher, 1932. Chapter 4.

Walras, L. *Elements of Pure Economics*. Translated by William Jaffe. 1st French ed., 1874; English translation of rev. ed., Homewood, Ill.: Irwin for the American Economic Association and the Royal Economic Society, 1954. Part 3, lessons 11 and 12.

Hicks, J. R. "Mr. Keynes and the 'Classics':A Suggested Interpretation." *Econometrica* 5 (April 1937): 147-159.

Modigliani, F. "Liquidity Preference and the Theory of Interest and Money." *Econometrica* 12 (January 1944): 45-88. Esp. part 1, sections 1-9 and 11-17; and part 2, section 21.

* Pigou, A. C. "The Classical Stationary State." *Economic Journal* 53 (December 1943): 343-351.

——. "Economic Progress in a Stable Environment." *Economica*, N.S., 14 (August 1947): 180-190; reprinted in American Economic Association, *Readings in Monetary Theory*. Philadelphia: The Blakiston Co., 1951. pp. 241-251.

Patinkin, D. "Price Flexibility and Full Employment." *American Economic Review* 38 (September 1948): 543-564; reprinted in A.E.A., *Readings in Monetary Theory*, pp. 252-283.

Hahn, F. H., and Matthews, R. C. O. "The Theory of Economic Growth: A Survey." *Economic Journal* 74 (December 1964): 779-902.

Phelps, E. S. "The Golden Rule of Accumulation: A Fable for Growthmen." *American Economic Review* 51 (September 1961): 638-643.

Denison, E. F. *The Sources of Economic Growth in the U.S.* New York: Committee for Economic Development, 1962.

B 思考题

第一部分：最终产品定价与产业组织

题1：票券配给和价格配给

假设社会分配制度在货币价格制度的基础上，追加了全面的票券配给制度。每个消费者尽管货币收入千差万别，但都得到相同的票券。每种商品既有货币价格，又有票券价格，消费者在购买商品时必须同时支付票券和货币。为了简化分析，假设票券都是标有日期的（就是说，只能在特定时期内使用）；并假设每个时期可得的各种商品数量是已知并固定的。

1. 给定商品的货币价格、票券价格，给定某人的货币收入、票券收入等，请以等优曲线图或其他形式表示，下列两种情况下，这个人购买各种商品的数量是如何决定的：(a)如果人们之间转让票券是非法的，并且消费者遵守这项规定；(b)如果票券允许买卖，换成金钱是合法的——这里假设，对于每个消费者而言，票券的货币价格也是给定的。

2. 如果由政府确定的只是每人得到的票券数量，而商品的货币价格、票券价格、票券的货币价格等，都由市场决定，那么，这些变量就不会有唯一的均衡值，因为变量的数量要多于条件（方程式）数量。请解释这种说法。假设政府根据某些不同于市场出清的标准，指定一些变量的值，借此排除不确定性。请问，政府可以指定多少变量而有确定的均衡？具体哪些变量由政府指定，是否有关系？

3. 有观点认为，如果不可交换的票券（如例 1a），变成可以用金钱自由买卖的票券（如例 1b），每个消费者都会获益。你认为这观点正确吗？试讨论之。

题 2：以税收支付医疗服务

假设实施这样一种医疗保险计划：个人以纳税的形式支付医疗费用，纳税的具体方式与其他税收一样。假设此外无需支付任何其他费用，因此，病人可以随心所欲，在任何时候请医生出诊；且医疗服务组织上没有其他大的变化。同时假设，在下列 1 至 4 问题中，医生的数量也没有因为采取了该方案而改变。那么，作为一名经济学者：

1. 你认为病人会有什么反应？请以需求曲线说明你的观点。

2. 如果每位医生根据每次出诊记录获得固定费率，你认为医生会是什么反应？如果医生得到的是一次性支付的年薪，反应是否不同？如何不同？

3. 你认为加入什么变量可以得到均衡？该变量如何起作用？

4. 在病人的反应与医生的反应之间，会有什么冲突？这种冲突是否受到医生薪酬方式的影响？在医生数量给定的局限条件下，是否有解决冲突的办法？

5. 假设上述冲突通过调整医生的数量来解决，需要多少医生，就招多少医生，政府按需支薪，全部费用通过税收筹措。这时，需要作哪些调整？如果认为个人判断是最终的、唯一需要考虑的因素，且如果完全忽略对收入分配的影响，那么，关于医疗服务处理方式的变化对资源配置效率的影响，你有何看法？请用相关的替代率，陈述你的见解。

6. 第5点为何需要两个"如果"从句？

题3：西尔斯·罗巴克公司，好事达汽车和多元化经营

一般认为，同时从事多种不同经营活动的创业者，比只从事单一经营的创业者，总是具有某种"竞争优势"——即使从事多种经营并没有技术上的经济性，情况也是如此。这种一般看法，即假定的多元化经营的优势，有很多不同的形式：有时是一种活动为另一种活动提供了"有保证"的市场；有时是一种活动为另一种活动提供了融资或资本；有时是一方面的垄断使另一方面奠定了优势。下面是一个例子，见于1951年11月20日《芝加哥日报》财经专栏的一篇报道。该报道说：西尔斯·罗巴克公司已经与凯撒—费雷泽汽车公司达成了一项协议，推销一款冠名"好事达"的汽车。专栏作者评论说："而且，它的全资子公司——好事达保险公司，通过办理与好事达汽车销售相关的责任保险及其他保险业务，也可以得到很大利益……底特律的一些小道消息说，好事达汽车将以西尔斯的电瓶、轮胎以及其他一些配件作为原装配置——这意味着西尔斯公司的相关部门都会有更多业务。"

显然，关键问题是：(1)西尔斯是否会因为拥有这家子公司，而在推销汽车上，有了更强的财务激励？在回答这个问题时，你会发现，最好是先考虑下面两个中间问题：(2)假定西尔斯确实拥有子公司，并且推销它名下的汽车。这时，要求汽车的配件须由它的公司供应，是否符合它自身的利益？(3)出售汽车时，要求由它的保险公司承保，是否符合它自身的利益？

在回答上面三个问题时，请分别考虑以下两种情况：(a)子公司在高度竞争的环境下经营；(b)子公司对生产的产品有垄断权。结论是否依赖于有关竞争状况的假设？——这里始终假设：多种经营的联合并不能产生"技术上"的经济性。

题4：捆绑销售经济学

我们经常看到，两种可以拆开来卖的物品，却捆在一起出售，而且其中一种或两种无法单独买到。这样的安排被称为"捆绑销售"或"强制捆绑销售"。据信，三种情况下，强制捆绑销售不会减少厂商的收益，或者可以增加收益。这三种情况是：(1)两种物品联合生产和(或)联合销售，有其经济效应。这时，联合销售可能成为强大的规则，以致强行为之也不会造成损失。不过，如果分开销售的价格之和，大于联合购买的价格，厂商似乎没有理由不愿意分开销售。(2)厂商至少在一种物品上有垄断权力，并可以利用捆绑的安排，实行价格歧视，即对不同客户索取不同价格。(3)当存在价格管制（例如法定最高价格）时，通过要求客户同时购买没有价管的物品，可以规避价格管制。

以下是各种捆绑销售安排的例子。每个例子属于上述哪种情况？请详细解释每个例子出现捆绑销售的理由，以及发挥了什么样的经济作用。你会发现，在讨论个别案例之前，阐述价格歧视的一般原理是有好处的。在什么情况下，厂商会对顾客采取价格歧视？

什么决定了厂商的最优开价？

1. 新鞋子总是（或基本上）连鞋带一起卖的。鞋带可以单独买到，但要单独买鞋，如果不是不可能，也是极困难的。

2. 通常，剃刀刀片的厂商会为购买一定数量的刀片，附赠"免费"刀具。这是一种捆绑，因为，顾客实际上需要同时购买刀片和刀具。通常，只有当与"免费"刀具相配套的仅限于该厂商的刀片时，才会附赠刀具。在假设买方理性的前提下，试解释这些安排。

3. 至少在早期，客户在购买油印机时，必须从持有油印机专利的公司那里同时购入油墨和蜡纸，尽管这家公司在油墨、蜡纸等物品上并没有专利。

4. "卖片花"是电影制作商普遍采取的一种做法。"卖片花"是指这样一种安排：影院必须购买打成一个"包"的很多影片的放映权，而不能只购买"包"中的一个影片而不要其他的。最简单的情况是假设"包"里只有两个影片 A 和 B。电影制作商为什么要求合并购买？为什么不以各自最有利的价格分别发售？

5. 在纽约市，当人们把公寓转租出去时，通常要求租客同时买下他们的家具。

6. 烟草等广告，通常刷在谷仓的墙壁上，而不是在专门修建的广告牌上。为此，一些公司一直是以替农民粉刷谷仓整堵墙壁的形式来付费，而不是直接给钱。为什么要把这两者"捆"在一起？为什么广告公司不向农民付钱，然后农民可以拿钱去刷墙，或者他途？

7. 美国国际商用机器公司（IBM）把制表与计算机器租借给用

户。租金一般按单位时间（每周、每月等）内的使用次数计算。在租借合约中，公司要求用户要向它购买机器所用的卡纸。① 为什么公司坚持要把机器的租借和卡纸的购买捆绑在一起？这里，我们假设同样的卡纸可以由大量潜在的厂家来提供（事实可能的确如此）。什么因素决定了卡纸的最优定价？（一个有趣问题是，为什么 IBM 对机器只租不售——这个问题不在你的作业之内，但与之密切相关。）

8. 政治经济学社团有一种凭票入场的聚会。入场券价格为每人 1.25 美元，两人一对则是 2 美元（大概限定"一对"包含男女各一人）。为什么要对一男一女的组合给予特价？在什么情况下，这种安排会增加收益？哪些因素决定最优价格？

题 5：内部定价经济学

关联厂商之间和非关联厂商之间的交易条件的异同，是垄断经济学经常讨论的一类问题。抽象地看，假定厂商 A 和 B 归属同一个人所有。厂商 A 生产产品 X，X 又是厂商 B 生产所需的投入品，同时，厂商 A 还在公开市场上销售 X。出于同一所有者的利益考虑，厂商 A 的最优定价策略是什么？如果有的话，在什么情况下，它应该对厂商 B 和其他买家索要相同价格？又在什么情况下应索要不同的价格？它应以哪些标准来定价？——这里只考虑长期的情况。

关于这个问题具体呈现的各种形式，以下例子可作示范：

---

① 近年来，由于反垄断措施，这些情况已发生变化。

1. 在很多专利案例中，人们对专利所有者在生产专利产品时的所谓"竞争优势"提出了异议——尽管他把专利以固定价格许可给他人使用。用我们的例子来说，即厂商 A 拥有专利，产品 X 获得使用专利的许可。这些异议大概是说：厂商 A 对自己的子公司没有索要专利许可费，而对其他厂家却有收费，由此导致前者的"竞争优势"。争议中需要分析的问题是：专利所有者通过向自己的子公司索要与其他厂家相同或者不同的价格（即内部价格），是否能够实现自身收益最大化。

2. 在针对通用汽车、美国橡胶、杜邦的反垄断诉讼案中，指控包括了以下内容："杜邦要求这三家公司，在相互的贸易中给予'系统性的秘密折扣和优惠价格'，而以较高价格对外销售同样的产品。"

3. 通用汽车公司再三指示它的成车部门，要从价格最低的地方购进零部件，而不管对方是否为通用的子公司；同时再三指示它的零部件部门，要以最高价格出售产品，也不管客户是谁。这就相当于坚持了同一定价。

4. 据称，一些石油公司向自己的加油站和独立的加油站供油的价格不同，前者价格较高。因为前者将其作为有品牌的油品，而后者将其作为无品牌的油品。这是内部定价比外部价格更高的情况。

题 6：收费公路经济学

美国已经建成了很多收费高速公路（如宾夕法尼亚州、新泽西州、俄亥俄州、印第安纳州等的收费公路），还有更多正在修建之中。其中绝大部分（如果不是全部），是由政府而非私人筹资修建的。它们一般大体按照行驶里程数收费。[①] 在公路沿途的一些地方，一般建有由政府当局指定管理的服务区，提供加油、就餐等服务。这些服务区一般由私人企业负责具体经营，但须由政府当局授权；不允许擅自建设其他服务区。于是，就产生了两种经济学问题：第一，通行费的确定问题；第二，服务区的许可问题。

1. 通行费的确定

a. 汽油税是一般道路收费的一种形式。新的收费公路有什么典型特征，使得直接收费更为可行而可取，而对一般道路则不然？

b. 假设一家私人企业修建并经营一条收费道路。它将按照什么原则定价？考虑到各方面因素，你认为会出现什么样的短途与长途的价格结构？定价方法与企业决定修建的道路类型（即其通车能力）有何联系？

c. 假设由政府部门经营道路。假设它不是追求道路的财务净收益最大化，而是追求"社会福利最大化"。那么，应该按照什么原则定价？它如何决定：是不是值得修建某一条道路，道路规格（即通车能力）应是多少？你认为这时的短途与长途的价格结构，与上面 b 的情况相比会有何不同？

2. 服务区的问题

为使问题简单明了，以下讨论仅限于加油站，而且限于上述 1c 的情况，即由政府部门经营道路。讨论得到的原则应也适用于其他服务项目。

[①] 本题写于州际高速公路系统获批准之前。该系统获批后，法律明确禁止另行收费，但原有的收费允许保留。由此，本题的一个自然延伸是：分析禁止收费的经济效应及其是否可取。

a. 我们假设：首先，道路上加油站的数量和选址是事先确定的；其次，道路上行驶的车辆如需加油，就只能到这些加油站（这假设是为了便于分析；当然，实际上在所有出口或附近都有加油站，因此，车辆可以驶下道路加油，然后折回）。假设服务区的经营许可是简单地拍卖给出价最高的人，并对他的汽油售价不加限制。这种政策是否符合上述 1c 假设的社会福利最大化的目标？如果不符合，为什么？如果需要，当局应对特许经营者提出什么限制要求，才能实现上述目标？

b. 限制服务区的数量，通常有其合理性，因为：为不减慢道路上的车流速度，所需配备进出服务区的通道，都是需要花成本的。现在假设，只要你支付配备进出通道的成本，当局就准许你经营服务区。这是否会使服务区达到"恰当"的数量？是否就可以不必再提出上述 2a 所隐含的限制？

题 7：企业联盟（卡特尔）

本题涉及企业联盟的经济理论。为此，我们把企业联盟定义为：某产品的一些或全部生产者之间订立的协议，它规定了产品售价和每个联盟成员的产量。这里假设，在没有企业联盟的情况下，各成员是各自独立经营的。作这样的假设，是因为我们不准备考虑与形成联盟互为因果的成本变化、生产方式变化等情况。

1. 假设（a）存在一个企业联盟；（b）新成员加入该联盟被有效制止；（c）只有联盟成员才能生产（比如说，因为这个联盟是由政府组织和实施的）。

请描述企业联盟的最优价格和产量，以及产量在各成员之间的最优分配。如果没有企业联盟，而产品价格相同，各家企业之间的产量分配是否会有不同？如果是，如何不同？

2. 修改上述条件中的(b)点，假设所有人进出自由，并假设每个新加盟者得到一份不可转让的配额，等于他在行业"总产能"中所占的比例——"总产能"比如说是根据高炉或其他设备的"额定功率"确定的。

请描述在任一固定的产品价格下，该行业的长期均衡状态。你能否确定行业的长期最优产品价格？

考虑企业联盟形成时的短期状况。它与长期状况有何不同？企业联盟的短期最优产品价格有什么特征？什么因素决定了从短期状态转换到长期状态的延续时间及影响？

3. 修改上述条件中的(c)点：假设在组成企业联盟时，所有生产者都成了它的成员，但它不能阻止新的企业出现并投入生产。

请描述该行业的长期均衡状态。它与上面第2点有何不同？

在企业联盟形成后，短期内，联盟成员可以通过提高价格获得"垄断收益"。而在长期内，是什么抵消了这些短期收益？什么因素决定了短期收益的大小？什么因素决定了长期成本的大小？

4. 根据上述种种考虑，你是否可以设想出一种企业联盟的形成"理论"？即什么环境有利于企业联盟的形成，什么环境不利于企业联盟的形成？

5. 美国钢铁公司成立于1901年，就我们的目的而言，可以看作是大体满足上面第3点情况的企业联盟。当时，该公司大约占有全行业总产量的2/3；现在，大约占有1/3。你能否根据上面第4点得到的理论，解释这种现象？

题8：伊士曼柯达公司、美国电话电报公司与多重产品定价

1. 一位照相机生产厂家的经理表示，他的企业相对伊士曼柯达公司处于竞争劣势。他说：柯达公司"可以给它的照相机定一个较低的售价，因为，它在胶卷销售上已经获得了丰厚的收入"，而他的企业只生产和销售照相机。

请评论这位经理的分析，其中特别要关注：如果有的话，什么条件下，柯达公司"因为已经在胶卷销售上获利丰厚，从而把照相机卖得便宜一点"也符合其自身的利益。准确说明你对这句话含义的理解。

2. 美国电话电报公司是长途电话通信的公共承运商。有鉴于此，它通常把线路出租给那些想在不同工厂或办事处之间建立私人电话通信联系的企业。

后来，一种利用微波的长途无线电通信新技术发展了起来，为长途线路提供了更为廉价的替代品，并且可以由企业自己独自安装和运行。现在，个别企业向联邦通信委员会提出了准予安装和使用这种微波设备的申请。美国电话电报公司则请求委员会将它现在拥有的特许运营权解释为亦适用于长途电话通信业务，当然也包括新的通信技术，并请求委员会制止私人企业安装自己的设备。

美国电话电报公司认为：(1) 单一的公共承运商，比大量的私人投入更有效率；(2) 尽管某些企业拥有它们自己的通信设施可能会有相同或更高的效率，但允许它们这样做，等于是动了美国电话电报公司的"奶酪"，从而迫使其在其他服务项目上收费更高。请评论这些观点。

3. 照相机生产厂家的主张和美国电话电报公司的第二个主张

有很多相通之处。它们是相同的,还是不同的?

题 9:活期存款禁止付息

1. 现在,商业银行被禁止向活期存款的储户支付利息。在一份已公布的报告中,货币与信贷委员会建议延续这项法令。该委员会写道:"采取这项立法,是为了减轻商业银行之间的存款竞争,从而减轻增加收入的压力,因为这种压力容易导致盲目的贷款和投资。"(《货币与信贷》,第 169 页)请从经济学角度评论这种观点的正确性,即,这项措施是否具有委员会预期的效果?如果是,如何实现?如果否,又为什么?

2. 在一些企业的产品营销中,银行融资起着很大作用。这些企业通常会把可观的活期存款,稳定地放在可以为其顾客提供融资的银行户头里。这样做的明确目的,就是获得银行的推销帮助,使他们的产品或服务能够取代竞争者。这种情况与禁止向活期存款支付利息有何联系?如果没有禁令,你认为这种情况还会存在吗?请说明你的理由。

题 10:美国铝业公司:二手市场与垄断地位

第二次世界大战前,美国铝业公司(Alcoa)是全美唯一的初炼铝材生产者。在当时的一起针对美国铝业公司的反垄断案中,汉德法官(Learned Hand)主张:可以认定,美国铝业公司在铝业市场上实际拥有完全垄断的地位,尽管还存在高度竞争的二次或再生铝材市场(这些铝来自废料回收),大约占生产所需铝总量的 1/3。汉德这个主张的依据是:所有二次铝材最终都来自原先生产的初炼铝材,因此,美国铝业公司通过控制初炼铝材的产量,就间接控制了可回收的废料数量。

为了证明汉德的结论是对还是错,我们可以把它精确表述如下:假设美国铝业公司完全垄断初炼铝材的供应,而生产所需的铝材来自初炼铝和二次铝,两者完全可替代;考虑下面两种不同情况:(1)二次铝由很多处于竞争状态下的厂商分别提炼和销售;(2)像初炼铝一样,美国铝业公司完全垄断二次铝的提炼。这样,汉德的结论就是:上述两种情况下,铝的价格是一样的;就是说,美国铝业公司会发现,无论哪种情况,符合它自身利益的售价是同一的。

即便在这种简化的情况下,判断汉德的结论是否对,以及什么情况下为对,也是非常困难的。我所知道的最简易的解答方法,是不直接针对这个问题本身,而是代之以分析下面的虚拟问题——它包含了前者的基本特征。

a. 假设有一种耐用品如铣床,由甲公司独家制造。这种铣床用到报废正好10年,报废之前都完好如初。不能通过维修或其他方法使它的使用期超过10年,并且使用寿命与使用率无关。甲公司盘算:或者(i)卖断铣床——这样就会有竞争性的二手市场;或者(ii)保留铣床的所有权,只出租。

试说明,在两种情况下,如何确定甲公司最终的长期最优状态(即这里忽略了市场形成的最初阶段)。请证明,两种情况下最优产量是一致的。这里假设有完全的资本市场,假设供求双方都有完全洞彻的预见等。

b. 修改一下上例:假设铣床的使用寿命可以通过花钱修理、保养而延长;假设修理或保养的市场是竞争性的。试证明:现在,上述两种情况下，甲公司的最优产量各不相同；并请指出：哪种情况下，市场上的铣床总量会更多，从而净租价会较低。

c. 说明上述虚拟问题是如何与美国铝业公司的问题相联系的，以及前者的答案对后者意味着什么。

题 11：商业采购中的互惠

下面是一段 1973 年 12 月 4 日《华尔街日报》上的文章摘录，请分析其中的商业行为。

你认为，在什么情况下（如果有的话），这样的行为是符合各参与公司的自身利益的？如何检验你的说法？

FMC 公司的董事长戴维斯（Paul Davies）在给福特汽车公司副总裁达夫（Irving Duffy）的信中写道："亲爱的里德：欣悉贵公司决定从我公司购买部分在纳什维尔市用到的碳酸钠，特此发函，专致谢忱。"

戴维斯先生继续写道："接下来，我们的人将尽量购买福特的产品……我相信，我们的销售人员和服务车队都会如此，我们拥有总计 600 至 800 辆的汽车。您知道，我们两家公司都用林肯轿车*——戴维斯家族每年都买新车，并且只买林肯轿车。"

这项订购汽车的承诺，是对福特公司从 FMC 购买制作车窗玻璃用的碳酸钠的回馈，这就是商业"互惠"：你买我的，我

---

* 林肯轿车是福特公司旗下的一个豪华车品牌。——译者

也买你的。这种行为与商业本身一样古老。它可以在各个层次的商业活动中观察到——从巨无霸公司，到小小杂货店：杂货店的送货车在某个加油站加油，加油站的老板在这个杂货店购物。

政府的批评

尽管由来已久、比比皆是，但互惠——特别是涉及大公司的互惠——还是引起了越来越多的批评。批评主要来自司法部和联邦贸易委员会。在这两个部门已起诉的一些案件中，互惠，特别是如果涉及胁迫的话，可能会被视为非法的贸易限制。上引戴维斯先生的信件，是在一起旨在阻止 FMC 收购美国纤维胶公司的政府诉讼案件中披露出来的，部分原因就是它可能导致非法互惠。

受到政府批评的厂商不承认它们的行为有什么不当之处，而且，很多公司似乎认为：只要不是强迫厂商高价购买商品，或者接受不合格的产品或服务，互惠就是完全可接受的商业行为。①

题 12：美国经济学会的捆绑销售

美国经济学会出版两种杂志：《美国经济评论》和《经济学文献》。它提供给非会员的两者联合订阅价格为每年 30 美元。

1. 请证明：如果在联合订阅之外，允许每种杂志分别订阅（即

---

① "对换交易"，载 1973 年 12 月 4 日《华尔街日报》。转载得到《华尔街日报》的许可，保留所有权利。

两种杂志的订阅价格合计可以大于30美元),美国经济学会的订阅费净收入会增加。

2. 如果分别订阅的合计价格被要求等于30美元(即实际上是取消了联合订阅),在什么条件下(如果有的话),上一点的结论:(a)仍然正确;(b)不再正确?

为简化起见,讨论仅限于非会员,当然,会员也面临同样的问题(会员每年付20美元即可获得两份杂志)。也是为了简化,假设成本是完全可分的,即,两份杂志可以分别订阅和只能联合订阅的两种情况下,美国经济学会的成本是完全一样的。

题13:汽车安全规定

有人提出,汽车行业反对轿车上必须配备安全带、减排装置的规定,是不理智的,因为这些规定可以给汽车厂商带来专属的客户。每位购车者都必须同时购买安全带,而且必须从汽车厂商那里购买。因此,汽车厂商在这些规定项目上获得了垄断地位。

在什么条件下(如果有的话),上述观点是对的,什么条件下是错的?

题14:货币贬值与美国的物价

假定西德是美国之外世界的代表,并假设它有单一的货币:马克。我们要分析的是:当马克与美元的兑换率变化25%,比如说每马克由兑换31美分变为38.75美分时,对美国和西德的大豆价格有何影响。为简化起见,只考虑对大豆市场的局部影响,而忽略大豆市场对外汇市场的反作用。

1. 假设(a)美国是唯一的大豆生产国；(b) 1972—1973种植年份的产量给定；(c)大豆的国际贸易没有限制(可以在美国和西德之间自由进出口，没有配额，无需关税等)；(d)当每马克兑换31美分时，美国市场上的大豆价格是每蒲式耳4美元；一半在美国销售，另一半在西德销售。

如要估计马克对美元的兑换率上升，对大豆在美国的价格与消费量、在德国的价格和消费量的影响，你还需要什么信息？对需要的信息赋予特定假设，并计算具体的数量估计值。

2. 其他条件与上述第1点一样，只是假设(a)改为(a)′：美国只生产世界大豆总量的很小部分；并且(d)′指的是美国大豆的价格，而非全世界大豆的价格。

题15：汽油定量配给

关于汽油定量配给，有很多讨论。现列举一些建议方案如下：

1. 给每个家庭分派票券，规定每周可以固定价格(比如说每加仑45美分)购买一定量的汽油(比如说15加仑)；票券允许买卖；并允许在自由市场上按市价购买更多的汽油，而无需票券。

2. 其他条件与第1点相同，只是不允许无券购油，并且汽油价格固定为每加仑45美分。分配多少票券，以保证所有票券都能兑付为准。

3. 其他与第1点相同，只是票券按车辆分配，而非按家庭分配，但汽油的总量相同。

4. 单纯按价格配给，但价格超过45美分的部分，课以100%的税收。

5. 由自由市场解决。

分析第 1 点和第 2 点中，票券的市场价格如何确定。

试证明：粗略估计，方案 1 和方案 2 中，可得的汽油总量是相同的。为什么是"粗略估计"？方案 2 中的票券价格和方案 4 中的税收有何关系？

方案 1 的可得汽油量，与方案 2 相比如何？与方案 5 相比又如何？方案 1 的自由市场上的汽油价格，与方案 2 的价格（含票券价格）相比如何？与方案 5 的市场价格相比又如何？

方案 1 和方案 2 的结果如何不同，为什么？

题 16：专利许可与垄断

下面摘自《华尔街日报》的文章，提出了很多问题：

> 联邦贸易委员会称：它针对施乐公司（Xerox）的反垄断协议，将使竞争者能够挑战施乐公司在商务复印机领域的优势地位。
>
> 该委员会经过表决，一致同意接受一项双方已预先达成的决议：要求施乐公司准许竞争者使用其超过 1 700 项的复印机专利及未来的一些专利。而总部位于康涅狄格州斯坦福市的施乐公司还同意：要让国内所有竞争者——除了国际商用机器公司（IBM）之外——都可以免费获得它的很多制造技术。
>
> 联邦贸易委员会的一位官员在谈到这项协议时说："这项协议的主要目的，是要铲除施乐公司在总产值数十亿美元的商务复印机行业中占据绝对优势的根源，包括它的大量专利组

合、制造技术等。"

联邦贸易委员会的竞争局局长哈维森（James T. Halverson）说："我们预计，施乐公司的市场份额会急剧下降。如果未来10年里，施乐公司的市场地位没有明显削弱，我是不会满意的。"

但是，一个竞争对手——SCM公司——很快对哈维森局长的预期的准确性提出了质疑。施乐公司自己最近也说，专利对于它在复印机行业中的市场地位的重要性是下降了。

日益激烈的竞争

哈维森局长说，加剧的竞争最终会使商务复印机领域"产品价格下降，消费者的选择范围扩大"。根据联邦贸易委员会的说法，尽管有国际商用机器公司、立顿工业公司、SCM公司和明尼苏达工矿公司（MMM）的竞争，施乐公司目前还是控制了约85%的普通纸复印机的市场份额。市场上的复印机分为用普通纸的复印机和用铜版纸的复印机，前者约占市场总额的70%。

联邦贸易委员会认为，其他少数大公司，如伊士曼柯达公司，也有可能进入复印机市场。

哈维森局长说，由于很多企业想要与施乐公司竞争，现在采取一项协议以纾时困，比之等上六七年，到联邦贸易委员会的1973年反垄断诉讼完结之后再徐徐图之，要重要得多。

1973年的反垄断诉讼，指控施乐公司从事不公平的市场和专利活动，阻止海外子公司在美国与施乐公司展开竞争，从而操纵了商务复印机行业。

施乐公司没有对联邦贸易委员会的决定作出评论，只是引用了公司董事长兼总裁麦克洛夫（C. Peter McColough）在委员会公布拟定条款时发表的声明。当时,麦克洛夫说:"拟定的协议符合施乐公司股东和职员的最大利益。"

在上周 4 亿美元票据与债券的募集说明书中,施乐公司声称:"静电复印技术专利,尽管在公司发展初期,对业务有重大意义,但现在,其重要性在下降。预计将来,与公司在开发、制造和销售新型和改良产品的能力相比,专利的重要性将相形见绌。"

专利共享

联邦贸易委员会认为,施乐公司的专利和技术"已经构成了商务复印机的市场进入壁垒,妨碍了有效竞争",因此,反垄断协议要求施乐公司共享它的专利和技术,以便其他公司基本可以仿造施乐公司的复印机。

施乐公司,兰克施乐有限公司(与兰克财团联合成立的一家英国合资企业),富士施乐公司(兰克施乐公司的一家日本合资企业),均必须在全球范围内准许他人使用它们目前的所有复印机专利。对于未来 6 年发布的专利,它们也必须循例准许他人使用。

联邦贸易委员会说,每个竞争者可以获得最多三项免费专利许可,这可使一些公司在没有付出任何专利许可费的情况下,进入商务复印机行业。如果再来一组"三项"专利,竞争者每生产一个产品,就须对新一组专利中的每项,支付最多为产品收入 0.5% 的专利费,而该产品在此之外的所有专利同样免费。

施乐公司可以要求竞争对手交换专利权,但必须是在竞争对手单独使用该项专利 4 年之后。联邦贸易委员会官员解释说："借此，与施乐公司交换专利的竞争者，可获得因为率先进入新产品市场而带来的可观收益。"

施乐公司还同意把诸如模板、图纸、指南、生产方法及说明书等公诸国内竞争对手，但国际商用机器公司除外。

另一条重要规定，要求施乐公司针对不同用途的机器，制定独立的价格方案。联邦贸易委员会指出，施乐公司会根据自己的机器使用计划，以一揽子价格，向大用户出租一系列能力不同的机器。这就使没有全套生产线的公司，难以与它展开竞争。

而且，施乐公司同意10年之内避免以下行为：

——收购竞争者或专利（除个别例外）；

——禁止职员到其他公司就业；

——在新型复印机预计上市前6个月以上，就发布信息或接受订单。

尽管如此，这项协议还是引起了争议。在上个月，施乐公司披露协议条款之后，一个竞争对手——SCM公司就批评了条款的"严重缺陷"。很多华尔街证券分析师认为，这项协议的出台体现了施乐公司的胜利。联邦贸易委员会欢迎公众在1975年1月13日之前对拟定的协议发表意见，之后将最终决定接受还是否决它。

施乐公司不承认在方案商定中有任何不法行为。

对协议的争议

在纽约，SCM公司已向联邦贸易委员会写信谴责拟定的条款，并声称还会呈递正式的反对案。SCM公司副董事长兼法律总顾问瑟斯特（Richard Sexton）公开宣称："相信拟定的规则将对施乐公司的技术地位有任何实质性的影响,未免太过幼稚了。"

1973年7月开始,SCM公司一直在推动针对施乐公司的反垄断民事诉讼。

星期五,瑟斯特先生再次表示,协议条款要求施乐公司与竞争对手交换专利权,将"进一步巩固施乐的技术领先地位"。他坚称,拟定的规则"对于限制施乐公司的市场行为或垄断利润,几乎没有什么作用"。他抗议说,拟定的规则"对于施乐及两家海外子公司之间瓜分世界的'联盟协定',并没有什么影响"。

瑟斯特先生还认为,联邦贸易委员会最好是"承认失败",不必与施乐公司达成协议,而是撤销对其的反垄断诉讼。

国际商用机器公司(IBM)的一位发言人,在纽约阿蒙克市总部说:对于这项协议,他不能说IBM是否反对,也不正式发表评论。但IBM作为施乐公司潜在的有力竞争对手,却被明确排除在拟定规则的两个条款之外,是很不寻常的。

施乐公司曾经控告IBM侵犯专利权,IBM则在反诉中攻击了施乐公司的专利。

其他几家复印机制造商也卷入了与施乐公司的专利诉讼。其中的纳舒厄(Nashua)公司此前就表示,它不认为联邦商务委员会和施乐公司拟定的协议是合适的。[①]

1. 上述文章暗示着,施乐公司以前是不把专利授予他人的。假

[①] "联邦贸易委员会关于解决施乐公司专利问题的协议",载1974年11月18日《华尔街日报》。转载得到《华尔街日报》的许可,保留所有权利。

设就这里讨论的问题而言，事实确是如此。那么它为什么不呢？

a. 试证明：在产品专利的通常情况下，把专利以适当价格自由授予他人，是符合专利持有者的利益的。说明如何推导出这个"适当的价格"，又如何在专利持有者直接生产和他人特许生产中分配总产出。

b. 乍看起来，施乐公司在开发新技术方面的利益，可能会改变上述情况。事实是否如此？

c. 关于施乐公司没有把专利授予他人一事，有没有其他解释？

2. 阻止"海外子公司在美国与施乐公司展开竞争"，是否符合施乐公司的利益？如果它们可以自由竞争，那么，施乐公司从子公司的额外利润中获得的利益，是不是可以和美国公司的利润一样多，甚至更多？如何解释施乐公司的这种行为？

3. 长期来看，复印机行业的哪些特征会受到这个法令的影响？影响效果是什么？

第二部分：分配

题17：企业所得税的归宿

假设联邦政府计划提高企业所得税税率，同时减低其他税率，以保持税收总额不变。在本题中，假设企业所得税是以法人企业的净收入为税基的单一税——净收入按照通常的方式计算，即等于总收入减去包括债务利息的总费用。

1. 请评价这种税收变化对资源在各种用途中的配置的影响。在讨论中，请尽可能具体地列举受益的、受损的领域或门类。如果对某些类别的雇员等的工资有影响的话,试讨论其影响。这里不考虑税率变化对收入、物价及就业的一般水平的任何影响。

2. 一般而言,分给股东的股息是不允许作为计算应税净收入的一个扣减项的。如果股息可以作为计算新增税收的一个扣减项,即新增税收只对留存收益征收的话,你的回答会如何变化?

题 18:南北收入与种族歧视

已掌握的证据初步表明:(1)无论南北,生活在同等规模城市的白人家庭,其平均收入大致相同;(2)同等规模城市中,任何职业的白种工人工资,在北方要高于南方;(3)财产性收入对白人家庭的重要性,南北不相上下。

在本题中,且把这些都看作是事实的正确描述。至于它们之间表面上的矛盾,你能否以某种方法调解之?估计任何一种调解方法都会涉及这样的事实:南方与北方相比,黑人的比例更大,对他们的歧视也更严重。

请详细说明你的意见。请解释南方黑人的比例较高和歧视较严重之间的理论联系(如果有的话),以及显性结果。如何验证你的意见正确与否?

题 19:按揭贷款的担保

目前,美国政府通过联邦住房管理局和退伍军人管理局,为新建住房的大部分按揭贷款提供了担保。政府担保自然使按揭贷款比无担保的更有吸引力,从而使之可在较低利率水平上取得。1957年,住宅建筑市场衰退,行业代表于是建议:刺激建筑业的一种方法，是把政府担保扩大到现有住房的按揭上。他们认为，现有住房按揭成本较高，抑制了销售，并阻碍已经拥有住房的个人进入新建住房市场。

1. 试分析：如果通过了这项建议，付诸实施，对住宅的建设进度会有何影响。这里不讨论这项公共政策是否可取——不管是现有的担保，还是提议的扩展。

2. 政府对这些按揭贷款的担保，以及其他类似的担保，除了赔偿违约损失和项目运作的管理费用之外，是否还需付出其他代价？如果需要，那是什么？

题20：最优的建筑高度

在讨论纽约市的建筑为什么超过他认为最经济的高度时，慕夫德（Lewis Mumford）写道："……也许，这是因为，为获得即期利益而建造的房子和考虑永续收入而修建的房子之间，存在很大差别。在一块地皮上建造过多的房子，对于开发商来说可能意味着高回报，但对作为投资买下它的人而言，可能意味着低收益。"

在同一篇文章的后面，他又写道："……当早期的规划师制订建筑条例时，他们并没有考虑到，在几乎未开发（all-but-virgin）的中心城区，地价普遍相当低廉——低地价使低矮建筑具有经济上的可行性。"（《纽约客》1954年10月23日，第118和120页）

试讨论以上引文的经济学含义。

题21：工资与生产率

在关于通货膨胀的讨论中，一个常见的主题，是把工资和"生

产率"联系起来。下面来自艾森豪威尔总统 1959 年 2 月 25 日记者招待会的记录的对话,就是一个例子:

记者:"……参议员基弗维尔(Senator Kefauver)*提议,如果钢铁行业工会节制自己对工资增长的要求,使之等于生产率的平均增幅,钢铁行业就不会涨价。我想知道,您对此提议作何想法?"

艾森豪威尔总统:"……我已经敦促工资增长要以生产率增长而准。我想,如果工资增长依照这样的标准执行,就不会引起通货膨胀。"

试根据相对价格与相对工资理论,分析该提议——这里不考虑它的通胀效应,因为这已超出本课程的范围。在你的分析中,请讨论:(1)"生产率"的含义;(2)在哪种或哪些意义上,工资总是联系生产率,在哪种或哪些意义上,它们又无需联系;(3)如果在后一类意义上工资也联系"生产率",那对就业、对各种劳动的报酬有何影响;(4)如果物价联系工资,那对商品生产与分配又有何影响。

题 22:出租车特许经营

在纽约市,特许经营的出租车有两种:一种由拥有车队的公司营运,一种由独立的、每人只有一辆车的驾驶员业主营运。当然,出租车需缴纳的规费都一样。多年以来,两种出租车均没有颁发过新的牌照。但代表了"已获许可"的出租车牌照有其非正式的市场。1959 年,该市场上一份独立出租车牌照的售价大约 17 000 美元。

1. 试讨论决定牌照价格的各种因素。具体地,试推测哪些因素

---

* 基弗维尔(1903—1963),美国律师,民主党众议员(1939—1949)、参议员(1949—1963)。——译者

的价值加总,构成了 17 000 美元的现值。

2. 什么因素决定了,当城市当局确定的出租车费调整时,出租车牌照的价格是上升还是下降?

3. 出租车司机,无论是受雇于公司的,还是自己拥有出租车的,在反对增加出租车牌照这一点上,看来是全体一致的。他们都认为:出租车数量增加,会加剧揽客竞争,从而降低他们认为已经过低的司机的报酬。他们的经济学观点正确吗?如果无偿增发牌照(仅象征性收费),谁将获益,谁会受损?

题 23:工资与就业

1. "完全竞争的情况下……任何物品一旦有超额供给,它的价格就会下降。因此,如果所有市场都是完全竞争的,……失业就意味着超额供给,……工资就会下降。"(鲍恩 [William G. Bowen]《战后的工资走势》,普林斯顿大学出版社,1960,第 4 页)当然,由于没有办法明确界定零失业,我们可以把"存在失业"理解为失业率高于正常水平,而对"正常水平"作随意的解释,因为这个概念的歧义不是本题讨论的重点之一。(例如,在鲍恩对战后的实证研究中,以 4.3% 的失业率作为分界线,这显然是随意的。)

考虑就业水平随着商业周期而变化,大体如下图所示。该图把就业下降(紧缩)期和就业上升(扩张)期区别开来,并把就业低于正常水平的时期(阴影部分)和就业高于正常水平的时期区分开来。

上面援引的分析,与我们在课堂上画出劳动力(或其他商品)供求曲线的粗略方法完全吻合。根据这种分析,在阴影区域,预期工资将下降,而在其他区域将上升。当然,通常在整个周期中工资

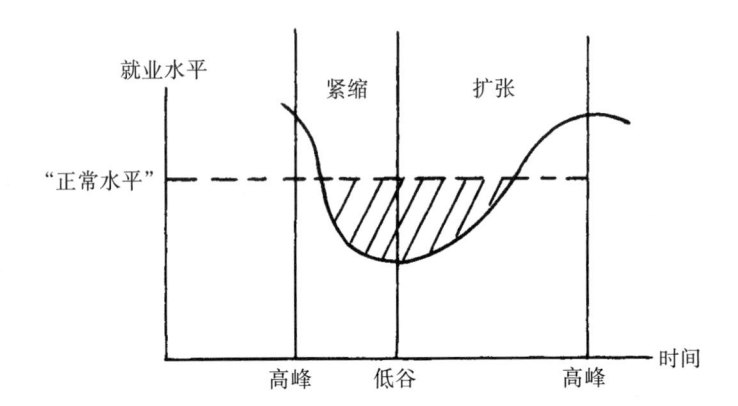

一直上升，因此，我们可以把这种预期表述为：阴影区域工资上涨较慢（或绝对下降），其他区域上涨较快。但实际上，正如众所周知，也是鲍恩再次证明的，情况并非如此：工资上涨在接近周期紧缩阶段的时候，比就业率"低于正常水平"时，要来得更慢一些；并且，这时工资增长的加速度开始反转，在到达就业率底部或之后不久，增长较快。

我认为，这种现象不能归因于垄断。因为，在很多劳动力市场，甚至是那些通常被认为是竞争性的市场上，都可以发现同样现象（而且高度竞争的产品市场亦然）。无论如何，我认为垄断不足以解释这个问题。

请更细致、更准确地重述相关理论，用以解释(a)为什么"通常在整个周期中工资一直上升"；(b)为什么与其说就业水平，毋宁说是就业变动率，才是解释工资变动率的重要变量。

2. "失业与货币工资增长率之间的关系，是非常重要的经验关系。"（上引书，第5页）在新近很多关于所谓成本推动型通货膨胀的讨论中，这种言论几被认为理所当然。由此促使菲利普斯在英国作了关于长期内工资变动率与失业水平之间关系的实证研究（他报告了相当契合的经验关系），也促使鲍恩就美国作了同样的研究（但他报告了不理想的经验关系）。

当然，这种观点是从上面第一段引文的分析中引申出来的；而且就像上面分析所说的周期性波动的直接含义一样，这种观点有严重缺陷，且理由也非常相似。由价格理论推导出来的结论是：在劳动力失业率与货币工资增长率之间，不会存在任何系统的、长期的关系。请解释为什么。

题 24：书籍出版的"荒漠"

最近有很多关于电视节目质量的讨论，一定程度上都是围绕着联邦通信委员会主席米诺（Newton Minow）*的说法展开——他认为电视节目就像"荒漠一样贫瘠"。批评可能指向两个不同层面：(1)公众没有得到他们想要并愿意付费的节目，即市场运转得不灵；(2)公众得到了他们想要的，但公众的品味低俗。

关于第一点，关键是节目的定价方法问题。目前，费用是由赞助节目的广告商支付。

关于现行电视节目的收费方法，有一种观点认为：一旦节目被制作出来，多一名观众观看不会增加成本；因此，只有观众必须支付的价格等于边际成本，即等于零时，才算实现了社会最优。同样

---

* 1961年，肯尼迪总统任命米诺为联邦通信委员会主席。不久，他发表了著名的"荒漠演讲"，指控电视被商人控制，没有尽到服务公众的责任，并提出了净化电视节目的运动。——译者

的观点也适用于书籍出版。对于某一版书,多印一本的边际成本只是直接制作费用,那通常只是书价的很小一部分。这是否意味着,现行的书籍定价方法包含着社会不必要的损失?如果确是如此,你认为出版商应该如何定价才算合理?

要避免这类损失,一种方法是在书籍出版中采取类似电视的收费方式。即是说,假设有法律规定,按照一定价格售卖某种书是非法的,只有在免费派送的条件下,书籍才可以出版发行,而费用由基金或捐赠支付(类似教育类电视),或由厂商支付——它们在书的封面、护封或内页上刊登产品广告。

试分析,你认为这种改变对以下各方面会有何影响:(1)用于著述和出版书籍的资源总量;(2)出版书籍的种类——充分发挥你的想象,尽可能具体言之;(3)书籍作者的平均报酬;(4)作者报酬多少的分布情况。出版业是否也会变得像"荒漠一样贫瘠"?这种类比是否正确?请论述:在电视与书籍之间是否存在什么根本差别,从而,对一种媒体的分析,并不能适用于另一种媒体。

题 25:奥威尔的出版经济学

请分析奥威尔(George Orwell)[*]的以下经济学观点:

企鹅丛书只售六便士是物超所值[**],因此,如果其他出版商有点脑子的话,他们就会联合起来对付它、压制它。当然,如

---

[*] 奥威尔(1903—1950),英国小说家、新闻记者,主要作品有政治讽刺小说《动物庄园》和《一九八四》等。——译者

[**] 六便士硬币,英国旧币制,表示价值低的、廉价的。企鹅丛书类似我国曾经流行的五角丛书。——译者

果认为廉价书对图书行业有利，那就大错特错了。实际情况恰恰相反。例如，如果你有5先令可以花销，一本书的正常价格是半个克朗（值2先令6便士），你很可能把全部5先令用于购买2本书。但是，如果每本书售价是6便士，你就不会买10本，因为你不想要如此之多；你的饱和点早早就达到了。也许你会买3本单价6便士的书，并用5先令剩下的部分去看电影。因此，书越便宜，花在购书上的钱越少。从读者的角度看，这是有利的，对整个行业也没有损害，但是，对于出版商、排字工人、作者和书店来说，这可是一个坏消息……

如果其他出版商跟着企鹅丛书如法炮制，结果可能是出现大量廉价的再版图书。这会使收费图书馆（它们可是小说家的衣食父母）陷入困顿，并抑制新小说的出品。这对文学而言未尝不是好事，但对于整个行业来说，无疑是大坏事。这时，你必须在艺术与金钱之间作出选择——好，你自己下结论吧。（摘自奥威尔"关于企鹅丛书的评论"，载于1936年3月5日《新英语周刊》，重印在《奥威尔评论、新闻报道与书信选集》第一卷，第165—167页。）

题26：石油的矿区使用费

在讨论北海石油大开发时，《新闻周刊》写道："北海石油牵涉的利益确实很大，但北海的投资成本和经营费用可能都是中东的10倍。中东像是在每个地方刨开沙子就有石油喷涌而出一样。但中东的矿区使用费如此之高，以致一些公司宁愿花费前所未有的代价去搏击北海的风浪，在500英尺乃至更甚的可怕深度钻井采油。"

矿区使用费是由什么因素决定的？(1)假定中东各国之间没有共谋，请给出分析性的答案。(2)如果有共谋，你的答案将如何改变？

题 27：土地价格

对大多数美国人来说，地价上涨令其花销更大。因为就私有房主而言，如果他不卖出房屋，房价上涨纯粹是纸上富贵；但地价不断上涨的同时，会导致他必须购买的几乎所有物品价格悉数上涨。罐头厂、面包房、超市、电影院、加油站、装饰品店等，这些店主都会把他们因开店而必须支付的物业价格上涨，连同税赋，都转嫁给顾客。

地产繁荣，通过两个渠道推高食品价格：一是农地价格上升，直接反映在农产品的成本上；二是地产繁荣还使很多农地转变为住房、道路、商店用地，这些农地脱离了食品生产，而食品需求一直在上涨。1960—1970 年，在全美总共 11 亿英亩的农地中，开发商大约买走了 300 万英亩。在一些地区，地产的浪潮几乎促使农民售罄了土地。

请分析摘自《时代杂志》的这段引文。如何把它与亨利·乔治（Henry George）单一税计划的观点联系起来——乔治认为，地租是由价格决定的，而不是决定价格的？

题 28：存量与流量

1. 1973 年 10 月，石油价格飙升，导致大型轿车的需求比之小型轿车有明显的下降。

2. 请看以下新闻报道：

> 在最近的听证会上……，美国医疗学会（A.M.A.）主席托德（Malcolm C. Todd）博士说，如果医生没有适当的医疗过失责任保险，他们就无法行医。
>
> 他说："当保险费率二倍、三倍甚至四倍地上涨时，医生和医院都反对，但我们还是掏了钱。我们通过提高收费、提高药品价格，转嫁了额外成本，因为我们别无选择。最终付款人，即真正的损失方还是公众，还是一个个病人。"

假设石油和医疗过失责任保险的价格上涨，都是出乎意料的，并且都是永久性的。试说明，我们可以认为，这两种价格上涨，是有关资本理论中的同一问题的两个特例。请用存量与流量的分析模型，对两者做出正式分析。

特别是，你认为，相对于小型轿车，大型轿车的价格会有什么样的时序变化？生产又有什么样的时序变化？医疗价格和医疗收入的时序变化如何？医疗服务供应的时序变化呢？

题29：医疗过失责任保险

评价以下引文中的经济分析，并推导出：提高医疗过失责任保险费，对医生的数量会产生何种影响。请特别注意影响效应的时序变化，分析中请使用正式的存量—流量工具。

"医生如果必须承担过失行为的直接损失,他们固然会想到,或许可以通过提高医疗服务价格等,转嫁这些损失,但是,这种想法并不能让他们得到宽慰。"①

---

① "……总的来说,我们可以认为,人们夸大了医生和保险公司转嫁增长的误诊损失的能力。就过去数年间医疗事故导致的损失而言,医生和保险公司都无法通过提高未来服务收费的方式,弥补'沉没损失'……"(摘自爱泼斯坦[Richard A. Epstein]"医疗过失:合约的案例",载《美国律师基金会研究杂志》,第1卷,1976,第88页。)

索　引

（页码为原书页码，请参照本书边码使用）

Accelerationist hypothesis, 加速度假说　227
Adaptive expectations hypothesis, 适应性预期假说　229
All-or-nothing decision, 全部或零的抉择
　　in demand, 需求上的全部或零的抉择　15
　　in supply, 供给上的全部或零的抉择　118
Allen, Edward D., 爱德华·艾伦　67n[*]
Apel, Hans, 汉斯·阿佩尔　143
Arbitrage, 套利　287, 288

Becker, Gary S., 加里·贝克尔　4, 233
Bernoulli, 伯努利　81n
Berry, D., 贝里　67n
Borgatta, Gino, 吉诺·波尔加塔　67n
Boulding, Kenneth E., 肯尼斯·博尔丁　67n
Break, George F., 乔治·布雷克　67n
Brownlee, O.H., 布朗利　67n
Brumberg, Richard, 理查德·布鲁伯格　145n
Buchanan, N. S., 布坎南　3

Capital, 资本　283ff[**]
　　demand for, 资本的需求　309ff
　　human, 人力资本　4, 54, 202, 203, 204, 283ff
　　non-human or physical, 非人力或物质资本　4, 202, 203, 204, 283ff
　　marginal productivity of, 资本的边际生产率　322
　　market, 资本市场　286
　　supply of, 资本的供给　309ff
　　see also, Factors of production　另见生产要素

---

[*]　n 表示脚注，下同。——译者
[**]　ff 表示"以下（following）"，下同。——译者

Capitalism, 资本主义 2
Cartel, 企业联盟（卡特尔） 119
Cobweb case, "蛛网"效应 31
Collectivist society, 集体主义社会 4, 9
Command economy, 指令性经济 8
Communism, 共产主义 2
Competition, 竞争 10
Consumption unit, 消费单位 62
Costs (of a firm), （厂商的）成本 107ff
　average variable ~ curve, 平均可变成本曲线 114, 115
　avoidable contractual, 可避免的合约成本 107
　fixed, 固定成本 107, 110
　marginal, 边际成本 114
　marginal ~ curve, 边际成本曲线 114, 115
　minimizing, 成本最小化 111
　noncontractual, 非合约成本 108, 149
　statistical ~ curve studies, 成本曲线的统计研究 143ff
　total, 总成本 107, 148, 149
　total contractual, 总合约成本 108, 149
　total variable, 总可变成本 113
　total variable ~ curves, 总可变成本曲线 113, 114
　unavoidable contractual, 不可避免的合约成本 107

　variable, 可变成本 108, 110
　See also, Law of variable proportions 另见可变比例定理
Cross-section data, 横截面数据 29

Dahl, 达尔 3
Darby, Michael R., 麦克尔·达比 237
Demand 需求
　composite, 综合需求 14
　derived, 派生需求 14, 153ff
　elasticity of derived ~ curve, 派生需求曲线的弹性 158, 159
　for factors of production, 生产要素的需求 176ff
　theory of joint, 连带需求理论 14, 154
　See also, All-or-nothing 另见全部或零
Demand function, 需求函数 25, 26, 27, 28
Demand schedule (curve) def., 需求表（曲线）定义 13, 34ff, 65, 66
　and competition, 需求曲线与竞争 117, 118
　Hicks and Slutsky measures, 需求曲线的希克斯和斯勒茨基量度 50
　for the product of a firm, 单个厂商面对的产品需求曲线 116
　statistical derivation of, 需求曲线

索　引

的统计推导　29ff
and time, 需求曲线与时间　16
types of, 需求曲线的类型　50
and quantity demanded, 需求曲线定义和需求量　13
See also, Indifference curve and utility 另见等优曲线与效用

Director, Aaron, 阿伦·迪雷克托　152

Discrimination　歧视
perfect price, 完全的价格歧视　15n

Diseconomies, 不经济　92ff
external pecuniary, 金钱上的外部不经济　92, 93, 183, 184
external technical, 技术上的外部不经济　93
internal, 内部不经济　92
and output, 不经济和产出　94

Distribution　分配
theory of, 分配理论　153, 166ff
See also, Income 另见收入

Downs, A., 唐斯　3

Division of labor, 劳动分工　5

Economic problems, 经济问题　8
Economic sectors, 经济部门　4
Economic theory, 经济理论　7, 8
as language, 作为一种语言系统的经济理论　7, 8

Economics　经济学

definition of, 经济学的定义　1
normative, 规范经济学　7
and political science, 经济学和政治学　2, 3
positive, 实证经济学　7
and technological and physical sciences, 经济学和技术与物理科学　2

Economies　经济
external, 外部经济　97ff
pecuniary, 金钱上的外部经济　97
technical, 技术上的外部经济　97
internal, 内部经济　92

Ekelund, Robert B., Jr., 罗伯特·埃克隆德　193n

Elasticity, 弹性　19ff
income, 收入弹性　45

Engel curve, 恩格尔曲线　29, 32, 34, 35

Enterprise　厂商（企业）
free, 自由厂商　7
private, 私人厂商　6

Entrepreneurial capacity, 企业家才能　90, 96, 105, 106, 107
rent or quasi rent to, 企业家才能的租金和准租金　108, 123ff, 149

Equilibrium, 均衡　19, 43
metastable, 亚稳定均衡　19
stable, 稳定均衡　19, 102n
theory of general, 一般均衡理论　153

unstable, 不稳定均衡 19, 102n
Euler, 欧拉 194, 195
Exhaustion of the product, 产出的完全分配 194, 195
Expectation, moral, 期望, 主观期望 76, 81n

Factors of production 生产要素
   fixed, 固定生产要素 108, 109, 110
   prices of ~ under fixed proportions, 固定比例下的生产要素价格 166ff
   supply of, 生产要素的供给 201ff
   variable, 可变生产要素 95, 108, 109, 110
Firm, 厂商 103ff, 130
   limits to the size of a, 厂商规模的限制 105, 145, 146, 147
   optimum output of a, 厂商的最优产量 116ff, 146, 147
   size distribution of a, 厂商的规模分布 150
Flows 流量 See Stocks and flows 见存量与流量
Free enterprise money exchange economy, 自由厂商—货币交易经济 9

Gambling, 博彩 80
Garvy, George, 乔治·盖维 263n
Gramm, William P., 威廉·格拉姆 193n

Gray, Ralph, 拉尔夫·格雷 193n
Growth, measure of, 增长, 经济增长的量度标尺 4

Hansen, Alvin, 阿尔文·汉森 12
Henderson, A., 亨德森 67n
Hicks, J. R., 希克斯 48, 49, 50, 51, 52, 67n, 70n
Homogeneous functions of the first degree, 一次齐次函数 133, 142ff
Hotelling, Harold, 哈罗德·霍特林 67n
Human capital, 人力资本
   allocation of, 人力资本的配置 54ff
   specific, 特殊的人力资本 236
   See also, Capital 另见资本
Income, 收入 256, 257
   constant real, 真实收入不变 48
   contractual vs. residual ~ by an owner of resources, 资源所有者的合约收入和剩余收入 103, 104, 105
   ~ effect, 收入效应 27, 51, 52
   functional distribution of, 功能性收入分配 251, 262
   individual choice and ~ distribution, 个人选择和收入分配 263
   Labor vs. property, 劳动收入与财产收入 257
   marginal utility of, 收入的边际效

用 38
national, 国民收入 4
permanent, 永续收入 33, 60, 288ff
permanent ~ demand curve, 永续收入流的需求曲线 295ff
personal distribution of, 个人收入分配 251ff, 262ff
real, 真实收入 26, 27
~ unit, 收入的单位 253ff
See also, Risk 另见风险
Indifference curve, 等优曲线 42, 44
and convexity, 等优曲线与凸性 43
and derivation of demand curve, 等优曲线与需求曲线的推导 47ff
Indivisibilities, 不可分割性 137, 138
and cost curves, 不可分割性与成本曲线 140
Inferior goods, 贫穷物品 45, 206
Inflation 通货膨胀
anticipated, 预期的通货膨胀 220
unanticipated, 意外的通货膨胀 220
and unemployment, 通货膨胀与失业 215ff
Information, 信息 233, 234
See also, Search costs 另见搜寻成本
Insurance, 保险 80
Interest rate, 利率 10, 285ff
and money, 利率与货币 316, 317
negative, 负利率 313ff

nominal, 名义利率 315
real, 实际利率 315
Internal rate of discount, 内生贴现率 322
Investment, 投资 307ff

Johnson, D. Gale, D. 盖尔·约翰逊 260
Joseph, M. F. W., 约瑟夫 66n, 67n

Keynes, John Maynard, 约翰·梅纳德·凯恩斯 213, 214, 219, 220, 221, 288, 315, 316, 317, 319, 320, 321
Knight, Frank H., 弗兰克·奈特 8, 84, 280, 282, 283, 285, 288, 308, 309
Kuznets, Simon, 西蒙·库兹涅茨 163n, 246, 277n

Labor, 劳动(力)
backward bending supply of, 向后弯曲的劳动供给曲线 205, 206
demand for, 劳动力需求 160ff
exploitation of, 劳动剥削 199
long run supply of, 长期劳动供给 208ff
short run supply of, 短期劳动供给 205ff
supply of, 劳动供给 164, 165
See also, Human capital 另见人力资本
Lange, Oskar, 奥斯卡·兰格 70n

Lasswell, Harold, 哈罗德·拉斯韦尔 3
Law of diminishing returns. 收益递减定律 See law of variable proportions 见可变比例定理
Law of variable proportions, 可变比例定理 130ff
 and cost curves, 可变比例定理和成本曲线 138ff
Little, I. M. D., 利特尔 67n, 68n
"Live-to-work" school, "生活为工作"学派 12
Lucas, Robert, 罗伯特·卢卡斯 230, 231, 232
Luxuries, 奢侈品 46,
 See also, Elasticity of demand 另见需求弹性

Macroeconomics, 宏观经济学 7
Malthus, T. R., 马尔萨斯 209, 210, 211
Marginal product, value of, 边际产出，边际产出价值（边际产值，边际产出所值） 177, 180, 181
Marginal productivity 边际生产率
 and allocative efficiency, 边际生产率与配置效率 197
 derivation of ~ curve, 边际生产率曲线的推导 172ff
 and distributive justice, 边际生产率与分配公平 198, 199, 200
 Theory of, 边际生产率理论 176ff
Marginal revenue, 边际收入 21
Marginal value product, 边际产值 180, 181
Market, 市场 11
 traders, 经销商市场 14
 economy, 市场经济 5, 6
Marshall, Alfred, 阿尔弗雷德·马歇尔 3, 8, 12, 15n, 29, 38, 65, 75, 76, 89, 102n, 153, 154, 156, 160, 202, 203, 204, 235
Marx, Karl, 卡尔·马克思 199, 200
Masse, Pierre, 皮埃尔·马瑟 266n
McIntyre, Francis, 弗朗西斯·麦金泰尔 70n
Microeconomics, 微观经济学 7
Monetary theory, 货币理论 7
Money, 货币 5, 284, 315ff
 enterprise ~ exchange economics, 厂商—货币交易经济体 6
 illusion, 货币幻觉 207, 227
 marginal utility of, 货币的边际效用 38, 76
Monopoly, 垄断 126, 127
 bilateral, 双边垄断 191ff, 236
 See also, Elasticity of demand 另见需求弹性
Monopsony, 买方垄断 189ff
Moore, Donald A., 唐纳德·摩尔 67n

索 引

Morgenstern, 摩根斯坦　265
Morrill, John E., 约翰·莫里尔　193n
Mosak, Jacob T., 雅各布·莫萨克　52, 70n
Mundell effect, 蒙代尔效应　319
Mundell, Robert, 罗伯特·蒙代尔　319n
Muth, John, 约翰·玛斯　230, 231

Natural rate hypothesis, 自然失业率假说　227, 228
Necessities, 必需品　46
　　See also, Elasticity of demand　另见需求弹性
Neumann, von, 冯·诺依曼　265

Ophelimity, 效用　35n
Output flexibility, 产出的灵活性　144

Pareto, Vilfredo, 维尔弗雷多·帕累托　35n, 142
Peacock, T., 皮科克　67n
Phelps, E. S., 费尔普斯　227
Phillips, A. W., 菲利普斯　215, 216, 217, 218, 219, 220, 221, 222
Phillips curve, 菲利普斯曲线　215ff
　　long-run, 长期菲利普斯曲线　221ff
　　positive sloping, 正斜率的菲利普斯曲线　232, 233
　　short-run, 短期菲利普斯曲线　221ff

Pigou, A.C., 庇古　11, 319, 320, 321
Pigou effect, 庇古效应　317
Population, theory of, 人口, 人口理论　208ff
Poverty, 贫穷　256
Price, 价格　9, 10
　　factor, 要素价格　9
　　Product, 产品价格　9
Price index, 价格指数(物价指数)　47
Price theory, 价格理论　7
Price system, 价格体系　9
Probability, 概率
　　personal, 个人概率(法)　82, 83, 84
　　objective and subjective, "客观"概率和"主观"概率　84
Profit, 利润　108, 149, 279ff
　　See also, Noncontractual costs　另见非合约成本
Prospect, 期望　264

Quotas, 配额　100, 119

Rational expectations, 理性预期　230, 231
Rationing, 配给(分配)　10, 18
Reder, M. W., 雷德　67n
Rees, Albert, 阿尔伯特·里斯　221n
Rent control, 租金管制　260
Returns, 收益
　　decreasing, 收益递减　134

and homogeneity of first-degree, 收益和一次齐次 136
and homogeneity other than first degree, 收益和非一次的齐次 137n
increasing, 收益递增 134
Revenue, 收入
average, 平均收入 116
marginal, 边际收入 116
Ricardo, David, 大卫·李嘉图 36, 279
Risk, 风险 282
and income distribution, 风险与收入分配 263ff
See also, Personal objective and subjective probability 另见个人的"客观"概率和"主观"概率
Rolph, Earl R., 厄尔·罗尔夫 67n
Ruskin, 罗斯金 199

Sergent, Thomas, 托马斯·萨金特 230, 231, 232
Savage, L. J., 萨维奇 82, 264n, 269n, 282
Savings, 储蓄 307ff
utility analysis of, 储蓄的效用分析 57ff
Scarce resources, 稀缺资源 2
Schumpeter, J. A., 熊彼特 12
Schwartz, Eli, 艾利·施瓦兹 67n

Search costs, 搜寻成本 234ff
Shortage, 短缺 17
Slutsky, E., 斯勒茨基 48, 49, 50, 51, 52, 53, 70n
Smith, Adam, 亚当·斯密 36, 218, 279
Smith, Caleb, 凯勒布·史密斯 145, 149, 150, 151
Solow, Robert, 罗伯特·索洛 228n
St. Petersburg paradox, 圣彼得堡悖论 80
Stagflation, 滞胀 221, 226
Standard of living, minimum, 生活标准, 最低生活标准 13, 255, 256
Stein, Gertrude, 格特鲁德·斯泰因 254
Stigler, George, 乔治·施蒂格勒 3, 67n, 144, 150n, 151n, 152, 153
Stocks and flows, 存量与流量 291ff
Stokes, Houston H., 休斯顿·斯托克斯 193n
Substitution 替代
Effect, 替代效应 27, 51, 52
rate of ~ in consumption, 消费的替代率 44, 71
rate of ~ in purchase, 购买的替代率 44, 71
rate of ~ in production, 生产的替代率 71
Superior good, 富裕物品 45, 211

索引

Supply, 供给 16ff
Supply schedule, def., 供给表(曲线)
  定义 16, 85ff, 118
  backward bending, 向后弯曲的供给曲线 86, 87
  forward falling, 向前下降(向右下倾斜)的供给曲线 17, 86, 87
  industry, 行业供给曲线 123
  joint, 连带供给(曲线) 156
  of labor, 劳动供给曲线 56, 205ff
  long run, 长期供给曲线 17, 87, 88, 111, 120ff
  and the quantity supplied, 供给表和供给量 16
  quasi, 准供给曲线 89, 95, 97, 98
  short run, 短期供给曲线 17, 87, 88, 111, 121ff
  and time, 供给曲线与时间 17
  See also, All-or-nothing 另见全部或零
Surplus, 过剩 17
Survivor principle, 幸存者原理 150n

Tax, 税收
  excise, 消费税 75, 247
  excise ~ and welfare, 消费税与福利 65ff
  feature of excise, 消费税的基本特征 72
  income, 所得税 75, 246—247
  income ~ and welfare, 所得税与福利 65ff
  U.S. federal corporate, 美国联邦企业所得税 6n
  See also, Wage rates 另见工资
Taylor, Benjamin J., 本杰明·泰勒 193n
Time preference, 时间偏好 58, 322
  rate of, 时间偏好率 58, 59, 60
Time series data, 时序数据 29
Tullock, 塔洛克 3
Turnovsky, S. J., 特诺夫斯基 228n

Uncertainty, 不确定性 282
  utility analysis of, 不确定性的效用分析 76ff
Unemployment, 失业 213ff
  cyclical, 周期性失业 233ff
  frictional, 摩擦性失业 217
  inflation and, 通货膨胀与失业 215ff
  natural rate of, 自然失业率 217, 227, 228
  transitional, 过渡性失业 217
  wage determination and, 工资厘定与失业 213
Unions, 工会 19, 160ff
Utility, 效用 35
  average, 平均效用 36
  constant marginal ~ of money, 货币的边际效用不变 15n

diminishing marginal, 边际效用递减 36
   and demand curve, 边际效用递减与需求曲线 36
   and independence, 边际效用递减与独立性 40
   expected, 预期效用 79, 80
   expected ~ theory of choice, 选择的预期效用理论 264
   of expected income, 预期收入的效用 79, 80
   marginal, 边际效用 36

Value, theory of, 价值，价值理论 153
Voluntary exchange, 自愿交易 8
Voting (in the market), (在市场上)投票 10

Wage rates, 工资
   color and, 肤色与工资 250
   differences in ability and, 能力上的差别与工资 249
   differences from noncompeting groups, 来自非竞争性团体的工资差异 248ff
   differentials in, 工资差异 238, 239
   equalizing differences in, 工资的补偿性差异 239ff
   geographic immobility and, 地理上的不可移动性与工资 248
   Income taxes and, 所得税与工资 246, 247
   nonpecuniary advantages and, 非金钱优势与工资 244, 245
   restrictions on entry and, 进入限制与工资 248
   socioeconomic stratification and, 社会经济层级化与工资 249
   transitional differences and, 过渡性差异与工资 250
   variability of returns and, 收入的不稳定性与工资 244

Wald, Haskell, 哈斯凯尔·瓦尔德 67n
Walras, Leon, 莱昂·瓦尔拉斯 25, 26, 57, 102n
Wallace, Neil, 尼尔·华莱士 230n
Wants, 需要 12, 13
Wealth, 财富 60, 62, 295
   See also, Permanent income 另见永续收入
Welfare economics, new, 福利经济学，新福利经济学 65n, 68n
Wicksell, 维克塞尔 217, 228
Wicksteed, 威克斯蒂德 194
"Work-to-live" school, "工作为生活"学派 12
Yates, Richard C., 理查德·耶茨 193n
Yntema, Theodore S., 西奥多·S.英特玛 70n

译 后 记

一

本书作者弗里德曼，大家耳熟能详。他是 20 世纪最杰出的自由市场倡导者，经济学芝加哥学派的灵魂人物，现代货币主义的创始人。1976 年，他因为在消费分析、货币历史与理论、稳定政策复杂性研究等方面的贡献，获得诺贝尔经济学奖。弗里德曼在宏观经济学、货币理论方面的光芒太过耀眼，以致一定程度上掩盖了他在价格理论、微观经济学上的巨大贡献。而这本《价格理论》，就是弗里德曼对价格理论传统的贡献的重要明证。

价格理论是什么？极端地说，价格理论不是经济学的一部分，而是经济学的全部。妥协点讲，价格理论是经济学的核心和基石：引入货币因素，就变为货币理论；用于制度分析，就成了制度经济学；等等。经济学家张五常认为，价格理论的正确意义是选择理论，研究人在局限条件下的选择行为。因此，价格理论是理解人的行为——甚至不仅限于经济行为——的理论范畴。

这本书是弗里德曼在芝加哥大学开设的同名研究生课程的教科书。最先是学生记录的课堂笔记以油印本的形式私下流传；1962

年第一次公开出版，1976年第二版新增四章，原有章节（特别如第四章、第十七章）也有多处重大变动、增补；此后未再修改。关于这本书更详细的来龙去脉，可见米德玛的导言和作者的序。特别是米德玛的导言，详细介绍了弗里德曼和这本书在芝加哥学派价格理论传统中的地位和作用。无论从涉猎的内容上看，还是从方法论上看，这本书都当得起"芝加哥学派的基石"之赞誉！

这本书主题明确，视野开阔，内容广博深厚。起笔即点出全书主题是产品定价和收入分配。其中，产品价格引导资源配置，要素价格决定收入的功能性分配。大体上，全书中资源配置和收入分配的内容平分秋色。同时，又有很大篇幅论及就业、税赋、资本和利息理论等通常属于宏观经济学的内容，都紧密关切国计民生。对收入问题的重视，可能与作者的另一名著《消费函数理论》有关；而对资本利息的强调，又与作者后来的研究进路——货币数量理论相契。

全书论述透彻精妙之处，不胜枚举。在精读、翻译过程中，我常常叹为观止。比如第三章的方法论，第五章末尾至第六章的租金与成本的概念，第十二章的菲利普斯曲线分析，第十四章的收入分配之两种，第四章和第十五章的保险与博彩（及其对收入分配的影响），第十七章的资本理论，以及对马克思和凯恩斯理论一剑封喉之功力（分别在第十章和第十二章）等等。我甚至觉得，经济学在亚当·斯密以降200多年，影响深远的范式转换只有两次，一是马克思，一是凯恩斯。于今看来，两次范式转换可能都不算成功；核心而有效的，仍然是由亚当·斯密发凡起例，经由马歇尔等大师辑入边际学派并建立框架，再由芝加哥学派等淋漓发挥的理论体系。

译 后 记

这本书不能等闲视为一般的教科书。作者在附录 A 的前面说道："我假定，修这门课的学生有一定的经济学基础，熟悉施蒂格勒《价格理论》和博尔丁《经济分析》这一层次的材料。"可见，它不是基础的价格理论教科书。书中很多地方从很浅显的论点出发，三两下就推导到一般教科书不可能涉及的深度，读者如不细细揣摩、紧紧跟进，很容易坠入云雾之中，或者错过精彩的论述。我在翻译中就感觉到，越是钻研得细致，越见其深不可测。但它也不同于现在流行的中级、高级微观经济学教科书。一个重要区别是，它更重视理论要有经济内容，即它不是黑板经济学，而是念念不忘现实世界的经济学。对于今天的读者来说，虽然此书成书已逾半个世纪，所用到的分析工具可能已被更新，但其中透露出来的问题意识和实证精神，仍然无法轻言超越。

这本书隐含的经济学方法论很重要，即强调实证。如张五常所说："佛老[1]的《价格理论》是向（理论）'管用'那方面走了一大步。他把奈特的盈利界定出局，把马歇尔的租值重新定位，把成本与竞争的关系搞清楚，也把吉芬物品放进废物箱去。我从他这本书学得怎样拿重点，学得怎样转换角度看问题，而更重要的是开始体会到经济解释是怎样的一回事。"[2] 这种方法论，也就是芝加哥学派的方法论精髓，所谓"芝大是一种思想状态"（Chicago is a state of mind）。[3]

---

[1] 张五常把弗里德曼译作佛利民，很有意味。
[2] 张五常："对我影响最大的四本书"，《经济的看相与把脉》，香港花千树出版有限公司 2003 年版，第 160—164 页。
[3] 萨缪尔森语，转引自张五常《经济解释卷二·供应的行为》，香港花千树出版有限公司 2002 年版，第 270 页。

书中许多例子对我影响极深。如十一章第三节说到：第二次世界大战期间，美国实际工资下降但劳动供给大增，如何解释？弗里德曼不取"货币幻觉"，而取"物价预期"的概念，并以储蓄率、储蓄资产形态变化等可观察的事实验证之，最后指出，"对未来的误判与对现状的幻觉是完全不同的"——这不同，正在于经济解释假说的可验证性上。又如十二章第七节提到：由理性预期假说可以推导出，物价大幅波动的国家，短期菲利普斯曲线较陡——这又是可以实际观察验证的命题。当然，这种方法论究竟如何，与奥地利学派相比孰为高下，亦是言人人殊的话题了。

更重要的是附录B中的问题，其似乎具有无限探究、挖掘的余地。那些问题都没有提供现成答案，意在教读者如何运用理论框架分析实际问题，进而"在人们习以为常的材料中发现新意"[①]。这个附录历来很受同道中人重视，包括弗里德曼本人（再版时，他在第一版18个题目的基础上又增补了11个）。正是这种种细节，使得本书尽管是教科书，却与黑板经济学截然不同，言之有物，不落窠臼。建议读者要细细揣摩这些问题，形成经济学的思维，再去观察、判断现实生活中随处可见的问题。

我是因为张五常的"指点"而阅读这本书的。张五常在《佛利民的学术贡献》中说："学术上，佛老的最大贡献是在价格理论那方面。佛老在价格理论上的最大贡献，是1962年出版的《价格理论》一书……他把价格理论提升了一个层面。"张五常还归纳了他所理

---

① 弗里德曼："实证经济学方法论"，参见《弗里德曼文萃》，高榕、范恒山译，北京经济学院出版社1991年版，第230页，译文有修改。

解的本书要点：一、理论要有经济内容，马歇尔有，瓦尔拉斯没有。二、一般均衡不是由方程式的多少来决定，而是看内容有没有顾及经济整体。三、变量与不变量的处理可随君便，选择要以可以被事实推翻但没有被推翻为准则。四、除了"风落"，市场永远没有盈利，成本永远是局限下最低的。五、租值是成本，所以垄断者面对的需求曲线是成本曲线。[1] 这些说法都非常有启发。在译注[2]中，我引用了张五常的观点，特别是他的三卷本《经济解释》，两相比较异同。因此可以说，我是"从张五常读弗里德曼"。是耶非耶，不失为一条通向纯正经济学的进路；收益多寡，看个人造化，但无论如何，庶几可免狐禅野道之讥。

二

2007年6月，我被下派工作，周末才得回家，工作日的晚上闲极无聊。9月间，我开始学习这本《价格理论》，至今匆匆两年多。这期间，我把这本书过了六遍，一读一抄译校四过，像母熊舔仔，慢慢舔出宝宝的模样，便有了现在这个初订的译本。我最初所本的是阿尔定出版社（Aldine Publishing Company）1976年的第二版，后来又比对了1962年的初版和2007年重印本，并从2007年的重印本中移译了米德玛的导论。

这是我初次尝试翻译。其中寄托了多重的学习目的：一是经

---

[1] 张五常："微观不足是宏观失败的原因"（2009），http://economics.efnchina.com/content-1571-59704-1.html。

[2] 初译时随文写了约8万字的笔记和注释，囿于出版体例，绝大部分均已删除。

济学理论，二是英文，三是中文表达。我深切体会到：翻译是一种深度学习。我自觉从来未曾读一本书如此深入，如此用心专一。因此，当读到下面这段话时，深引为同感："没有任何研究方法，任何学术规范会像翻译那样迫使我们如此全面审慎地考量一份文本的所有特点，包括它的架构、节奏、语气，等等，——而这些也都一同决定了文本的意义……我甚至认为，一种不曾经历翻译之考验的诠释，必然是主观而片面的。"①

翻译又是一种古之学者为己的体验。钱锺书先生说："大抵学问是荒村野老屋中，二三素心人商量培养之事。"翻译述而不作，更要耐得寂寞。心有旁骛，兴趣太多，容易歧路亡羊。于是每天业余，若无例外应酬，我便独坐案前，拆解世界顶级大师的一招一式，推敲文意，揣摩思想，斟酌表达，在两种语言之间来回穿梭。大师总是不温不火、不离不弃，我也可以不急不缓、不卑不燥。灯下闲敲键盘，消遣了大段时光。有时一晚只得寥寥几段，但解通一点，便怡然自得，体味求知之乐、克服困难之乐。子曰"古之学者为己"，我似乎浅尝到了一些。

翻译还是一种精细活。所谓信、达、雅，含义应该是"忠于原意，合乎读者所理解的语法，作恰当的修辞"②。我心里期许的，是准确透彻地理解原文，通顺到位地表述原意。当然不容易做到，因此改之又改。理解上的问题包括经济学方面的，也包括英语语言方面的；表述上的问题包括文笔，也包括对中文语法规则、语言习惯的

---

① 毕来德：《庄子四讲》，宋刚译，中华书局2009年版，第3页。
② 王太庆："论翻译之为再创造"，《柏拉图对话集》，王太庆译，商务印书馆2004年版，第759页。

掌握和运用。

初学者易犯的毛病是"直译",生搬硬套,辞不达意,"译犹不译"[①]。直译,如果是"纠正任意歪曲的所谓'意译',是正确的;它一旦忽视意义本身,就立刻变成错误的了"[②]。这个问题,我在多次修改中逐步纠正。我觉得,直译往往只是一种借口。因为正是多种释义的拣选、句式文法的摆布,才体现了译者是不是透彻理解了原文。至于概念、术语,已有的是随大流还是改弦更张,未有的如何定名,就更体现了对原文的准确理解和把握。

雅,我的理解,还应该涉及风格问题:要把握原文的风格,并在译文中表达出原文的风格,或是类比原文的译者的行文风格。这对我几乎无从谈起。好在本书是理论著作,而且是教科书,原文的风格应该并不突出,译文也就不必太过强调风格了。我只能尽量争取文字上通顺、平实、流畅,减少歧义。虽不能至,尽力而为。

至今,我对自己最失望的,还在英语。自觉底子薄,天赋弱,经验少。只是态度比较认真,学了西哲译经的态度来做这项工作,肯花功夫,知之为知之,不知为不知。我没有读过有关翻译的专业书,文艺译著也读得很少,冯象先生关于《摩西五经》的几本译著,便成了我心向往之的典范。我明知这蜗牛式的工作为能者所不屑,可是自己只有这样的底子,所谓七年之病求三年之艾,苟为不蓄,终身不得。求学之道,别无登堂入室的捷径。于是乎譬如平地,虽覆一篑,进,吾往也。

[①] 严复语。见《柏拉图对话集》,王太庆译,商务印书馆2004年版,第738页。
[②] 同上书,第741—742页。

另需说明的是,商务印书馆于 1994 年,华夏出版社于 2011 年,均曾出版过《价格理论》的不同译本,但都稍显晦涩。话说回来,既是重译,对旧译本还是应该谢忱甚于责难。重译之于学术是极有必要的,不必忌言,反应提倡。重译应该取其精当,争取更进一层。我希望自己至少部分做到了这一点。

当然,到目前为止,与其说我读懂了这本书,不如说我只是读出了一些疑问而已。如对附录 B 的问题一知半解,就表明我远远没有读懂全书。我把很多疑问、理解、发挥、说明、感受等都随文写在了译注里。其中众多大大小小的问题,都有待分析、考订、解决。还有很多方面,我可能根本没有意识到疑问所在,只是懵懵懂懂。弗里德曼在回忆录中曾言:"你自认为讲得极为透彻,而学生其实根本没有理解。他们可能能够重复你讲的内容,但是只有少数人能应用于新的问题。"[①] 我一定还不是那少数人了。

如果要掌握纯正的经济学基础,要学得弗里德曼的思想理念,要呈现一份准确精美的译本,那么,此前两年半的工作,不是工程的完成,而是刚刚开始。就以此作为起点,继续我的自得其乐、不足为外人道的学业之旅吧。

特别要感谢朋友张翔、应俊耀和韩琪。他们为我提供了文本,并指点良多。

陈明衡

2010 年 1 月于苍南 初稿

2018 年 12 月于温州 改定

[①] 米尔顿·弗里德曼、罗斯·弗里德曼:《两个幸运的人:弗里德曼回忆录》,韩莉、韩晓雯译,中信出版社 2004 年版,第 278 页。

译　后　记

　　这本书于2009年底译竟,上面的译后记即写于当时。2010年下半年,我又把译稿推敲一次,修改殊多;因一时无处出版,便搁置下来。2018年中,商务印书馆接受译稿计划出版,我又花半年时间修订了一遍。现在十五年后最终审定之际,决定还是用当初写的译后记,以纪念甫译成时的心境。由衷感谢朱希滨、葛萦晗两位编辑接力付出,玉成此事。

2024年6月补记,时客处州

经济学名著

第一辑书目

凯恩斯的革命	〔美〕克莱因 著
亚洲的戏剧	〔瑞典〕冈纳·缪尔达尔 著
劳动价值学说的研究	〔英〕米克 著
实证经济学论文集	〔美〕米尔顿·弗里德曼 著
从马克思到凯恩斯十大经济学家	〔美〕约瑟夫·熊彼特 著
这一切是怎么开始的	〔美〕W.W.罗斯托 著
福利经济学评述	〔英〕李特尔 著
增长和发展	〔美〕费景汉 古斯塔夫·拉尼斯 著
伦理学与经济学	〔印度〕阿马蒂亚·森 著
印度的货币与金融	〔英〕约翰·梅纳德·凯恩斯 著

第二辑书目

社会主义和资本主义的比较	〔英〕阿瑟·塞西尔·庇古 著
通俗政治经济学	〔英〕托马斯·霍吉斯金 著
农业发展：国际前景	〔日〕速水佑次郎 〔美〕弗农·拉坦 著
增长的政治经济学	〔美〕保罗·巴兰 著
政治算术	〔英〕威廉·配第 著
歧视经济学	〔美〕加里·贝克尔 著
货币和信用理论	〔奥地利〕路德维希·冯·米塞斯 著
繁荣与萧条	〔美〕欧文·费雪 著
论失业问题	〔英〕阿瑟·塞西尔·庇古 著
十年来的新经济学	〔美〕詹姆斯·托宾 著

第三辑书目

劝说集	〔英〕约翰·梅纳德·凯恩斯 著
产业经济学	〔英〕阿尔弗雷德·马歇尔 玛丽·佩利·马歇尔 著
马歇尔经济论文集	〔英〕阿尔弗雷德·马歇尔 著
经济科学的最终基础	〔奥〕路德维希·冯·米塞斯 著
消费函数理论	〔美〕米尔顿·弗里德曼 著

货币、就业和通货膨胀	〔美〕罗伯特·巴罗　赫歇尔·格罗斯曼 著
论资本用于土地	〔英〕爱德华·威斯特 著
财富的科学	〔英〕J.A.·霍布森 著
国际经济秩序的演变	〔美〕阿瑟·刘易斯 著
发达与不发达问题的政治经济学	〔美〕查尔斯·K.威尔伯 编

第四辑书目

中华帝国的专制制度	〔法〕魁奈 著
政治经济学的特征与逻辑方法	〔英〕约翰·埃利奥特·凯尔恩斯 著
就业与均衡	〔英〕阿瑟·塞西尔·庇古 著
大众福利	〔西德〕路德维希·艾哈德 著
外围资本主义	〔阿根廷〕劳尔·普雷维什 著
资本积累论	〔英〕琼·罗宾逊 著
凯恩斯以后	〔英〕琼·罗宾逊 编
价值问题的论战	〔英〕伊恩·斯蒂德曼　〔美〕保罗·斯威齐等 著
现代经济周期理论	〔美〕罗伯特·巴罗 编
理性预期	〔美〕史蒂文·M.谢弗林 著

第五辑书目

宏观政策	〔英〕基思·卡思伯森 著
经济学的边际革命	〔英〕R.D.C.布莱克 A.W.科茨　克劳弗德·D.W.古德温 编
国民经济学讲义	〔瑞典〕克努特·维克塞尔 著
过去和现在的政治经济学	〔英〕L.罗宾斯 著
1914年以后的货币与外汇	〔瑞典〕古斯塔夫·卡塞尔 著
政治经济学的范围与方法	〔英〕约翰·内维尔·凯恩斯 著
政治经济学论文五篇	〔英〕马尔萨斯 著
资本和收入的性质	〔美〕欧文·费雪 著
政治经济学	〔波兰〕奥斯卡·R.兰格 著
伦巴第街	〔英〕沃尔特·白芝浩 著

第六辑书目

| 对人进行投资 | 〔美〕西奥多·舒尔茨 著 |

经济周期的规律与原因	〔美〕亨利·勒德韦尔·穆尔 著
美国经济史 上卷	〔美〕福克讷 著
美国经济史 下卷	〔美〕福克讷 著
垄断资本	〔美〕保罗·巴兰，保罗·斯威齐 著
帝国主义	〔英〕约翰·阿特金森·霍布森 著
社会主义	〔奥〕路德维希·冯·米塞斯 著
转变中的美国经济	〔美〕马丁·费尔德斯坦 编
凯恩斯经济学的危机	〔英〕约翰·希克斯 著
就业理论导论	〔英〕琼·罗宾逊 著

第七辑书目

社会科学方法论探究	〔奥〕卡尔·门格尔 著
货币与交换机制	〔英〕威廉·斯坦利·杰文斯 著
博弈论与经济模型	〔美〕戴维·M.克雷普斯 著
英国的经济组织	〔英〕威廉·詹姆斯·阿什利 著
赋税论 献给英明人士 货币略论	〔英〕威廉·配第 著
经济通史	〔德〕马克斯·韦伯 著
日本农业的发展过程	〔日〕东畑精一 著
经济思想史中的经济发展理论	〔英〕莱昂内尔·罗宾斯 著
传记集	〔英〕约翰·梅纳德·凯恩斯 著
工业与贸易	〔英〕马歇尔 著

第八辑书目

经济学说与方法史论	〔美〕约瑟夫·熊彼特 著
赫克歇尔-俄林贸易理论	〔瑞典〕伊·菲·赫克歇尔 戈特哈德·贝蒂·俄林 著
论马克思主义经济学	〔英〕琼·罗宾逊 著
政治经济学的自然体系	〔德〕弗里德里希·李斯特 著
经济表	〔法〕魁奈 著
政治经济学定义	〔英〕马尔萨斯 著
价值的尺度 论谷物法的影响 论地租的本质和过程	〔英〕马尔萨斯 著
新古典宏观经济学	〔美〕凯文·D.胡佛 著
制度的经济效应	〔瑞典〕托斯坦·佩森 〔意〕吉多·塔贝林尼 著

第九辑书目

资本积累论	〔德〕罗莎·卢森堡 著
凯恩斯、布卢姆斯伯里与《通论》	〔美〕皮耶罗·V.米尼 著
经济学的异端	〔英〕琼·罗宾逊 著
理论与历史	〔奥〕路德维希·冯·米塞斯 著
财产之起源与进化	〔法〕保罗·拉法格 著
货币数量论研究	〔美〕米尔顿·弗里德曼 编
就业利息和货币通论	〔英〕约翰·梅纳德·凯恩斯 著 徐毓枬 译
价格理论	〔美〕米尔顿·弗里德曼 著
产业革命	〔英〕阿诺德·汤因比 著
黄金与美元危机	〔美〕罗伯特·特里芬 著

第十辑书目

货币改革论	〔英〕约翰·梅纳德·凯恩斯 著
通货膨胀理论	〔奥〕赫尔穆特·弗里希 著
资本主义发展的长波	〔比〕欧内斯特·曼德尔 著
资产积累与经济活动/十年后的稳定化政策	〔美〕詹姆斯·托宾 著
旧世界 新前景	〔英〕爱德华·希思 著
货币的购买力	〔美〕欧文·费雪 著
社会科学中的自然实验设计	〔美〕萨德·邓宁 著
马克思《资本论》形成史	〔乌克兰〕罗斯多尔斯基 著
如何筹措战争费用	〔英〕约翰·梅纳德·凯恩斯 著
通向繁荣的途径	〔英〕约翰·梅纳德·凯恩斯 著

第十一辑书目

经济学的尴尬	〔英〕琼·罗宾逊 著
经济学精义	〔英〕阿尔弗雷德·马歇尔 著
更长远的观点——政治经济学批判论文集	〔美〕保罗·巴兰 著
经济变迁的演化理论	〔美〕理查德·R.纳尔逊 悉尼·G.温特 著
经济思想史	〔英〕埃里克·罗尔 著
人口增长经济学	〔美〕朱利安·L.西蒙 著
长波周期	〔俄〕尼古拉·D.康德拉季耶夫 著

自由竞争的经济政策	〔美〕亨利·西蒙斯 著
社会改革方法	〔英〕威廉·斯坦利·杰文斯 著
人类行为	〔奥〕路德维希·冯·米塞斯 著

第十二辑书目

自然的经济体系	〔美〕唐纳德·沃斯特 著
产业革命	〔美〕查尔斯·A.比尔德 著
当代经济思想	〔美〕悉尼·温特劳布 编
论机器和制造业的经济	〔英〕查尔斯·巴贝奇 著
微积分的计算	〔美〕欧文·费雪 著
和约的经济后果	〔英〕约翰·梅纳德·凯恩斯 著
国际经济政策理论（第一卷）：国际收支	〔英〕詹姆斯·爱德华·米德 著
国际经济政策理论（第二卷）：贸易与福利	〔英〕詹姆斯·爱德华·米德 著
投入产出经济学（第二版）	〔美〕沃西里·里昂惕夫 著

图书在版编目(CIP)数据

价格理论 /(美)米尔顿·弗里德曼著;陈明衡译. —
北京:商务印书馆,2024
(经济学名著译丛)
ISBN 978-7-100-23449-8

Ⅰ.①价… Ⅱ.①米…②陈… Ⅲ.①价格理论
Ⅳ.①F014.31

中国国家版本馆 CIP 数据核字(2024)第 062556 号

权利保留,侵权必究。

经济学名著译丛
价格理论
〔美〕米尔顿·弗里德曼 著
陈明衡 译

商 务 印 书 馆 出 版
(北京王府井大街 36 号 邮政编码 100710)
商 务 印 书 馆 发 行
北京盛通印刷股份有限公司印刷
ISBN 978-7-100-23449-8

2024 年 12 月第 1 版　　开本 850×1168　1/32
2024 年 12 月第 1 次印刷　印张 16⅛
定价:78.00 元